Walter Saalfrank · Klaus Wagenhals · Alfons B. Rohner

Wirkungen neuer Technologien auf das Lohnniveau

Sozialverträgliche Technikgestaltung
Materialien und Berichte Band 37

Herausgeber: Das Ministerium für Arbeit, Gesundheit und Soziales
des Landes Nordrhein-Westfalen

Die Schriftenreihe „Sozialverträgliche Technikgestaltung" veröffentlicht Ergebnisse, Erfahrungen und Perspektiven des vom Ministerium für Arbeit, Gesundheit und Soziales des Landes Nordrhein-Westfalen initiierten Programms „Mensch und Technik – Sozialverträgliche Technikgestaltung". Dieses Programm ist ein Bestandteil der „Initiative Zukunftstechnologien" des Landes, die seit 1984 der Förderung, Erforschung und sozialen Gestaltung von Zukunftstechnologien dient. Der technische Wandel im Feld der Mikroelektronik und der modernen Informations- und Kommunikationstechnologien hat sich weiter beschleunigt. Die ökonomischen, sozialen und politischen Folgen durchdringen alle Teilbereiche der Gesellschaft. Neben positiven Entwicklungen zeichnen sich Gefahren ab, etwa eine wachsende technologische Arbeitslosigkeit und eine sozialunverträgliche Durchdringung der Gesellschaft mit elektronischen Medien und elektronischer Informationsverarbeitung. Aber es bestehen Chancen, die Entwicklung zu steuern. Dazu bedarf es einer breiten öffentlichen Diskussion auf der Grundlage besserer Kenntnisse über die Problemzusammenhänge und Gestaltungsalternativen. Die Interessen aller vom technischen Wandel Betroffenen müssen angemessen berücksichtigt werden, die technische Entwicklung muß dem Sozialstaatspostulat verpflichtet bleiben. Es geht um sozialverträgliche Technikgestaltung.
Die vorliegende Reihe „Sozialverträgliche Technikgestaltung. Materialien und Berichte" ist wie die parallel erscheinende Schriftenreihe „Sozialverträgliche Technikgestaltung" ein Angebot des Ministeriums für Arbeit, Gesundheit und Soziales, Erkenntnisse und Einsichten zur Diskussion zu stellen. Es entspricht der Natur eines Diskussionsforums, daß die Beiträge die Meinung der Autoren wiedergeben. Sie stimmen nicht unbedingt mit der Auffassung des Herausgebers überein.

Walter Saalfrank · Klaus Wagenhals · Alfons B. Rohner

Wirkungen neuer Technologien auf das Lohnniveau

Veränderungen von Tätigkeitsmerkmalen in der Textil- und Bekleidungsindustrie

Westdeutscher Verlag

Die Deutsche Bibliothek – CIP-Einheitsaufnahme

Saalfrank, Walter:
Wirkungen neuer Technologien auf das Lohnniveau:
Veränderungen von Tätigkeitsmerkmalen in der Textil- und
Bekleidungsindustrie / Walter Saalfrank; Klaus Wagenhals;
Alfons B. Rohner. – Opladen: Westdt. Verl., 1993
   (Sozialverträgliche Technikgestaltung; Bd. 37)
   ISBN 3-531-12522-2
NE: Wagenhals, Klaus:; Rohner, Alfons B.:; GT

Alle Rechte vorbehalten
© 1993 Westdeutscher Verlag GmbH, Opladen

Der Westdeutsche Verlag ist ein Unternehmen der Verlagsgruppe Bertelsmann International.

Das Werk einschließlich aller seiner Teile ist urheberrechtlich geschützt. Jede Verwertung außerhalb der engen Grenzen des Urheberrechtsgesetzes ist ohne Zustimmung des Verlags unzulässig und strafbar. Das gilt insbesondere für Vervielfältigungen, Übersetzungen, Mikroverfilmungen und die Einspeicherung und Verarbeitung in elektronischen Systemen.

Umschlaggestaltung: Hansen Werbeagentur GmbH, Köln
Druck und buchbinderische Verarbeitung: Lengericher Handelsdruckerei, Lengerich
Gedruckt auf säurefreiem Papier
Printed in Germany

ISBN 3-531-12522-2

Vorwort

Von der Anwendung der neuen Schlüsseltechnologie "Mikroelektronik" in den Produktionsstätten der Textil- und Bekleidungsindustrie in der Bundesrepublik sind die Beschäftigten dieser Industrie besonders betroffen.

Durch die besonderen Belastungen und Beanspruchungen, welche die neuen Anforderungen der mikroelektronisch ausgestatteten Arbeitsplätze an die Arbeitnehmer stellen, zeichnen sich zunächst nachhaltige negative Auswirkungen auf die Lohnstrukturen und somit auf das Einkommen ab, wenn Anwendung allein der Unternehmerseite überlassen bleibt.

Um durchsetzbare Gestaltungsmaßnahmen als Gegenstrategie zu entwickeln und diese an den Arbeitsplätzen durchzusetzen, hat die Gewerkschaft Textil- Bekleidung das Projekt

"Wirkungen neuer Technologien auf Lohnniveau und Lohnstruktur bzw. das Einkommen infolge veränderter Tätigkeitsmerkmale"
im Rahmen des Nordrhein-Westfälischen Landesprogrammes "Mensch und Technik - Sozialverträgliche Technikgestaltung" im Auftrag der Regierung des Landes Nordrhein-Westfalen durchgeführt.

Mit dieser Initiative können die mit der Einführung neuer Technologien verbundenen Entgeltprobleme solchen Lösungen zugeführt werden, aus denen sich für die Arbeitnehmer eine sozialverträgliche Technikeinführung ergibt.

Das Land Nordrhein-Westfalen hebt sich mit der sozialverträglichen Technikgestaltung von den einseitigen Wachstums- und Technologieförderungen anderer Bundesländer und des Bundes deutlich ab, indem es arbeitnehmerorientierte Forschung fördert.

Auf der Grundlage der Erkenntnisse und Ergebnisse aus den Untersuchungen sollen durchsetzbare Vorschläge auf dem Gebiet der tariflichen und betrieblichen Lohngestaltung entwickelt werden.

Mein Dank gilt allen, die dieses Projekt ermöglicht und zu seinen Erkenntnissen hilfreich beigetragen haben.

Wolfgang Stender
Mitglied des
Geschäftsführenden Hauptvorstandes
der Gewerkschaft Textil-Bekleidung

INHALT

Vorwort		V
Liste der Abbildungen		XI
Liste der Tabellen		XII
Abkürzungsverzeichnis		XIII
Anhangsübersicht		XIV

A   Die Aufgabenstellung des NRW-Projekts
- abgeleitet aus den bereits eingetretenen und den noch zu erwartenden ökonomisch-technischen Entwicklungen in der Textil- und Bekleidungsindustrie   1

        I   Die wirtschaftliche Ausgangslage in der Textil- und Bekleidungsindustrie in ihrer Auslösefunktion technischer Rationalisierung   1

               1.   Die Textilindustrie   1
               2.   Die Bekleidungsindustrie   6

        II   Problemstellungen, wie sie sich aus den ökonomisch-technischen Entwicklungen in der Textil- und Bekleidungsindustrie ergeben und vom NRW-Projekt untersucht werden sollten   11

B   Das methodische Vorgehen bei der Analyse von Veränderungen in der Entlohnung im Zusammenhang mit dem Einsatz Neuer Techniken   21

        I   Die Probleme methodischer Zugriffe auf unterschiedliche Ebenen betrieblicher Entlohnungsrealität   21

        II   Das verwendete Instrumentarium   31

               1.   Dokumentenanalyse   31
               2.   Fragebogen   32
               3.   Arbeitsplatzbeobachtung   32
               4.   Interviews   33

C   Strategien und Probleme der Entlohnung bei zunehmendem Einsatz neuer Technik in der Textil- und Bekleidungsindustrie   38

        I   Automatisierung in der Textilindustrie und daraus folgende Entlohnungsprobleme - behandelt an ausgewählten Beispielen   38

               1.   Grundsätzliches zur Mehrstellenarbeit in der Textilindustrie   40
               1.1   Die Bezugsgrößen   40
               1.2   Das Bsp. Ringspinnerei   41

1.3	Typische, mit der Mehrstellenarbeit verknüpfte Probleme	43
2.	Spinnereivorbereitung	44
2.1	Eingesetzte Technik, deren Perspektive und die Veränderung der Arbeit	45
2.2	Entlohnungsstrategien und ihre Probleme	51
3.	Spinnerei/Spulerei	54
3.1	Eingesetzte Technik, deren Perspektive und Veränderung der Arbeit	55
3.1.1	In der Ringspinnerei	55
3.1.2	In der Rotorspinnerei	72
3.2	Probleme betrieblicher Lohngestaltung in der Ring- und Rotorspinnerei	80
3.3.	Entlohnungsprobleme in der Spulerei	88
3.3.1	Eingesetzte Technik, deren Perspektive und Veränderung der Arbeit	88
3.3.2	Veränderungen in der Entlohnung	96
3.4.	Neue Entlohnungsstrategien beim Verbund	101
3.4.1	Die eingesetzte Technik und die Veränderung der Arbeit	101
3.4.2	Die neue Lohnproblematik beim Verbund	110
4.	Weberei	115
4.1	Eingesetzte Technik, deren Perspektive und die Veränderung der Arbeit	116
4.2	Typische Probleme bei der Entlohnung	139
5.	Veredelung	159
5.1	Computergesteuerte Anlagen in der Vorbehandlung	160
5.1.1	Veränderung der Arbeit beim Einsatz von Wasch- bzw. Vorbehandlungsstraßen	160
5.1.2	Veränderung der Arbeit beim Einsatz von Spannrahmen mit Prozeßsteuerung	169
5.1.3	Entlohnungsstrategien und ihre Probleme	174
5.2	Computergesteuerte Färbeaggregate	181
5.2.1	Veränderung der Arbeit in der Garnfärberei	181
5.2.2	Strang- oder Stückfärberei	188
5.2.3	Breitfärbestraße	205
5.2.4	Entlohnungsstrategien in der Färberei und ihre Probleme	209
5.2.4.1	In der Garnfärberei	209
5.2.4.2	In der Strangfärberei	215
5.2.4.3	In der Breitfärberei	221
5.3	Lohnprobleme bei der Automatisierung im Druckbereich	223
5.3.1	Veränderte Arbeitsbedingungen durch Einsatz Neuer Technik	224
5.3.2	Entlohnungsprobleme im Rotationsdruck	231
6.	Zwischenresumé: Typische Lohnprobleme in der Textilindustrie	235

II	Entlohnungsprobleme durch die zunehmende Automatisierung in der Bekleidungsindustrie		240

1.   Schnittbilderstellung/ Gradieren 241
1.1 Technikanwendung, deren Perspektive und
     die Veränderung der Arbeit 242
1.2 Die Entlohnung und ihre Probleme 253

2.   Automatisierung in der Zuschneiderei 257
2.1 Eingesetzte Technik, deren Perspektive und
     die Veränderung der Arbeit 258
2.2 Entlohnungformen und ihre Probleme 270

3.   Weitere Detail-Automatisierungen in
     der Näherei 272
3.1 Eingesetzte Technik, deren Perspektive
     und die Veränderung der Arbeit 274

3.2 Typische und neu auftretende
     Entlohnungsprobleme 287

4.   Zwischenresumé: Lohnprobleme beim Einsatz
     neuer Technik in der Bekleidungsindustrie 297

III Computergestützte Zeitwirtschaft am Beispiel
    einer untersuchten Firma 300

1.   Neue Meßtechniken und ihre Probleme für
      die Arbeitnehmervertretung 300
1.1   Grundsätzliches 300
1.2   Vorstellung der untersuchten Firma 302
1.3   Produktionsmittel und Zeitmeßmethoden 302

2.   Entscheidung der Firma zur Anschaffung
      eines elektronischen Meßgerätes 303
2.1   Systembeschreibung 303
2.2   Neue Qualität der Zeitwirtschaft 311
2.2.1 Schwachstellen der konventionellen
      Datenermittlung 311
2.2.2 Probleme des neuen Systems 311
2.2.3 Vorteile gegenüber der konventionellen
      Datenerfassung 312

3.   Reaktion des Betriebsrates 313

4.   Schlußfolgerungen 315

IV Regelungen der gefundenen Probleme in
   Betriebsvereinbarungen 315

1.   Erfaßte Lohnprobleme im Zusammenhang
     mit zunehmender Technisierung 316
2.   Der rechtliche Rahmen, an dem sich die
     betriebliche Regelung auszurichten hat 318

		3.	In den Betrieben gefundene Lösungsansätze für Lohnprobleme	319

D Beteiligung von Beschäftigten und Betriebsrat bei
Umgestaltung von Arbeit und Entlohnung ... 323

    I   In welchem theoretischen und praktischen Zusammenhang steht die in den untersuchten Betrieben vorgefundene Beteiligung von Beschäftigten und BR? ... 323

    II Beteiligungsformen in den vom Projekt NRW untersuchten Betrieben hinsichtlich Neuer Technik und Entlohnung ... 328

E Lohn- und tarifpolitische Schlußfolgerungen vor
dem Hintergrund der Erkenntnisse der Untersuchung ... 333

    I   Gefahren und negative Auswirkungen der Leistungsentlohnung für die Arbeitnehmer ... 333

    II Lösungsvorschläge für die gefundenen Lohnprobleme ... 340

        1.   Problemlösungen bei BDE-Einsatz ... 341
        1.1 Arbeit im Zeitlohn unter Leistungslohnbedingungen ... 341
        1.2 Mehrstellenarbeit im Leistungslohn ... 342
        1.3 Übergang auf andere Bezugsgrößen ... 342
        1.4 Leistungs- und Verhaltenskontrolle ... 343

        2.   Computergesteuerte Maschinen/Anlagen ... 346
        2.1 Qualifizierung ... 346
        2.2 Bewertung von unbeeinflußbaren Zeiten ... 347
        2.3 Einarbeitungszeit ... 348

        3.   Computergestütze Zeitwirtschaft ... 349
        3.1 Programminhalte und deren Kontrolle ... 350
        3.2 Vorgabezeitermittlung und Stellenzuteilung ... 351
        3.3 Lohngarantie bei Planzeitbildung ... 352
        3.4 Zuschläge bei statistischer Ungenauigkeit ... 353

    III Vorschläge für die tarifpolitische Einbettung der lohnpolitischen Lösungsansätze ... 355

        1.   Einflußnahme auf Arbeits- und Leistungsbedingungen ... 359
        2.   Personalplanung ... 361
        3.   Qualifikationserweiterung und Eingruppierung ... 364
        4.   Datenverarbeitung und -mißbrauch ... 367

Schlußbemerkung ... 368
Verwendete Literatur ... 369
Anhänge ... 376

Liste der Abbildungen

1. Entwicklung der Beschäftigtenzahl — 2
2. Produktivität in der Textilbranche 1950 - 1985 — 3
3. Entwicklung der Beschäftigten in der Bekleidungsindustrie — 7
4. Arten des Arbeitsablaufes bei Mehrstellenarbeit — 40
5. Textile Fertigungsbereiche — 44
6. BLENDOMAT der Fa. TRÜTZSCHLER — 45
7. Der Zinser COWEMAT mit FILAMAT — 57
8. Einzelspindelüberwachung bei USTER-RINGDATA — 59
9. Bericht Spindelfadenbrüche — 60
10. Das "USTER KONZEPT" — 61
11. Der AUTOCORO — 73
12. Der INFORMATOR — 74
13. Teilansicht eines AUTOCONER — 89
14. Das CONEDATA-System — 90
15. Das MONITORING-INFORMATION-CONTROL(MIC)-System — 103
16. Eine Luftdüsenwebmaschine v. Sulzer-Rüti — 118
17. LOOMDATA und seine Struktur — 120
18. Die PICANOL PAT mit eingebauter BDE — 124
19. Die DATA-UNIT von BARCO — 128
20. Die "bi-direktionale Kommunikation" mit SYCOTEX — 129
21. Schichtprotokoll LOOMDATA v. 06.08.1987 — 140
22. EDV-Ausdrucke einer Vorgabezeitkalkulation — 142
23. Die Vorbehandlungsstraße von FLEISSNER — 160
24. Hauptsteuerpult einer BABCOCK Waschanlage - ausgestattet mit dem Dasy-Tex-Produktionsleitsystem — 162
25. Ein Spannrahmen von MONFORTS — 170
26. PERMASET von MAHLO — 171
27. Garnfärbeanlage von JASPER — 181
28. Die SEDO-Steuerung — 190
29. Der THEN-AIRFLOW AF 540 — 193
30. Blockschaltbild der DATACOMP-Steuerung von THEN — 194
31. Druckmaschine von STORCK — 225
32. Eingabecodes für das DATA-Unit von BARCO — 226
33. AM 5 der Fa. GERBER Garment Technology — 243
34. Der Cutter der Fa. GERBER — 260
35. Skizze einer Verknüpfung von CUTTER, Legetisch und Stoffballenmagazin — 263
36. SCHIPS-Steuerung mit Blockdiagramm — 275
37. Ein Näharbeitsplatz - versorgt durch das ETON-Hängefördersystem — 279
38. Die Taschennähanlage v. DÜRRKOPP/ADLER — 283
39. Einsparungen mittels EDV-gestütztem Zeitmeßgerät — 301
40. UNIDAT/IPAS-Ausstattung — 305
41. Zeitaufnahme Endauswertung — 309

Liste der Tabellen

1. Übersicht Anteile der BDE- Einsatzbereiche   4

2. a + b Übersicht Verbreitung computergestützter Maschinen bzw. Techniken   5

3. Außenhandel Bekleidung   8

4. Zuordnung der Untersuchungsbereiche
   zu Betrieben   30

5. Struktur der Beschäftigten in der Spulerei   94

6. Verdienste in der Spulerei   96

7. Übersicht über Produktart und technische
   Ausstattung der untersuchten Webereien   117

8. Übersicht über die Regelungsbereiche und
   dazu vorhandene Betriebsvereinbarungen
   in den untersuchten Betrieben   319

Abkürzungsverzeichnis

AV	=	Arbeitsvorbereitung
BetrVG	=	Betriebsverfassungsgesetz
BR	=	Betriebsrat
BRe	=	Betriebsräte
BV	=	Betriebsvereinbarung
BDE	=	Betriebsdatenerfassungsanlage
CIM	=	Computer Integrated Manufacturing
EDV	=	Elektronische Datenverarbeitung
GTB	=	Gewerkschaft Textil-Bekleidung
GL	=	Geschäftsleitung
HV	=	Hauptvorstand
HdA	=	Programm "Humanisierung des Arbeitslebens"
IG	=	Industriegewerkschaft
IG Chemie	=	Industriegewerkschaft Chemie, Papier, Keramik
IG Druck	=	Industriegewerkschaft Druck + Papier
IGM	=	Industriegewerkschaft Metall
LG	=	Lohngruppe
MAG's	=	Ministerium für Arbeit, Gesundheit u. Soziales des Landes Nordrhein-Westfalen
MTV	=	Manteltarifvertrag
NRW Projekt	=	Projekt der Regierung des Landes Nordrhein-Westfalen. Im Rahmen des Forschungsprogrammes "Sozialverträgliche Technikgestaltung".
NT	=	Neue Technik
PC	=	Personalcomputer
PPS	=	Produktions-, Planungs- und Steuerungssysteme
Ratio-TV	=	Rationalisierungsschutz-Tarifvertrag
REFA	=	Verband für Arbeitsstudien - REFA - e.V.
TV	=	Tarifvertrag

Anhangsübersicht

Anhang 1   Ermittlung der Stellenzahl, der Auslastung
           und des Akkordsatzes bei Mehrstellenarbeit
           am Beispiel Ringspinnen   376

Anhang 2   Handlungsfelder für BRe bei Anwendung Neuer Technik 382

Anhang 3   Untersuchte Betriebe   386

A DIE AUFGABENSTELLUNG DES NRW-PROJEKTS - ABGELEITET AUS DEN BEREITS EINGETRETENEN UND DEN NOCH ZU ERWARTENDEN ÖKONOMISCH-TECHNISCHEN ENTWICKLUNGEN IN DER TEXTIL- UND BEKLEIDUNGSINDUSTRIE

I Die wirtschaftliche Ausgangslage in der Textil- und Bekleidungsindustrie in ihrer Auslösefunktion technischer Rationalisierung

1. Die Textilindustrie

Die Textilindustrie gilt als Paradebeispiel für die Entfaltung der Produktivkräfte zu Beginn des Kapitalismus im 19. Jahrhundert. Damals zeigte sich die Umwälzung der Produktionsweise darin, daß aufgrund des Ersatzes menschlicher Hände durch Werkzeuge (z.B. Spindeln oder Nadeln) ein im Verhältnis zur vorherigen Menge Vielfaches erarbeitet und damit auch verkauft werden konnte. Mit steigender Arbeitsintensität stiegen zwar relativ auch die Löhne, sanken aber im Vergleich zu den Kosten des Produkts rapide.

Damit war eine typische Entwicklung für die Textilindustrie eingeleitet, die teilweise noch heute die ökonomisch-technische Realität dominiert: mit immer weniger und größtenteils schlecht ausgebildeten Beschäftigten eine steigende Ausbringung von Stoffen unter Arbeitsbedingungen, zu deren Hauptcharakteristika die extreme Anwendung des Taylorismus sowie eine starke Umweltbelastung zählt, zu bewerkstelligen.

Diese Massenproduktion war aber zugleich von Anbeginn ihrer Geschichte an von erheblichen Produktivitätsunterschieden aufgrund unterschiedlicher Garnqualitäten und differenzierter Kundenbedürfnisse, wodurch wiederum die Anwendung unterschiedlicher Entwicklungsstufen von Techniken und Technologien vorangetrieben wurde, gekennzeichnet. Dennoch haben natürlich sowohl die in den vergangenen Jahrzehnten eingesetzten Techniken ("immer schneller, immer breiter, immer billiger", so der Wahlspruch der Unternehmer in den 60er und 70er Jahren) als auch massive Konzentrationsprozesse und erste konjunkturelle Einbrüche nach dem Zweiten Weltkrieg (1966/67, 1974) zu erheblichen Beschäftigteneinbußen geführt; hatte die Textilindustrie Mitte der 60er Jahre noch weit über eine halbe Million Beschäftigte, so reduzierte sich ihre Zahl bis 1987 auf ca. 222 000.

Abb. 1   Entwicklung der Beschäftigtenzahl

Jahr	Beschäftigte in 1.000
1965	547,0
1966	538,5
1967	490,0
1968	489,1
1969	508,2
1970	501,5
1971	481,5
1972	458,1
1973	434,0
1974	393,8
1975	356,9
1976	341,7
1977	331,7
1978	319,7
1979	310,6
1980	303,9
1981	282,9
1982	260,3
1983	241,5
1984	235,5
1985	231,4
1986	227,7
1987	222,6

Textilgewerbe Beschäftigte 1965 - 1987

(Quelle: Wirtschaftskennzahlen zur Tarifrunde der GTB,33)

Nach den Ausführungen des HdA-Projektes der GTB[1] ist parallel zum Abbau der Beschäftigten um 66% und der Betriebe um mehr als 1400 die Steigerung der Produktivität im selben Zeitraum um das Sechsfache (bezogen auf das Produktionsergebnis pro Arbeiterstunde um das Zehnfache) festzustellen.[2]

Abb.2   Produktivität in der Textilbranche 1950-1985

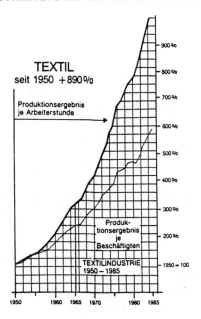

(Quelle: ebd., S. 20 f.)

Diese enormen Produktivitätssteigerungen, die seit längerem die Ergebnisse im gesamten verarbeitenden Gewerbe überflügeln, kommen dadurch zustande, daß sich die ursprünglich personalintensive Branche zu einer kapitalinten-

---

[1] Dieses Forschungsprojekt läuft seit 1984 in der Abteilung Lohn-Leistung/ Humanisierung beim GTB-Hauptvorstand und befaßt sich mit Problemen der menschengerechten Arbeitsgestaltung bei der Anwendung neuer Produktionstechnologien und wird vom Bundesministerium für Forschung und Technologie gefördert. Ergebnisse aus diesem Projekt liegen u.a. in Form von zwei Broschüren (eine zu den Ergebnissen im Bereich Textilindustrie und eine im Bereich Bekleidungsindustrie) vor, auf die wir uns im folgenden - neben anderer Literatur - auch beziehen; diese werden dann so zitiert: GTB, "DIE MASCHINE TREIBT DICH", 1986 und "COMPUTER RÜCKEN VOR", 1986.

[2] GTB, "COMPUTER RÜCKEN VOR", S. 20 f.

siven entwickelt hat; mit Bruttoanlageinvestitionen um 1,8 Mrd. DM (1987, nach Schätzung von Gesamttextil) verteilt sich auf jeden Beschäftigten eine Summe von DM 8.094, was seit 1983 einer Steigerung um rund 45% (oder pro Jahr im Schnitt um 11%) entspricht. Verglichen mit dem verarbeitenden Gewerbe liegen zwar die Steigerungsraten über dem Durchschnitt, die absolute Investitionssumme pro Beschäftigten aber darunter (Durchschnitt des verarbeitenden Gewerbes: DM 9.800). Dies war allerdings vor 1983 - wie WEISSBACH (1988) richtig anmerkt - kein ungebrochener Aufwärtstrend, da sich neu entwickelte Techniken doch längere Zeit nicht ohne weiteres durchsetzen konnten (z.B. schützenlose Webmaschinen, Rotorspinnmaschinen, Prozeßrechner[3]). Erst in den letzten Jahren zeigt sich wieder ein verstärktes Anwachsen von Investitionen in Maschinen und EDV: Nach der 1986 durchgeführten BRe-Befragung der HdA-Projektgruppe in 259 Betrieben ergab sich, daß damals schon in ca. 40% der antwortenden Betriebe Betriebsdatenerfassungsanlagen (BDE) in Anwendung waren (davon 44% auch für die Entlohnung) und daß der weitere Anschluß von BDE-Anlagen in einem Viertel dieser Betriebe für die nächsten Jahre geplant war.

Tab.1 Übersicht Anteile der BDE-Einsatzbereiche

Übersicht Anteile der BDE-Einsatzbereiche
(Antworten aus 100 Betrieben)

1. Webereien	19% der Nennungen
2. Versandabteilungen	18%
3. Spinnereien/ Zwirnereien	13%
4. Veredlung/ Ausrüstung	12%
5. Warenschau	10%
6. Webereivorbereitung	9%
7. Maschenproduktion	6%
8. sonstige Einsatzbereiche	13%

(Quelle: "DIE MASCHINE TREIBT DICH",1986, 39)

Darüber hinaus gab es bei insgesamt 71 antwortenden Betrieben folgende Einsätze der Computertechnik:

---

[3] Vgl. dazu ebd., S. 13.

Tab.2a und b: Übersicht Verbreitung computergestützter Maschinen bzw. Techniken

Übersicht Verbreitung computergestützter Maschinen (Antworten aus 71 Betrieben)	
Zwirnmaschinen/ Effektzwirnmaschinen Spinnstoffaufbereitung/ Spinnmaschinen	in 2 Betrieben in 6 Betrieben
Veredlungsmaschinen/Prozeßsteuerung an Färbemaschinen/Autocolorsteuerung/Farbherstellungsmaschinen/Farbzuführung/ Farbanalyse/Spannrahmen etc.	in 39 Betrieben
Sonstige Maschinen wie: Wirkmaschinen/Stanzen/ Schermaschinen/Strickmaschinen/Verformungsanlagen/Nähautomaten	in 16 Betrieben
weitere Maschinenarten	in 8 Betrieben

Übersicht über sonstige computergestützte Technik in Textilbetrieben (Antworten aus 65 Betrieben)	
Handhabungssysteme/ Industrieroboter	in 4 Betrieben
Automatische Lagersysteme	in 10 Betrieben
Automatische Fehlererkennung (z. B. Warenschau)	6 Betrieben
Computergesteuerte Farbmeßgeräte	in 32 Betrieben
sonstige Geräte	in 10 Betrieben

(Quelle: ebd.,40/41)

Daraus läßt sich ersehen, daß der Schwerpunkt der Anwendung von Computersteuerungen und computergesteuerten Meßgeräten im Bereich der Veredelung liegt und immerhin in 10 von 65 antwortenden Betrieben bereits automatische Lagersysteme installiert waren.

Daneben sind in dieser Untersuchung auch EDV-Anwendungsfälle in der Verwaltung erfragt worden, die uns hier aber nicht weiter interessieren, da sich das NRW-Projekt auf die Produktion konzentrieren sollte.

Trotz des oben skizzierten Schrumpfungs- und Rationalisierungsprozesses, der bereits hinter der Textilindustrie liegt, scheint die Branche noch zu keiner Konsolidierung gefunden zu haben: Die Produktion von Gütern geht zurück (1987 lag sie um 5% niedriger als 1980), wohingegen die Einfuhr aus sog. "Niedrigpreisländern" im selben Jahr um 5,7% stieg.[4]

---

[4] Alle Zahlen aus dem Branchenbericht Textilindustrie der COMMERZBANK, 3/88, zitiert nach dem CIM-Bericht, 1988.

Die Hoffnungen der Unternehmer stützen sich nun - neben Protektionsforderungen für den Export und Ausweitung des Konsums (was natürlich die Steigerung der Massenkaufkraft voraussetzt) - auf die neuen Möglichkeiten, die eine sich ständig weiterentwickelnde Technik bietet. Insofern liegt es auf der Hand, daß die nächsten Jahre - wie es auf der Internationalen Textilmaschinenausstellung (ITMA) 1987 in Paris deutlich wurde - einen neuen, gewaltigen Technisierungsschub bringen werden, der die schon bestehenden Probleme für die Arbeitenden[5] noch verschärfen dürfte.

2. Die Bekleidungsindustrie

Da man davon ausgehen muß, daß der Strukturwandel im Verlauf der vergangenen Jahre in der Bekleidungsindustrie die Ausformung der industriellen Beziehungen, die Handlungsmöglichkeiten und Grenzen betrieblicher Akteure in den Bereichen Arbeitsorganisation und Technikanwendung aber auch Lohn - maßgeblich beeinflußt hat[6], sollen im folgenden die Haupttendenzen dieses Strukturwandels skizziert werden.

Dabei stellt man fest, daß die Situation in der Bekleidungsindustrie ähnlich schwierig wie in der Textilindustrie ist: "Auch hier hat ein tiefgreifender struktureller Anpassungsprozeß in den letzten 20 Jahren zu einem Abbau der Betriebe und Beschäftigten um jeweils etwa die Hälfte geführt."[7]

Als Kunde der Textilindustrie ist dieser Industriezweig auf den Märkten dem Druck einer starken internationalen Konkurrenz ausgesetzt, der bis heute zu einer Verdrängung inländischer Hersteller vor allem aus den Bereichen der Massenware geführt hat. Die Folge war ein verstärktes Engagement im Ausland und eine Schrumpfung der Branche im Inland.

---

[5] Vgl. dazu "DIE MASCHINE TREIBT DICH", 1986, 41f, 46ff, aber auch die Expertise von WEISSBACH.

[6] Vgl. z.B. FISCHER, GEBBERT, u.a. 1983 und BRACZYK, NIEBUR, WEISSBACH, 1983 sowie ADLER, 1986.

[7] CIM-Bericht, S. 3.

Nach ADLER (1988) lag 1987 die Produktion in diesem Industriebereich um ein Drittel niedriger als 1970. In den letzten fünf Jahren verliefen die Umsatzsteigerungen gegenüber dem Vorjahr sehr schwankend: Stieg der Umsatz von 1983 auf 1984 um 6,4%, so war von 1987 auf 1988 lediglich ein Anstieg von 0,7% festzustellen.[8] Von 1970 bis 1982 verlor die Branche, die 1965 noch knapp 400 000 Beschäftigte umfaßte, im Jahr durchschnittlich 14 600 Arbeitsplätze; seit 1982 hat sich dieser Verlust auf ca. 2 600 pro Jahr reduziert, weshalb 1987 ein Stand von 177.494 erreicht war.

Abb. 3 Entwicklung der Beschäftigten in der Bekleidungsindustrie

Jahr	Beschäftigte in 1.000
1965	398,2
1966	406,4
1967	370,7
1968	366,5
1969	382,2
1970	379,1
1971	371,6
1972	372,6
1973	359,7
1974	310,2
1975	288,3
1976	276,6
1977	264,6
1978	259,5
1979	256,7
1980	248,8
1981	231,0
1982	209,8
1983	194,0
1984	191,2
1985	188,4
1986	185,3
1987	177,8

Bekleidungsgewerbe Beschäftigte 1965 – 1987

(Quelle: Forderungen, Fakten, Argumente, GTB 1988, 40)

Im gesamten verarbeitenden Gewerbe ist der Anteil der Löhne und Gehälter am Umsatz in den Jahren 1986 und 87 gestiegen (um 8 und 2,9%), während bei der Bekleidungsindustrie weitere Senkungen erreicht werden konnten (-1,1% und -1,6%). Dennoch gehört die Bekleidungsindustrie nach wie vor zu den lohnintensivsten Gewerbebereichen, da sich

---

[8] Siehe die Tabellen in: Forderungen, Fakten, Argumente, GTB, 1988.

selbst bei besten Umsatzzahlen die Investitionstätigkeit nicht nennenswert veränderte.[9]

Dies hängt mit den großen Problemen zusammen, die sich bei der Automatisierung eines biegeschlaffen Stoffes einstellen.

Auch in der Bekleidungsindustrie hat sich die Schere zwischen Ex- und Import immer weiter zugunsten der Importe geöffnet (begünstigt auch durch den drastischen Dollarkursrückgang):

Tab. 3 Außenhandel Bekleidung

Außenhandel Bekleidung in den letzten fünf Jahren:

Jahr:	Einfuhr	Ausfuhr	Einfuhrüberschuß
1983:	9,2 Mrd.DM	4,2 Mrd.DM	5,0 Mrd.DM
1984:	11,1 Mrd.DM	4,9 Mrd.DM	6,2 Mrd.DM
1985:	11,4 Mrd.DM	5,7 Mrd.DM	5,7 Mrd.DM
1986:	12,2 Mrd.DM	6,2 Mrd.DM	6,0 Mrd.DM
1987:	13,5 Mrd.DM	6,0 Mrd.DM	7,5 Mrd.DM

(Quelle: Forderungen, Fakten, Argumente, GTB 1988, 38 GTB, 1988,38)

Dazu kommt - noch ausgeprägter als in der Textilindustrie - die Abhängigkeit vom Innovationstempo modischer Strömungen. Die dabei auftauchenden Schwierigkeiten faßt BRACZYK u.a. (1987) folgendermaßen zusammen:

1. Kleinere Losgrößen aufgrund ständig wechselnder Moden.

2. Instabile Materialverfügbarkeit: Der Druck auf die Hersteller textiler Flächen nimmt sowohl bezüglich der rechtzeitigen Lieferung als auch bezüglich der Qualität zu.

3. Größere Modell- und Variantenvielfalt.

4. Geändertes und unterschiedliches Orderverhalten des Handels: Neben hohen Ansprüchen an Qualität und individuelle Belieferung nützt der Handel zusehends seine Monopol-

---

[9] 1988 zeichnet sich nach dem CIM-Bericht sogar ein 2-3%iger Rückgang ab, ebd., S. 4.

stellung zur Begrenzung von Spielräumen in der Preisgestaltung aus.

5. Hohe Qualitätsansprüche.

Aufgrund schwieriger Automatisierungsbedingungen und einer noch sehr traditionellen arbeitsteiligen Struktur sowie einem dementsprechend niedrigen Qualifikationsniveau setzten sich bis heute zwei Strategien durch:

- zum einen wurde der Schwerpunkt der Innovation auf die Produkte verlagert. So können die Firmen schneller auf neue Mode reagieren und dennoch mit hoher Qualität produzieren.

- zum anderen hatte die soeben geschilderte Innovation zur Folge, daß viele Firmen die billigeren Massenwaren, deren Qualitätsstandard nicht so hoch sein mußte, im Ausland fertigen ließen.

Von ADLER (1988) wird auf die Problematik einer ausschließlichen Orientierung an der Produktinnovation hingewiesen:

"Produktinnovation in der Bekleidungsindustrie stützt sich nicht auf patentfähige Neuerungen, weil in der Regel keine Innovationshöhe vorliegt, die auch aus kaufmännischen Gründen zu sichern wäre. Neue Produktlinien setzen sich als Trends durch, ohne daß der Nachahmer an den Modepionier Abgaben zu entrichten hätte. Da gleichzeitig jedes Produkt von jedem Hersteller auf der Welt nachgeahmt und abgeändert gefertigt werden kann, reicht die Produktinnovation - auch als Qualitäts-, Mode-, Tragekomfort-, Bekleidungsfunktion - nicht aus, wenn es um (Kosten-) Wettbewerb geht." (ebenda, S. 2)

Adler vertritt die These, daß zu dieser Produktinnovation, um sie wirklich tragfähig zu machen, eine entsprechende Prozeßinnovation und auch eine soziale Innovation hinzukommen müßte.

Vor allem hinsichtlich der Prozeßinnovation ist auf dem Herstellermarkt auch tatsächlich - zuletzt auf der Internationalen Messe für Bekleidungsmaschinen (IMB) in Köln vertreten - eine breite Entwicklung bei computergestützten Materialwirtschaftssystemen, just-in-time-Konzepten bis zu Produktionsplanungs- und -steuerungssystemen in Richtung CIM (Computer-Integrated-Manufacturing) zu beobachten.

Allerdings ist bis heute die Fertigung in der Bekleidungsindustrie durch das traditionelle Fließprinzip gekennzeichnet, weil der zentrale Prozeß, die Montage von ausgeschnittenen Stoffteilen zu einem Kleidungsstück, noch nicht automatisierbar ist.

Die Automatisierungserfolge beschränken sich vorwiegend darauf, Detailfunktionen an Nähmaschinen durch Mikroprozessorsteuerungen übernehmen zu lassen, was zwar prinzipiell deren Flexibilität und Schnelligkeit erhöht, aber nicht die Grenze durchbrochen hat, die durch die Biegeschlaffheit des Materials gesetzt ist. Dies ist natürlich auch eine Finanzfrage, d.h. abhängig von den in der Bekleidungsindustrie zur Verfügung stehenden Investitionssummen.

Um nun die oben erwähnte technische Grenze zu umgehen, gibt es zum einen die Möglichkeit, in flexible Transporttechnologien zu investieren (Stichwort: Hängeförderung), zum anderen, sich der Bedeutung der sozialen Innovationskomponente bewußt zu werden und entsprechende arbeitsorganisatorische Umstellungen zu machen bzw. in Qualifizierung zu investieren.[10] Allerdings wird es u.E. die letztere Orientierung bei nach wie vor gültiger positiver Einschätzung des Fließprinzips in der Branche schwer haben, sich durchzusetzen.

Da aber die Qualität der Arbeit und auch die Entlohnung mit der Veränderung der Arbeitsorganisation verbessert werden könnte, müssen derartige Bemühungen weiter unterstützt werden. Insofern ist diese Entwicklung für unsere Untersuchung sehr wichtig.

---

[10] Vgl. hierzu z.B. die im Rahmen des Branchenprojekts Bekleidung des BMFT durchgeführten Forschungsarbeiten des ASIF: WEISSBACH, 1984, BRACZYK u.a. 1987, BRACZYK u.a. 1983, LÜTGERING, 1984, und auch die Arbeiten aus dem IFO München: ADLER, 1986.

II Problemstellungen, wie sie sich aus den ökonomisch-technischen Entwicklungen in der Textil- und Bekleidungsindustrie ergeben und vom NRW-Projekt untersucht werden sollten

Nachdem zuerst die Produktionsbedingungen der Textil- und Bekleidungsindustrie skizziert wurden, soll nun im folgenden verdeutlicht werden, wo denn nun die neuen Probleme bei der Entlohnung auftreten, welche untersuchungsrelevanten Fragen sich stellen und in einem durchzuführenden Projekt analysiert und beantwortet werden müssen.

In verschiedenen Anträgen zum letzten Gewerkschaftstag der GTB (1986 in Aachen) wird dargestellt, daß die universelle Anwendbarkeit der Mikroelektronik deren Ausbreitung in der Textil- und Bekleidungsindustrie in Form von Detailsteuerungen, Computersteuerungen, Datenmeßgeräten, Betriebsdatenerfassungsanlagen usw. vorantreibt. Die Kolleginnen und Kollegen der GTB rechnen vor dem Hintergrund bisheriger Erfahrungen damit, daß

- sich die Arbeitsplatzvernichtung der vergangenen Jahre noch verschärfen wird;
- die Arbeitsbedingungen nicht besser werden (Lärm ist nicht geringer geworden), sondern eher schlechter (neue, vor allem psychische Belastungen entstehen);
- zwar ein kleiner Teil an hochqualifizierten Positionen geschaffen wird, aber der Großteil der Arbeitsplätze - aufgrund herrschender Arbeitsorganisation (extreme Zergliederung) - wegfällt;

- kaum in Qualifizierungskonzepte investiert werden dürfte und auch kaum von möglichen Alternativen in der Arbeitsorganisation profitiert wird;
- die Verlängerung der Maschinenlaufzeiten als notwendig gegen die geforderte Arbeitszeitverkürzung ins Feld geführt wird;
- abgruppiert und aufgrund des hohen Kostendrucks überall versucht werden wird, die Löhne zu minimieren oder die Belastung zu erhöhen (Leistungsverdichtung);

- gerade durch die Anwendung der Mikroelektronik nie vorher dagewesene Kontrolle über die einzelnen Arbeitenden ausgeübt werden kann (Datenschutzproblematik) und sie dadurch zusätzlich unter Leistungsdruck geraten.

Offensichtlich kann diesen Bedenken keine Technikfeindlichkeit unterschoben werden, wie dies oft vom Unternehmerlager versucht wird; vielmehr beziehen sie ihre argumentative Substanz aus der betrieblichen Praxis, die in der Textil- und Bekleidungsindustrie eben dadurch gekennzeichnet ist, daß die bisher übliche Arbeitsteilung,[11] die Struktur der Betriebe (vorwiegend Klein- und Mittelbetriebe ohne eigene Weiterbildung und Personalplanung[12]) und die sich aus dieser Struktur ergebende relative Schwäche betrieblicher Interessenvertretung,[13] die relativ niedrige Qualifikationsstruktur, das Entlohnungssystem und die oft mangelhaft ausgebildete Führungsmannschaft eine "sozialverträgliche Technikanwendung"[14] verhindern oder zumindest sehr erschweren.

Mit obigen Ausführungen zeichnet sich nicht nur die Notwendigkeit einer genauen Definition dessen ab, was denn nun unter diesen Bedingungen die Umsetzung einer sozialverträglichen Technikgestaltung heißt, sondern auch die hier zur Debatte stehenden lohn- und tarifpolitischen Ziele, mit denen diese Bedingungen verbessert werden können.

Auch für die GTB ist mittlerweile selbstverständlich, daß die Beschäftigungssicherung nur mit einer forcierten Durchsetzung der Arbeitszeitverkürzung erreichbar ist.[15] Dies konnte aber aufgrund der erst begonnenen Kampagne noch nicht Gegenstand eines Projekts sein. Viel interessanter schien den zuständigen Gremien - zumal sich in diesen Punkten erst langsam etwas bewegt (auch wenn dazu schon viel diskutiert worden ist) - die Frage nach der Eingruppierung

---

[11] Vgl. BRACZYK u.a. 1983, WEISSBACH, Expertise u.a.

[12] Vgl. OTT, 1987.

[13] Vgl. dazu BUCHHOLZ-WILL, 1987.

[14] Vgl. zu der inhaltlichen Ausfüllung dieses Modebegriffes KUBICEK, 1986.

[15] Siehe diesjährigen Abschluß eines dementsprechenden Tarifvertrages für Textil und Bekleidung und bereits letztjährigen Abschluß einer entsprechenden Vereinbarung für das Textile Reinigungsgewerbe.

und die Unsicherheiten in der Veränderung des Entlohnungsgefüges und der für die Entlohnung herangezogenen Bezugsgrößen generell:

Erstes Beispiel:
Wenn an Webmaschinen in der Textilindustrie eine BDE-Anlage installiert wird (oder in neueren Modellen bereits eingebaut ist), dann liefert diese nicht nur Produktionsdaten (also Daten über die Laufeigenschaften, für die Materialwirtschaft, zur Qualitätsüberwachung), sondern auch Leistungsdaten (d.h. wann und wie oft blieb die Maschine stehen, welche Abstellungen gab es und welche hat der Weber zu verantworten, welcher der Weber ist der beste usw.). Es ergeben sich also aus diesem Technikeinsatz sowohl lohnrelevante Daten als auch Daten für die Leistungsüberwachung und sogar -vorhaltung.
In diesem Beispiel geht es nun darum, daß sich mit der Verfügung über BDE-Daten möglicherweise die Entlohnung verändert - und zwar einerseits der Entlohnungsgrundsatz, weil man von Unternehmerseite aus glaubt, jetzt bessere Daten zu haben, um endlich von Zeitlohn in Akkord zu gehen oder in Prämie, weil andere Bezugsgrößen eine Rolle spielen können; andererseits die Entlohnungsmethode, weil man unterschiedliche Bezugsgrößen als lohnrelevant definieren und darauf ein Leistungssystem aufbauen kann.

Zweites Beispiel:
Wenn in einer Wäschefabrik die Produktionsabteilung "Hemdennäherei" auf prozeßgesteuerte Nähmaschinen umgestellt und mit einer Förderanlage ausgestattet wird, so verändern sich sowohl die Anforderungen an die Näherin, weil sie mit unterschiedlichen Programmen näht, als auch deren Beanspruchung, weil sie schneller mehr Teile positionieren muß und weil sie durch die Förderanlage in ihren Arbeitsplatz fast eingesperrt wird. Damit stellt sich die Frage, ob sie für die zusätzlichen Anforderungen einen Zuschlag bekommen soll (weil diese durch das herkömmliche Arbeitsbewertungssystem nicht mehr greifbar sind) oder ob eine höhere Eingruppierung angemessen wäre. Weiterhin muß diskutiert werden, ob und wie die neuen Belastungen in den Lohn Eingang finden oder ob die Anstrengung darauf ausgerichtet sein muß, diese Belastungen zu verhindern bzw. zu vermindern (z.B. über tarifliche Regelung). GEBBERT (1987) stellt anhand dieses Tätigkeitsbereichs in der Bekleidungsindustrie sehr anschaulich den Widerspruch zwischen Einsatzflexibilität und starrem Lohnsystem heraus (Stichwort: Einarbeitung und Lohnverlust bei häufigem Wechsel). Sie stellt heraus, daß es zu einer Polarisierung zwischen "Leistungsträgern" und "Flexibilitätsträgern" im Betrieb kommen wird, die gewerkschaftliches Handeln notwendig macht.

Drittes Beispiel:
Wenn in einem Bekleidungsbetrieb der bisher mit dem Stoßmesser durchgeführte manuelle Zuschnitt von einer computergesteuerten Anlage übernommen wird, die on-line mit einem Computer verknüpft ist, der zugleich das automatische Erstellen des Schnittbildes und der Größenveränderung (Gradieren) übernimmt, dann stellen sich hier noch viel massiver als in Beispiel 2 die folgenden Probleme:

- wer von der bisherigen Mannschaft bleibt übrig? (sind da überhaupt noch Frauen dabei?)
- wer wird wohin versetzt und ist der Betroffene dabei im Hinblick auf seinen Lohn abgesichert?
- wer von den Übriggebliebenen wird diesem neuen Technikniveau entsprechend qualifiziert und dann auch höhergestuft, oder wird versucht werden, die Anforderungen niedrig zu halten, um abgruppieren zu können?
- nach welchen Kriterien wird eine solche Arbeit bezahlt?

Die Geschlechtsspezifik muß im Prinzip für jeden Punkt der drei Beispiele untersucht werden, weil aufgrund diverser Untersuchungsergebnisse zur Betroffenheit von Frauen bei Einführung Neuer Techniken zu erwarten ist, daß sie die "Hauptverlierer" sein werden, was in einer Branche, in der sie den größten Teil der Beschäftigten ausmachen, eine besondere Dramatik darstellen würde.[16]

Diese lohn- und tarifpolitischen Probleme stellen an die GTB - ähnlich wie an andere Einzelgewerkschaften - die Anforderung, sich hinsichtlich dieser vielfältigen Umbrüche um neue Wege zu einer angemessenen Entgeltfindung - vor allem auch unter dem Gesichtspunkt der Absicherung betroffener Frauen - für geleistete Arbeit zu bemühen.

Dabei kann es hilfreich sein, sich die Überlegungen, die in anderen Gewerkschaften zu den oben angesprochenen Problemen bereits vorliegen, vor Augen zu führen.

In der IGM wurde festgestellt, daß Akkorde gekappt werden, um die Arbeitnehmer zu einer Leistung an der erreichbaren Obergrenze zu zwingen, daß Prämien mit gekoppelten Leistungsbeurteilungsverfahren aufgebaut werden, um ein den neuen Produktionsbedingungen angemessenes Anreizsystem zu bekommen und daß Arbeitgeber teilweise auch auf Zeitlohn ausweichen, um aus dem Bereich der Mitbestimmung bei Vorgabezeiten herauszukommen und so einseitig ein System von Leistungsvorgaben durchsetzen zu können.

Auch dort sind zur Zeit wegen der Durchdringung der Produktion mit Hilfe von BDE-Systemen und der computergestützten Zeiterfassung und -verwertung für Planzeiten wichtige Veränderungen im Gange, die umfassend gewürdigt werden müssen - also sowohl über die Mitbestimmung bei der konkreten Definition der Leistungsbedingungen (nicht nur Leistungs-

---

[16] Vgl. DROHSEL, 1986, KURZ-SCHERF, 1987 u.a.

vorgabe, sondern auch Datenermittlung und zusätzliche Erholungsregelung) und bei der Höhe bzw. bei der Zusammensetzung des entsprechenden Lohns, als auch über Mitbestimmung der Personalbemessung und der Form der Arbeitsorganisation.

Vor einigen Jahren führte eine Forschergruppe im Auftrag der IGM ein Projekt durch, das sich mit dem klassischen Anforderungsbezug in der Entlohnung und seiner Problematik unter den veränderten Produktionsbedingungen beschäftigte.[17] Dieser Anforderungsbezug bezieht sich grundsätzlich auf das von TAYLOR entwickelte "scientific Management",[18] mit dem die erste systematische Bewertung menschlicher Arbeit, deren zeitökonomische Durchdringung und ihre entsprechende Einordnung in den nach kapitalistischen Verwertungsgesichtspunkten organisierten Produktionsprozeß gelungen war. Trotz der ständigen Umstrittenheit dieses Verfahrens auf theoretischer und praktischer Ebene konnten es die Unternehmer - teilweise sogar gemeinsam mit den Gewerkschaften - durchsetzen (Grundlage des sog. "Genfer Schemas") und bis heute zu einer sehr ausgefeilten Methodik der Bewertung menschlicher Arbeit weiterentwickeln. Die Gewerkschaften - so die Forscher - hätten die Anforderungen nach dem Genfer Schema solange hingenommen, als damit lohnpolitische Erfolge zu erreichen gewesen seien (bis in die 70er Jahre). Unter den derzeitigen Bedingungen sei aber klar ersichtlich, daß dieser Bezug und damit diese Methodik nicht mehr angemessen seien, weil sie die neuen Anforderungen nicht mehr zu greifen in der Lage seien und mehr und mehr in den Händen der Unternehmer zu einem Instrumentarium der Aufrechterhaltung oder sogar Vertiefung arbeitsteiliger Strukturen und damit zu Dequalifizierung und Abgruppierung zu werden drohe.

Weiterhin sei es so, daß gerade unter Automationsbedingungen die Arbeitenden gezwungen seien, verstärkt Qualifikationen vorzuweisen, die über die Kenntnisse und Fähigkeiten, wie sie in Ausbildungsberufen vermittelt wer-

---

[17] Siehe HAGER u.a., 1986.

[18] Bzw. auf dessen "eingedeutschte" Fassung, vgl. SCHUDLICH, 1986.

den, hinausgingen. Daß in diese Richtung mehr qualifiziert werden muß und dies auch bezahlt werden muß,[19] wird allerdings noch nicht in vielen Gewerkschaften so gesehen (z.B. in der IG CHEMIE), geschweige denn aktiv verfolgt.

Auch die IG Druck und Papier konnte in dieser Hinsicht in ihrem 1978 erstreikten Tarifvertrag über die Einführung und Anwendung rechnergestützter Textsysteme (RTS-Tarifvertrag) einen Fortschritt verankern, als sie eine möglichst neutrale Beschreibung der Lohn- und Gehaltsgruppenbeschreibungen durchsetzte, um möglichst keinen Anreiz für weitere Arbeitsteilungen zu bieten (Vorgabe großflächiger Arbeitsfelder). Weiterhin konnte ein Abgruppierungsschutz und Besetzungsregelungen für rechnergestützte Arbeitsplätze verankert werden. Dieser Tarifvertrag (TV) hat den Vereinbarungen im Organisationsbereich der IGM voraus, daß er bundesweit gilt.

Bei der IG CHEMIE wird auch im neuen Entgelttarifvertrag von 1987 nach Anforderungen bezahlt (Qualifikation spielt nur als Voraussetzung zur Erfüllung dieser Anforderungen eine Rolle); zur Unterstützung der Eingruppierung gibt es Richtbeispiele, die mit Anwachsen der Entgeltgruppen zahlreicher werden. Dabei hat der Betriebsrat ein Mitbestimmungsrecht. Ein Nachteil ist noch, daß bei wechselnden Tätigkeiten nicht danach bezahlt wird, welche der Tätigkeiten am höchsten eingruppiert ist, sondern danach, welche der Tätigkeiten im Durchschnitt am häufigsten ausgeübt wurde. Dies ermöglicht den Unternehmern, arbeitsteilige Strukturen zu verankern.

Da der hier nur grob skizzierten Diskussion um den Anforderungs- und Qualifikationsbezug sowie um die Korrektheit der bewerteten Anforderungen anhand des herkömmlichen Instrumentariums bei der GTB bisher noch kaum Bedeutung zukam, wir aber in den obigen Beispielen deutliche Tendenzen in Richtung dieser Problematik gesehen haben, stellen sich also die Untersuchungsfragen,

---

[19] Vgl. die Haustarifverträge bei der Fa. Vögele und bei VW und die Ansätze im Lohnrahmentarifvertrag I in Nordwürttemberg-Nordbaden, der dieses Jahr wieder neu abgeschlossen wurde.

- ob sich in den zu untersuchenden betrieblichen Beispielen für die Anwendung Neuer Technik in der Textil- und Bekleidungsindustrie Anhaltspunkte für die Inadäquanz herkömmlicher Schemata für die Bewertung menschlicher Arbeit und damit eine unkorrekte Bezahlung feststellen lassen;

- ob und mit welcher lohnpolitischen Konsequenz in den zu untersuchenden Betrieben Zwischenlösungen zur Umgehung dieses Problems gefunden bzw. angewendet werden;

- inwieweit sich aufgrund dieser fehlenden Bewertungspotenz Ungereimtheiten bei der Eingruppierung ergeben und ob es eventuell dafür finanzielle Ausgleiche anderer Art gibt (z.B. Zuschläge)

- und ob und wie diese Bewertungsprobleme geschlechtsspezifisch ausgeprägt sind bzw. "gelöst" werden oder sich abrechnungstechnisch niederschlagen.

Neben diesen Fragestellungen wird es - wie oben angedeutet - auch darum gehen, ob möglicherweise aufgrund der harten Marktanforderungen nach Flexibilität, Schnelligkeit und Aktualität die damit geforderte Umorientierung der Unternehmer, nur noch das zu produzieren, was die Verkäufer zu einer bestimmten Zeit als besonders gängig einstufen, sich auch wirklich durchzusetzen beginnt. Dies könnte - neben der traditionellen, für hocharbeitsteilige Produktionsprozesse typischen Strategie der Lohnsenkung durch Rationalisierung von Teilprozessen - eine Strategie entstehen lassen, die mit Hilfe des Einsatzes von EDV mehr auf neue arbeitsorganisatorische Strukturen und auf eine bessere Qualifikation der Beschäftigten setzt. Damit wären bessere Voraussetzungen für eine höhere und vielleicht auch von anderen Variablen beeinflußte Entlohnung geschaffen.

Dieser Trendwende entspricht u.a. das Ergebnis bei einer Umfrage zum Innovationsverhalten von Bekleidungsunternehmern vom IFO-Institut in München, wonach die befragten Unternehmer die Erkenntnis umzusetzen beginnen, die Mitarbeiter bewußt in das Wettbewerbskonzept einzubauen, was zum einen die Verbesserung der Arbeitsbedingungen und zum anderen eine Erweiterung der zur Verfügung gestellten Qualifikation sowie die Flexibilisierung der Arbeitszeit voraussetze.[20]

Damit wird deutlich, daß sich diese Untersuchung nicht nur darum kümmern kann, ob der Entlohnungsgrundsatz oder die Eingruppierung den tarifvertraglichen Bestimmungen entspricht, sondern auch darum,

- **ob sich im Zusammenhang mit dem Einsatz Neuer Technik die arbeitsorganisatorischen Strukturen und das Qualifikationsniveau der eingesetzten Arbeitskräfte verändern, ob also ein bestimmtes Personaleinsatzkonzept verfolgt wird und**

- **inwieweit diese Zusammenhänge in ihrer Komplexität auch tatsächlich in unternehmerische Entlohnungsstrategien eingehen bzw. andere Strategien fordern (Kalkulation mit lohnmäßiger Polarisierung im Betrieb).**

Letztendlich muß - gemäß den Bemerkungen am Ende der aufgeführten Beispiele - die geschlechtsspezifische Betroffenheit von lohn- und tarifpolitisch relevanten Veränderungen in den Betrieben quer zu allen hier angesprochenen Forschungsfragen mitgedacht werden; insofern geht es also darum, bei jeder der obigen Fragen zu prüfen,

- **ob und wo Frauen in der Textil- und Bekleidungsindustrie dadurch diskriminiert werden, daß sie von vornherein nicht zu den "Gewinnern" dazustoßen können/dürfen und so auch keine oder kaum eine höhere Verdienstchance haben,**

- **wie Frauen, wenn sie einbezogen werden, möglicherweise durch besondere Aufgaben oder arbeitsteilige Strukturen oder mangelnde bzw. nicht erfolgte Qualifizierung auf der "Zwischenebene" der Entwicklung steckenbleiben und**

- **wo und wie die Frauen bei der Berechnung ihres Lohnes, z.B. bei der Berücksichtigung bestimmter Bezugsgrößen oder bei zusätzlichen Bewertungskriterien (für die z.B. Zuschläge gezahlt werden), unkorrekt behandelt werden.**

Ebenfalls quer und in vielfältiger Weise mit den obigen Untersuchungsgegenständen verknüpft liegt die Problematik

---

[20] ADLER, 1988, 59 ff.

der sog. "Umgebungseinflüsse" bzw. der "Belastung". In den Gewerkschaften werden dazu verschiedene Positionen bezogen: Die IG CHEMIE fordert bezüglich dieser Einflußfaktoren auf die menschliche Arbeit finanzielle Abgeltung, während die IGM und die IG DRUCK und PAPIER die Ansicht vertreten, daß sich diese Faktoren nicht mehr in den Begründungen von Entgeltdifferenzierungen finden dürfen.

Die beiden zuletzt Genannten machen dies zum einen daran fest, daß es aus gesundheitspolitischen Überlegungen falsch sei, schädliche Einflüsse und Belastungen zu bezahlen, weil man damit Gefahr laufe, sie zu zementieren; zum anderen spiele es eine wesentliche Rolle, daß sich ihrer Einschätzung nach unter Automationsbedingungen die Umgebungseinflüsse reduzierten und veränderten (was Lohneinbußen nach sich ziehen kann), wie auch eine Entwicklung weg von körperlicher Belastung (traditioneller Belastungsbegriff) hin zu psychischen Belastungen (nicht meßbar und individuell unterschiedlich in ihrer Wirkung bzw. Wahrnehmung) zu beobachten sei.

Wie dies positiv umgesetzt werden kann, ist zu lernen im Lohnrahmentarifvertrag (LRTV) II (Nordwürttemberg/Nordbaden) und welche Weiterentwicklungen durchzusetzen wären im LRTV-Entwurf von Südwürttemberg/Hohenzollern: Dort wird nicht nur versucht, die psychische Belastung als qualitative Kategorie ins Spiel zu bringen, sondern diese Kategorie auch mit der Eingruppierung zu verknüpfen.

Da dieses Problem in verschärftem Maße auch für die GTB von Bedeutung ist und auch weiterhin sein wird, versprechen wir uns einiges von einer offensiven Diskussion dieser Zusammenhänge und deren Bedeutung in den zu untersuchenden Belegschaften bzw. mit den zuständigen Führungspersonen. In diesem Zusammenhang zeigt sich auch, wie wichtig Überlegungen sind, über die Mitbestimmung an die Personalbemessung und an die Definition von Arbeitsabläufen bzw. Arbeits- und damit Leistungsbedingungen heranzukommen.[21] Dabei dürfte die Frage, wie wir uns in das Zustandekommen und die Anwen-

---

[21] In Ansätzen ist dies geregelt im LRTV-Entwurf für Südwürttemberg und in groben Zügen erreicht bei den Fa. Vögele und VW (Mitbestimmung über Soll-Vorgaben im Rahmen einer paritätisch besetzten Kommission).

dung von Planzeiten einschalten, eine herausragende Bedeutung bekommen.

Insofern sind also die in den Betrieben im Zusammenhang mit einer bestimmten Entlohnung relevanten Leistungsbedingungen abzufragen:

- sind Soll-Vorgaben mit Hilfe von BDE-Daten durchsichtiger für die Beschäftigten, wie weit reichen sie und hat der BR bei ihrer Festsetzung bessere Mitsprache als vorher?

- muß aufgrund der Anwendung prozeßgesteuerter Maschinerie und/oder BDE mehr geleistet werden und wie macht sich das bemerkbar?

- was wird als belastend, was als entlastend empfunden?

- welche neuen/alten Möglichkeiten gibt es, die Arbeitskraft trotz Leistungsverdichtung zu erhalten?

- werden ausreichend Pausen und Erholzeiten genommen?

- was hat sich in der Leistungsbewertung verändert (gelten heute andere Maßstäbe an den neuen Maschinen)?

Auf der Basis dieser Fragestellungen wurde das Projekt beim MAGS im Rahmen des Programms "Sozialverträgliche Technikgestaltung" der Landesregierung von Nordrhein-Westfalen (NRW)[22] Ende 1986 beantragt und ab 1.5.87 beim Hauptvorstand der GTB in Düsseldorf durchgeführt.

---

[22] Vgl. die mit diesem Titel versehene Broschüre des MAGS von 1986, in der die wesentlichen Zielstellungen und die Eingebettetheit des Programms in die Zukunftsinitiative der Landesregierung erläutert sind.

B DAS METHODISCHE VORGEHEN BEI DER ANALYSE VON VERÄNDERUNGEN IN DER ENTLOHNUNG IM ZUSAMMENHANG MIT DEM EINSATZ NEUER TECHNIKEN

I. Die Probleme methodischer Zugriffe auf unterschiedliche Ebenen betrieblicher Entlohnungsrealität

Zu Beginn einer derartigen Untersuchung macht man sich natürlich - wie bei jeder anderen empirischen Arbeit - zuerst darüber Gedanken, was man zu den gestellten Fragen und Problembereichen schon weiß bzw. vermutet.

Wir wissen also aus den in Teil A genannten Beispielen, daß sich sowohl die Entlohnungsgrundsätze inklusive der Lohnbestandteile (Bezugsgrößen) und der Lohnfindung bzw. Lohnberechnung als auch die Eingruppierung und - als deren Grundlage - die Bewertung der Arbeit beim Einsatz Neuer Techniken verändern dürften. Gleichzeitig wissen wir aus den oben dargestellten ökonomisch-technischen Rahmenbedingungen der Textil- und Bekleidungsindustrie, daß sich zum einen diese Veränderungen je nach Branche, ökonomischer Stärke und technischer Ausstattung sowie Management-Philosophie unterschiedlich darstellen bzw. durchsetzen dürften und zum anderen aufgrund der Struktur der betroffenen Betriebe wahrscheinlich nur schwer an datenmäßige Belege bzw. Aufarbeitungen derartiger Entwicklungen heranzukommen sein wird.

Insofern schien es uns zunächst am einfachsten, einen Überblick über Verschiebungen im <u>Lohnniveau</u> der untersuchten Betriebe im Vergleich mit dem früherer Jahre zu bekommen, um daraus - so die Vorüberlegung - auf Lohngruppen- d.h. Einstufungsänderungen oder auf Veränderungen in der Zulagenpolitik bzw. in der Anwendung von Entlohnungsgrundsätzen oder auf eine Kombination dieser Faktoren schließen zu können. Dabei wurde uns aber schnell klar, daß dieses Niveau nicht unbedingt zwischen den Betrieben vergleichbar ist, weil unterschiedliche Traditionen wirken und auch verschiedene tarifvertragliche Grundlagen gelten.

Außerdem sollte geprüft werden, ob es einen Zusammenhang zwischen dieser Niveauveränderung und dem Einsatz Neuer Technik gibt.

Nun wurde schnell deutlich, daß die ein Lohnniveau beeinflussenden Faktoren über einen ganzen Betrieb zu zahlreich sind, als daß man sie in einer derartigen Untersuchung wirklich sämtlich berücksichtigen oder auf den Einsatz Neuer Technik beziehen könnte.

Das Lohnniveau gibt bei der Erhebung also nur dann etwas her, wenn es als Indikator für Veränderungen der Zusammensetzung des Lohns und als Verhältniszahl in bezug auf die Höhe der Investitionen für Technik (oder Kapitalausstattung der Arbeitsplätze) verstanden wird. Letzteres bedeutete also, daß wir in unseren Befragungen des Managements auf dieses Verhältnis eingehen mußten. Würde sich dabei ein Zusammenhang ergeben z.B. dergestalt, daß das Lohnniveau im Zusammenhang mit der Anwendung Neuer Technik gleichbliebe, so könnte daraus auf lohnpolitische Strategien der Unternehmer - z.B. im obigen Fall die Vertuschung der neuen auf die Technik bezogenen Anforderungen - geschlossen werden.

Wenn es nun zunächst um das Lohnniveau geht, so muß man sich darüber im klaren sein, daß hier zweierlei Interessen im Spiel sind: Einerseits hat der Unternehmer ein prinzipielles ökonomisches Interesse daran, die Lohnkosten zu minimieren, weil diese seine Betriebs- und damit Produktkosten wesentlich bestimmen (vor allem in der Bekleidungsindustrie). Daher ist er daran interessiert,

a) das Personal zu minimieren - sei es durch Verlagerung bestimmter Fertigungsstufen auf Produktionsstätten außerhalb des Betriebes, sei es durch Ersatz des Personals aufgrund von Technisierung der Produktion,

b) den Lohn selbst zu reduzieren (z.B. durch Streichung der Zulage, Reduzierung der Zeitvorgaben bzw. Änderung des Entlohnungsgrundsatzes oder Verrechnung der tariflichen Lohnerhöhung usw.),

c) die Produktion auszuweiten unter Beibehaltung oder nur geringfügiger Ausweitung des Personals und mit Hilfe von technisch-organisatorischer Rationalisierung, um die Lohnsumme im Verhältnis zum Umsatz bzw. zum investierten Kapital relativ zu senken.

Nicht jede dieser Maßnahmen läßt sich immer durchführen. Deren Realisierung hängt von unternehmerischen Strategien d.h. von Personaleinsatz-, Technisierungs- und Marktphilosophien, traditionellen arbeitsorganisatorischen sowie gewachsenen Lohn- und Qualifikationsstrukturen ab.

Daher ist es bei dieser Untersuchung unerläßlich, die Gesamtstrategie im Behauptungskampf auf dem Markt (unter Beachtung der hervorragenden Rolle der Technisierungsstrategie) der zu untersuchenden Unternehmen im Rahmen von Interviews offenzulegen, um so die jeweilige Bedeutung der absoluten und relativen Senkung von Lohnkosten beurteilen zu können.

Diesem Minimierungsinteresse der Unternehmer steht ein Maximierungsinteresse der Lohnabhängigen gegenüber. Letztere versuchen selbstverständlich mit allen ihnen zur Verfügung stehenden Mitteln, das Äquivalent für die angebotene Arbeitskraft zu erhöhen, d.h. ihre Partizipation an dem von ihnen erwirtschafteten Reichtum zu sichern bzw. zu verbessern.

Auch dafür gibt es verschiedene Möglichkeiten, die hier aber noch nicht weiter erläutert werden sollen, weil ein Teil davon im Rahmen dieses Projekts, das sich die Untersuchung der grundlegenden Lohnprobleme und der Sammlung von Argumenten für die zukünftige Lohn- und Tarifpolitik einer Einzelgewerkschaft zum Ziel gesetzt hat, erst noch genauer herausgearbeitet und damit verhandlungsfähig gemacht werden muß. Damit handelt es sich bei dieser Forschung eindeutig um arbeitnehmerorientierte Forschung, die sich auch dementsprechenden theoretischen und methodischen Grundsätzen verpflichtet weiß.[1]

---

[1] Vgl. dazu z.B. KATTERLE/KRAHN, 1980; HAUG, 1982.

Wenn es aber richtig ist, daß die Unternehmer in diesem Aushandlungsprozeß widerstreitender Interessen in einem strukturellen Vorteil sind, weil sie die Leistungsbedingungen in den Betrieben gemäß ihrer wirtschaftlichen Ziele definieren und dabei durch eine ihnen entsprechende Freiräume verschaffende Gesetzgebung, eine mit schwammigen Begriffen operierende Arbeitswissenschaft, dem gesellschaftlich gewordenen Konkurrenzbewußtsein usw. unterstützt werden, dann muß es bei einer solchen Untersuchung auch eine Rolle spielen, wie sich denn aufgrund der Einführung Neuer Techniken die Leistungsbedingungen verändern und wo sie den Beschäftigten neue Möglichkeiten eröffnen, ihrem Bedürfnis nach Mitgestaltung dieser Bedingungen im Interesse eines gesunden, interessanten und gut bezahlten Arbeitsbereichs Gewicht zu verschaffen.

Dies setzt voraus, daß die den Lohn beeinflussenden Faktoren durchschaut werden und das Äquivalent zum erwirtschafteten Reichtum beurteilbar und damit veränderbar wird. Entsprechende Fragen werden also den Beschäftigten gestellt werden müssen.

Die Überprüfung der Leistungsbedingungen, d.h. der Arbeitsbedingungen (technische u. personelle Ausstattung, Klima usw.), der Bemessungsfaktoren für die Leistung und deren Umsetzung in Lohn, der Zulagenpolitik usw. setzt zuallererst ein Bewußtsein über die in Teil A angeschnittene Problematik klassischer Bewertungsschemata von Arbeit und Leistung sowie über den engen Zusammenhang von Personalpolitik, arbeitsorganisatorischer Strukturen und Entlohnung voraus.

Dies bedeutet damit, daß damit gerechnet werden muß, daß die nach wie vor dominante REFA-Methodenlehre - wenn infolge Automatisierung die Arbeit mehr und mehr durch geistige Anforderungen chrakterisierbar wird - wegen der ihr zugrundeliegenden Kriterien versagen muß und die Betriebe daher entweder zusätzliche Bewertungsfaktoren einführen müssen (bei der Entlohnung bedeutet dies meist ein Wechseln von Akkord auf Prämie) oder aber mehr oder weniger offen diese Methodenlehre gar nicht mehr anwenden.

Bei Beibehaltung der REFA-Methode könnten sich Lohnverluste in Form von Abgruppierungen oder Abbau von Zuschlägen o.ä. einstellen. Weiterhin muß damit gerechnet werden, daß sich Veränderungen in der Bedeutung von Kompetenzen und Positionen als Verschiebungen bei der Belohnung für Herrschaftssicherung und/oder für besondere Verhältnisse zu den Kapitalbesitzern niederschlagen. Die Konsequenz davon könnte sein, daß sich die Zulagenpolitik und die Gratifikationen für besondere Anlässe und Dienste verändern bzw. auf andere Personengruppen ausgerichtet sind.

Interessant ist in diesem Zusammenhang, daß die Ausbildung bekanntlich erst ab einem bestimmten Niveau der Beschäftigung eine angemessene Rolle für die Entlohnung spielt. Da aber unter dem von den Automationsbedingungen ausgehenden Druck angenommen werden muß, daß viele der Arbeitenden (unter Ausnutzung ihrer bedingungslosen Lernbereitschaft und Anpassungsfähigkeit) neuen Situationen mit geänderten Anforderungen und Beanspruchungen ausgesetzt werden, ohne daß sie dafür ausreichend qualifiziert oder bezahlt würden, zeigt sich die Notwendigkeit, den Zusammenhang von Höhe bzw. Zusammensetzung des Lohns und Ausbildung bzw. Qualifikation zu untersuchen. Dies kann über die Überprüfung der jeweiligen Personaleinsatzkonzepte, der Aus- und Weiterbildungsmöglichkeiten im Betrieb und deren Nutzung wie auch über die für den Besuch bestimmter Kurse bzw. für eine genossene Ausbildung gezahlte Gratifikation erfolgen.

Wir haben vorausgesetzt, daß sich die Anforderungen beim Einsatz Neuer Technik verändert haben[2]; damit setzen wir aber etwas voraus, das wir bis jetzt noch nicht genau belegen können. Das bedeutet, daß - auch aufgrund der Eingruppierungsproblematik und der Eingeschränktheit von REFA Bewertungsmethoden - eine Tätigkeitsanalyse durchgeführt werden muß. Nur so kann eine Neubeurteilung bzw. höhere Eingruppierung einer bestimmten Tätigkeit fundiert erfolgen.

---

[2] Vgl dazu z.B. KERN/SCHUMANN, 1984, PAQ, 1981a u.b, 1982, 1983, u.a.

Diese Tätigkeitsanalyse bezieht sich in ihrer theoretischen Ausrichtung auf Vorarbeiten von PROJEKT AUTOMATION und QUALIFIKATION (PAQ, 1978, 1981a), FRIELING u.a. (1984) und MASCHEWSKY u.a. (1982) sowie WALDHUBEL (1983) und kombiniert unterschiedliche Kategorien und Vorgehensweisen unter dem Namen "sozialwissenschaftliche Recherche" (VOLPERT u.a. 1979).[3] Dabei werden sowohl die kognitive als auch die physische, die motivationale als auch die kooperative, die Geschlechter- und die Lernebene berücksichtigt; darüber hinaus haben uns die jeweiligen Beanspruchungswahrnehmungen und die darauf sich beziehenden körperlichen und psychischen Antworten interessiert.

Normalerweise werden in den Betrieben die Anforderungen, denen sich die Beschäftigten in bestimmten Arbeitsbereichen bzw. an Arbeitsplätzen stellen müssen, von den Unternehmern und ihren Helfern (z.B. REFA-Sachbearbeitern) in Aufgaben übersetzt und entweder mit den (meist veralteten) Auflistungen der Lohngruppenkataloge aus den Tarifverträgen verglichen oder mit bestimmten Punktwerten versehen, um so zu einer Einstufung zu gelangen. Gemäß unseren eingangs formulierten Überlegungen werden die Unternehmensvertreter versuchen, durch eine entsprechend "harmlose" Beschreibung der neuen Aufgaben an automatisierten Maschinen und Anlagen die Eingruppierung unterhalb der bisherigen Lohngruppe oder auf der Stufe der bisherigen zu erreichen. Dem wird natürlich dann nicht soviel Gewicht beigemessen werden, wenn wegen der Ausdünnung der Personaldecke die Kosten für die wenigen Verbliebenen kaum mehr ins Gewicht fallen.

Daher wird es nicht nur darauf ankommen, eine Tätigkeitsanalyse durchzuführen, sondern es müssen sowohl die zuständigen REFA-Fachleute und Abteilungsleiter über ihre Einschätzung zu dieser Problematik und zwar bezüglich der jeweils in der Untersuchung zur Debatte stehenden Tätigkeit befragt werden, als auch die entsprechenden Dokumente (also die Herstellerunterlagen für die jeweilige Maschinerie, die Arbeitsbeschreibung usw.) zu Rate gezogen werden.

---

[3] Vgl. zur Fundierung dieses Vorgehens WAGENHALS, 1983 (unveröffentlichte Diplomarbeit) und 1988.

Dies dürfte allerdings dadurch erheblich erschwert werden, daß weder in jedem Betrieb bzw. gerade automatisierten Arbeitsbereich eine vollständige Arbeits- oder Tätigkeitsbeschreibung vorliegt, noch der Vergleich zwischen der Tätigkeitsanalyse und den jeweiligen Lohngruppenbeschreibungen in den Tarifverträgen von insgesamt acht Textilbezirken bei jeder untersuchten Tätigkeit sinnvoll und wohl auch aus Zeitgründen nicht machbar ist.

Die daraus folgende methodische Konsequenz ist: Es wird anhand vorliegender betrieblicher und tarifvertraglicher Tätigkeitsbeschreibungen in der Untersuchung lediglich exemplarische Vergleiche zwischen einigen, nämlich den sich durch Automatisierung am stärksten veränderten Tätigkeiten geben.

Dies wird u.a. auch unter Berücksichtigung typischer geschlechtsspezifischer Aufgabenverteilungen geschehen, um nachzuprüfen, ob und wie an diesen Stellen der Auseinandersetzung zwischen den Tarifparteien die besondere Betroffenheit von Frauen nachweisbar wird. Selbstverständlich müssen die damit gesammelten Argumente empirisch so abgesichert und perspektivisch ausgerichtet sein, daß sie auch für eine längerfristig zu diskutierende Veränderung der Lohngruppen (Lohnstrukturen) und ihrer Beschreibung durch die Tarifparteien zum Tragen kommen.

Gerade auf tarifvertraglicher Ebene muß bei der Automatisierung der Produktion damit gerechnet werden, daß viele Lücken in der adäquaten Definition der Leistungsbedingungen beider zur Debatte stehender Branchen auftreten, die wohl mittlerweile jedenfalls zum Teil durch den während der Laufzeit des Projekts abgeschlossenen Rationalisierungsschutzvertrag geschlossen werden konnten, so daß auch dieser also mit in die Untersuchung einbezogen werden muß.

Da in den Tarifverträgen sowohl die Lohnfindungsmethoden, als auch die Normalleistung u.a. festgelegt sind, bestimmen sie im wesentlichen, wie die betrieblichen Lohn-Leistungskonflikte ausgetragen werden können. Insofern ist es von grosser Bedeutung, inwieweit Veränderungen in diesen

Methoden und Definitionen in der betrieblichen Wirklichkeit gefunden werden und wohin diese Veränderungen - auch für die Überarbeitung von Tarifverträgen - zeigen. Vor allem die oben bereits angesprochene Neubewertung der Automationsarbeit dürfte dabei eine zentrale Rolle spielen, aber auch das veränderte Anreizsystem in den Betrieben: Da bei zunehmender Prozeßsteuerung die sog. "unbeeinflußbaren Zeiten" ebenso zunehmen werden wie die Mehrstellenarbeit und auch definiert werden muß, inwieweit es sich bei diesen Zeiten um Wartezeiten oder Beobachtungszeiten handelt, werden in der Untersuchung derartige Leistungsparameter auf ihre Bedeutung für die Entlohnung untersucht, um eine adäquate finanzielle und sonstige Berücksichtigung entwickeln zu können.

Dabei ist mit "sonstiger Berücksichtigung" z.B. die Tatsache gemeint, daß die neue Leistung der Arbeitenden unter Automationsbedingungen nicht mehr ausschließlich darin besteht, mehr Ausbringung zu erreichen, sondern auch darin, die Maschinen und Anlagen in Gang zu halten (also Minimierung von Stör- und Rüstzeiten) wodurch möglicherweise auch neue Kooperationsformen erforderlich werden.

Eine Analyse dessen ist natürlich nur über entsprechende Gespräche mit REFA-Fachleuten, Meistern und den Beschäftigten selbst möglich, sowie über das Studium von BDE-Ausdrucken und Statistik-Programmen in der für die Lohnabrechnung zuständigen Abteilung.

Vorgegangen wurde in der Untersuchung nun so, daß über persönliche Kontakte oder über den jeweiligen Betriebsrat (BR) in einer Firma angefragt wurde, ob sie zu einer Untersuchung durch uns bereit wäre. Die Auswahl der Betriebe war also insoweit zufällig, als zwar die Prämisse von uns einging, daß wir sowohl die größten Betriebe, als auch mittlere und kleine Betriebe aus dem Organisationsbereich der GTB in die Untersuchung einbeziehen wollten, daß aber in der Realität dann eben obige persönliche Kontakte, interessierte Verwaltungsstellen und Betriebsräte/innen den Ausschlag für die Auswahl gaben.

Wurde unserem Wunsch zu einer Untersuchung stattgegeben, vereinbarten wir einen ersten "Ortstermin", bei dem wir uns einen allgemeinen Eindruck über das Unternehmen, seine Fertigungsschwerpunkte, sein technisches Niveau und seine sonstigen Rahmenbedingungen verschafften. Dabei wurden auch die Untersuchungsfelder festgelegt.

An einem weiteren Termin verbrachten wir zumeist mehrere Tage damit, Arbeitsplatzbeobachtungen, Interviews und Befragungen durchzuführen sowie entsprechende Dokumente zu studieren.

Insgesamt wurden in 19 Betrieben 40 Bereiche der Anwendung Neuer Technik untersucht, wobei meist mehrere dieser Bereiche pro Betrieb interessant waren (die genaue Aufteilung wird im Schema der nächsten Seite deutlich). Diese 19 Betriebe gliederten sich in 13 Textil-, vier Bekleidungs- und zwei textile Reinigungsbetriebe. Bei letzteren hatten wir zunächst große Probleme, Einlaß zu finden; nachdem dann - unter Einbeziehung des für diese Branche zuständigen Arbeitgeberverbandes - doch noch eine Zustimmung erreicht werden konnte, waren aus zeitlichen und organisatorischen Gründen nur noch Untersuchungen in zwei Firmen möglich. Die dort erhaltenen Ergebnisse waren aber so speziell und fragmentarisch, daß wir auf eine Auswertung innerhalb dieses Berichts verzichteten. Vernachlässigt werden mußten aus Zeitgründen die Bereiche Zettelei, Farbmetrik und Lager.

Tab. 4   Zuordnung der Untersuchungsbereiche zu Betrieben

Betrieb	Textil						Bekleidung						Textilreinigung					
	Vorwerk	Spinnerei/Spulerei	Weberei	Ausrüstung	Lager	Sonstiges	Gradieren	Zuschnitt	Nähen	Transport	Lager	Sonstiges	Eingang	Waschen	Bügeln	Transport	Versand/Ausgabe	Sonstiges
A	X	X X	X	X		X												
B	X	X X	X	X		X												
C	X	X X	X	X		X												
D		X		X														
E		X X			X													
F			X															
G			X															
H			X															
I			X															
K				X	X													
L				X	X													
M					X													
N							X	X										
O									X									
P									X									
Q													X	X	X	X	X	
R															X	X		

(Restlicher Überblick über die untersuchten Betriebe siehe Anhang 3)

II. Das verwendete Instrumentarium

Mit der überblicksartigen Problematisierung von Untersuchungsfeldern und der darauf gerichteten methodischen Zugriffe hat man nun einen Hintergrund für die systematische Planung der Untersuchung und damit der Anwendung von adäquaten Instrumenten.

1. Dokumentenanalyse

Die Eruierung des jeweiligen Lohnniveaus in den Betrieben setzt voraus, daß man einschätzen kann, wie hoch der Akkordrichtsatz oder der Stundenlohn ist - dies bezogen auf die in den Tarifverträgen festgelegten Lohngruppen. Also ist es notwendig, die jeweiligen Tarifverträge zu Rate zu ziehen. Dies gilt natürlich ebenso für einzelne, dort geregelte Faktoren der Leistungsbedingungen (z.B. Erholzeiten, Mehrstellenarbeit, Normalleistung). Ebenso wichtig - gerade für die fallweise Überprüfung von Lohngruppen - sind die Arbeitsbeschreibungen, so wie sie teilweise in den Betrieben und in allen Lohngruppenkatalogen der Tarifverträge festgelegt sind.

Teilweise hilft hier - ebenso wie bei der genaueren Untermauerung von Entlohnungsgrundsatz und Leistungsbedingungen - das Studium von Betriebsvereinbarungen zur Entlohnung weiter. Des weiteren muß man sich bei einer solchen Studie, wie bereits erwähnt, auf die Materialen (Werbeprospekte, Beschreibungen, Filme, usw.) von Herstellern der eingesetzten Neuen Technik und entsprechender Forschungsinstitute beziehen. Für die Einordnung der Fragestellung und der Untersuchung in die gewerkschaftliche Diskussion um Leistungsentlohnung und -bewertung, quantitative und qualitative Tarifpolitik usw. ist es notwendig, entsprechende Untersuchungen bestehender und im Entwurf vorliegender Tarifverträge, Betriebsvereinbarungen sowie Positionspapiere anderer Gewerkschaften usw. aufzuarbeiten.

2. Fragebogen

Um uns die Arbeit zu erleichtern und einige grundsätzliche Daten bezüglich des zu untersuchenden Betriebes bzw. der Abteilung wie z.B. Beschäftigtenzahl, -entwicklung und -struktur, Umsatz, Produkte, Merkmale der Fertigungssteuerung, Entlohnungsgrundsätze, Lohnfindung, Aus- und Weiterbildung usw. zu bekommen, entwickelten wir einen Fragebogen jeweils für die Management- sowie Betriebsratsebene und einen für die Abteilungsleiter- und Meisterebene

Diese Bögen wurden von uns entweder mit den jeweiligen Ansprechpartnern durchgegangen oder zur Eigenbearbeitung vorgelegt und später wieder eingezogen. Wenn wir letzteren Weg wählten, war das Anwortspektrum nicht annähernd so informativ wie bei gemeinsamer Besprechung der Bögen. Das hängt natürlich damit zusammen, daß man bei Unklarheiten klärend oder präzisierend eingreifen konnte. Außerdem stellten wir in diesem Zusammenhang fest, wie schwierig es in vielen vor allem kleinen und mittleren Betrieben ist, an wesentliche Daten heranzukommen und wie erschreckend gering vielerorts der Informationsstand der BRe über betriebliche Daten war.

3. Arbeitsplatzbeobachtung

Eine erste Annäherung an das Untersuchungsfeld und wichtige Eindrücke von den dortigen Gegebenheiten (wie z.B. auch Lärm, streßbedingte Situationen, Kälte usw.) vermittelt die Arbeitsplatzbeobachtung.

Dabei gehen wir davon aus, daß sich unter Automationsbedingungen veränderte Anforderungen an die Beobachter stellen: Man sieht bei elektronisch gesteuerten Prozessen oft nicht mehr viel, sondern muß sich schon während der Beobachtung einiges erklären lassen. Dies trägt dort aber mit Sicherheit zum besseren Verständnis bei, weil die mehr oder weniger theoretische Erklärung nicht nur durch die Anschauung unterstützt wird, sondern gleichzeitig der Erklärende zeigt, ob und inwieweit er die Maschinerie bzw. die Funktionsweise bestimmter EDV-Anlagen verstanden hat. Außerdem zeigen sich gerade bei Beobachtungen häufig diejenigen Störfälle und Problemsituationen, die in der betrieblichen Arbeitsbeschreibung entweder überhaupt nicht vorkommen oder aber zumindest von den Vorgesetzten oft entskandalisiert werden.

Der Beobachtungsbogen orientierte sich z.T. an den Kategorien, nach denen sich der Interviewleitfaden aufbaute:

    A. Technische Ausrüstung des Arbeitsplatzes.

    B. Tätigkeiten: - vor- und nachbereitende;
- "produzierende" (inklusive Störungslokalisation und -beseitigung);

    C. Beanspruchungen (Ergonomie, Umgebungseinflüsse, Taktverbundenheit usw.).

Wir befanden uns ca. zwei bis vier Stunden an den zu untersuchenden Arbeitsplätzen, um dort gemäß der o.g. Punkte den Arbeitsablauf zu untersuchen. Entsprechend den obigen Ausführungen ließen wir uns von den Beschäftigten erklären, was allein durch Augenschein nicht verständlich wurde.

4. Interviews

Um herauszufinden, wie sich die betrieblichen Leistungsbedingungen, die Entlohnungsmodi und verschiedene in diesem Bereich sowie beim Einsatz Neuer Techniken gefahrene Strategien und Entwicklungen darstellen, wie sie eingeschätzt werden und sich auswirken, ist das persönliche Gespräch mit den Akteuren aller Ebenen notwendig:

- mit Unternehmensvertretern (Produktionsleiter, Technische Leiter, Abteilungsleiter, Leiter der REFA),
- mit den REFA-Sachbearbeitern,
- mit den Meistern und Schichtführern,
- mit den Frauen und Männern in der Produktion.

Dabei geht es darum, die Fragen an diese Akteure zum einen gemäß ihrer hierarchischen Ebene, zum anderen entlang einer gewissen Systematik zu stellen. Daher wurde je ein Interviewleitfaden für Leitende und für die betroffenen Arbeiter und Arbeiterinnen entwickelt.

Beim Leitfaden, der sich an die leitenden Angestellten richtet, ist neben einer Funktionsdarstellung auch die Beantwortung von Fragen zu folgenden Bereichen vorgesehen:

- Fragen zur jeweiligen Technikanwendung im Unternehmen (wie z.B. Ziele und verfolgte Interessen mit dem Einsatz Neuer Technik, Einbau in Rationalisierungsstrategien des Unternehmens, Einbeziehung von Beschäftigten und BR in den Technisierungsprozeß, verfolgte Personaleinsatzstrategie).

- Spezielle Fragen zur Anwendung bestimmter Techniken (z.B. datenmäßige Erfassung von Informationsflüssen und Arbeitsprozessen mit ihren Problemen "Objektivität" von erhobenen Daten, Verarbeitung der Daten).

- Neue Technik und Entlohnung (Leistungserfassung und Kontrolle neue Anforderungen, Abrechnungsmodi usw.).

- Neue Technik und Arbeitszeit.

Dabei kam es uns auch darauf an, geschlechtsspezifisch begründete Veränderungen im Zusammenhang mit dem Einsatz Neuer Technik zu erheben. Daher bauten wir zu jedem der aufgeführten Fragenkomplexe entsprechende Punkte ein.

Zur Erhebung der (neuen) Handlungsbedingungen für die Arbeitenden beim Einsatz computergesteuerter Maschinen oder Anlagen, Zeiterfassungsgeräte und Auswertungssysteme sowie neuer Lohnformen wurde eine kombinierte Tätigkeits- und Belastungsanalyse mit Konzentration auf Entlohnungsfragen im Organisationsbereich der GTB durchgeführt.

Dabei kam es uns darauf an, festzuhalten, daß die Grundlage jeder Lohndiskussion zum einen die Anforderungen sind, die durch eine bestimmte technische Ausstattung, die organisatorische Gestaltung, das vorhandene Qualifikationsniveau und die sozialen Gegebenheiten im Betrieb entstehen; zum anderen zählen dazu (klassischerweise) die damit verknüpften Zeitbudgets, Lohnfindungsformen, Beanspruchungen usw. Alle diese Faktoren, die untereinander in Wechselwirkung stehen, werden vermittelt und interpretiert durch die Arbeit der Beschäftigten und durch den Stand der Auseinandersetzungen zwischen Kapital und Arbeit im Betrieb und in der Gesellschaft.

Daher, und dies gilt gerade unter Automationsbedingungen, ist es auch notwendig, eine sehr sorgfältige Arbeitsplatzbegehung und Beobachtung mit den Interviews zu verbinden. Davor und parallel dazu sollte die oben erwähnte Analyse der Herstellerdokumente durchgeführt werden und man sollte sich von betrieblichen Fachleuten bestimmte Vorgänge und Funktionen oder Abläufe erklären lassen.

Bei den Interviews der Beschäftigten sind zentrale Kategorien, die untereinander in Wechselwirkung stehen und als Untersuchungsraster dienen können:

1. Die <u>physische Ebene</u>; (bisher klassisches REFA Bewertungselement) also Muskelbeanspruchung, ständiges Stehen usw.).

2. <u>Kognition</u>; damit sind alle Wahrnehmungs- und Denktätigkeiten erfaßbar (also z.B.: wie werden Signale an der Webmaschine dargeboten? Welche Denkprozesse sind gefordert bei einer Störungsbeseitigung?).

3. <u>Kooperation</u>; erfaßt werden damit sowohl die arbeitsteiligen Strukturen, Kompetenz- und Hierarchieaufteilungen, als auch die direkte Zusammenarbeit am Arbeitsplatz, Kommunikation untereinander usw.

4. <u>Geschlechterverhältnis</u>; darunter ist die geschlechtsmäßige Aufteilung von Aufgaben, Tätigkeitsteilen usw. ebenso zu verstehen, wie die spezifisch weibliche Aneignungsform Neuer Technik und damit verknüpfte Probleme.

5. <u>Motivation</u>; diese Kategorie erfaßt Veränderungen in den Haltungen (emotionale Wertung der Anforderungen), den "Anreizsystemen", der sozialen Situation im Betrieb usw.

6. <u>Lernen</u>; hier ist zu erheben, welche Anforderungen an Lernbereitschaft und Lernfähigkeit bestehen (wobei Lernen sowohl Aneignung als auch Vergegenständlichung bzw. Um-

setzung des Gelernten ist), wie Lernen unter Automationsbedingungen organisiert wird/wurde, wo es zu einem erweiterten Handlungsspielraum und damit zu einer Entwicklung des Individuums führt usw.

7. <u>Interessenvertretungskompetenz</u>; diese Kategorie erfaßt, welche Kompetenzen entwickelt wurden/werden können,

- um die Arbeitskraft mindestens erhalten zu können;

- um Konkurrenzen abzubauen;

- um kollektive Interessenvertretung zu betreiben.

Welche Strategien werden dort gefahren?

8. <u>Zeitbudgets</u>.

Man muß sich darüber im klaren sein, daß jedes Individuum mit den Anforderungen, die in diesen Kategorien erfaßt werden, unterschiedlich umgeht, daß also bei den Antworten zu einer entsprechenden Befragung jeweils spezifische Ergebnisse erzielt werden, die dann - abgewogen mit den anderen - zu einer Trendaussage zusammengefaßt werden können.[4]

Da Belastung/Beanspruchung als wesentliche, den Lohn bestimmende Kategorie immer mit obigen Dimensionen in unterschiedlicher Quantität und Qualität verknüpft ist, muß diese entsprechend kombiniert mit obigen Dimensionen beobachtet und erfragt werden.

Erkenntnisleitend dafür sind:

- Körperwahrnehmungen negativ und positiv (wie geht es mir, seitdem ich an der Maschine arbeite?),

- Arztbesuche, Tablettenkonsum etc.,

- Verarbeitungsformen: individuell oder kollektiv (z.B. Belastungsvermeidung),

- körperliche/psychische Reproduktion gegen den störungsfreien Maschinenlauf,

- dasselbe in der Freizeit (gelingt es?),

---

[4] Vgl. zu den Problemen qualitativer Interviews HOPF, 1978.

- Zusammenhang zwischen Körperwahrnehmung (Eigenwahrnehmung) und Entlohnung,

- Ursachenanalyse und Gegenwehr: Wege, um die Belastungsquellen zu eliminieren,

- Verhältnis von Leistung und Belohnung (Leistungskonkurrenz, Veränderungen unter Automationsbedingungen durch Gegenstrategien),

- Beanspruchung und Interessenvertretung (quer dazu liegt die Zeitdimension: kurz-, mittel- und langfristig).

Beachtet werden muß, daß je nach Besonderheiten, Branche und Untersuchungsfeld Fragen ausgelassen bzw. hinzugefügt werden können und daß bei Gruppendiskussionen die Problembereiche lediglich angesprochen werden, um sie dann in Einzelgesprächen vertiefen zu können.

C STRATEGIEN UND PROBLEME DER ENTLOHNUNG BEI ZUNEHMENDEM EINSATZ NEUER TECHNIK IN DER TEXTIL- UND BEKLEIDUNGSINDUSTRIE

I Automatisierung in der Textilindustrie und daraus folgende Entlohnungsprobleme - behandelt an ausgewählten Beispielen

Wie in Teil A herausgearbeitet, ist die Textilindustrie, als einer der ältesten Industriezweige eine typische Massenproduzentin von Gebrauchsgütern, einerseits gekennzeichnet durch die harte und entbehrungsreiche Arbeit und andererseits durch eine schon früh einsetzende Substitution menschlicher Arbeit durch technische Rationalisierung.

Diese Rationalisierungsschübe führten in ihrer Geschichte immer wieder zu Durchbrüchen, die höhere Produktivität, bessere Qualität und den Wegfall von Produktionsschritten erreichen ließen, oft aber auch nur eine teilweise Aufhebung alter Verfahren hervorriefen.[1]

Nach wie vor sind es neben den unterschiedlichen Qualitäts- und Flexibilitätsanforderungen an das Produkt die Strukturen der Textilindustrie [2], die die betriebliche Anwendung von technischen Neuerungen, organisatorischen Lösungen und sogar die Technikauslegung beeinflussen. Insofern kann WEISSBACH (1988) gut gefolgt werden, wenn er den Arbeitskräfteeinsatz in der Textilindustrie auf der Basis nebeneinander bestehender Prozeßformen und -stufen differenziert vornehmen will: Die Textilarbeit lasse zum größten Teil noch das alte, "textiltypische Grundmuster" erkennen,

> "das geprägt ist von intensiver Mehrstellenarbeit, Überwachung und Entstörung auf relativ niedrigem sensorischem Niveau, Transport- und Beschickungsarbeiten.... Dabei ist zu berücksichtigen, daß der Modernisierungsprozeß der

---

[1] Aufgrund der hohen Varianz von Qualitäten, besonderer Kundenwünsche, veränderter Rohstoffe usw.

[2] Vorwiegend Klein- und Mittelbetriebe, relativ niederes Qualifikationsniveau, oft geringe Kapitalausstattung usw.

Branche seinen Höhepunkt im Sinne einer breiten Durchsetzung der Mikroelektronik auf der Grundlage der verschiedenen Basistechnologien noch nicht erreicht hat und daß erst im Zuge dieser Entwicklung eine gewisse Annäherung an andere Prozeßindustrien, vor allem an die Verhältnisse in der chemischen Industrie erwartbar ist." (ebenda, S. 4)

Eben diese letztere Entwicklung wird uns in den folgenden Abschnitten, innerhalb derer nach textilen Produktionsbereichen[3] vorgegangen wird, auf der Grundlage unserer Untersuchungsergebnisse interessieren: Inwieweit also im Zusammenhang mit dem Einsatz Neuer Techniken in Abhängigkeit von spezifischen Prozeß- und Absatzanforderungen sowie betrieblichen Traditionslinien Entlohnungsgrundsätze und Berechnungsmodi verändert wurden sowie Veränderungen in den Anforderungsmustern zu Verschiebungen in der Eingruppierung führten. Die Kapitel sind wie folgt gegliedert:

- Technikdarstellung und Produktion,

- Personaleinsatz,

- Veränderung der Arbeit,

- Entlohnungsprobleme.

Innerhalb dieser Gliederungsabschnitte werden die einzelnen Betriebe miteinander verglichen, sodaß die unterschiedlichen Bedingungen der Technikanwendung, der Arbeit und der Entlohnung deutlich werden. Zunächst wird eine weitgehend unkommentierte Darstellung gegeben.

Bevor jedoch in die Analyse eingetreten werden kann, muß man sich vor Augen führen, daß sich die Probleme bei der Erfassung, Berechnung und Bezahlung von erbrachter Leistung und dem dafür zu vergütenden Lohn in der Textilindustrie von den Problemen anderer Fertigungsbereiche durch die Mehrstellenarbeit und das zu verarbeitende Material abheben. Daher soll im folgenden Abschnitt der Versuch unternommen werden, dem Leser/der Leserin unserer Analysen die hier zutage tretenden Besonderheiten vorab zu erläutern.

---

[3] Also Spinnereivorwerk, Spinnerei/Spulerei, Weberei, Veredelung.

1. Grundsätzliches zur Mehrstellenarbeit in der Textilindustrie

Nach der Art des Zusammenwirkens von Mensch und Betriebsmittel in einem Arbeitssystem wird zwischen Einzel-, Gruppen-, Einstellen- und Mehrstellenarbeit unterschieden.

Die Arten des Arbeitsablaufes bei Mehrstellenarbeit wird durchweg bestimmt durch die Technologie, also durch das Arbeitsverfahren. In der REFA-Methodenlehre des Arbeitsstudiums[4] werden die Arten des Arbeitsablaufs bei Mehrstellenarbeit folgendermaßen dargestellt:

Abb. 4   Arten des Arbeitsablaufs bei Mehrstellenarbeit

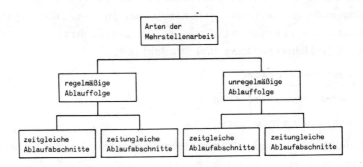

In der Textilindustrie, vor allem in der Garnerzeugung, finden wir die komplizierte Art der Mehrstellenarbeit bei unregelmäßigen Ablauffolgen und zeitungleichen Ablaufabschnitten. Hinzu kommt, daß vor allem die Behebung von Brüchen in unregelmäßigen Abständen erfolgt und die Arbeitsablauffolgen nicht zyklisch, wie es für andere Fertigungsbereiche kennzeichnend ist, sondern unzyklisch verlaufen.[5]

1.1 Die Bezugsgößen

Die Bezugsgrößen zur Findung der Leistungsentlohnung und der zuzuteilenden Stellenzahl sind:

---

[4] Vgl. REFA-Methodenlehre des Arbeitsstudiums Teil 2, Kap. 9.2.

[5] Vgl. Lehrgang des REFA-Fachausschusses Textil Kap.5.

Für die Entlohnung:

- die Zeit je Einheit (te)

- die Gesamtauslastung (a ges)

- der erzielte Maschinennutzgrad (NG)

Diese Bezugsgrößen können einzeln oder in Kombination für die Prämienentlohnung angewendet werden. Bei Akkordentlohnung nur die beiden erstgenannten.

Für die Stellenzuteilung:

- die Zeit je Einheit (te)

- die Betriebsmittelzeit (teB)

Die Zuteilung der Stellen (Stellenzahl) errechnet sich aus dem Verhältnis von Betriebsmittelzeit zur Vorgabezeit.

$$\text{Stellenzahl} = \frac{\underline{\text{Betriebsmittelzeit je Einheit (teB)}}}{\text{Zeit je Einheit (te)}}$$

Das nachfolgende Beispiel gilt stellvertretend für die Mehrzahl aller Tätigkeiten im garnverarbeitenden Bereich.

1.2 Das Beispiel Ringspinnerei

Die Zeitaufnahmen, Häufigkeitszählungen und die daraus erfolgte Kalkulation ergaben an einer Ringspinnmaschine mit 352 Spindeln eine Vorgabezeit von 112,54 Minuten für 38,72 kg gesponnenes Garn und eine Betriebsmittelzeit von 391,3 Minuten (ausführliches Beispiel im Anhang, A1).

Ableitungen:
Aus der Vorgabezeit von 112,54 min. errechnet sich bei einem Akkordrichtsatz (Tarifstundenlohn) von 11,73 DM ein Akkordsatz je kg von 0,5682 DM:

Akkordsatz =

$$\frac{\text{ARS x te (min)}}{60 \text{ x kg/Le}} = \frac{11,73 \text{ DM x } 112,54 \text{ min.}}{60 \text{ min. x } 38,72 \text{ kg}} = 0,5682 \text{ DM/kg}$$

Aus Betriebsmittelzeit und Vorgabezeit wird eine Stellenzahl (S 100) von 3,48 ermittelt.

$$S\ 100 = \frac{teB}{te} \qquad \frac{391,3 \text{ min}}{112,54 \text{ min}} = 3,48$$

Aus der Stellenzahl wird die zeitliche prozentuale Einzelauslastung (a) des Menschen an dem Betriebsmittel von 28,73 % errechnet.

$$a = \frac{100}{\text{Stellenzahl}} = \frac{100}{3.48} = 28,73\%$$

D.h., die Spinnerin ist zu 28,73% ihrer Arbeitszeit an dieser Spinnmaschine beschäftigt, vorausgesetzt daß sie eine Leistung entsprechend der Normalleistungsklausel des Tarifvertrages oder gegebenenfalls der REFA-Normalleistung erbringt und die Einflußgrößen fehlerlos erfaßt und berechnet sind.

Werden der Spinnerin vier solcher Spinnmaschinen zugeteilt, errechnet sich die Gesamtauslastung (a ges) aus der Anzahl der Stellen mal der Einzelauslastung, somit 4 X 28,73 % = 114,94%.

Werden der Spinnerin jedoch Spinnmaschinen mit jeweils anderen Einflußgrößen und Häufigkeiten, aus denen sich dann jeweils eine andere Einzelauslastung ergibt, zugeteilt, ergibt sich die Gesamtauslastung aus der Summe der Einzelauslastungen. Das ist der Regelfall. Zum Beispiel:

Spinnmaschine Nr. 1 = 28,7% Einzelauslastung
" Nr. 2 = 30,0% " "
" Nr. 3 = 35,0% " "
" Nr. 4 = 40,0% " "

133,7% Gesamtauslastung

Das zu ver- und zu bearbeitende Grundmaterial, (hauptsächlich Wolle, Baumwolle, Synthetik) ist inhomogen mit der Konsequenz, daß Brüche im Material willkürlich auftreten, also der Zeitpunkt ihres Auftretens nicht vorhersehbar ist. Die Bruchhäufigkeit an Lunten, Vorgarn und Garn bestimmt in hohem Umfang die Einzel- und damit die Gesamtauslastung. Veränderungen der Bruchhäufigkeiten führen zu Veränderungen der Belastungen. Die Anzahl der zugeteilten Maschinen gibt zunächst keinen Hinweis auf die Belastung oder die zu erbringende Leistung. Erst die durch Zeitstudien und Häufigkeitszählungen oder -berechnung ermittelte Einzelauslastung und diese addiert zur Gesamtauslastung können zur Beurteilung der menschlichen Auslastung an einem Arbeitssystem führen.

Vereinfacht ausgedrückt: Bei vier zugeteilten Spinnmaschinen mit je 25% Einzelauslastung wird vom Menschen weniger Leistung abverlangt wie bei zwei Spinnmaschinen mit je 60% Einzelauslastung.

1.3 Typische, mit der Mehrstellenarbeit verknüpfte Probleme

Die Durchschaubarkeit der Zeitstudien, der Häufigkeitszählungen und der zum Teil aufwendigen Häufigkeitsberechnungen setzt hohe Detailkenntnisse im Arbeitsstudium durch die Betriebsräte voraus. Die gewerkschaftliche Beratungs- und Schulungsarbeit ist u.a. auch an dieser Aufgabe orientiert. Die Einhaltung der Tarifbestimmungen setzt eine fortlaufende Datenpflege voraus, vor allem bei den sich oft ändernden Bruchhäufigkeiten. Erhöhen sich diese, ohne daß gleichzeitig eine Korrektur der Stellenzahl vorgenommen wird, dann stimmen auch die Leistungs- und Lohndaten nicht mehr überein und werden für den im Leistungslohn Beschäftigten undurchschau- und damit auch unkontrollierbar.

Dann wird dieser Tatbestand mit dem resignierten Hinweis abgetan: "Es läuft schlecht". Die zutreffende Bezeichnung für diesen Tatbestand wäre aber: "Die Laufeigenschaften des Materials entsprechen nicht den in der Vorgabekalkulation - und damit der Stellenzahlberechnung - eingegebenen Daten." Die Konsequenz wäre, daß eine neue Datenermittlung und Stellenzuteilung durchzuführen oder der Arbeitnehmer solange aus dem Leistungslohn zu nehmen ist, bis die Laufeigenschaften des Materials den Entlohnungs- und Leistungsdaten wieder entsprechen. Unterbleibt diese Konsequenz, ergeben sich Differenzen und endlose Auseinandersetzungen zwischen betroffenen Arbeitnehmern und den Geschäftsleitungen. Die Mikroelektronik verschärft einerseits diese Auseinandersetzung, da sie Grundlagen liefert für eine zunehmende Stellenausweitung; andererseits dient sie zur Versachlichung der Auseinandersetzung, weil sie schnell und zuverlässig entsprechende Daten liefert. Mit diesem Widerspruch werden wir uns im folgenden auch beschäftigen müssen.

2. Spinnereivorbereitung

Der Ablauf des textilen Fertigungsbereichs (siehe Bild) beginnt mit der Aufbereitung der angelieferten Rohware (Baumwolle, Kunstfasern usw.). Die dafür zuständige Abteilung wird Spinnerei-Vorbereitung oder Vorwerk genannt.

Abb. 5   Textile Fertigungsbereiche

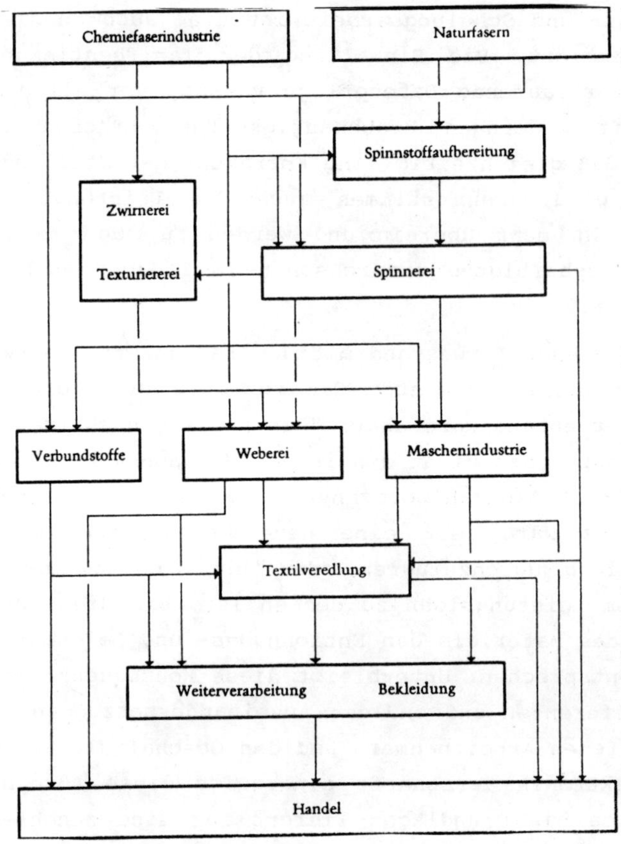

Quelle: Gesamtverband der Textilindustrie in der Bundesrepublik Deutschland - Gesamttextil - e.V., Frankfurt(M): "Die Textilindustrie 1969", S. 119

Der Prozeßablauf ist dort dadurch gekennzeichnet, daß die Rohware in Ballen angeliefert wird, diese - je nach von der Disposition vorgegebener Sortenzusammenstellung - geöffnet und "vorgelegt" werden, um von dort nach Auflage der Rohware auf das Band, das den Ballenbrecher "füttert", über ein druckluftgesteuertes Mischungs-, Säuberungs- und Speichersystem zur Karderie zu gelangen.

2.1 Eingesetzte Technik, deren Perspektive und die Veränderung der Arbeit

Das oben beschriebene Warenflußsystem existiert auf mechanischem Niveau schon jahrelang; der Bereich, der in den untersuchten Firmen jüngst fünf zum großen Teil automatisiert wurde, ist der des Auflegens der Rohware auf das Band des Ballenbrechers:
- zum einen mit Hilfe von UNIFLOC-Anlagen der Firma RIETER

   (in Betrieb A im Einsatz).
- zum anderen mit Hilfe von BLENDOMATEN (Firma TRÜTSCHLER,

   im Einsatz in Betrieb B; siehe dazu folgende Abbildung).

Abb. 6 BLENDOMAT der Firma TRÜTZSCHLER

Quelle: Werbeprospekt der Firma TRÜTZSCHLER

Beide Ballenabtrageautomaten sind in der Lage, zweiseitig zwischen 100 und 180 Ballen abzutragen und bis zu vier unterschiedliche Qualitäten zu mischen. Damit hat sich der Produktionsausstoß natürlich erheblich erhöht: In Betrieb B versorgen fünf BLENDOMATEN mit einem Produktionsausstoß von ca. 500 kg/Std. 78 Karden; in Betrieb A versorgen zwei UNIFLOC (mittlerweile 3) mit einem Produktionsausstoß von ca. 200 kg/Std. 40 Karden.

Der eingebaute Mikrocomputer steuert die Abtragegeschwindigkeit, -richtung und -höhe sowie das Mischungsverhältnis, wenn unterschiedliche Qualitäten abgetragen werden. Außerdem können beide Seiten getrennt abgetragen werden, kann von Hand gefahren und können Störungen quittiert werden.

Eine alphanumerische Anzeige gibt die als nächstes erforderliche Bedienungshandlung und auch eventuelle Störungen im Klartext an.

Nach Wahl des Arbeitsbereichs, der Abtragerichtung und Eingabe der Ballengruppenanzahl sowie des gewünschten vertikalen Vorschubs des Abnehmers für die höchste Gruppe (der Vorschub wird in der Praxis zuerst geschätzt und später korrigiert) fährt die Maschine selbständig die Ballen bis auf eine geringe Höhe ab und bleibt dann stehen.

Neben diesen programmgesteuerten Maschinen sind in beiden hier zur Debatte stehenden Firmen noch alte Ballenbrecher[6] für Viskose und/oder für alte Wolle (Recycling von schlechter Spinnqualität) im Einsatz.

Die Produktionsplanung erfolgt bei A wöchentlich bzw. monatlich (monatlich oder halbjährlich werden die Qualitäten gewechselt), je nach Qualität; bei B wöchentlich oder täglich, je nach Sortiment und Mischungsverhältnis.

Bezüglich der Verknüpfung der Anlagen auf EDV-Ebene konnten wir in beiden untersuchten Firmen noch keine Entwicklung in diese Richtung feststellen.

Geplant sind vielmehr in beiden Firmen weitere Automatisierungsschritte: In Betrieb N steht zur Debatte, weil auf-

---

[6] Z.B. von der Fa. Hergeth.

grund des hohen Ausstoßes (der noch nicht einmal voll ausgeschöpft ist) Engpässe bei den Karden auftreten, diese durch neue Karden aufzulösen (was nach Ausführungen des zuständigen Meisters zum Abbau von einem Drittel der Belegschaft in diesem Bereich führen dürfte); in Betrieb E geht es gerade umgekehrt darum, daß 1989 ein weiterer UNIFLOC angeschafft werden soll, um den Druck aus der Batteur-Abteilung zu nehmen.

Bezüglich des Trends zur weiteren Automatisierung in der Spinnereivorbereitung läßt sich feststellen, daß in den letzten Jahren der Schwerpunkt der Automatisierung auf der Beseitigung körperlich schwerer und Transportarbeiten gelegen hat, weshalb es nun an der Zeit ist, sich auf die Informationsbeschaffung über Prozeßzustände und Qualitätsdaten der einzelnen Maschinen (also vom Ballenöffner bis zur Karde bzw. Strecke) und deren rechnergestützte Steuerung zu konzentrieren.

Damit wird deutlich, daß in den von uns untersuchten Betrieben die technischen Möglichkeiten von heute erst in Ansätzen genutzt und wohl erst in den nächsten Jahren voll zum Einsatz kommen werden.[7]

Personaleinsatz

Aufgrund der Tatsache, daß ein Teil bisheriger manueller Beschickung von Maschinen entfällt, hat sich sowohl die Beschäftigtenzahl als auch die Arbeitsorganisation in den untersuchten Bereichen verändert:

In Betrieb B entfielen zwei Beschäftigte pro Schicht beim Wolleauflegen und Ballenöffnen und ein Beschäftigter pro Schicht an der Abfallpresse, insgesamt wurden also bei 30 beschäftigten Personen in diesem Bereich sechs Mann entbehrlich. In Betrieb A entfiel einer pro Schicht beim Ballenöffnen und einer in der Putzerei, wegen Dreischichtbetriebes also ebenfalls sechs Mann bei einer Zahl von 15 Beschäftigten. Aufgrund der Automatisierung eines großen

---

[7] Wie z.B. die weitere Transportautomatisierung - vgl. ITMA-Dokumentation der GTB, 7ff - oder die durch die Rechnersteuerung der Anlagen sowieso zur Verfügung stehenden Maschinen- und Qualitätsdaten.

Teils des Abtrags wurden natürlich Kapazitäten bei den dort Beschäftigten frei. Das drückte sich aber nur bei relativ kleiner Kapazität der Abteilung in einer Neuorganisation der Arbeit aus: Der Mann an den zwei UNIFLOC muß zusammen mit einem Kollegen neben Bedienung und Überwachung dieser Anlagen auch noch die alten Ballenbrecher beschicken, die im gleichen Raum untergebrachten Flockenspeicher überwachen, in der Rotorspinnerei prüfen, ob Material angeliefert werden muß und die Recyclinganlage überwachen; der Mann an den 5 BLENDOMATEN bei B hingegen holt die Ware mit Hilfe eines Drehstaplers, öffnet die Ballen und bedient bzw. überwacht ansonsten nur die Anlage.

Im letzteren Fall verteilt der Meister die Arbeit nur dann neu, wenn eine oder mehrere Anlagen defekt sind.

Bei A wird von Meistern und Arbeitern gleichermaßen die zu dünne Personaldecke moniert, die zu starkem Streß bei den kleinsten Ausfällen führt. Außerdem gibt es auch rein technische Grenzen, den Anforderungen der Karderie zu entsprechen: Da der Speicher nicht groß genug ist, kann nicht in größeren Mengen vorgearbeitet werden, so daß jede geringfügige Schwankung sofort zu Streßsituationen führt. Im Prinzip hätte dort deshalb mit Unterstützung bzw. auf Anregung des Betriebsrats eine Neuaufteilung der Arbeit stattfinden müssen.

Die Beschäftigten an den Anlagen sind in beiden Betrieben gelernte Facharbeiter aus fachfremden Berufen (Elektroinstallateur, Maschinenführer u.a) und liegen in dem innerhalb der Abteilung bestehenden Durchschnittsalter.

<u>Veränderung der Arbeit</u>

Durch die obige Technikdarstellung wird deutlich, daß der an den Ballenöffnern bei A Arbeitende einen Mischarbeitsplatz hat: Er muß sowohl die alten Ballenbrecher speisen und die vorzulegenden Ballen öffnen, was ebenso wie das Hin- und Herrennen zwischen der Rotorspinnerei, der Recyclinganlage und dem UNIFLOC schwere körperliche Anstrengung bedeutet, als auch Programmschritte in die Steuerung eingeben und den UNIFLOC überwachen. Zu letzterem kommt er nach eigenen Aussagen kaum noch, was bedeutet, daß Fehler, die sonst im Ansatz vermieden werden könnten, mit voller Wirkung auftreten.

Der Mann an den BLENDOMATEN hat es insofern leichter, als er aufgrund der Zahl der zu betreuenden Maschinen keine zusätzlichen Maschinen überwachen oder beschicken muß; dennoch hat auch er, indem er die 30 Ballen, die er pro Stunde nachlegen muß, mittels Zange öffnet, körperlich belastende Anteile in seiner Arbeit.

Demgegenüber betonen Meister und andere Vorgesetzte eher die durch die Anschaffung der neuen Anlagen erreichte Arbeitserleichterung. Dabei übersehen sie aber, daß dadurch, daß die Ware schneller abgetragen wird als früher, auch schneller wieder aufgelegt werden muß, was keinesfalls als Erleichterung gesehen werden kann.

Gerade hinsichtlich der Arbeitserleichterung beim Öffnen der Ballen, wofür eigentlich eine Öffnungsmaschine (STRAP ZAPPER) angeschafft worden sei, zeigt sich ein Meister bei B enttäuscht, weil die Anlage nicht das halte, was von der Herstellerfirma versprochen worden sei.

Immerhin gelang es nach Auskunft der Meister, die Unfallhäufigkeit in diesem Bereich zu reduzieren. Beide Arbeitnehmer an den Batteuren beklagten sich aber im Interview über die trockene und schlechte Luft.

Die bei B nach wie vor anfallende Beschickung der vorautomatischen Ballenbrecher wird von älteren Arbeitnehmern, die sonst nirgends mehr einsetzbar sind, erledigt.

Die Männer am Ballenöffner müssen immer wieder nachprüfen, ob der Speicher voll ist, ob genügend Ballen für den Abtrag vorbereitet sind, ob und wie der Abtrag läuft und evtl. die Geschwindigkeit nachstellen oder Abtragstiefe, Ausgleich der Ballenhöhe usw. korrigieren; wenn Störungen auftreten, müssen sie diese erkunden und je nachdem, ob sie sich zu deren Beseitigung in der Lage sehen oder nicht, jemanden hinzuziehen (wobei es sich meist um den Meister oder einen Mechaniker handeln wird) oder die Reparatur selbst vornehmen.

Schon diese Arbeiten waren aber in den beiden Betrieben unterschiedlich organisiert: Die Überwachung der Anlage und die teilweise Störungsbeseitigung waren nur bei A Aufgaben des Batteurs; bei B übernahm diese Tätigkeit der Vorarbeiter oder Meister.

Weiterhin muß der Mischplatz von Zeit zu Zeit sauber gemacht und das Aufgekehrte der Mischung beigegeben werden.

In diesem Bereich liegt lediglich bei B eine Aufgabenbeschreibung vor, die aber - im Vergleich zu den von uns erhobenen Anforderungen - unvollständig ist: Es fehlen die Überwachungs- und Eingabetätigkeiten sowie die Kooperationsanforderungen (zumindest hinsichtlich der Karderie). Damit ist nicht zu erwarten, daß diese bei der Bezahlung eine Rolle spielen.

Bei A ist keine Arbeitsbeschreibung vorhanden; der Kollege an der Anlage wurde vor Aufnahme seiner Arbeit nicht informiert und später, als entschieden war, daß er an die Anlage kommt, vom Meister eingewiesen. Seiner Meinung nach muß er heute mehr planen als früher. Bei bestimmten Rohwarequalitäten habe man, so seine Ausführungen, ständig Störungen, weil sich die Fäden beim Abtragen verwickelten und dann die Messer verstopften. Bei Störungen, auf die übrigens durch eine so grelle Tröte hingewiesen wird, daß man bei deren Erklingen erschrickt, könne er seine Vorbildung gut gebrauchen.

Außerdem bekomme er dauernd Druck aus der Karderie, weil dort auf Material gewartet werde, das aber nicht geliefert werden könne, wenn Störungen vorlägen.

Bei B wurde der Batteur vier Wochen angelernt. Er arbeitet mittlerweile nach eigenen Angaben streng nach dem Rhythmus der Maschine und hat dennoch Ärger mit dem Meister. Er meint, daß er eigentlich nichts mehr dazulernen müsse.

Beide Batteure müssen nach eigenen Angaben keine Entscheidungen bei ihrer Arbeit treffen. Ihnen bleibt höchstens die Wahl, welche Maschinen zuerst bedient bzw. welche Störung zuerst behoben werden soll.

2.2 Entlohnungsstrategien und ihre Probleme

In beiden untersuchten Betrieben wird in der Spinnereivorbereitung Zeitlohn bezahlt: In Betrieb B verdient der Batteur DM 15,50 Std.[8] Diese DM 15,50 setzen sich zusammen aus DM 10,20 Grundlohn (Lohngruppe V des LTV Westfalen) und DM 5,30 Zulage. Durchschnitt wurde bezahlt, weil der Ballenanlegerplatz nach Auskunft des REFA-Sachbearbeiters in Wirklichkeit erst mit 110-115% ausgelastet war und deshalb die REFA-Abteilung mit dem BR noch über die endgültige Größe des Arbeitsplatzes verhandeln muß.

Bei Einführung der BLENDOMATEN waren die Wollaufleger von der Lohngruppe IV auf IIIb herabgestuft worden, "weil es so eine leichte Arbeit geworden ist." (REFA-Sachbearbeiter bei B.).

In Betrieb A verdient der Kollege am UNIFLOC DM 11,42 Std. (Lohngruppe 4 nach LTV Nordbayern) und bewegt sich damit auf demselben Niveau wie seine Kollegen in der Abteilung; eine Unterscheidung ergibt sich lediglich aufgrund der gezahlten Zulagen von DM 0,71 bis 1,06 je Stunde.

Dort wurde wohl (so die Aussage eines Vorgesetzten) auch schon überlegt, den Entlohnungsgrundsatz Zeitlohn durch Prämie zu ersetzen; davon habe man aber wieder Abstand genommen, weil die Datenermittlung und die Umstellungsprobleme zu kompliziert geworden wären.

Diese Überlegung deutet schon an, welche Problematik sich hinter der Bezahlung nach Zeitlohn in diesem Fertigungsabschnitt verbirgt. Zwar werden die Arbeitenden an UNIFLOC und BLENDOMAT im Augenblick noch nicht datenmäßig kontrolliert (was aber, wie wir weiter oben gezeigt haben, perspektivisch "drin" ist), müssen aber dennoch stramme Stückzahl machen (einer der beiden Männer schreibt sie auch auf), damit der Warenfluß im Rohrsystem in Richtung Karde nicht unterbrochen wird. Die besondere Pikanterie liegt noch darin, daß in beiden Firmen in der Karderie Leistungslohn (Akkord) bezahlt wird, was sowohl die

---

[8] Dies war zum Zeitpunkt der Untersuchung der persönliche Durchschnitt = 138%.

Kooperationsbeziehungen zwischen Vorwerk und Karderie bzw. den nachfolgenden Abteilungen vergiftet, als auch den Leistungsdruck auf den Batteur weiterwirken läßt.

Nun kann sich unseres Erachtens die Höhe des Leistungslohns in dieser Abteilung nicht mehr nur dadurch bestimmen lassen, daß die Wegezeiten zwischen Stapler und Ballen usw. gemessen werden (wie bei B) oder die Zahl der angelegten Ballen festgehalten wird. Vielmehr geht es doch bei der Arbeit des Batteurs unter Automationsbedingungen im wesentlichen darum, daß der Materialfluß zu den nachfolgenden Produktionsbereichen - trotz eventueller Störungen und sonstiger Probleme - gesichert ist.

Um dies bewerkstelligen zu können, muß er nun mit den wesentlichen Kenntnissen und Erfahrungen ausgestattet werden, die ihm die Bewältigung dieser Anforderung ermöglicht. Dies wurde - wie oben dargelegt - in beiden Fällen nicht befriedigend gelöst.

Tatsache ist auch, daß in der Arbeitsbeschreibung bzw. in der Einweisung - wie oben festgestellt - gerade diejenigen Tätigkeitsteile fehlen, die typisch für Automationsarbeitsplätze sind. Im Fall der Firma B müßte man allerdings bei der Regelung dieser Problematik zuerst dafür sorgen, daß der Batteur die BLENDOMATEN überhaupt bedienen darf und dafür entsprechend qualifiziert wird. Letzteres müßte auch für den Batteur bei A gefordert werden, allerdings nur im Zusammenhang mit einer besseren Arbeitsaufteilung oder Personalausstattung, die ihm zur Erfüllung dieser Aufgabe genügend Raum läßt.

Dies würde auch dazu beitragen, daß der enorme Leistungsdruck, den wir bei beiden Interviewten gespürt haben, entschärft werden könnte. Des weiteren müßte überlegt werden, ob nicht neue Kriterien bei der Bewertung dieser Arbeit in das Entlohnungssystem eingebaut werden sollten; wir denken dabei an den planerischen Überblick, den diese Beschäftigten haben müssen und an die Verantwortung, die sie tragen.

Letzteres bezogen die Vorgesetzten bei B mit in ihre Überlegungen zu den noch ausstehenden Verhandlungen mit dem

BR über die Eingruppierung und Bezahlung der Arbeit am Batteur ein.

Bei A hingegen bekamen wir zur Antwort, daß sich die Anforderungen an den Batteur kaum geändert hätten ("die paar Befehle, die der eingeben muß...") und daher eine andere Eingruppierung nicht gerechtfertigt gewesen sei.

Die Kollegen wünschen sich, weil sie ja doch erheblich unter Zeitdruck stehen, eine Prämienbezahlung, die auch die oben benannten, vielfältigen Störungsmöglichkeiten an den Anlagen berücksichtigt.

Im Fall von B wurde ja schon längere Zeit der persönliche Durchschnitt bezahlt, was u.E. noch auf eine andere Weise auf die Problematik einer leistungsgerechten Entlohnung unter Automationsbedingungen aufmerksam macht: Die Bezugsgrößen sind genauso wie die Lohngruppen so umstritten, daß die Verhandlungen sehr lange dauern werden; die Unternehmer haben es dabei wohl auch kaum eilig, weil in dieser Zeit bereits nach Vorgaben gearbeitet wird und sich so für die davon betroffenen Arbeiter ein Lohnverlust ergibt.

Das bedeutet, daß man bei Einführung einer Neuen Technik möglichst sofort eine Übergangsregelung finden muß, die beide Parteien dazu zwingt, in einem nicht zu langen Zeitraum eine akzeptable Lösung zu finden.

3. Spinnerei/Spulerei

In der Spinnerei werden nun aus den verzogenen/gestreckten und gekämmten Bändern durch Verziehen und Zusammendrehen Garne gesponnen, die sich in ihrer Qualität stark unterscheiden und daher jeweils besondere Anforderungen an die technische Ausrüstung stellen. In der Spulerei geht es darum, die gesponnenen Copse (eine gewisse Anzahl von Fadenmeter auf einer Hülse) auf eine Kreuzspule zu wickeln, die später beim Weben als Schußgarn verwendet wird.

Zuerst werden die Untersuchungsergebnisse aus der Spinnerei dargestellt. Typisch für diesen Prozeß sind relativ lange Maschinen mit bis zu 1200 Spindeln, die einen gesundheitsschädlichen Lärm verbreiten und an denen die Arbeit bisher durch das von-Hand-Abziehen und Anknoten von Hand im Akkord gekennzeichnet war.

Neue Technik setzte sich in diesem Bereich meist nur schwer gegen traditionelle Verfahren durch, weil diese nie sofort das volle Qualitätsspektrum abzudecken in der Lage war:

> "Obwohl die Rotorspinnmaschine schon vor über 20 Jahren entwickelt wurde und inzwischen Drehzahlen bis 90.000 U/min erreicht hat, löst sie im feinen Nummernbereich bzw. bei Garnen mit geringer Faserzahl erst sehr langsam die Ringspinnmaschinen ab (Verkaufsanteil mittlerweile: 20%, vgl. TOPF, 1988, P-NRW). Dies bedeutet jedoch keinen Entwicklungsstopp für das Ringspinnverfahren: Bisher konnte alle 20 Jahre seine Produktivität etwa verdoppelt werden (TASCHENBUCH 1988, 288), was auf eine Flut von Detailverbesserungen der Steuer- und Antriebstechnik zurückzuführen ist." (WEISSBACH, 1988,17)

Wenn hier von Nummernbereichen (Qualitäten) die Rede ist, dann handelt es sich zunächst um die unterschiedliche Dicke der Fäden (d.h. mehr oder weniger Drehungen pro Meter laufenden Fadens), was zusätzlich von der Herkunft der Faser und deren Mischungsverhältnis abhängt. Die Feinheit des Garnes wird üblicherweise durch die internationale Gewichtsnumerierung " t e x " bezeichnet. Die Nummer tex gibt das Gewicht für eine bestimmte Garnlänge an. Zum Beispiel tex 25 gibt an, daß 1000 Meter Garn 25 Gramm wiegen.

Die Detailverbesserungen an den Maschinen zeigen sich z.B. in der Erhöhung der Drehzahlen (auf der Internationalen Textilmaschinen Ausstellung im Oktober 1987 in Paris wurden Rotormaschinen im Normalfall schon mit 90 000 U/min und in Ausnahmefällen sogar schon mit 110 000 U/min vorgestellt, wohingegen die Ringspinnmaschinen eine Drehzahl von ca. 20 000 U/min erreichen), im Einzelspindelantrieb (was eventuell zu einer Verlängerung der Maschinen und zu erheblichen Energieeinsparungen führen wird), im automatischen Entfernen von Fadenresten und in der Ver- und Entsorgung der Maschinen.

In unseren Untersuchungsbereich waren vier Firmen einbezogen, die alle zu den Großen im Organisationsbereich der GTB gehören und von denen drei mehrstufig arbeiten. Mehrstufig bedeutet, daß sie alle textilen Produktionsstufen integriert haben.

3.1   Eingesetzte Technik, deren Perspektive und die Veränderung der Arbeit

In den von uns untersuchten Betrieben werden mehrheitlich Garne von tex 84 - 11 gesponnen; bei Fa. B bewegt sich das Hauptspektrum zwischen tex 14 und 12,5, bei Firma D zwischen 55,5 und 25.

Es sind einige unter den vier Betrieben, die ein weites Qualitätsspektrum abdecken: Dieses reicht von 100% Baumwolle über Baumwolle-, Polyester- und Acrylmischungen hin zu reinen Kunstfasern. Ein leitender Angestellter wies uns z.B. darauf hin, daß zum Zeitpunkt der Untersuchung Zellwolle der Renner auf dem Markt war.

Diese Vielfalt hat natürlich Konsequenzen für die Anwendung von Verfahren und Neuen Techniken: Z.B. wird für die Rotorspinnerei Baumwolle mit großer Faserreinheit gebraucht. Wir unterscheiden daher im folgenden zwischen Ring- und Rotorspinnen, Spulerei und Verbund (Verbund ist die Kombination von Ringspinnen und Spulen in einer Maschineneinheit).

3.1.1 In der Ringspinnerei

Statt der Nutzung der Vielfältigkeit, zeigt sich bei der Anwendung neuerer Technik zunächst eine Entwicklung in dieselbe

Richtung; immerhin haben sich drei von vier Firmen im Ringspinnbereich für die ZINSER 320 mit COWEMAT (Copswechselautomat) entschieden. Eine der Firmen arbeitet mit Maschinen von INGOLSTADT (mit SPINNCOMAT) und von SCHUBERT & SALZER.

Unterschiede bei den drei COWEMAT-Anwendern ergeben sich erst durch die variierende Zahl der Spindeln und aufgrund der Ausstattung mit USTER RINGDATA (Betriebsdatenerfassungsanlage), mit FIL-A-MAT (automatische Fadenbruchbehebung) oder anderen Spezifikationen. Die Version mit RINGDATA und FILAMAT, die bei B seit vier Jahren als Probemaschine läuft, wurde in Zusammenarbeit mit ZINSER mehrmals umgearbeitet und kann daher kaum mehr mit den sonstigen auf dem Markt vertriebenen Maschinen verglichen werden. So verändert wurde sie gekauft und soll ab April 1989 in einer größeren Stückzahl montiert werden.

Abb.7 Der ZINSER COWEMAT mit FILAMAT

Quelle: Herstellerunterlagen

Der COWEMAT ist also in den Ringspinner integriert. Noch während der Spinnprozeß läuft, werden die leeren Hülsen für den Copswechsel über das Transportband automatisch von den Hülsenkästen in die Aufsteckposition gefahren. Sobald sich die Ringspinnmaschine automatisch abgestellt hat, beginnt der Abziehvorgang. Die Copse werden von Greifzapfen pneumatisch erfaßt, von den Spindeln abgezogen und auf das Transportband gestellt, das, während die Maschine schon weiter produziert, die vollen Copse über den Steigförderer in Behälter transportiert.

Dieser Ablauf wird von der elektronischen Datenverarbeitung in 17 Programmschritten gesteuert, die teilweise umprogrammiert werden können.

Der FIL-A-MAT (s. Abb.) überprüft auf immer dem gleichen Weg jede einzelne Spinnstelle optisch auf Fadenbruch. Ist ein Faden vorhanden, fährt er weiter; stellt er einen Fadenbruch fest, behebt er ihn und fährt erst dann weiter, wenn die Fotozelle Erfolg meldet. Der FIL-A-MAT ist gleichzeitig eine Überwachungseinheit für alle maschinenrelevanten Daten und ist daher in der Lage, einen Maschinenbericht pro Zeiteinheit zu liefern.

Es wurde erwähnt, daß die neuen Maschinen alle mit dem BDE-System RINGDATA von ZELLWEGER USTER ausgestattet, aber noch nicht überall auf Abteilungsebene vernetzt sind.

Die BDE funktioniert so, daß in den zu überwachenden Maschinen Meßwertaufnehmer (Signalempfänger) an den jeweils entscheidenden Stellen montiert sind, um Drehzahlen, Lauf- und Stillstandszeiten, Produktionsausstoß, Qualitäten usw. zu kontrollieren. Mittlerweile erfolgt diese Registrierung der Daten und deren Aufbereitung mit Hilfe der Mikroprozessortechnik.

Die Datenerfassung an den Spindeln der Ringspinnmaschinen ist auf besondere Weise gelöst: Auf jeder Maschinenseite wird ein Wandersensor (eine sog. "Maus") an der Ringbank entlanggeführt (s. Bild), der induktiv die Rotationsbewegungen der Ringläufer erfaßt und dabei Informationen über

- Fadenbrüche an jeder Spinnstelle sowie die mittlere Zeit ihrer Behebung,

- mittlere Drehzahl der Ringläufer und Spinnstellen mit zu geringer Drehzahl sammelt.

Abb. 8 Einzelspindelüberwachung bei USTER-RINGDATA

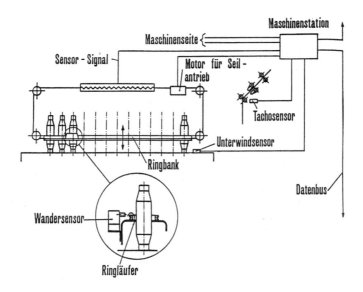

Quelle: Ausbildungsmittel Unterrichtshilfen Textiltechnik, 1988, 7.08

Die in der Abbildung gezeigten Sensoren melden regelmäßig Daten an eine Maschinenstation, die wiederum von einer Zentraleinheit in einer festzulegenden Periode abgefragt werden.

Maschineneingabestationen dienen der Kennzeichnung von Außerproduktionszeiten direkt an der Maschine z.B. Materialmangel, besonderen Unterbrechungen usw. Das Erfassen von Stillstandsursachen (die auch extra geordnet aufgerufen werden können) erfolgt durch Codekarten, die z.B. vom Meister wegen einer Reperatur in die Eingabestation gesteckt werden.

Da Spinnstellen mit hoher Fadenbruchhäufigkeit Garne mit ungenügender Qualität produzieren, dient RINGDATA dazu, z.B. mit Hilfe eines Berichts "Spindel-Fadenbrüche" diese schlecht arbeitenden Spinnstellen zu identifizieren und entsprechend zu reparieren bzw. deren Lauf gezielt optimieren zu können (s.

Bild). Mit Hilfe anderer Übersichten (z.B. "Außerproduktionszeiten" oder "Bediener-Bereich Alle") können allerdings auch Leistungsdaten der an diesen Maschinen Beschäftigten erhoben, verfolgt und miteinander verglichen werden. Darüber hinaus können sich aufgrund der schnelleren Lösung der Probleme an den Spinnmaschinen die notwendigen Wegezeiten reduzieren, was zu einer Erhöhung der Zahl zugeteilter Maschinen führen kann.

Abb. 9   Bericht Spindelfadenbrüche

```
USTER RINGDATA
*********************

① MASCH-NO      28
② DATUM 16.02.79 10:44
③ TOTALZEIT
       1 T 23 H 57 M
④ PRODUKTIONSZEIT
       1 T 09 H 39 M
⑤ FDB TOTAL       993
⑥ FDB/1000 SPH    33.7
⑦ FDB / SPINDEL    1.1
⑧ GRENZWERT:  05 FDB
   SP-NO          FDB
    05 L          09 ◄
    85 L          09 ◄
   301 L          05
   346 L          07
   373 L          05
   396 L          09 ◄
   398 L          06
   417 L          05
   422 L          05
   437 L          05
⑨  02 R          06
    48 R          05
   334 R          06
   379 R          08
   386 R          05
   395 R          09 ◄
   423 R          07
   436 R          18
   437 R          05
```

Nach Eingabe eines Grenzwertes an der Zentraleinheit erscheinen im *Spindelbericht* die Nummern der Spinnstellen, deren Fadenbruchzahl den gewählten Grenzwert erreicht oder übersteigt.

Der *Spindelbericht* enthält folgende Daten:

① Maschinennummer
② Datum und Uhrzeit
③ Total überwachte Zeit in Tagen, Stunden und Minuten
④ Produktionszeit in Tagen, Stunden und Minuten
⑤ Total Fadenbrüche
⑥ Fadenbrüche je 1000 Spindelstunden
⑦ Durchschnittliche Fadenbruchzahl je Spinnstelle
⑧ Gewählter Grenzwert für Fadenbrüche je Spindel
⑨ Nummern der Spinnstellen mit Fadenbruchzahl, die den eingegebenen Grenzwert erreichen oder überschreiten

Das Beispiel zeigt einen *Spindelbericht*, auf dem eine Reihe Spindelnummern erscheinen, deren Fadenbruchzahl deutlich über dem vorgewählten Grenzwert «5 Fadenbrüche» liegt. Eine erste Analyse konzentriert sich auf die Spinnstellen mit 9 Fadenbrüchen. Die nebenstehenden Diagramme zeigen die Ursache deutlich:

Quelle: Herstellerprospekt

Dies hat logischerweise Folgen für die dort arbeitenden Menschen hinsichtlich Leistungsdruck, Leistungsverdichtung usw., welche wir unter "Veränderung der Arbeit" behandeln.

Bei Schichtende gibt das Terminal automatisch eine vorher vom Anwender zu bestimmende Art und Anzahl dieser Berichte aus, die dann gedruckt werden und dem Meister bzw. Abteilungsleiter als Diskussionsgrundlage für die Produktionsplanung und -steuerung sowie dem Monteur als Reparatur-Anleitung dienen können.

Eben diese Produktionsplanung und Steuerung sollte zum Zeitpunkt der Untersuchung bei A über EDV abgewickelt werden, wozu das ebenfalls von ZELLWEGER USTER angebotene System MILLDATA angeschafft wurde (vgl. auch Abb. 10 zum "USTER KONZEPT"). Jede der neu installierten Maschinen bietet nun die Möglichkeit der Verknüpfung auf EDV-Ebene, was die Firma auch nutzen möchte, sie aber wegen reichlicher Probleme mit der zentralen Auswertung eines anderen BDE-Systems (BARCO) in der Weberei noch nicht durchführen konnte ("mehrere solche Sachen kann man nicht parallel schaffen", so der Abteilungsleiter).

Abb. 10   Das "USTER KONZEPT"

Przessleit-ebene	Spezielle Anwendungen				HOST
		SLIVER-DATA	ROTOR-DATA	RING-DATA	CONE-DATA
Signalerfassungs- und Steuerungs-ebene		Q-Sensoren P-Sensoren	POLYGUARD Q-Pack	Masch.-Sensor Spindel-Sensor	POLYMATIC / UAM Q-Pack
Funktionen		P+Q On-line Alarm Stopps	Garnreinigung P+Q On-line Remote Control	P+Q On-line	Garnreinigung P+Q On-line Remote Control
		SPINNEREI-VORWERK	ROTOR-SPINNEREI	RING-SPINNEREI	SPULEREI
				LINK	

zellweger uster   P = Produktivität   Q = Qualität   ⟷ Bidirektional   — One-way

Quelle: ZELLWEGER USTER AG

Die Daten aus der Computerüberwachung, die bis jetzt in dieser Firma vorhanden sind, werden für jede Maschine von Hand ausgewertet, um einen Überblick über Qualitätsdaten und Nutzeffekte zu erhalten: "...aber eine Folgerung wird daraus noch nicht gezogen in Punkto Steuerung oder Lohnabrechnung" (ebenfalls der Abteilungsleiter).

Auf seiten der Beschäftigten an den neuen Maschinen werden allerdings Zweifel geäußert, ob und inwieweit diese Systeme tatsächlich alles, was sich an der Maschine ereignet und für die Tätigkeitsbeurteilung relevant ist, korrekt erfassen.

In Betrieb B sind erst acht Maschinen mit RINGDATA ausgestattet, die ebenfalls noch nicht zentral verknüpft sind. Um eine Überprüfung der Laufeigenschaften vorzunehmen, muß der Meister daher an jeder Maschine einzeln die Daten abrufen. Nun heißt das aber nicht, daß keine Verknüpfung angestrebt würde; vielmehr wurde uns berichtet, daß weitere moderne ZINSER mit eingebauter BDE gekauft werden sollten, um dann eine effektive Verknüpfung vollziehen zu können (über einen Zwischenrechner). Dabei soll nach den Worten des dortigen Spinnereileiters darauf geachtet werden, daß es keinen Zahlenwust gibt, sondern, daß nur die wichtigsten Daten, wie z.B. ein Ausreißer (das ist ein Datum, das erheblich über den festgelegten Grenzwerten liegt), erhoben werden, um schnell einen Überblick und damit eine bessere Problemverfolgung zu haben.

Bis jetzt seien diese Daten nicht für Lohnzwecke herangezogen worden, sondern für die Verfolgung von Qualitätsproblemen. Das werde sich nach der Verknüpfung auf jeden Fall ändern, weil man sich dann für den täglichen Nutzeffekt, die tägliche Leistung in Verbindung mit den Fadenbrüchen und für die "kranken" Spinnstellen vor Ort, d.h. auf Meisterebene interessiere. Diese und noch weitere Daten würden dann zu REFA und auch zur Disposition weitergeleitet. Manuelle Aufschreibungen werden dann entfallen.

Bei der angestrebten Verknüpfung müsse außerdem ins Kalkül gezogen werden, daß eine Schnittstelle vorhanden bzw. geschaffen werden muß, um die jeweiligen BDE-Stationen an eine kommerzielle Rechneranlage anschließen zu können.

Mit diesen neuen, aber z.T. auch noch älteren Maschinen, werden bei B pro Tag 20t Garn mit 88 Beschäftigten gesponnen; dort laufen bereits per EDV erstellte Arbeitspapiere mit dem Auftrag mit. Jeden morgen gibt der Disponent an, wieviel kg Material er benötigt. Die Planung, auch die Zuteilung der Personen an die Maschinen, orientiert sich daran. Es kann nach Auskunft des Meisters vorkommen, daß zuwenig Hülsen vorhanden sind, so daß die Spulerei nicht soviel aufnehmen kann, wie eigentlich vorgesehen war. Die Verknüpfung der Maschinen durch ein Transportsystem sei aus Platzgründen nicht möglich.

Bei A bewegt sich der Produktionsausstoß pro Tag bei 27 - 28 Tonnen, wobei ein Teil davon nicht weiterverarbeitet, sondern als Garn verkauft wird. Die dafür notwendige Produktionsplanung wird für das ganze Jahr im Hauptwerk gemacht; die Sortimente aber, die kurzfristig in die Produktion aufgenommen werden, müssen natürlich "aus dem Stegreif heraus geplant werden" (Abteilungsleiter). Die vierwöchige Planung wird dann immer noch teilweise täglich korrigiert. Nach Aussage des Abteilungsleiters sei es ein Wunschtraum, die Produktion der einzelnen Abteilungen exakt aufeinander abzustimmen:

> "Wir haben immer wieder Phasen, in denen die Mode eine grobe Nummer verlangt, dann reichen unsere Vorwerkskapazitäten nicht. Oder aber die Mode will feine Nummern, dann reichen unsere Ringspinnkapazitäten nicht. Also irgendwo klemmt es immer schon mal, wobei das über Sonderschichten versucht wird, auszugleichen."

In diesem Betrieb wird geplant, Sortimente aus der Langfaser-Spinnerei abzuziehen und dafür mehr Kurzfaser, also gekämmte Faser, zu integrieren. Weiterhin dürfte dort der Flyer - ebenso wie bei C - in Kürze auch das Vonhandabziehen durch entsprechende Automatisierung entfallen lassen.

Bei C, gibt es noch mehrere Spinnsäle mit teilweise sehr alten Spinnmaschinen. Dort untersuchten wir nur die Flammgarnspinnerei, die von der Gesamtproduktion einen Prozentsatz von zehn mit zwei Arbeitnehmern (dreischichtig), somit mit sechs Personen abdeckt und ebenfalls mit den ZINSER COWEMATEN arbeitet.

Das Spinnen von Effektgarn mit unregelmäßigen Verdickungen (Flammgarn) funktioniert so, daß durch periodisch veränderten Verzug des Streckwerks beim Feinspinnen Verdickungen entstehen. Dafür benötigt die Spinnmaschine eine gesonderte Steuerung: Die am PC programmierte Gestaltung des Flammgarns (Flammverkürzung und -dicke, Schritteinheiten und -längen, Flamme pro m usw.) wird über einen EPROM (EPROM ist ein Erasable Programmable Read Only Memory, d.h. ein Festspeicher, dessen Dateninhalt durch Löschen immer wieder neu programmiert werden kann), der das

Flammdesign speichert, in die Steuerung der Maschine eingespeist; für die alten Maschinen geschieht dies heute noch über die Lochung von Filmbändern bzw. Telexbändern, die über die Lichtschranke an der Maschinensteuerung gelesen werden.

Bei jeder Änderung des Garns müssen umfangreiche Umrüstarbeiten und Einstellungen vorgenommen werden. Früher waren die Spinnmaschinen probeweise mit einem automatischen Doffer ausgestattet. Weil sich das aber nicht gerechnet hat, wurden sie wieder entfernt.

In Betrieb C wird nur auf Bestellung gearbeitet. Dort müssen aufgrund der hohen Vielfalt der Garnqualitäten und der Aufmachungen, die sich aus den Aufträgen ergeben, ebenfalls laufend Umstellungen bewältigt werden. Daher gibt es auch dauernde Veränderungen bei Vorgaben bzw. Planungen.

Die nachgeordneten Bereiche müssen offensichtlich in dieser Firma ebenfalls gut kontrolliert werden, da vor zwei Jahren die Spinnerei- mit der Webereileitung zusammengelegt wurde.

Verknüpfungsmöglichkeiten werden im Augenblick in diesem Bereich höchstens beim Verbund (d.h. bei der Verknüpfung von Spinn- und Spulmaschine, s. dort) gesehen, wodurch auch einige Transportarbeiten entfallen würden.

Interessant ist u.E., daß in keinem der Interviews, die wir mit Vorgesetzten bzw. mit Vertretern der Geschäftsleitung führten, einer überhasteten Technikanwendung das Wort geredet wurde; vielmehr wurden relativ lange Versuchsphasen in Zusammenarbeit mit den jeweiligen Maschinenherstellern dadurch gerechtfertigt, daß die Qualitätsprobleme optimal gelöst und die neuen Maschinen reibungslos in den bestehenden Maschinenpark eingepaßt werden müßten.

Am deutlichsten hat der Abteilungsleiter von B seine technischen Perspektiven formuliert. Die nächsten Technisierungsansätze sieht er nicht in der Automatisierung des Transports bei Karde und Kämmerei, sondern bei der Strecke (SUPERLAP; das ist eine Strecke mit automatischem Kreuzspulauswurf). Hier sollen die Wickel nicht mehr von Hand, sondern automatisch auf den Wagen geladen und zur Kämmaschine transportiert werden. Dies sei schon wegen des hohen Gewichts der Wickel interessant.

Später sollen die sechs alten Flyer durch vier neuen Typs mit Absetzvorrichtung ersetzt werden, um auch Spulen mit drei kg produzieren zu können, die automatisch in einen Wagen abgelegt und zur Spinnmaschine gebracht werden. Bei der Weiterverarbeitung würden aufgrund der vielen verschiedenen Garnqualitäten Probleme auftreten. Vielleicht könne man aber eine Hubvorrichtung dazwischen schalten, die die Flyerspulen je nach Qualität in die jeweiligen Vorrichtungen der Spinnmaschinen einsteckt.

Die nächsten ZINSER 320 werden im Herbst geliefert. Außerdem soll 1989 ein Verbundsystem installiert werden mit FIL-A-MAT, wodurch allein mit einer Einsparung von 30% bei den Transportkosten gerechnet wird. Dabei informiert man sich - wie bei den anderen Firmen auch - auf Messen usw. und stellt möglicherweise fest, daß eine bestimmte Technik noch nicht einsatzreif ist, obwohl man sie dringend brauchen könnte (z.B. den Flyer mit automatischem Absetzen). Dann muß entweder solange gewartet werden, bis die technische Entwicklung weiter fortgeschritten ist oder die Entscheidung getroffen werden, eine Versuchsphase unter Produktionsbedingungen durchzuführen.

Dies sei für das Unternehmen die Planung für die nächsten drei bis vier Jahre.

Das Tempo der technischen Entwicklung macht es offensichtlich auch den Vorgesetzten schwer, sich richtig zu entscheiden:

> "Ja, das ist ein Problem, daß diese Anlagen so schnell wachsen. Das, was man vor einem Jahr gedacht hat, ist jetzt schon wieder überholt... Das beste Beispiel war die Spinnmaschine, die wir vor zwei Jahren hatten. Die hatte dieses Datenerfassungssystem, das in der Kapazität viel zu klein war." (Abteilungsleiter/B)

In diesen Aussagen kommt nicht nur das Gehetztwerden durch die Technik zum Ausdruck, sondern es zeigen sich auch die ökonomischen Grenzen einer Unternehmensstrategie, die sich zum Ziel gesetzt hat, an allem Neuen beteiligt zu sein. Daraus ergeben sich dann auch Überlegungen, ob es überhaupt sinnvoll ist, alles mitzumachen und ob das Tempo, das vorgegeben wird, überhaupt realistisch ist angesichts der großen technischen und möglicherweise ökonomischen Probleme, die diejenigen Firmen haben, die sich tatsächlich das Neueste angeschafft haben.

Demgegenüber wird bei der Fa. A blanker Fortschrittsoptimismus gepflegt:

> "Na ja, der Fortschritt ist nicht mehr aufzuhalten. Die neuen Maschinen produzieren mehr und das ist die Zukunft" Und: "Das technische Niveau muß sich verändern, um überhaupt konkurrenzfähig zu bleiben und d.h., daß also höhere Leistung bzw. mehr Automation kommen muß". (Abteilungsleiter/A)

Einige der Vorgesetzten betrachten die Neue Technik auch als "Humanisierungstechnologie":

> "Wir haben nur Männer an den Flyern, weil das schon schwere Arbeit ist, ... also wenn sie 88 Spindeln absetzen müssen, das spüren sie schon in den Gelenken und wenn sie dann in unseren oberen Spinnsaal gehen und dort wird automatisch abgesetzt, dann ist das eine Humanisierung. Natürlich kostet das auch Arbeitsplätze. Heute hat auch ein Textilwerker einen Arbeitsplatz zu bedienen, der viel mehr wert ist." (Abteilungsleiter/C)

Wir sind damit einverstanden, dies als Erleichterung für die Arbeitenden zu betrachten; das Problem ist nur, daß die "Überflüssigen" eine andere Arbeit bekommen müssen und die "Übriggebliebenen" nicht noch mehr Maschinen bedienen sollen (Arbeitsverdichtung). Gleichzeitig spricht der Abteilungsleiter bei C einen Aspekt an, der für die Neubewertung der Arbeit wichtig ist (vgl. weiter unten).

Der Spinnereileiter von C spricht mit der weiteren Vernetzung ein Problem an, das wir während unserer Untersuchung auch mehrmals gefunden haben: So nützlich er es findet, verschiedene Bereiche auf EDV-Ebene zu vernetzen, so falsch ist es seiner Ansicht nach, mit aller Gewalt ein Produktionsplanungs- und Steuerungssystem einzuführen:

> "Produktionsplanung, also PPS, wird in der Spinnerei, in der ich verantwortlich bin, mit Sicherheit als letztes angeschafft. Denn eine schlechte PPS kann Ihnen große Probleme bringen. Wir heute mit unserer manuellen AV (Arbeitsvorbereitung) bringen unsere Aufträge auf die Stunde genau zum Versand... Bei der Vielfältigkeit unserer Produktionspalette und bei der Beibehaltung einer Beweglichkeit, wie wir sie einfach brauchen...kann ein PPS, das nicht hundertprozentig durchdacht ist - und ich meine, das gibt es für die Spinnerei noch nicht - nichts bringen."

Dem können wir nur zustimmen, allerdings unter der Prämisse, daß der Leiter der Spinnerei, wenn er den EDV-Fachleuten jegliche Unterstützung zukommen läßt, auch an die Einbeziehung der Betroffenen denken sollte. Über diesen Aspekt schweigt er sich im Interview aber aus.

Er wolle auch nicht alle abrufbaren Maschinendaten, sondern nur diejenigen, die für ihn wichtig sind, haben. Was er damit aber genau meint und welche seine Kriterien sind, bleibt im Verborgenen.

Weiterhin spricht er noch an, daß man der Geschäftsleitung nicht nur Investitionsbereiche anbieten könne, bei denen man sicher sei, daß die Amortisationszeit nicht mehr als zwei bis drei Jahre betrage, sondern man müsse auch vorausschauend in solche Bereiche investieren, bei denen es besonders auf Qualität ankäme sowie in solche, in denen kein Mensch mehr arbeiten wolle. Als Beispiel führt er dazu das Spinnerei-Vorwerk an.

Personaleinsatz

Bei A hat sich im Spinnereibereich die Beschäftigtenzahl seit 1.1.84 bis 1.1.88 von 320 auf 260 reduziert, wobei der zuständige Abteilungsleiter darauf aufmerksam macht, daß von den dabei eingesparten Personen nicht alle, sondern ca. 30 aufgrund der Einführung Neuer Techniken ihren Arbeitsplatz verloren. Der Produktionsausstoß wurde dabei sogar noch erhöht.

Aufgrund des Experimentierstatus der angeschafften ZINSER 320 bei B betreute eine Frau (in der Nachtschicht ein Mann) diese und vier weitere, ältere Maschinen (von der Firma SCHUBERT & SALZER, Ingolstadt). Insgesamt arbeiteten in der dortigen Spinnerei zur Zeit der Erhebung ca. 88 Personen und drei Meister.

Da die Tätigkeiten des Absetzens und des Hülsenspeisens mehr und mehr entfallen, wird die Beschäftigtenzahl noch weiter reduziert. Von den dort Beschäftigten ist der überwiegende Teil als Maschinenführer ausgebildet, an der Versuchsmaschine und vor allem im neugebauten Saal werden nur noch junge Leute mit dieser Ausbildung eingesetzt. Von daher hat sich auch das Durchschnittsalter auf ca. 35 Jahre herabgesenkt.

Der dortige Abteilungsleiter rechnet nicht damit, daß seine Personalplanung, für den neuen Saal eine völlig neue Mannschaft zusammenzustellen, für die älteren Kolleginnen und Kollegen problematisch werden könnte, weil diese seiner Meinung nach ihren Arbeitsplatz behalten würden. Es geht aber dabei nicht nur um das nackte Erhalten von Arbeitsplätzen, sondern auch um die Teilhabe älterer Männer und Frauen an der technischen Weiterentwicklung. Dies muß ihnen u.E. ermöglicht werden. Außerdem spricht er davon, daß er gerne mehr Frauen an den neuen Maschinen hätte. Das wäre aber wegen der Nachtschicht, in der Frauen nicht arbeiten dürfen, nicht möglich.

Bei C arbeiten in der Ringspinnerei 137 Personen; davon sind 85% der Beschäftigten an den neuen Maschinen eingesetzt (es werden immer drei Personen einem Arbeitsplatz zugewiesen). Dies sind alles Frauen, die zum Teil angelernt, zum Teil bei der Firma als Textilmaschinenführerinnen ausgebildet wurden. Vor dem Einsatz dieser Neuen Technik waren 75 % der Arbeitnehmer mit dem Absetzen beschäftigt. Das Durchschnittsalter beträgt 30 Jahre.

In zwei von drei Spinnereien wurde also während der Untersuchung umgebaut bzw. völlig umgestellt mit dem Ziel, die neuen Maschinen zusammen in einem neuen Saal unterzubringen, um sie dort von einer nach Alter und Qualifikation ausgewählten "Spitzenmannschaft" überwachen und warten zu lassen.

Bezüglich der Personaleinsatzkonzepte kann man von einigen gleichen bzw. ähnlichen Orientierungen ausgehen:

> "Ich bin der Meinung, daß für unsere Situation hier die Leute vielseitiger werden müssen. Weil man einfach bei der Größenordnung nicht mehr sagen kann, du machst nur das eine und du machst das andere. Die Arbeitsplätze gehen ineinander über und deshalb muß jeder Mitarbeiter auch vom anderen etwas können." (Abteilungsleiter/A)

In einigen Fällen würde dies auch schon praktiziert, nämlich dann, wenn eine Person nicht nur einen Arbeitsplatz ausfülle (gemeint ist Mehrmaschinenbedienung bei unterschiedlichen Arbeitsplätzen). Dabei habe man den Effekt, daß drei Leute zusammen einen besseren Nutzeffekt erwirtschaften und daß sie sich gegenseitig erziehen. (Abteilungsleiter/A)

> " Wir wollen flexibler werden - auch von der Person her. Daher stellen wir in erster Linie z.B. nur

Lehrlinge als Ringsspinnbediener und Flyerbediener ein." Und: "nach der Probemaschine geht es in langsamen Schritten, sag ich mal. Denn hier müssen zugängliche Leute genommen werden, die zuverlässig sind und dann auch herausfinden, wo die Maschine noch Mängel hat. Da kann man in der Regel nur einen erfahrenen Hasen nehmen, der sich mit der Technologie auskennt. Danach wird dann ein Meister oder Vorarbeiter, je nach dem, wer dort in dem Bereich mitarbeitet, zu der Maschinenfabrik hingeschickt, um eine Ausbildung zu absolvieren." (Abteilungsleiter/B).

Ebenso wird dies bei C praktiziert.

In dieser Aussage ist allerdings der Widerspruch enthalten, daß man einerseits junge Leute brauche und andererseits "alte Hasen" für die Beseitigung der Einfahrmängel bzw. für die Optimierung. Dies sollte u.E. gezielt zu einer Kooperation zwischen jung und alt und zwischen gut ausgebildet und erfahren entwickelt werden, was aber in den meisten hier zur Debatte stehenden Betrieben nicht mit Hilfe entsprechender Kurse und Veränderungen traditioneller Arbeitsteilungen verwirklicht wird, sondern in chaotischer Weise den Beschäftigten selbst überlassen bleibt, wobei sich dann meist eine Ausgrenzung der Älteren ergibt.

Daneben müßte der Punkt geklärt werden, wie denn dies Zur-Verfügung-Stellen von Optimierungswissen, von Erfahrung usw. vergütet werden soll (s. unter 3.2).

Darin, daß zwei von drei Spinnereien völlig umgebaut bzw. umgestellt wurden und nach Alter und Qualifikation eine "Spitzenmannschaft" ausgewählt wurde, sehen wir Ansätze einer Umgestaltung der traditionellen Personaleinsatzkonzepte, die für die GTB neue Handlungschancen und -notwendigkeiten mit sich bringen (s. auch Teil E).

<u>Veränderung der Arbeit</u>

Prinzipiell muß hier angemerkt werden, daß es nicht darum gehen kann, die Tätigkeiten generell an den unterschiedlichen Spinnmaschinen darzustellen. Selbst wenn es so sein sollte, daß sich diese im Laufe der Zeit von der offiziellen Beschreibung immer mehr entfernt haben, müssen wir uns hier aufgrund unseres Untersuchungsgegenstandes auf diejenigen Veränderungen konzentrieren, die im Zusammenhang mit dem Einsatz von Mikroprozessor- und/oder Computertechnik entstanden sind.

Das bedeutet, daß uns zum einen die Veränderungen bei der Flammgarnherstellung interessieren; zum anderen die Veränderungen im Hinblick auf den Einsatz von BDE (RINGDATA).

Aus dem Interview mit dem Vorarbeiter bei C ergibt sich, daß früher das Stanzen der Löcher im Filmband nach Messung der Flammlänge mit dem Potentiometer und das anschließende Bandeinlegen von ihm selbst gemacht wurde. Mittlerweile müsse man zwar an der Steuerung die Anfangs- und Änderungsdaten (Garnnummer, Umdrehung des Fadens, wobei dafür zusätzlich Räder ausgewechselt werden mußten) eingeben; für das Erstellen des Programms sei aber jetzt der Meister zuständig, der diese Tätigkeit an seinem PC im Büro erledigt. Welche Flammnummer richtig ist, muß durch Versuche ermittelt werden.

Das Argument dafür, daß nur er und der Meister diese Arbeit machen dürfe, sei, daß man den Meister und ihn besser kontrollieren könne als einige Spinner/-innen. Nach Aussage des zuständigen Abteilungsleiters hätten selbst die Meister Schwierigkeiten mit dieser komplizierten Tätigkeit, so daß lange Anlernphasen für die Programmierung erforderlich seien.

Dennoch sollte unseres Erachtens versucht werden, für alle Beteiligten ein Gesamtkonzept von Qualifizierung und arbeitsorganisatorischer Umstrukturierung zu entwerfen mit dem Ziel, den Spinnerinnen nicht die "Drecksarbeit" zu überlassen, sondern sie an der neuen Qualität der auftretenden Probleme Stück für Stück teilhaben zu lassen.

So könnte sich die bisherige Arbeit der Frauen, die sich augenblicklich erschöpft in der Überwachung des Prozesses ("man muß sehr aufpassen bei diesem Garn"), dem Rollenputzen, dem Herausholen der Wolle und dem Anlappen (wenn Fäden gerissen sind, müssen sie wieder zusammengebracht werden, damit keine halben Copse entstehen) usw., verbessern lassen.

Interessant ist, daß nach den Äußerungen der Frauen die alten Maschinen, die sie immer noch mitbetreuen müssen, von den Technikern kaum mehr beachtet werden.

"...wenn aber an den neuen Maschinen was ist, stehen die Mechaniker sofort auf der Matte."

Aufgrund der Aufsteck- und Absetzautomatik müssen die Frauen im Gegensatz zu früher, als dafür eine besondere Kolonne eingesetzt wurde, zusätzliche Kontrollgänge vornehmen, um zu überprüfen, ob alle Copse abgezogen und nach dem Aufsetzen alle Hülsen gesetzt sind. Ist das nicht der Fall, muß von Hand korrigiert werden. Die Bedienerin muß dann jeden folgenden Schritt an einem Tableau von Hand eingeben, bis sie wieder ins Programm kann.

Störungen versuchen sie selbst zu beseitigen; erst wenn dabei Schwierigkeiten auftreten, wird der Vorarbeiter oder der Meister hinzugezogen. Diese Zusammenarbeit funktioniert nach den Aussagen der Interviewten nicht so gut, weil die Vorarbeiter mit Hinweisen zu Fehlern geizen. Wenn am Programm etwas nicht stimmt, erkennen sie dies z.B. bereits an der Dicke der Copse oder an den Noppen des Garns.

Auf die Frage, ob sie denn nicht gern an die Steuerung gehen würden, um diese Probleme selbst zu erledigen, reagieren sie entsetzt und weisen diese Arbeit aufgrund fehlender Zeit weit von sich.

Jede Spinnerin erhalte einen Lehrling zugewiesen, "damit die lernen, was anfällt" (Sie bleiben ihre ganze Ausbildungszeit an diesem Platz, was nicht in Ordnung ist). Man habe aber gar keine richtige Zeit für sie; da es keine Springer gebe, seien sie dafür gerade gut, die Maschine weiterlaufen zu lassen, wenn man mal eine Zigarette rauchen wolle.

Ansonsten, d.h. im Krankheitsfall, springt die Reparaturkolonne ein; diese wechselt normalerweise die Ringläufer und andere Aggregate aus, die als Verschleißteile erneuert werden müssen.

Eigentlich sei das Aufsetzen der Hülsenkästen nicht ihre Aufgabe; sie tun es dennoch, weil es so schneller ginge. Dies gelte auch für das Reinigen, weil im Flammgarnbereich ein besonders hohes Flusenaufkommen sei.

Es ist auffällig, daß bei vielen der hier angesprochenen Themen die mangelnde Zeit eine wesentliche Barriere dafür ist,

Veränderungen der Arbeit so zu gestalten, daß sie sich auch zugunsten der Arbeiterinnen auswirken. Dies ist u.E. in allererster Linie eine Frage der mangelnden Personalausstattung, ist aber auch begründet durch die an ihre Grenze gelangende klassische Arbeitsteilung.

Es ist daher festzustellen, daß die Anforderungen sowohl in kognitiver als auch in kooperativer und motivationaler Hinsicht gestiegen sind, ohne daß dies von den Frauen dort positiv genutzt werden könnte. Die unglaubliche Vernachlässigung ihrer Entwicklungsmöglichkeiten ist schon daran erkennbar, daß sie nicht einmal ihre vorhandenen Qualifikationen voll ausschöpfen können, geschweige denn sich durch eine entsprechende Einführungsphase auf die Neuerungen an den Maschinen umstellen konnten: Durchgehend wurde nach dem üblichen REFA-Muster (dabeistehen, zusehen, selbst machen) innerhalb von wenigen Tagen angelernt. Positiv für ihre Psyche ist in diesem Zusammenhang durchaus die Verarbeitung dieser Situation durch eine gewisse Gleichgültigkeit: "Wenn es knallt, knallt es halt, da regen wir uns nicht mehr auf." So kann man bei den Arbeitern und Arbeiterinnen sicher keine Motivation, kein Qualitätsbewußtsein und auch keine Flexibilität erreichen.

3.1.2 In der Rotorspinnerei

Das Rotorspinnen unterscheidet sich vom Ringspinnen dadurch, daß das gestreckte Band aus Kannen direkt in eine Rotormaschine läuft; d.h., daß die Arbeitsschritte Kämmen, Arbeiten an Flyern und das anschließende Aufwickeln auf Kreuzspulen entfallen.

In Betrieb A, in welchem man seit 1984 in COWEMATEN investierte, wurde parallel die Erweiterung des Spinnmaschinenparks um vier Rotorspinnmaschinen AUTOCORO von SCHLAFHORST mit dem Überwachungssystem INFORMATOR betrieben.

Durch Anschaffung dieser Rotorspinnmaschinen wurde nichts ersetzt, sondern die Produktpalette erweitert.

Bei D werden im Rotorbereich sechs Tonnen Garn im tex-Bereich von 25 - 55,5 täglich versponnen. Zur Zeit der Untersuchung geschah dies durch den Einsatz von sieben Rotorspinnmaschinen, davon eine der Firma SCHUBERT & SALZER (Ingolstadt) mit insgesamt 220 Spinnstellen und die übrigen sechs von SCHLAFHORST (AUTOCORO; fünf mit jeweils 216 und eine mit 24 Spinnstellen) - eingesetzt.

Auch diese AUTOCORO waren mit je einem INFORMATOR ausgestattet.

Am AUTOCORO wird mit Hilfe der Programmversion 5.2 durch Eingeben von Luntengewicht und Garnnummer die zu spinnende Garnlänge errechnet. Bei erreichen dieser Länge stoppt die Maschine die Spindel automatisch.

Abb. 11   Der AUTOCORO

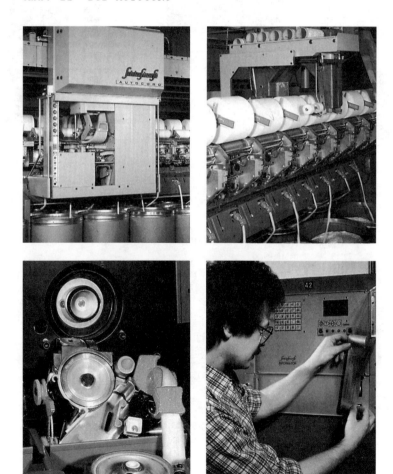

Quelle: Herstellerunterlagen

Der INFORMATOR ist - ähnlich wie RINGDATA - ein BDE-System, das eine Einzelspindelüberwachung, die Erfassung von Rüst- und Wartungszeiten pro Maschinenseite, Qualitäts- und Mengenüberwachung sowie die Integration dieser Daten in einem kommerziellen Rechner bietet (siehe Herstellerangaben im Bild).

Damit hat man selbstverständlich auch die Leistung der dort Arbeitenden erfaßt.

Abb. 12 DER INFORMATOR

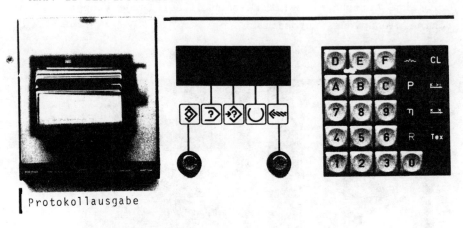

Quelle: Herstellerunterlagen

Bei D werden zylindrische Spulen für die Strickwarenfabriken und konische Spulen für andere Kunden hergestellt. Durch den

Einsatz von Elektronik habe man jetzt endlich einen genauen Überblick über die auf die Spule aufgewickelte Meterzahl.

Hinsichtlich der Technisierungskonzepte war zunächst von A und D dasselbe zu hören: Man wolle durch den Einsatz Neuer Technik günstiger produzieren, d.h. auch mit weniger Personal, und bessere Qualität erreichen (z.B. mit Hilfe der Einzelspindelüberwachung). Außerdem habe man weniger Arbeitsschritte, weniger Fehler und weniger Flusenflug als beim Ringspinnen.

Aus den Interviews mit Vorgesetzten ließ sich folgern, daß sich diese teilweise selbst überrollt fühlten und daher eher etwas vorsichtig mit der Neuen Technik Bekanntschaft schlössen, indem sie das internationale Maschinen- und Softwareangebot vorerst nur beobachteten.

Bei D ist geplant, sowohl eine Verknüpfung auf BDE-Ebene herzustellen, als auch zusätzlich Verbundsysteme (s. unten) in der Rotorspinnerei zu installieren.

Diese Verknüpfung hat schon eine datentechnische Grundlage im Werk, weil eine mittlere Datenanlage vorhanden ist, die bislang vor allem für Verwaltungsaufgaben eingesetzt wurde, aber für die Übernahme von Dispositionsaufgaben vorgesehen ist. Auch auf Produktionsmaschinenebene ist an entsprechende Schnittstellen gedacht. Die Daten, die über diese Anlage augenblicklich zur Verfügung stehen, reichen nach dortiger Ansicht noch nicht aus. Die Geschäftsleitung erkennt allerdings noch nicht die derzeitige Wirtschaftlichkeit einer umfassend EDV-gestützten Produktionsplanung und -steuerung.

In 20 Jahren rechnet man bei D mit der vollautomatischen Spinnerei.

<u>Personaleinsatz</u>

Bei D wird einmal im Jahr das Personal geplant (kurzfristig) und einmal in fünf Jahren die längerfristige Planung gemacht. Dort wurden zur Zeit der Untersuchung 19 Leute beschäftigt; allerdings waren hiervon wegen der Nachtschicht nur zwei Frauen und zwei Männer an den Rotormaschinen tätig.

Da man heute weniger körperlich anstrengende Tätigkeiten, dafür aber mehr überwachende habe, müßte das Personal entsprechend ausgewählt und geschult werden:

> "Es ist ein bestimmter Personenkreis, der mit den Maschinen vertraut ist. Es sind die Mechaniker, die auf Schulung eingeladen werden zur Maschinenfabrik; das andere Personal weiß in groben Zügen, wie man ein Band einzieht oder irgendwelche Störungen behebt. Da wird es aber schon schwierig für die Leute. Es wird eben so sein, daß sich jüngere Leute mit der Elektronik leichter tun."

Entsprechend wurde aus dem Ringspinnbereich Personal ausgewählt, das sich durch Zuverlässigkeit auszeichnete und auch nicht zu alt war:

> "Wir haben hier pro Jahr zwischen fünf und 15% weniger Arbeitskräfte und wenn sie bei etwa gleicher Produktionsmenge diejenigen sehen, die ausscheiden, dann sind das die Leute, die keine Vorbildung haben. Insofern gibt es einen automatischen Selektionsprozeß nach Qualifikationsniveau der Mitarbeiter."

Damit wird die Strategie der Unternehmer im Personaleinsatzbereich deutlich. Auf Meister- und auf Vorarbeiterebene befinden sich solche Arbeitnehmer, die bereits an einer Schulung teilgenommen haben oder auf entsprechende Schulungen geschickt wurden.

Neben der Bevorzugung jüngerer Leute verzichtet die Geschäftsleitung bei D in der Produktion zunehmend auf Frauen. Das übliche Argument ist auch hier der Schichtbetrieb (mehr und mehr der Übergang zum Vierschichtbetrieb). Die Geschäftsleitung störe der gesetzliche Frauenschutz.

Bei A vertritt das Management die Ansicht, daß das Personal vielseitiger werden und zukünftig eher im Team arbeiten müsse ("die Leute sollen sich gegenseitig erziehen"). Es soll widersprüchlicherweise aber nicht möglich sein, daß Ringspinner/innen an der Rotorspinnmaschine arbeiten oder umgekehrt. Dagegen führt der Spinnereileiter von C aus:

> "Ein Arbeitnehmer, der in den letzten zehn Jahren ausgebildet worden ist, ist heute Maschinenführer in der Spinnerei; der kann eine Karde bedienen, er kann in der Putzerei arbeiten, er kann flyern, er kann strecken, er kann spinnen. Und er kann womöglich noch spulen. Nur die textile Fertigung ist in erster Linie sehr gravierend eine Fingerfertigkeit, eine Geschicklichkeit. Ein Spinner kann in der und

> der Zeit einen Fadenbruch beheben, wenn er es ständig macht. Wenn er aber dauernd von einer Maschinengruppe in die andere springt, kann er es nicht. Er verliert Zeit. Dann ist es auch die Mentalität der Leute: wenn die sich mal eingearbeitet haben, wollen sie meistens auch in der Abteilung bleiben... Es wäre sehr ungeschickt, dem Spinner zu sagen, du hast jetzt nur noch zwei Spinnmaschinen, dafür mußt du aber noch diese und jene Tätigkeit machen; das würde den Arbeitsfluß stören."

Dieser Unternehmensvertreter zeigt in deutlicher Sprache, wie gefangen die Vorgesetzten in dem Geflecht von vielbeschworener Flexibilität der Arbeitenden und den herrschenden Arbeits- und Entlohnungsstrukturen sind: Wenn die Arbeit flexibel verteilt wird, gibt es Lohneinbußen, weil die verschiedenen Maschinen nicht unbedingt so gut beherrscht werden, daß ständig gewechselt werden und dann trotzdem noch Akkord verdient werden kann. Um dies zu erreichen, müssen die Unternehmer aber zum einen die Zuständigkeiten ändern und zum anderen das Entlohnungssystem: Es kann dann nicht mehr darauf ankommen, höchste Stückzahl zu machen, sondern nur noch, verschiedene Maschinen am Laufen zu halten. Dazu müßte entsprechend ausgebildet werden (dazu weiter unten).

Daß es dem Interviewpartner in Wirklichkeit nicht auf tatsächliche Veränderungen traditioneller Strukturen ankommt, um damit eine Flexibilität zu ermöglichen, dokumentiert er, indem er den Umstand rechtfertigt, daß nur der Meister Zugriff auf die Daten der eingebauten BDE bekommt.

Veränderung der Arbeit

Nach Meinung der Geschäftsleitung bei A wird sich die Arbeit im Spinnbereich in Richtung Maschinenwart verändern, wobei allerdings beim Rotorspinnen die Transport- und Verpackungsanteile (speziell bezogen auf die arbeitsteilige Struktur bei A) einen höheren Prozentsatz ausmachen, als die Überwachung direkt am AUTOCORO.

Gleichzeitig will man erreichen, daß das Personal vielseitiger wird. Dies kann ohne Grenzen erfolgen, da es auch hier keine offizielle Arbeitsbeschreibung gibt.

Der Rotorspinner bei A muß putzen, Spulen abziehen, abwiegen und einpacken; außerdem muß er Paletten (ca. 400 kg schwer) und Kannen ziehen.

Gemäß den Aussagen der dort interviewten Spinner/innen besteht ihre Hauptarbeit darin, darauf zu achten, daß die Maschinen gut laufen. Dies impliziere ein ständiges Gehen und hohe Aufmerksamkeit. Wenn eine Maschine Alarm gebe, müsse man den Meister oder den Vorarbeiter holen. Diese wiesen schon mal auf Probleme hin und zeigten, auf welche Weise leichtere Störungen beseitigt werden könnten.

Es wäre besser, wenn man über diese Störungen mehr gelernt hätte (die Anlernzeit beträgt nur drei Monate). So aber sei die Arbeit durch hohe Monotonie gekennzeichnet.

Verglichen mit der Ringspinnmaschine mache es aber doch mehr Spaß und die Arbeit sei nicht so schmutzig.

Die Daten am INFORMATOR darf der Arbeitnehmer nicht selbst abrufen und besitzt über sie auch keine Kenntnis. Einmal pro Schicht schaut er nach seinen Prozenten und ist im allgemeinen mit der BDE-Anlage zufrieden ("keine Probleme"). Auch bei D wissen die am AUTOCORO Beschäftigten nicht genau, welche Angaben die INFORMATOR-Ausdrucke enthalten und wohin diese gelangen.

Dies ist u.E. eine Mißachtung der Informationspflicht seitens des Arbeitgebers gegenüber den Arbeitnehmern, die wir so nicht akzeptieren können. Wer den Anspruch erhebt, die Beschäftigten über die Neue Technik zu informieren, muß dies auch umfassend durchführen. Dies gilt umso mehr, als aus den vom INFORMATOR gesammelten und aufbereiteten Daten der Lohn berechnet wird (oder in Zukunft berechnet werden soll).

Es wird von Seiten der Vorgesetzten meist damit argumentiert, daß die Leute an der Maschine ja nichts mit dem BDE-System zu tun hätten. Natürlich haben sie aber indirekt damit zu tun, weil sie zum Zustandekommen der dort erscheinenden Daten beitragen und so, ähnlich wie auch in der Weberei (folgend), zumindest dafür qualifiziert werden müßten, diese Daten zu interpretieren und zu kontrollieren. In Betracht käme auch noch eine Neuverteilung der Arbeit zwischen den Mechanikern und den

Spinnern/innen, die einen Umgang mit den Daten auch durch die Spinner/innen rechtfertigen ließe.

Nach den Vorstellungen des Obermeisters bei D müssen sich die Vorarbeiter bzw. Mechaniker so gut mit den Reparaturproblemen auskennen, daß deren Vornahme für sie zur Routine wird. Dabei berücksichtigt er aber nicht, daß gerade unter Automationsbedingungen, also mit zunehmendem Einsatz von Elektronik, Fehler auftreten können, die so noch nie da waren oder deren Ursachen nie richtig herausgefunden wurden; daher können diese Tätigkeiten nicht zur Routine werden.

Es sei in seinem Interesse, wenn die Vorarbeiter/Mechaniker sich nicht gegenseitig ins Handwerk pfuschten und "überall mal rumspielen", sondern gut miteinander kooperierten. Gerade das bekommen sie aber in ihrer Ausbildung nicht beigebracht.

Nach Meinung der dortigen Geschäftsleitung werden die Mechaniker und auch die Meister gut geschult (nach einem eigenen Trainingsprogramm); für die Bediener würde eine halbjährige Anlernphase genügen. Zentral würden die Anforderungsbereiche des Planens, Disponierens und Überwachens beschränkt; also sei die Arbeit heute auch leichter geworden.

Der Meister erwartet, daß die Spinnerin etwas mehr denken kann, "daß sie weiß, wo sie hinfassen muß, wenn der Spinnansatzautomat hängen bleibt." Seine Idealvorstellung ist, daß die Frauen dem Mechaniker wenigstens so ungefähr sagen können, wo die Fehlerquelle liegt. Dem entspricht durchaus die reale Tätigkeit der Spinnerin, weil sie einen guten Überblick braucht, welches Material wie gefahren werden kann, welche Probleme auftreten können usw. Sie ist ebenso wie bei Fa. A sowohl für die Kannenanlieferung, das Stapeln der Spulen auf den Wagen und das Entfernen des Wagens verantwortlich.

Die Spinnerin meinte dazu, sie befinde sich seit vier Jahren an den Maschinen und mittlerweile sei alles zur Routine geworden. Dennoch bewerte sie ihre heutige Tätigkeit positiver als die Arbeit unter den früheren Bedingungen.

Sie habe ebenfalls keine Arbeitsbeschreibung gesehen.

> "Die Sache mit dem INFORMATOR macht der Meister; ich weiß aber so ungefähr, was draufsteht" (Rotor-Spinnerin bei D).

Anscheinend ist sie zumindest über die Daten, die der INFORMATOR ausgibt, informiert. Ob sie allerdings deshalb besser darüber Bescheid weiß, wie sich ihr Lohn zusammensetzt, wird sich im folgenden herausstellen.

Fest steht jedenfalls, daß sich die "klassischen" Tätigkeiten an der Rotorspinnmaschine nicht verändert haben und daher das Anforderungsniveau folgendermaßen bestimmbar ist: Vor allem für den Überblick und bezüglich der notwendigen Disposition an der Maschine (in Zusammenarbeit mit den vor- und nachgelagerten Bereichen) benötigen die Beschäftigten entsprechende Fähigkeiten, die man sich natürlich dann leichter aneignet, wenn deren Notwendigkeiten einem auch irgendwann einmal vor Augen geführt wurden. Was die Problemlösefähigkeit bei Störungen betrifft, bestehen seit der zunehmenden Integration von Elektronik in die Spinnmaschinen durchaus relativ hohe Anforderungen; das Problem ist nur, daß unter realen Bedingungen von dieser Erhöhung des Anforderungsniveaus lediglich die Meister und Vorarbeiter profitieren, indem sie mit Hilfe des INFORMATORS gezielt Störungsverfolgung und -beseitigung betreiben können. Auch hier stünde also eine andere Arbeitsaufteilung zur Debatte.

3.2 Probleme betrieblicher Lohngestaltung in der Ring- und Rotorspinnerei

Wir haben die Entlohnungsprobleme im Bereich des Spinnens zusammengefaßt, weil sie sich bei Ring- und Rotormaschinen nur unwesentlich unterscheiden.

Von den vier für die Untersuchung ausgewählten Spinnereien werden die Entlohnungsgrundsätze wie folgt angewendet: A = Prämie; B = Prämie bei Rotorspinnen, Akkord bei Ringspinnen; C = Akkord; D = Zeitlohn bei Rotorspinnen.

Immerhin haben sich diese Grundsätze bei A in den letzten Jahren verändert. Schon vor zehn Jahren sei man bei A aufgrund der geringer werdenden Akkordfähigkeit in der Textilindustrie und aufgrund der häufigen Schwankungen der Fadenbrüche auf Prämie umgeschwenkt; bei B hat man - wie schon in der dortigen Weberei - in der Rotorspinnerei ebenfalls auf Prämie umgestellt (laut Auskunft des REFA-Sachbearbeiters).

Bezugsbasis für die Prämienberechnung ist der erzielte Nutzeffekt, bei Akkord die gesponnene Fadenlänge in Meter. Die Stellenzuteilung erfolgt nach Auslastung (APG in %).

Bemerkenswert ist, daß sowohl die in der hier zur Debatte stehenden Abteilung beschäftigten Maschinenführer/innen bei A, als auch diejenigen bei B in den Interviews behaupteten, sie arbeiteten im Akkord. Dies ist u.E. damit zu begründen, daß die Maschinenzuteilung, die Zeitaufnahmen usw. als Indikatoren für Akkordentlohnung gelten.

Somit stehen also die Zeiten, die für das Abziehen, das Anspinnen usw. gebraucht werden, fest (auch wenn das heute durch die Maschine erfolgt). Akkordfähigkeit soll bei A dann wieder bestehen, wenn die installierten BDE-Systeme voll funktionsfähig sind, weil die Daten dann schneller und wesentlich genauer für die Lohnberechnung zur Verfügung stehen. Eben dies ist auch ein in der betrieblichen Praxis schlagendes Argument gegen "schwankende Fadenbruchwerte".

Einen Zusammenhang zwischen Veränderung des Entlohnungsgrundsatzes und Neuer Technik kann man aber immerhin bei D und in Ansätzen auch bei C in den Überlegungen hinsichtlich der sich durch Anwendung neuer Maschinen und BDE-Anlagen veränderten Entlohnungsbedingungen feststellen:

Einerseits stellt bei D die Geschäftsleitung fest, daß man in einem Arbeitsprozeß, in dem die Maschine den Rhythmus bestimme, nicht mehr herkömmliche "Vorgabepolitik" machen könne, sondern die Vorgaben vielmehr durch Qualitätsvorgaben und Maschinenlaufzeiten usw. bestimmt würden; daher müsse man die Dinge überdenken. Andererseits hat D die Neue Technik erst eingeführt und kann - vor allem hinsichtlich der Wirkungen von BDE - noch keine Aussage treffen. Es würde aber irgendwann einmal, wenn man ausreichend Erfahrung habe (im Moment rentiere sich eine Leistungsentlohnung nicht), die augenblicklich angewendete Lohnform noch einmal überdacht.

Es wird angemerkt, daß man für den Moment mit dem Zeitlohn eine positive Regelung getroffen habe, weil damit der Mensch nicht mehr vom Akkord getrieben würde; dies entspräche auch überhaupt nicht mehr seiner Tätigkeit:

"Akkordentlohnung in der Textilindustrie ist generell mit so vielen Unsicherheiten, d.h. beeinflussenden Faktoren behaftet (Material, Klima, Maschineneinstellung usw.), daß es eigentlich diese Art von Entlohnung gar nicht mehr geben dürfte."

Dem muß man natürlich entgegenhalten, daß das Projekt NRW einer Zeit- oder Festlohnregelung nur unter den Bedingungen zustimmen kann, daß der Zeitlohn erheblich erhöht wird bzw. die bestehenden freiwilligen Zulagen vereinbart und/oder die Leistungskomponenten (die ja mit Hilfe von BDE einigermaßen exakt bestimmbar sind) in Zuschlagform fest in den Lohn integriert werden. Auch muß dem Betriebsrat bei der Zeitlohnregelung ein Mitbestimmungsrecht eingeräumt werden.

Auch der Leiter der REFA-Abteilung bei C überlegt im Gespräch mit uns, inwieweit unter den neuen Bedingungen in der Abteilung Ringspinnen die Akkordbedingungen noch erfüllt seien und ob vielleicht nicht doch irgendwann eine andere Lösung gefunden werden müßte. Dem stimmte der zuständige Abteilungsleiter zu und meinte, er könne sich an diesen modernen Maschinen auch einen Festlohn vorstellen.

Bei A verdiente ein interviewter Spinner (der allerdings erst angefangen hat und noch sehr jung ist) DM 12,10 in der Stunde (in LG IV; TV Nordbayern). Im Durchschnitt werden in dieser Abteilung 128% - das sind effektiv 13,20 DM - verdient, hinzu kommt eine Belastungsprämie.

Auf der Grundlage der Maschinenzuteilungen unter Berücksichtigung der Maschinengeschwindigkeit ergibt sich für den Menschen im Betrieb A eine Belastung, deren Höchstgrenze bei 135% liegt. Für ein Prozent effektive Arbeitsplatzbelastung über 100% werden 0,5% vom betrieblichen Prämiengrundlohn bezahlt. Dieser wird mit 10% für Arbeitsschwierigkeiten bezuschlagt. Bei Unterschreitung der Maschinenzuteilung besteht Garantielohn in Höhe von 110%.

Der dortige Spinnereileiter erklärte im Interview, daß es Erhöhungen im Zusammenhang mit der Einführung Neuer Technik gegeben habe.

Bei B erzielen die Spinnerinnen einen durchschnittlichen Akkordlohn von 16,10 DM/Std. Bezogen auf den Tariflohn der Lohngruppe IV b des LTV für die gewerblichen Arbeitnehmer der Textilindustrie in Westfalen (z. Zt. 11,58 DM/Std.) entspricht dies einem Verdienstgrad von 139%.

Die Spinnerinnen bei C haben einen Verdienstgrad von 135 bis 140%. Sie sind in die Lohngruppen IVa bzw IVb desselben Tarifvertrages eingestuft. Eine der dort Arbeitenden erhält nur Durchschnittslohn, weil man ihr einem Arbeitsplatz zuteilte, dessen Auslastung unterhalb der vom BR vereinbarten Höhe liegt.

Abgerechnet wird auf die Anzahl der Kilometer gesponnenen Garns. Jeden Morgen werden die Fadenbrüche gezählt, die als Durchschnittswert (festgelegt in einer Betriebsvereinbarung) in den Lohn eingehen und die Maschinen auf Änderungen kontrolliert. Die Überwachung richte sich nach der Garnnummer; Putzen und Fadenbrüche nach Häufigkeit und Spindelzahl.

Der dortige REFA-Sachbearbeiter hält den Produktionsnutzeffekt für viel wichtiger als den persönlichen Nutzeffekt bei der Lohnberechnung, was darauf hindeutet, daß es ihm vorrangig auf die Ausnutzung der Maschine ankommt.

In der Rotorspinnerei bei D wird nach Auskunft der Spinner/innen 13,-- DM in der Stunde verdient (LG IV des LTV für Baden-Württemberg); hinzu kommen noch in einem Fall 1,20 DM je Stunde als Prämie. Jedoch besteht nach Angaben der Betriebsleitung der Lohn aus 11,89 DM Tariflohn der Lohngruppe IV, zu dem eine freiwillige Zulage von 2,72 DM bezahlt wird. Der Gesamtstundenlohn beträgt somit 14,61 DM.

Nach Auskunft der GESCHäFTSLEITUNG verdienen die Rotorspinner/innen, von denen jede/r drei Maschinen betreut, deshalb mehr als die Ringspinner (die gleich eingestuft sind), weil höhere Anforderungen an ihre Aufmerksamkeit und Dispositionsfähigkeit gestellt werden sowie mehr Überwachungstätigkeit anfällt. Diese höheren Anforderungen werden über eine Zulage von 2,-- DM bis 2,40 DM/Std. vergütet.

Wir wollen hier die jeweilige betriebliche Zuteilung von Maschinen nicht weiter ausbreiten, weil deren Vergleich aufgrund der zu zahlreichen Zufälligkeiten und betriebsspezifischen Beeinflussungsfaktoren (z.B. welche Garne werden gesponnen? Wieviele Spindeln müssen jeweils betreut werden? Gibt es terminliche Verschiebungen? usw.) nicht effektiv ist. Dennoch muß man sich bezüglich dieser Problematik zweierlei vor Augen führen:

a) Zum einen ist die Ermittlung der prozentualen Auslastung eines Arbeitsplatzes mit Hilfe von BDE wesentlich schneller möglich, was notwendigerweise zu einer Optimierung dieser Auslastung führen wird;

b) zum anderen kann diese Optimierung auch bedeuten, daß weniger Fadenbrüche, weniger Stillstände wegen Störungen usw. erreicht werden und daher mehr Maschinen zugeteilt werden können (s. auch Weberei) oder daß aufgrund der exakten Erfassung von Störungsdaten, Laufeigenschaften, Qualitätsschwankungen usw. eine ständig wechselnde Maschinenzuteilung erfolgt.

Beides ist für uns ein Grund, die Maschinenzuteilung auf einen erträglichen Rhythmus und ein eben solches Ausmaß zu begrenzen (Stichwort: humane Arbeitsplatzgröße) und für die Optimierung insgesamt und den sich aus ihr ergebenden Rationalisierungsmöglichkeiten einen Zuschlag zu fordern.

Zu den neuen Anforderungen und der abgeforderten Leistung äußert sich der Spinner/B folgendermaßen:

> "Die alten Maschinen laufen mit 8.000 Touren pro Minute bei gleichem Garn, die neuen mit 10.500. Das heißt, daß man schon mehr machen muß, denn man kann die Maschinen ja nicht langsamer stellen."

Außerdem wird es von ihm als lästig empfunden, daß man nicht an einer Maschine bzw. an einem Maschinentyp bleiben kann, sondern dauernd hin und herrennen muß (was möglicherweise mit der Versuchsphase, in der sich eine "seiner" Maschinen befindet, zu tun hat).

Die typischen Tätigkeiten hätten sich gegenüber früher nicht geändert.

Der Abteilungsleiter vertritt die Ansicht, daß die Arbeit heute leichter geworden ist:

> "Die Arbeiter haben früher durch die schlechtere Maschine, sag ich mal, die ja auch in sich viel schlechtere Überwachungselemente hatte, vielmehr Stoßarbeit gehabt und diese Dinge waren viel schwieriger zu beseitigen als heute. Heute ist das, was an Störungen anfällt, viel leichter zu beseitigen."

Seine Ansicht, die Arbeit würde leichter ist u.E. ein Trugschluß, weil es zwar tatsächlich einige körperliche Erleichterungen gegeben hat, aber gleichzeitig die Kompliziertheit der elektronischen und mechanischen Komponenten für sich und in ihrem Zusammenspiel doch Anforderungen stellt, die nur dann als Erleichterung aufgefaßt werden können, wenn man gezielt das Bedienungspersonal von dieser Arbeit ausschließt.

Außerdem können bei den Spinnmaschinen die Belastungen - vor allem die einseitige Beanspruchung durch sich ständig wiederholende Tätigkeitsteile - ansteigen.

Bei D wird darauf verwiesen, daß sich das Anforderungsprofil geändert habe und deshalb über eine andere Eingruppierung nachgedacht werden müsse. Allerdings bestünden noch keine konkreten Vorstellungen. Was aber in keinem Fall gehe, sei die qualifikationsbezogene Bezahlung:

> "Das können wir uns überhaupt nicht vorstellen, daß
> das eine zufriedenstellende Situation gibt; das
> schadet automatisch der Leistung. Das färbt ja ab
> auf die anderen und das würden wir nicht für richtig halten... Es sei denn - was man sich vorstellen
> kann - Sie haben einen Springer, der sehr viele Tätigkeiten macht, also ein Spezialist, der überall
> eingesetzt werden kann. Da kann ich mir vorstellen,
> daß er für seine Universalität eine kleine Prämie
> bekommt." (Geschäftsleitung/D)

Er will also einen Spezialisten und gleichzeitig einen Universalmann; beides geht nicht, also würden wir vorschlagen, das gesamte Niveau etwas anzuheben und jedem beizubringen, daß bei Problemen zusammengearbeitet werden muß. Es ist nämlich ein Trugschluß zu glauben, ein universeller Spezialist könne gleichzeitig über die notwendige Produktionserfahrung an den Maschinen, die für Störungslokalisation und -beseitigung sowie für Optimierungen benötigt wird, verfügen.

Die lohnmäßige Berücksichtigung der neuen Anforderungen (s. auch dort) und Beanspruchungen stellt sich schwierig dar, weil man ausgehend von den gültigen arbeitsteiligen Strukturen tatsächlich annehmen muß, daß in den Betrieben eine polarisierende Strategie gefahren werden wird (s. obige Ausführungen). Das bedeutet, daß einige wenige "Spezialisten" herangezüchtet werden, deren Höhergruppierung kein Problem sein dürfte und daß einige mehr Gefahr laufen, abgruppiert zu werden oder ganz überflüssig zu werden. Für die Verhinderung dieser Strategie wird es darauf ankommen, die zunehmenden Längen der Maschinen, die Dispositionsnotwendigkeit usw. für einen Zuschlag zu nutzen und über eine bessere Verteilung der Eingriffschancen bei Störungen und den damit verbundenen Aneignungsmöglichkeiten von Produktionswissen einen Weg in Richtung Nivellierung der Lohngruppen und der Verdienste (z.B. über Absicherung freiwilliger Zulagen) einzuschlagen.

Da für die Entlohnung Daten von RINGDATA und INFORMATOR genutzt werden (können), kommt es weiterhin darauf an, die Anwendung derartiger Datenanlagen und die Bedingungen, unter denen diese Nutzung stattfindet herauszufinden, um sie dann entsprechend gewerkschaftlicher Vorstellungen festzulegen (S. dazu Teil E).

Zunächst kommt es darauf an, ob Leistungsvergleiche anhand der BDE-Daten erfolgen. Dies ist nach Angabe der Spinner/innen von A bei ihnen nicht der Fall. Bei B hingegen antwortet der Abteilungsleiter auf eine entsprechende Frage folgendermaßen:

> "... wir nutzen schon diese Daten, wenn jemand nicht auf seinen Lohn gekommen ist, um zu sagen, jawohl, du hast ja hier auch ewig deine Metervorgabe nicht erreicht, du kannst also die 0,20 DM, die dein Nachbar mehr hat...nicht haben... Da haben wir auch einen zusätzlichen Ziffernschlüssel entwickelt, der in der Spinnerei neun Ziffern enthält, womit der Meister im Monat selbst eintragen kann, ob außergewöhnliche Dinge vorgekommen sind...Diese kann man dann bis zu Herrn... (REFA-Abteilung; P-NRW.) weiterverfolgen."

Allerdings glaubt der Abteilungsleiter, daß man die extreme Differenziertheit der Daten gar nicht braucht, weil diese Maschine heute nicht mehr durch Manipulation der Geschwindigkeit schneller läuft, sondern durch das optimale Ausfahren des Programms. Selbst das Warten auf das Absetzen läuft in einem festen Zeitraum von vier Minuten, weshalb man darüber auch keine Daten mehr braucht. Also könne man mit viel weniger Informationen auskommen (Er hat heute bereits den Papierwust um die Hälfte reduziert). Dem entsprechen übrigens auch Aussagen anderer Führungskräfte.

Wichtig für den Obermeister bei D ist auch, daß er den Mechaniker fragen kann, warum bestimmte Reparaturen noch nicht erledigt wurden (Dies veranschaulicht die besseren Kontrollmöglichkeiten auch auf dieser betrieblichen Ebene).

Die Abfrageintervalle an den BDE-Anlagen dienen bestimmten Informationen pro Schicht, darüber hinaus besteht der übliche 24-Stunden-Rhythmus.

In eben dieser Firma werden die Lohnsätze qualitätsbezogen (also nicht personenbezogen) veröffentlicht. Aus ihnen gehen alle wichtigen Daten hervor und auch die Meister teilen nach ihnen die Schichten ein. Darüber seien weder negative noch positive Stimmen zu hören.

Bei D wird der Nutzeffekt ebenfalls ausgelegt und gilt dem Obermeister als Anreiz sowohl für die Bediener als auch für die Mechaniker.

Wenn es um die Beurteilung von BDE-Daten geht, kommt es wesentlich darauf an, daß diejenigen, die zum Zustandekommen dieser Daten beitragen, auch in die Lage versetzt werden, diese Daten nachzuprüfen. Obige Maßnahme, die wir in dieser Form sonst nirgends in den untersuchten Spinnereien gefunden haben, scheint uns ein Weg in diese Richtung. Dennoch ist lediglich einer der von uns Interviewten aus allen Spinnereien mit angeschlossener BDE-Anlage in der Lage, die Zusammensetzung seines Lohns zu begreifen.

Es hat wohl auch wenig genützt, daß der Abteilungsleiter mit seinen Leuten bei der Einführung auch über die Arbeit mit RING-DATA gesprochen hat und sie das System nicht abgelehnt hätten. U.E. ist dies ein sehr deprimierendes Ergebnis, weil die Beschäftigten ihre Arbeitskraft zu Markte tragen, ohne genau zu wissen, ob denn der Lohn, den sie für eine bestimmte Leistung erhalten, tatsächlich auch in einem angemessenen Verhältnis dazu steht (einmal ganz davon abgesehen, ob es überhaupt eine gerechte Entlohnung unter unseren gesellschaftlichen Bedingungen geben kann). Außerdem hat dies politische Konsequenzen, die wir in Teil E ansprechen werden.

Idealerweise kann sich dieser interviewte Spinner bei B eine gerechtere Entlohnung sowohl mit dem augenblicklichen Akkordlohn, als auch mit einem Stundenlohn vorstellen; Kriterium ist für ihn, ob er sich sofort ausrechnen kann, was er bekommt.

Nach Meinung dieses Vorgesetzten brauche man ca. ein Jahr, bis man die jungen Leute an die Normalleistung an den neuen Maschinen herangeführt habe; dann könne man aber gar nicht mehr in ein Leistungstief fallen.

Dies kann natürlich so nicht stehen bleiben, weil sich das "Leistungstief" spätestens dann einstellt, wenn das Garn schlecht läuft und die Fadenbruchhäufigkeit zunimmt oder die Störungen eine gewisse Grenzmarke überschreiten, so daß die erfolgte Durchschnittszahlung durch noch so viel Leistung nicht mehr ausgeglichen werden kann. Außerdem kann dieses "Tief" nach wie vor ein relatives, also im Vergleich mit anderen Spinnern festgestelltes sein. Gerade diese Vergleiche werden natürlich überall gezogen; es kommt nur darauf an, wie der Meister oder sonst ein Vorgesetzter die Daten verwendet: ob er die Arbeitnehmer unter Druck setzt, ihnen Angst macht usw. oder ob er mit ihnen in kooperativer Art und Weise die Probleme bespricht.

Es wird bezüglich BDE-Daten weiterhin die Problematik angesprochen, ob diese Daten unkorrigiert aus der Anlage für die Entlohnung übernommen werden dürfen; dabei wird uns zugesichert, daß es einen Korrekturfaktor und keine Glättungsfunktion (das ist die Löschung extrem vom üblichen Durchschnitt abweichender Daten) gibt. Damit ist abgesichert, daß zumindest auf dieser Ebene keine unkorrekten Daten für die Entlohnung verwendet werden.

3.3 Entlohnungsprobleme in der Spulerei

3.3.1 Eingesetzte Technik, deren Perspektive und Veränderung der Arbeit

In der Spulerei bei A werden zum größten Teil Kundschaftsgarne hergestellt (die also direkt verkauft oder gefärbt und dann verkauft werden) sowie Garne für den eigenen Verbrauch; letzteres ist hauptsächlich auch bei C der Fall; bei B dagegen wird nur für den eigenen Verbrauch produziert.

Produziert wird in allen drei Fällen mit den SCHLAFHORST AUTOCONER mit angeschlossener CORNED, die die Produktionsdaten pro Spulstelle abrufbar macht und mit deren Hilfe Qualitäten,

Fadenlänge und -dicke usw. eingestellt und kontrolliert werden können. Die AUTOCONER (s. Bild) sind in den untersuchten Betrieben mit einer unterschiedlichen Anzahl von Spulstellen ausgestattet und arbeiten nur zum Teil mit automatischem Kreuzspulauswurf (z.B. sind bei A nur zwei von 24 Maschinen mit Wechslern ausgestattet). Zusatzgeräte befinden sich - ebenfalls nicht bei allen Betrieben - an BV-Stationen, die dazu dienen, die Copse automatisch vorzubereiten und vorzulegen.

Abb. 13 Teilansicht eines AUTOCONER

Quelle: Herstellerunterlagen

Die Maschinenumstellungen erfolgen je nach anstehenden Qualitätswechseln: Da bei allen Firmen sehr viele Wechsel anfallen (bei B z.B. zwischen 130 und 220 pro Tag und bei C 13/14 pro Schicht), können sich Planungen nur auf einen Tag beziehen (Sie werden dann von der REFA- bzw. Dispositionsabteilung ausgearbeitet).

Das CONEDATA-System (s. Bild), das zu der BDE-Familie von ZELLWEGER USTER gehört, bringe vor allem Verbesserungen des Laufgeschehens (Spinnereileiter/C).

Abb. 14   Das CONEDATA-System

```
USTER CONEDATA
*****************

DATUM      DI 28. 6.88
UHRZEIT          09:15
BEOB.ZEIT    4 H 14 MI

     GRUPPE

MAS GR P% AM S/K V:M
---- -- -- -- --- ---
211  7 65 40  25  85
212  7 79 38  32  85
213  7 76 38  38  85
214  7 71 38  42  85
215  7 70 38  43  85
224  7 82 41 186  85
225  7 84 40 186  85
---- -- -- -- --- ---
G 7    75 39  79  85

221  8 80 40 153  85
222  8 67 45 214  85
223  8 87 40 198  85
231  8100 15 +++  85
232  8 80 34 231  85
233  8 79 33 255  85
234  8 80 33 209  85
235  8 71  0 200  85
---- -- -- -- --- ---
G 8    81 30 +++  85
---- -- -- -- --- ---
MW  78.1 34 +++  85
```

Quelle: Herstellerinformation

Fadenbrüche, stehende Spindeln, mechanische Störungen an den Spulstellen könnten die Leistung der Maschine wesentlich mehr beeinflussen als die Person; also käme es darauf an, genau

diese Faktoren schnell zu erkennen und zu beseitigen, wozu die
CORNED bestens geeignet sei (ders.):

> "Heute gehe ich an meine CONEDATA-Anlage, drücke
> von der Maschine die ersten zehn Spindeln ab und
> sehe der Nutzgrad ist in Ordnung. Die Fadenbrüche
> auf den einzelnen Spulstellen sind normal. Es sind
> auch keine Fehlschaltungen dabei (das ist ja auch
> ein Kriterium). Dann brauche ich diese 10 Spindeln
> nicht mehr zu kontrollieren. Ich nehme mir die
> nächsten zehn vor und sehe, da sind so und so viele
> Fehlschaltungen, die kosten ja Geld! Dorthin gehen
> wir dann, um zu schauen, was los ist." (ders.)

Diese Aussage zeigt zum einen, wie gezielt mittlerweile Fehlersuche und -behebung betrieben werden und zum anderen, wie sich die Arbeit des Meisters ebenfalls verändert. Man kann erahnen, wie sich durch die Änderung der Leistungsanforderungen die Arbeit für die Menschen verändern wird (s. weiter unten).

Die Einführung von CORNED war in zwei von den hier zur Debatte stehenden drei Betrieben mit Anpassungsproblemen an bereits vorhandene Datenanlagen bzw. mit Verknüpfungsproblemen verbunden: In Betrieb B zeigt der Abteilungsleiter die Probleme auf, die sich dadurch ergeben, daß CORNED über die übergeordnete EDV eines bekannten Herstellers laufen soll und dies aber nur mit Zwischenschritten möglich ist. Die Nutzung dieser Anlage ist notwendig, weil aufgrund einer mehrschichtigen bzw. mehrwöchentlichen Produktionsverfolgung und einer korrekten Abrechnung für die Entlohnung eine größere Speicherkapazität benötigt wird.

Die nächste Neuerung soll nach den Worten des REFA-Leiters dieses Unternehmens in Zusammenarbeit mit dem Systemanbieter dazu führen, daß der Disponent seine Daten direkt eingeben kann und diese dann wiederum jederzeit aufrufbar sind bei Auflegung eines neuen Programms; auf diese Weise werden die Plandaten auch direkt für den Meister und für die REFA-Abteilung verfügbar.

Die Toleranzgrenzen für die Soll-Werte seien dann eingegeben; der Rechner melde sich bei deren Erreichen bzw. Überschreiten automatisch. Bisher sei man so vorgegangen, daß diese Daten sowie die Maschinendaten eingegeben, an den Speicher weitergegeben und von dort aus an das Rechenzentrum geleitet wurden; von dort hätte man sich dann die Rückmeldung holen müssen, dieser Zwischenschritt solle nun aber wegfallen. Es solle eine direkte Abfrage sowohl im Spulsaal als auch im REFA-Büro und in der Qualitätsförderung möglich sein.

Im Betrieb A gab es bei der Verknüpfungsfrage ebenfalls Probleme, weil zu einer übergeordneten Datenanlage eine Entfernung von 250 m überwunden werden mußte und dafür einige Zwischenschalter nötig waren. Der dortige Abteilungsleiter weist darauf hin, daß er, um eine für ihn durchschaubare Aufbereitung der Daten zu bekommen, mit den Software-Experten, die diese Verknüpfung hergestellt haben, zusammenarbeiten müsse.

Verbesserungen bei CORNED werden insoweit angestrebt, als die Daten nicht nur für alle zehn Spulstellen zusammen, sondern auch für jede einzelne abrufbar und nachvollziehbar gemacht werden sollen. Das würde zu einer noch exakteren Beseitigung der Probleme führen.

Weiterhin sieht eben dieser Abteilungsleiter bezüglich sonstiger Technik-Perspektiven folgende Möglichkeiten:

> " Die technischen Umstellungen sind jetzt erstmal abgeschlossen... (Er hätte allerdings noch gerne neue Zwirnmaschinen, für die er auch verantwortlich ist, P-NRW.) Personell kann ich mir nicht vorstellen, daß man bei uns noch mehr herausholen kann und mehr machen kann. Wenn natürlich jetzt in der Spinnerei neue Spinnspulmaschinen angeschafft werden, dann wird natürlich zwangsläufig bei mir in der Spulerei ein Anteil stillgesetzt und das hat natürlich wieder personelle Konsequenzen."

Er sieht auf Nachfragen noch keine Möglichkeit, die gesamte Spulmaschine vollautomatisch zu steuern.

Der Spinnereileiter von C macht darauf aufmerksam, daß man aus rein qualitativen Gründen in der Spulerei investieren müsse: Die Kunden würden heute abgepaßte Längen - vor allen Dingen für Garne, die in die Kette eingesetzt würden - verlangen. Dies sei nur mit einer exakten Längenmessung möglich, wie sie in den neuen Maschinen problemlos integriert werden könne.

Bei der CONEDATA-Einführung gab es in dieser Firma wohl Probleme mit dem BR, weshalb die Strategie verfolgt worden sei, diesem Informationsmaterialien der Herstellerfirma zur Verfügung zu stellen, um "sachlich" diskutieren zu können:

> "Sollten wir mal diese Überwachungseinheiten zusammenfassen zu einer zentralen Einheit - auch um die

Fadenbrüche optimal zu haben für die Entlohnung - dann wird uns das nützen" (Spinnl. bei C)

Damit wird deutlich, wie dieser Abteilungsleiter versucht, über gezielte Information den BR für seine Interessen zu gewinnen und wie notwendig aus GTB-Sicht eine ergänzende Information dieser Arbeiterinnen und Arbeiter ist, damit sie lernen, reale Gefahren und Probleme richtig einzuschätzen und entsprechend zu handeln.

In zwei der drei untersuchten Spulereien wurde mit Anschaffung neuer Maschinen bzw. mit Veränderung des zu bedienenden Marktsegments ein Teil der Spulereien aufgelöst bzw. wurden ganze Spulereien zusammengelegt. Bei A wird neuerdings das Garn für die Weberei in der übriggebliebenen Spulerei mitproduziert; bei C ist aufgrund der Einführung von Luftdüsenwebmaschinen die gesamte Schußspulerei aufgelöst worden.

Es zeigt sich also, daß die Spulerei von zwei Seiten her unter Druck gerät: Zum einen werden - wie aus den Ergebnissen in der Spinnerei deutlich wurde - die Prozesse Spinnen und Spulen perspektivisch zusammengelegt (s. unten); zum anderen werden in der Weberei nicht mehr so viele oder andere Spulen benötigt. Das trägt ebenfalls zur Reduzierung der eigenständigen Bedeutung der Spulerei bei.

Personaleinsatz

Aufgrund der oben erwähnten, teilweise massiven Umstrukturierung in den Betrieben verwundert es nicht, wenn sich die Personalausstattung entsprechend bewegt: Im Betrieb A hatte die Zentralisierung eine Aufstockung von 80 auf 95 Beschäftigte zur Folge, wobei in den geschlossenen Abteilungen Arbeiterinnen und Arbeiter umgesetzt werden mußten; bei C wurde die Beschäftigtenzahl aufgrund der Einführung neuer Maschinen und organisatorischer Umstellungen um ein Drittel auf 103 Beschäftigte (1.1.88) reduziert; bei B wissen wir nichts über Veränderungen in diesem Bereich. Bei A wird darüber hinaus mit der Anschaffung von CORNED eine Personaleinsparung im Büro angestrebt (nach Abteilungsleiter Zwirnerei/Spulerei).

Die Struktur der Beschäftigten stellt sich folgendermaßen dar:

Tab. 5 Struktur der Beschäftigten in der Spulerei

	Betrieb A	Betrieb B	Betrieb C
Qualifik.	vorwiegend Angelernte	angelernt	hauptsächlch Un- u. Ange.
Geschl.	54 % Frauen 46 % Männer	31,4 % Frauen 68,6 % Männer	ca. 50 % Frauen
Durchschn. alter	ca. 30 Jahre	38,5 Jahre	ca. 40 Jahre

Es zeigt sich, daß in diesem Bereich vorwiegend weibliche Un- und Angelernte arbeiten. Ältere Arbeitnehmerinnen und Arbeitnehmer sind in diesen Betriebsteilen nicht beschäftigt.

Bei C wird die Arbeit so verteilt, daß die weniger Leistungsfähigen und die Guten in jeweils eine Gruppe kommen, weil sich die Guten angeblich schwer damit täten, mit den Schlechteren zusammenzuarbeiten. U.E. ist dies eine typische Eliteförderungspolitik der Unternehmer; es müßte gerade umgekehrt darauf geachtet werden, daß denen, die nicht zur Spitze des Betriebes gehören, daraus kein Nachteil entsteht und es muß alles dafür getan werden, um ihnen Entwicklungsmöglichkeiten zu schaffen, damit sie an der weiteren Technisierung teilhaben können.

Bei A wird es (vom Abteilungsleiter) rigoros abgelehnt, die Arbeit neu aufzuteilen; es wäre besser, jeder bleibe für sich, weil die Maschine den Takt vorgebe.

Veränderung der Arbeit

Bezüglich der mit der eingeführten Technik verknüpften Veränderungen in der Arbeit sind die Aussagen der Verantwortlichen unterschiedlich: Nach Meinung des Schichtmeisters bei A hat sich die Arbeit mit den AUTOCONER gegenüber früher nicht geändert; man müsse eben die Daten bei Qualitätswechsel oder bei sonstigen Veränderungen eingeben, das sei schon alles. Es sei einfach alles übersichtlicher geworden, weil man, bei einem Schaden sofort den Nutzeffekt mit "drin" habe, der einem dann weiterhelfen würde. Der Nutzeffekt allein ohne den Überblick über weitere Zusammenhänge nütze dem Arbeitenden nichts.

Zum einen entskandalisiert der Schichtmeister die Arbeit am AUTOCONER, weil die Frauen nach wie vor Spulen herausnehmen und Copse stecken müssen (wenn der automatische Wechsler nicht eingebaut ist oder nicht funktioniert), Endfäden einlegen, Copsbehälter herausziehen und auf die Waage stellen usw. und damit einiges mehr an z.T. körperlich schwerer Leistung zu erbringen haben, als er angibt; zum anderen zeigt er für die Spulerin eine mögliche Perspektive auf, wenn sie an CORNED heran darf und mit den dort gewonnenen Daten qualifiziert umgehen kann. Dies wird aber wohl nicht gemeint gewesen sein, sondern eher die Erleichterung, die er empfindet, endlich "objektive", Daten über den Produktionsablauf ständig verfügbar zu haben.

Damit haben wir aber nicht nur seine (mögliche) Arbeitserleichterung im Blickfeld, sondern auch die Gefahr - gerade auf der Basis von CONEDATA-Daten - ständig neue Maschinen zugeteilt zu bekommen und über die Eliminierung von Schwachstellen eine zusätzliche Leistungsverdichtung ertragen zu müssen (was für alle BDE-Anlagen gilt).

Letzteres bestätigt der REFA-Sachbearbeiter von C, wenn auch er bestätigt, daß die Arbeit leichter geworden sei und man daher zu einer Neuaufteilung der Maschinen kommen müsse.

Klugerweise geht er hinsichtlich BDE davon aus, daß man nur bestimmte Faktoren wirklich brauche, daß also eine "Zahleneuphorie" nicht angemessen sei - gerade um auch den Mißbrauch so klein wie möglich zu halten. Es ist ihm also klar, daß diese Daten leicht mißbraucht werden können (s. unter Lohnprobleme).

Die von uns interviewten Frauen an den AUTOCONER finden es wichtig, daß das geholte Material nicht verwechselt wird und daß man es schnell merkt, wenn der Anknoter den Faden nicht findet. Ansonsten sei alles monotone Routine und es habe sich auch nichts verändert, außer dem BDE-System: Wenn sie ihre Daten erfahren wollten (meist interessieren sie nur die Nutzeffekte), dann gingen sie zum Meister oder zum Schichthelfer, die diese für sie ausdrucken ließen.

Sie fühlen sich durch die BDE-Anlage nicht angetrieben (die Arbeit war bisher schon aufreibend genug).

Eine Arbeitsbeschreibung hat keine von ihnen gesehen.

Die einfachen Störungen würden sie selbst beheben; bei schwierigeren holten sie den Schichthelfer oder den Vorarbeiter. Dieser zeige ihnen jedoch gar nichts. Selbst wenn er ihnen bezüglich der aufgetretenen Störungen etwas erklären würde, könnten sie nicht mehr machen, als jetzt, weil sie keine Zeit dazu hätten.

Wie gemeinhin an solchen Arbeitsplätzen üblich, sind die Arbeitnehmerinnen einige Tage angelernt worden. Anschließend mußte von ihnen volle Leistung kommen.

3.3.2 Veränderungen in der Entlohnung

Vom Entlohnungsgrundsatz her wird in den drei Betrieben, in denen wir die Spulerei untersucht haben, in zweien nach Akkord entlohnt (Betriebe A und C) und in einem nach Prämie (Betrieb B).

Verdient wird dort folgendermaßen:

Tab. 6 Stundenverdienste in der Spulerei

	Betrieb A	Betrieb B	Betrieb C
Effektivverdienst (in DM)	13,60	14,80	15,--
Tariflohn (nach LG/Tarif)	10,98	11,14	11,14
Differenz	2,62	3,66	3,86
davon abgesichert:	teilweise	ja	ja

Bei annähernd gleichem Tariflohnniveau ist der Akkordverdienst um 1,04 - 1,24 DM höher als bei Prämienentlohnung, wobei die Akkordverdienste durch die tarifliche Proportionalbestimmung von Leistung und Lohn voll gesichert sind, während die Prämie freiwillige Zulagen enthält, die ungesichert sind. Bei unterschiedlichen Leistungshergaben können die aufgezeigten Differenzen größer oder kleiner sein.

Natürlich wird vor allem in den beiden Betrieben mit dem Entlohnungsgrundsatz Akkord das hohe Lied der exakten Daten aus CONEDATA gesungen, mit denen es nun viel genauer und damit gerechter zugehe:

> "Und jedes Gramm Garn geht über CONEDATA, wird überwacht und es wird geschaut, wieviele Fehler drin sind. Und ich kann sofort die Spinnerei informieren... Der zweite Grund, das möchte ich auch klipp und klar sagen, ist für mich die gerechte Entlohnung. Das sage ich jetzt nicht nur, weil sie von der GTB sind, sondern ich versuche einfach eine gerechte Entlohnung anzustreben... Man kann damit auch die Tricks, die früher immer wieder probiert worden sind mit falsch aufschreiben usw. ausmerzen." (Abteilungsleiter bei A)

Auf den Einwand, daß doch diese Anlagen so genau gar nicht arbeiten würden, entgegnet er, daß dies nicht so wichtig sei, weil bei A die Maschinen z.B. bei Qualitätswechsel zwei Stunden auslaufen könnten, bis alle Spulen voll seien und in dieser Zeit eine Stunde als Stillstandszeit vergütet werde. Folglich könne die Spulerin während der Zeit, in der sie an dieser Maschine nichts mehr machen müsse, ihren Einsatz an den anderen Einheiten vergrößern, was ja dann den Nutzeffekt wieder erhöhe.

Hier handelt es sich um ein allgemeines Problem bei der Mehrstellenbedienung. Es wird von diesem Betrieb eindeutig zuungunsten der Arbeitnehmer gelöst. Der Produktionsausfall an einer Stelle (Maschine) kann im Regelfall nicht durch die Steigerung der Nutzeffekte bei gleichbleibender Arbeitnehmerleistung an den anderen Stellen völlig ausgeglichen werden. Ein sicherer finanzieller Ausgleich ist nur über Bezahlung des Durchschnittsverdienstes für die gesamte Dauer der Stillstandszeiten erreichbar.

Auch bei C hält man die CONEDATA-Daten für völlig objektiv und weiß, daß sie zu einer Erleichterung der Berechnung des Lohns beitragen. Die Spulerin schreibt dort noch die Gewichte selbst auf und der Qualitätswechsel wird ständig kontrolliert.

Nach den Worten des dortigen REFA-Chefs sind die Beschwerden über falsche Abrechnungen seit Anwendung von CONEDATA seltener geworden.

Die Akkordberechnung bei A wie auch bei C richtet sich nach den gespulten Kilos und nach dem Nutzeffekt (Dieser errechnet sich aus dem K-Wert, d.h. aus der Anzahl Knoten pro 100 000m).

Dies soll an einem Beispiel von C kurz erläutert werden: Die Leistungseinheit für den Zeitakkord sind dort 100 kg gespultes Garn; die Zeitrichtwerte für die einzelnen Tätigkeitsteile (Ablaufabschnitte) sind im PC gespeichert ebenso wie die im Laufe des Prozesses erhobenen variablen Daten wie Geschwindigkeiten, Garnnummern, Copsgewichte usw., die natürlich zuvor in der Arbeitsvorbereitung als Soll-Daten festgelegt wurden und in geänderter Form auch immer wieder in CONEDATA eingegeben werden können.

Bei der Verrechnung dieser Daten wird so vorgegangen, daß die Zeit, die für 100 kg Garn unter Berücksichtigung oben erwähnter Parameter gebraucht wird (Hier 14,24 Zeiteinheiten, wobei eine Zeiteinheit sechs Minuten umfaßt) errechnet wird. Dann kann mit Hilfe der von CONEDATA ausgedruckten Kilos die verdiente Zeit errechnet werden.

Die auf diese Weise an allen zugeteilten Maschinen erwirtschaftete Zeit wird mit Hilfe der nachfolgenden Formel zu der Zeit in Verhältnis gesetzt, in der die Leistung erbracht werden konnte (Leistungszeit):

$$\frac{\text{erwirtschaftete Zeit/Std. x 100}}{\text{Leistungszeit/Std.}} = \% \text{ Leistung/Std.}$$

Leistung je Std. x tariflicher ARS = Akkordhöhe/Std.

Beispiel: Bei einer Leistungszeit von 450 min, erwirtschafteter Zeit von 585 min und einem Akkordrichtsatz von 10,75 DM/Std. ergibt sich als Akkordstundenlohn

$$\frac{585 \text{ min x } 100 \text{ x } 10,75 \text{ DM}}{450 \text{ min}} = 13,98 \text{ DM/Std.}$$

Dieses Beispiel zeigt, wie CONEDATA für die Lohnberechnung verwendet wird und wie wichtig es daher ist, daß die von der BDE-Anlage ermittelten Daten auch stimmen. Dabei muß man sich aber immer im klaren darüber sein, daß diese Anlage nicht mehr feststellen kann, als ihr eingegeben wurde und als sie Impulse empfangen kann. Das bedeutet, daß die zusätzlichen Anforderungen in keiner Weise besser erfaßt werden können, als dies bei klassischem Vorgehen der Fall war.

Daher kommt es zum einen darauf an, die Daten von CONEDATA auch für diejenigen, deren Lohn davon abhängt, durchschaubar zu machen und zum anderen darauf, daß die neuen Anforderungen dahingehend geprüft werden, ob sie nicht das Lohnfindungsverfahren auf eine ganz neue Ebene zwingen, weil die erarbeiteten Kilos kaum mehr vom Menschen beeinflußt werden können (höchstens über die Vermeidung von Störungen).

Die Protokolle der CONEDATA-Anlage gehen bei C nicht nur zur REFA-Abteilung, sondern auch "nach draußen", d.h. zu den Arbeiterinnen und Arbeitern. Damit könnten sie sich ihr eigenes Bild über ihre Leistungen und über die Probleme machen.

Die Frage wäre natürlich, inwieweit diese Daten auch kommentiert und bei Problemen dann gemeinsam angegangen werden.

Aufbewahrt werden diese Protokolle dort mindestens drei Monate, um Probleme oder Reklamationen verfolgen zu können. Nach Meinung des REFA-Leiters bei C ist eine völlige Überwachung der Leute an den Maschinen mit Hilfe von BDE Unsinn, weil so etwas überhaupt nicht machbar sei und auch nichts einbringe.

Qualitätswechsel, welche von den Mechanikern neu eingegeben werden müssen, werden durch ein Sternchen hinter der Zahl auf dem CONEDATA-Ausdruck gekennzeichnet.

Wird nach einer Antwort auf die Frage nach den Anforderungen gesucht, läßt sich feststellen, daß in diesem Bereich auf keinen Fall nach der herrschenden Arbeitsteilung vorgegangen werden kann. Es kann daher festgehalten werden, daß eine Reihe von Anforderungen entsteht, die die kompliziertere Technik der Maschine und ihre Ausstattung mit BDE-Anlagen betreffen und von daher abstrakt eine höhere Anforderung hinsichtlich der Störungslokalisation und -behebung sowie der Optimierung und der Erledigung von Überwachungs- (hohe Konzentration) und Beschikkungs- bzw. Entsorgungsaufgaben (teilweise auch noch körperliche bzw. sensorisch bestimmte Tätigkeitsteile) herbeiführen.

Aufgrund der höheren Anforderungen wurde bei B die Schlußfolgerung gezogen, daß die Spuler/innen an den neuen Maschinen von LG IIa nach III (Tarifbezirk Westfalen) höher einzugruppieren seien.

Die Auslastung bei C liegt zwischen 125 und 150%; diese sei wegen der hohen Beeinflussung durch Garnwechsel so schwankend.

Bei B spielt in dieser Abteilung erneut eine Rolle, daß die interviewten Personen nicht genau wissen, wie sie eingestuft sind und nach welchem Entlohnungsgrundsatz sie bezahlt werden (sie behaupten, nach Akkord, doch in Wirklichkeit ist es Prämie).

Nach den Ausführungen des REFA-Beauftragten aus diesem Unternehmen ist das Spulen an den D-Maschinen von der Firma VOLKMANN gekennzeichnet durch die optimale Disposition des Weges der Spulerin. Die prozentuale Zuweisung je Spulplatz schwanke dort zwischen 133 und 138%. Auch hier ist die wesentliche Bezugsgröße für den Lohn die gelieferte Kg-Zahl, die vor den CONEDATA-Ausdrucken nach Aufschrieben durch die Spulerin selbst ausgewiesen wird. Mit Hilfe von CONEDATA wird diese Bezugsgröße aber ergänzt durch

- die Auslastung des Arbeitsplatzes,

- das Verhältnis der SOLL- zur IST-Menge.

Da es mit dem Begleitzettel immer Probleme gegeben habe, sei man froh, CONEDATA zu haben. Man verspricht sich also auch hier die Manipulationsfreiheit der Ausdrucke; dabei wird aber gar nicht berücksichtigt, daß natürlich - ohne jemandem etwas Böses unterstellen zu wollen - die Meister bzw. Vorarbeiter ebenfalls eine gewisse "Manipulationsmacht" besitzen (im Unternehmen sogar besser abgesichert), die durch deren Zuständigkeit für diese Anlagen noch vergrößert wurde. Dem muß durch verstärkte Kontrolle von BDE-Anlagen sowohl durch die Beschäftigten als auch durch den BR begegnet werden (s. unter G).

Positiv ist immerhin, daß diese neue Entlohnungsform mit den Mitarbeiter/innen/n auf einer Abteilungsversammlung diskutiert worden ist und daß es der zuständige Abteilungsleiter ablehnt, über CONEDATA verstärkt den "Leistungsdruckhebel" anzusetzen.

Man fragt sich allerdings, warum der Entlohnungsgrundsatz gewechselt wurde, wenn doch die Bestimmungsgrößen verglichen mit A und C die gleichen sind - abgesehen vom SOLL-IST-Vergleich, der aber natürlich auch unter Akkordbedingungen üblich ist.

Wenn die Spuler/innen über alle Schichten ihren Höchstsatz nicht erreicht haben, wird geprüft, woran es liegt; bei technischen Problemen wird dann nach Vorlohn vergütet.

Die Auslastung der einzelnen Arbeitsplätze wird mit Hilfe des Rechners im Meisterbüro vorgenommen; nach der Verknüpfung mit Rechner (s.o.) wahrscheinlich bereits im REFA-Büro.

3.4 Neue Entlohnungsstrategien beim Verbund

Die neueste technische Errungenschaft, die seit der ITMA 1987 in Paris als voll funktionsfähig gelten kann und die wir daher auch in zwei Betrieben (A und E) in der Einführungsphase studieren konnten, ist das Verbundsystem: Eine Ringspinnmaschine (ZINSER COWEMAT) wird mit einer Spulmaschine (meist AUTOCONER 238 von SCHLAFHORST) so verknüpft, daß der Copstransport zwischen diesen Maschinen automatisch erfolgt.

3.4.1 Die eingesetzte Technik und die Veränderung der Arbeit

Der gesamte Verbund aus Spinn- und Spulmaschine hat also übernommen
- das Anspinnen
- das Spulen
- die Copsvorbereitung
- die Hülsenabnahme und das Aufstecken neuer Hülsen
- den Copstransport sowie
- den automatischen Kreuzspulenauswurf.

Seit 1987/88 sind von diesen Verbundmaschinen bei A (7x2 =) 14 Maschinen im Einsatz; in Kürze soll nach Auskunft des Abteilungsleiters eine weitere angeschafft werden.

Bei E waren es (5 x 2 =) zehn Maschinen (ebenfalls 1987 angeschafft).

Es wurde in den untersuchten Betrieben gerade versucht, dieselben Garnqualitäten durchlaufen zu lassen wie auf den sonstigen Spinn- und Spulmaschinen, was allerdings noch zu erheblichen Problemen führte. Vor allem bei E funktionierte die Spuleinheit noch gar nicht gut, so daß Spezialisten der Herstellerfirma zum Zeitpunkt der Untersuchung ein sog. E-Programm (Einfahrprogramm; dadurch werden bestimmte Laufeigenschaften geprüft, Teile ausgemessen und immer wieder durch neue oder andere ersetzt usw.) laufen ließen, um die technischen Probleme zu lösen und damit den Ablauf zu optimieren.

Im Fall der Firma A sind die AUTOCONER mit CONEDATA von ZELLWEGER USTER ausgestattet, welche aber ebenfalls noch nicht voll ausgelastet sind (Der Nutzeffekt wird noch direkt an der Maschine abgelesen, der Ausdruck muß noch in deutscher Sprache kommen, usw.). Bei Firma E erledigt dies ein Überwachungs- und Steuerungssystem, das folgende Funktionen übernommen hat (aus den Unterlagen von SCHLAFHORST):

Abb. 15 Das Monitoring Information Control (MIC)-System

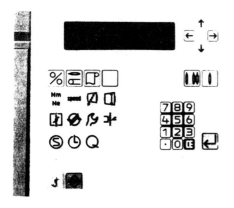

Über dieses System erhalten die Produktionsgruppen, die aus einer oder mehreren Maschinen-Einheiten bestehen, zentral die SOLL-Daten für den Spulbetrieb vorgegeben, gleichzeitig registriert und bewertet das System die beim Spulen anfallenden IST-Daten.

Menüs zum Steuern, Informieren und Überwachen des AUTOCONER® 238:

- Produktionsgruppe einrichten wie z. B. Garnnummer, Partienummer, Spulgeschwindigkeit, SOLL-Länge vorgeben.
- Spleißer einrichten, Spleißzeit = Auflösezeit.
- Maschinen einrichten, z. B. Einstellungen, Schicht-Zyklen-Produktionsgruppenbelegung usw.
- Partiewechsel-Steuerung, z. B. Partiewechsel-Start und -Ende; nur volle Kreuzspulen wechseln.
- Maschinen-Standard-Einstellung, z. B. Grundeinstellung vornehmen.
- Bauzustand-Maschineneinstellungen, z. B. Anzahl Wechsel, Entstaubungszeitintervall usw.
- Serviceprogramm, z. B. Testmode.
- Drucker-Protokollausgabe, z. B. Zwischenprotokolle, Partiewechsel-Protokolle usw.

- Qualitätsüberwachung je Produktior gruppe, z. B. maximale Reinigerschni Maschinen-Nutzeffekt-Grenzwert u
- Kopsvorbereitung, z. B. Anzahl vorge legter Kopse, Anzahl Störungen usv
- Produktionsdaten, z. B. Maschinen-Nu effekt in %, Produktionsmenge (kg) u

Quelle: Herstellerprospekt

Die bei A im Verbund integrierten ZINSER-Maschinen sollen mit einem RINGDATA-System ausgestattet werden, sobald der Flyer ebenfalls automatisiert ist. Die ZINSER-Maschinen sind bei E mit dem uns schon bekannten INFORMATOR bestückt.

Da die Verbundmaschinen bei E noch nicht lange in der Produktion eingesetzt waren, wurde vor allem an der Spuleinheit noch viel experimentiert, um die vielfältigen Fehler zu eliminieren. Die Schwierigkeiten der Fa. A bestanden z.Zt. der Untersuchung eher in bezug auf die Qualitäten und auf die Auslastung, die sich aufgrund der dauernden Umstellungen ständig änderte. Erst wenn Ruhe eingekehrt sei, könne man ordentlich die BDE-Daten auswerten.

Aus dem INFORMATOR an der Spinnmaschine bei E erhielt der Meister und der REFA-Chef je ein Protokoll pro Schicht; parallel dazu wird auch noch eine Fadenbruchzählerin eingesetzt, um die Daten für die Entlohnung hieb- und stichfest zu machen.

Der Mechaniker läßt für sich noch ein Protokoll für die Störungsverfolgung erstellen und fertigt schon seit der Anschaffung der Maschinen ein Mängelprotokoll an (s. auch weiter unten).

CONEDATA kann bei A - im Gegensatz zu E, wo dies erst im Aufbau ist - zentral im Meisterbüro abgerufen werden.

Von seiten der Geschäftsleitung bei A wird im Interview darauf verwiesen, daß der Verbund deshalb angeschafft worden sei, weil man den Wegfall von Materialwartezeiten, von Transportzeiten usw. erwartet habe; außerdem sei durch das weggefallene Händeln ja nicht nur der Lohnanteil in diesem Bereich gesenkt, sondern auch die Qualität besser geworden.

Leider sei noch keine Einzelspindelverfolgung möglich; dies würde nochmals einen Durchbruch auf der Qualitätsebene bedeuten.

Bei A arbeitet man mit Hochdruck an der Verknüpfung von CONEDATA, RING- und ROTORDATA auf der Ebene eines Produktions-, Planungs- und Steuerungssystems (PPS); dies sei aber erst verwirklichbar, wenn man mit den Verbund-Daten auf einen kommerziellen Rechner gehen könne.

Es gäbe allerdings noch keine Klarheit über die notwendige Tiefe der Daten; man wisse aber, daß man in Richtung Dezentralisierung tendiere, weil sonst die Datenmenge, die ins Hauptwerk transferiert werden müßte, riesig sei. Die Tiefe der Daten müsse jetzt bald entschieden werden, weil sie schon mit Hilfe eines Unternehmensberatungsbüros an der Systemanalyse in den Bereichen Planung und Steuerung arbeiteten und im Oktober an die Programmierung des kommerziellen Systems wollen.

Auf die Daten der einzelnen BDE-Systeme soll dann datenbankmäßig zugegriffen werden können.

Bezüglich der Exaktheit der Daten wird von der GL vertreten, daß es etwas genaueres wie CONEDATA nicht gebe; das hätten auch die Arbeitenden begriffen - zumal die Daten ja auch ausgehangen würden.

Alles, was zur Leistung benötigt wird, wird auch pro Schicht benötigt und sollte deshalb entsprechend zugreifbar sein; ebenso die Daten, die für die Qualität wichtig sind; diese sollten sogar täglich bzw. ständig verfügbar sein. Daher gibt es bei CONEDATA eigentlich nichts, was nicht wichtig wäre. Deshalb wird auch der Abfragerhythmus bei entsprechenden Daten auf eine Woche verkürzt.

Die Firmenvertreter sehen den Datenzugriff so, daß die Abfragen auch nur die Leute machen sollten, die das können und die mit den Daten etwas anfangen können. Dies ist natürlich ein wichtiges Feld der Gestaltung, weil mit dem Datenzugriff auch Machtfragen, Zuständigkeitsabgrenzungen und der Datenschutz verknüpft sind, die uns als Gewerkschaft sehr stark interessieren sollten.

Hinsichtlich der Probleme mit der Flexibilität und den dennoch vorhandenen Grenzen der Computertechnik zur Zeit im Bereich der Textilindustrie stellt sich die Firma A eine Strategie der Fertigungssegmentierung vor; d.h., daß man eine Synthese zwischen rationeller Fertigung und der notwendigen Flexibilität finden will (Stichwort: für verschiedene Produkte unterschiedliche technische Lösungen unter einem Dach). Ob und wieweit dies so durchgeführt werde und dann auch erfolgreich sein könne, müsse man abwarten. Dies würde außerdem ein sehr gut funktionierendes PPS voraussetzen.

Auch wenn für beide Firmen die Versuchsphase bei der Anwendung der Verbundsysteme noch nicht abgeschlossen ist, planen sie schon deren Erweiterung (bei E sind bereits weitere Maschinen für Sommer 1988 bestellt).

<u>Personaleinsatz</u>

In beiden Firmen sind an diesem Verbund sowohl ausgebildete Fachkräfte (Textilmaschinenführer) als auch Angelernte (meist Leute, die vorher in der Spinnerei oder Spulerei gearbeitet haben) im Einsatz. In Betrieb A sind das fünf Frauen (von 24 Beschäftigten in der Abteilung) an 14 Maschinen, von denen zwei dort gelernt haben, gegenüber vorher sechs ungelernten Frauen und zwei Personen zum Abziehen und weiterem Personal in der Spulerei; in Betrieb E arbeiten fünf Personen pro Schicht (von 21 Beschäftigten in der Abteilung, von denen einer Lehrer und eine Frau von Beruf Maschinenführerin ist, gegenüber vorher ca. vier Beschäftigten mehr, die z.T. umgesetzt wurden und z.T. in den Ruhestand gingen).

Man sieht also, daß die Maschinenbesetzung bei E etwas großzügiger ist als bei A; das kann aber möglicherweise noch durch den Einfahrstatus bedingt sein.

Das Durchschnittsalter bei E beträgt in der Verbundabteilung 40 bis 45 Jahre, bei A ca. 40 Jahre; die Verjüngung an diesen neuen Maschinen hat zwar stattgefunden, schlägt sich aber kaum auf den Abteilungsdurchschnitt nieder.

Beim Personaleinsatz besteht ein interessanter Unterschied zwischen beiden Firmen: Bei A wurde - nachdem bisher eine Frau für beide Verbundeinheiten verantwortlich war, dies aber nach Auskunft von Meister und Abteilungsleiter zu Vernachlässigungen der Spuleinheit geführt habe, die ihrerseits sowohl wegen der mangelnden Qualifikation als auch wegen der hohen Rundenzeiten eintraten - beschlossen, ab dem 1.7.88 eine Spinnerin und eine Spulerin arbeitsteilig am Verbund zu beschäftigen. Bei E hingegen wird zwar das Problem gesehen, das entsteht, wenn man nur eine Spulerin einsetzt, da sich diese hauptsächlich um ihre eigene Spuleinheit kümmern wird und bei Einsatz lediglich einer Spinnerin daher die Häufigkeit von Zwischenfällen deutlich erhöht wird. Dennoch denkt die Firma E nicht über eine andere Besetzung nach, sondern versucht, die jeweiligen Ausbildungslücken durch eine entsprechende Anlernung zu schließen.

Wir beurteilen den zweiten Weg vor dem Hintergrund der prinzipiellen gewerkschaftlichen Zielsetzung, die Arbeitswelt durch Aufgabenvergrößerung und entsprechende Qualifizierung humaner zu gestalten, als den besseren.

Bei E wird, sobald Spinnerin und Spulerin am Verbund arbeiten, nach Auskunft der GL möglicherweise Gruppenarbeit und damit auch Gruppenentlohnung eingeführt werden.

Veränderung der Arbeit

Der Abteilungsleiter bei E zeigt in diesem Zusammenhang die großen Probleme auf, die mit der Anschaffung des Verbundsystems auf die dort Beschäftigten zugekommen seien, weil sich die auf sie gerichteten Anforderungen doch erheblich verändert hätten: Es müsse sehr viel mehr mitgedacht und disponiert werden als dies bisher der Fall gewesen sei. Der Hauptanteil der Tätigkeit an dieser Anlage sei nun wirklich die Überwachung. D.h. das Personal muß stehen oder umherlaufen um festzustellen, ob etwas nicht in Ordnung ist oder auf die Lichtsignale achten usw. und hat daher durch die automatische Anspinnvorrichtung bei der Spulmaschine etwas mehr Abstand zum Takt der Maschine.

Die Frauen müssen Wickel aufstecken ("da tut einem abends der Arm weh"), Fadenbrüche beheben (nur an der Spinnmaschine, was übrigens auch automatisiert werden könnte) und andauernd den Produktionsprozeß überwachen (immerhin $2^1/_2$ Maschinen = 2.500 Spindeln).

Da die Copse nicht richtig vorbereitet werden, kommen zu viele zurück (bis zu 10% statt der angestrebten 2,5%). Dies bedeutet für die Frau an der Anlage Mehrarbeit, denn sie muß von die Copse Hand vorbereiten und die vorbereiteten Copse am sich drehenden Karussell aufstecken. Außerdem gab es nach Auskunft des Mechanikers schon sehr häufig Bruch beim automatischen Ablegen der Spulen auf das Transportband, was ebenfalls zu Mehrarbeit und zu gestiegener Kooperationsnotwendigkeit mit dem Mechaniker geführt hat.

Der Mechaniker befaßt sich nach eigenen Worten nur beim Umstellen auf andere Garnqualitäten mit der Elektronik. Hier geht es um die Eingabe einer anderen Geschwindigkeit, um die Mengenmessung, den Durchmesser der Copse und um die Ausrechnung des Garngewichts nach einer Vorlage der Arbeitsvorbereitung. Nach der Eingabe würden erst einmal Versuche gefahren. Bei positivem Verlauf werden die Werte auf der Maschinenkarte festgehalten und hinterlegt (für eventuelle Wiederholungsfälle). Anschließend wird auf Produktion gegangen.

Die Frauen sollten dies nicht erledigen, denn ein falsches Datum könne einen enormen Suchprozeß nach dem daraus erwachsenen Fehler auslösen. Er sei schon froh, wenn der Meister mit der Elektronik endlich zurecht käme.

Am INFORMATOR kann für jede Spindel der Nutzeffekt abgerufen werden. Er enthält Angaben über die Meterzahl, den Durchmesser der Cops usw. Die Angaben beziehen sich auf die gesamte Maschine und auf eine ganze Schicht. Eines dieser Schichtprotokolle bleibt beim Mechaniker zur Verfolgung von Unregelmäßigkeiten. Bezüglich der Störungen ist es für ihn nützlich, sich mit den qualifizierteren Frauen am Verbund auszutauschen. Diese sollten seiner Meinung nach mehr Hilfe bei der Störungslokalisationen leisten können.

Wir gehen davon aus, daß sowohl die Anforderungen an kognitive Fähigkeiten und Kenntnisse als auch an die Kooperations- und Lernfähigkeit gestiegen sind.

Der Mechaniker steht offensichtlich unter starkem Druck:
" Man erwartet von uns, daß wir vollkommen sind...
Ich dachte, daß die Maschine nach einem Jahr ungefähr läuft; jetzt sind wir schon seit einem dreiviertel Jahr dran und es ist noch kein Ende abzusehen."

Dies überträgt sich natürlich auch auf die Frauen, die ebenfalls sehr nervös wirken.

Er wisse, daß ihm noch einiges an spezifischem Wissen fehle. Deshalb versuche er eifrig, mit den Spezialisten der Herstellerfirma zu kooperieren, was aber nicht so einfach sei. Er kann sich auch vorstellen, noch mehr dazu zu lernen. In diesem Zusammenhang äußert er auch sein negatives Urteil über die Herstellerschulung, weil sie weit hinter den Erwartungen zurückgeblieben sei, die er und seine Kollegen gehegt hätten; außerdem hätte sie zum falschen Zeitpunkt stattgefunden.

Besser wäre es seines Erachtens, während der Auseinandersetzung mit den täglichen Problemen geschult zu werden. In der Realisierung dieser modernen Qualifizierungsform können wir ihn nur unterstützen, wobei wir allerdings zusätzlich eine ähnliche Qualifikation für die Spinn-Spuler/innen fordern.

Diese berichteten uns ebenfalls, daß sie nicht genügend qualifiziert worden seien: Fünf von ihnen waren eigentlich vor der Einführung der Anlage für einen Kurs bei der Herstellerfirma vorgesehen, was aber aus unerfindlichen Gründen nicht geklappt habe.

Dennoch haben sich die Frauen einige der notwendigen Kenntnisse und Fähigkeiten angeeignet: Z.B. beim Einfahren der Maschinen und vorher schon in dem im Unternehmen bestehenden Qualitätszirkel, der heute nach Aussage einer der Interviewten leider nicht mehr besteht. Sie seien sehr gestreßt, weil der Prozeß mit einem unheimlichen Tempo verliefe, sie immer wieder nachfragen müßten und sie vor allem bei Störungen oft "ins Blaue" hinein arbeiteten.

Eine interviewte Spinnerin diskutiert allerdings mit Kolleginnen (es werden nach wie vor noch weitere an den Maschinen angelernt, um Ersatz zu haben) über ihre Probleme. Bei manchen Störungen werde deren Art an der Maschinensteuerung angezeigt (AUTOCONER), andere seien eindeutig durch rotes, gelbes und weißes Licht definiert.

Man wisse allerdings nicht immer, was zuerst erledigt werden solle, wenn mehrere Probleme gleichzeitig auftreten (z.B. wenn das Vorgarn neu gesteckt werden muß und gleichzeitig die Spulmaschine stehenbleibt); daher sei vorausschauende Optimierung, um Störungen zu vermeiden, überlebenswichtig.

Der REFA-Beauftragte der Fa. E meint nun, daß man beachten müsse, daß sich die Arbeit an der Spinnmaschine im Verbund von anderen Spinnmaschinen nicht unterscheide; erst das Überwachen und die Beseitigung der Störungen sei anders. Diese Unterscheidung ist aber u.E. nicht sinnvoll. Vielmehr muß die zu leistende Arbeit in ihrem gesamten Anforderungsspektrum gesehen werden.

Sein Hinweis ist jedoch zutreffend, daß die Spulmaschine von ihrer Kapazität her genau auf den Ausstoß der Spinnmaschine eingestellt werden müsse, aber genau das ein ganz kritischer Punkt sei, weil einerseits 26 Spulstellen angebracht worden sind, obwohl man auch mit 23 ausgekommen wäre. Andererseits ginge jedoch der Trend zu sehr feinen Garnnummern. Hierfür reichten die 26 Spulstellen möglicherweise doch nicht aus.

3.4.2 Die neue Lohnproblematik beim Verbund

Aufgrund der Testphase, in der sich der Verbund in beiden Firmen zum Zeitpunkt der Untersuchung befand, verdienten die Arbeiter Durchschnittslohn. Mittlerweile gilt jedoch zumindest für die Beschäftigten von E der Prämienlohngrundsatz.

Verständlich war, daß zuerst die Optimierungen beendet und die datenmäßige Verknüpfung begonnen werden sollten, um von Anfang an mit den "richtigen Daten" (REFA-Chef von E) die Entlohnung festsetzen zu können.

Allerdings wollen wir hier anmerken, daß Probephasen nicht dazu mißbraucht werden dürfen, solange bis die Maschinen/Anlagen optimal eingefahren, d.h. die Vorgabezeiten niedrig genug sind, die Beschäftigten unter Leistungslohnbedingungen stramme Stückzahl produzieren zu lassen. Daher wollen wir an dieser Stelle bereits darauf hinweisen, daß Probephasen zum Gegenstand einer Vereinbarung gemacht werden müssen, in welcher Bedingungen und Länge dieser Phasen zu regeln sind.

Der Durchschnittsstundenlohn lag zum Zeitpunkt der Untersuchung der Firma A bei LG IV (Tarifbezirk Nordbayern) plus Zulage, die mit 10% des Grundlohnes quantifiziert wurde - bezogen auf die letzten drei Monate. Dies ergab für das Jahr 1988 einen Betrag von DM 12,90; teilweise wurde bis zu DM 14,-- verdient.

Nach Auskunft des REFA-Leiters bei E wird man für den Spinn-Spul-Platz ebenfalls die LG IV (Tarifbezirk Baden-Württemberg) wählen, weil bisher Spulen in LG III und Spinnen in LG IV eingestuft ist, nun aber beide Tätigkeiten zusammenfallen, so daß auch die bisherige Lohnaufteilung hinfällig wird.

Der REFA-Leiter bei A ist der Meinung, daß Spinnen und Spulen separat beurteilt werden muß, weil bei der Spuleinheit mehr Arbeit anfällt, insbesondere mehr Rundgänge vorzunehmen und verklemmte Kreuzspulen wegzunehmen sind. Widersprüche ergeben sich u.E. deshalb, weil für das Spulen eine niedrigere LG maßgeblich ist, obwohl es sich nach seinen Worten dabei um die anstrengendere Arbeit handelt. Er hat eine BV in Vorbereitung, die die Belastung nach Geschwindigkeit und Fadenbruchhäufigkeit berechnen und bei höchstens 135% festlegen will. Für 1% effektive Arbeitsplatzbelastung über 100% werden 0,5% vom betrieblichen Prämiengrundlohn bezahlt (s. auch Ringspinnerei). Bei Unterschreitung besteht Garantie bis zu einer Höhe von 110%.

Bei E ist mittlerweile eine BV abgeschlossen, wonach die in anderen Abteilungen gültige Prämientabelle auch auf das Verbundsystem angewendet werden soll. Nach diesem Prämiensystem sind die zentralen Faktoren zur Berechnung der Prämie einerseits die sich in der Arbeitsplatzgröße (APG) ausdrückende spezifische Belastung des Arbeitnehmers und andererseits die konkrete Nutzung der Betriebsmittel, die durch den erreichten Zeitgrad beziffert wird.

Diese Entlohnungsgrundlage bilde einen ungeheuren Anreiz sowohl für den Arbeitnehmer als auch für die Firma, denn sie wird dem Personal im eigenen Interesse nur soviel zuteilen, wie es zur Erzielung eines möglichst optimalen Nutzeffektes erforderlich ist.

Generell werden die APG bei E alle 14 Tage errechnet; bei plötzlichen Wechseln, wie sie dort üblich seien, müsse man aber schneller reagieren. Um festzustellen, ob die Zuteilung unzutreffend war (z.B. bei abweichenden Bruchhäufigkeiten), müßten über die BDE-Anlagen mehrere Schichten überwacht werden. Sei die Abweichung nicht auf das Personal zurückzuführen, müsse sie in allen drei Schichten auftreten; liege sie aber an der Arbeitsweise der Person, so sei sie auch nur in einer einzigen Schicht feststellbar. In diesem Fall sei ein Gespräch mit dem Bediener erforderlich (vgl. dazu die Ausführungen zu CONEDATA).

Die Zuteilung, die man anstrebe, liege so ungefähr bei 128%. Wenn zu hoch zugeteilt werde, dann gäbe es ja nur Ärger und die Arbeitenden beschwerten sich; wenn sie die Zuteilung aber bewältigten als seien es 128% müsse man ja keinen Aufstand machen. Diese Aussage des REFA-Leiters gibt zu erkennen, wie also Optimierungen erprobt bzw. Leistungssteigerungen versucht werden. Daher muß gerade dann, wenn die vorhandenen Datenanlagen optimal arbeiten und verknüpft sind, die Zuteilung vom BR ständig kontrolliert werden. Eine sehr hohe Fehlzuleitung läßt sich allerdings nach Aussage des REFA-Beauftragten nicht sehr lange durchhalten.

Dieser geht davon aus, daß man sich heute bei 125% genauso anstrengen müsse wie früher bei 125%. Wir glauben allerdings, daß dies ein rein mathematisches Argument ist, das auf die Frage der wirklich neuen Beanspruchungen, die sich als Belastung auswirken, keine befriedigende Antwort liefert. Von den am Verbundsystem Beschäftigten wissen wir, daß es durchaus höhere Anstrengung kostet als bisher, auf das Soll zu kommen. Für den REFA-Fachmann ist dies eine Frage der persönlichen Arbeitseinteilung, hängt also von der Geschicklichkeit des Einzelnen ab.

Dies ist u.E. eine problematische Auffassung, weil sich mit dem Verbund ja nicht nur der Ablauf geändert hat, sondern auch die Anforderungen erheblich gestiegen sind (s. unter Anforderungen). Insofern ist es nicht befriedigend, wenn der REFA-Beauftragte meint, es ändere sich nur die Vorgabezeit und es würde deshalb genügen, wenn man ein Blatt aus der BV nehme und neu mit dem BR vereinbare.

Dann macht er auf ein weiteres Problem aufmerksam: Nach Ermittlung der Vorgabezeit bräuchte man nur noch die jeweiligen Spulkilos festzustellen; aber auch das sei problematisch, weil diese kg nicht mit den tatsächlich gesponnenen übereinstimmten, denn die Belastung in einem Verbund verteilt sich zu 70% auf die Spinnmaschine und zu 30% auf die Spuleinheit. Letztere mißt aber die gefertigten kg. Man müsse also für eine korrekte Berechnung die kg über alle drei Schichten addieren, dann die von der Spinnmaschine gemessenen km addieren und anschließend den entsprechenden Anteil der kg übertragen. Über diese Berechnungsmethode sei er auch nicht glücklich, aber es gebe nichts besseres.

Es zeigt sich an diesem komplizierten Zusammenhang, wie doch die bisherigen Entlohnungsgrundlagen ins Schwanken geraten, weil zwei sehr unterschiedliche Maschinen zusammengekoppelt wurden, bei denen es, wie schon bei Spinnerei und Spulerei separat, mehr auf die Optimierung der Laufzeit als auf die gefertigten Kilos und Meter ankommt.

Die bei E am Verbundsystem Arbeitenden wollen ausreichend Zeit haben, um die Maschine auch richtig beobachten und Störungen nachgehen zu können. Es wurde im obigen Abschnitt deutlich, daß mehr Dispositionen erforderlich sind als früher und daß die Beschäftigten einen Überblick über den gesamten Verbund mit dem entsprechenden Funktionsverständnis hinsichtlich seiner Bestandteile benötigen. Weil dies ein neues Denkniveau repräsentiert (vorbedenkendes Handeln), ist es u.E. gerechtfertigt, entweder eine Eingruppierung über LG IV hinaus oder wahlweise eine bis an die nächsthöhere LG heranreichende Prämienzahlung zu fordern.

Die Absicht der GL, ihre Arbeitnehmer zu qualifizieren, halten wir auch unter diesem Gesichtspunkt für richtig, denn mit einer Doppelqualifikation (Spulerin und Spinnerin) fällt die Begründung für eine Höhergruppierung leichter als bei einem Personaleinsatzkonzept, wie wir es bei A vorgefunden haben.

Bei den Beschäftigten herrscht die Überzeugung vor, daß Prämie schon der richtige Entlohnungsgrundsatz sei, allerdings nur unter Einbeziehung obiger Überlegungen. Z.B. dürfe es nicht so sein, daß mit 2,5% Rücklauf bei den Copsen gerechnet werde (weil sie schlecht vorbereitet sind und von der Spulstelle nicht angenommen werden) und 10% seien es in Wirklichkeit. Zusätzlich werde hierdurch Streß erzeugt.

Ihrer Meinung nach sollte man auf diesen neuen Anlagen schon mehr verdienen. Darüber, wie sich der Verdienst aber zusammensetzen sollte bzw. welche Faktoren anders oder neu bewertet werden sollten, haben sie sich bisher noch keine Gedanken gemacht.

Man habe jetzt außerdem längere Wege zurückzulegen (wegen nunmehr 1000 Spindeln und aufgrund der besonderen Länge des Verbunds), die ebenfalls im Lohn berücksichtigt werden müßten.

Eine Arbeiterin bei E möchte auch wissen, wie die 127% ermittelt werden:

> "...und ich soll mir keine Sorgen machen, weil wir keinen Akkord haben und da sind wir ganz hinten im Dunkeln; ich weiß überhaupt nichts... Das ist so, seitdem er (der REFA-Mann, P-NRW.) aufgenommen hat, seit drei bis vier Monaten. Man arbeitet irgendwie ins Schwarze."

Wir hoffen, daß diese Unklarheiten bei der Lohnfindung mittlerweile durch den Abschluß der BV geklärt wurden.

Auch bei A wurde eine Aufnahme versucht. Sie mußte jedoch abgebrochen werden, weil der Verbund noch nicht funktionierte.

Bei A hat jede Frau drei Maschinen (also eineinhalb Verbünde) zu bedienen. Hier ist zu beachten, daß bei einer derartigen Maschinenzuteilung - wenn nun zwei Frauen an einen Verbund kommen sollen - die Gefahr besteht, daß die Spinnerin von der Spulerin in ihrer Bezahlung abhängig ist. Das kann nicht gut gehen. Daher empfehlen wir die Zuteilung von geschlossenen Verbünden.

Auch hier gelten natürlich die Probleme, die weiter oben im Zusammenhang mit der Anwendung von CONEDATA und INFORMATOR ausgeführt wurden.

Bei A wird mit Planzeiten auf der Basis von hochgerechneten Erfahrungswerten experimentiert:
> "Diese Werte haben natürlich nicht die letzte Genauigkeit. Auf ein paar Prozentwerte rauf und runter kommt es da nicht an. Das kann man auch wieder korrigieren." (Vorstandsmitglied bei A)

Man verspreche sich allerdings von der kommenden Rechnerverknüpfung bezogen auf die Gesamtkapazität eine größere Genauigkeit.

Die Daten des CONEDATA sind nur dem Meister und anschließend der REFA-Abteilung zugänglich (s. Spinnerei).

4. Weberei

In der Weberei entsteht durch das rechtwinklige Verkreuzen von gesponnenen oder Kunstfasergarnen (Kett- und Schußfaden) eine textile Fläche (ein Gewebe), das nach dem Weben entweder sofort verkauft oder zuerst veredelt wird.

WEISSBACH (1988) weist zurecht darauf hin, daß die Produktivitätsfortschritte in der Weberei zunächst auf der Umsetzung von Entwicklungen im Bereich der Schußeintragstechnik durch leichtere und damit schnellere Schußeintragselemente basierten, neben der weitere Verbesserungen in anderen Bereichen dazugekommen seien (z.B. hydraulischer Schützenschlag, mikroprozessorgesteuerter Kettnachlaß, Stücklängenmessung und Schußeintrag).[10]

Was nun die technische Differenzierung bei der Schußeintragstechnik betrifft, kann man für Ende der 60er, Anfang der 70er Jahre einen Wechsel von Schützenwebmaschinen zu schützenlosen Greifer-, Projektil-, Luftdüsen- und Wasserstrahl- sowie Wellenfachmaschinen (letztere erst ab ca. Mitte der 70er Jahre) verfolgen. Aus der Untersuchung der HDA-Gruppe der GTB wissen wir, daß im Zeitraum zwischen 1974 und 1981 74% der Neuzugänge von Webmaschinen in den westdeutschen Textilbetrieben die schützenlosen Maschinen bildeten und daß bis 1984 ihr Anteil an der gesamten im Einsatz befindlichen Anzahl von Webmaschinen auf 48% gestiegen war.[11]

Auf Greifer- und Projektilmaschinen kann mit einer Schußeintragsleistung bis zu 1100 m/min alles gewebt werden (vom Stapelartikel über breite technische Gewebe bis zum komplizierten Jacquardstoff). Mit den Luftdüsenwebmaschinen lassen sich dagegen nicht alle Gewebe wirtschaftlich weben. Spitzengeschwindigkeiten können dort lediglich bei Baumwolle und Synthetik erreicht werden; das Einsatzspektrum von Wasserstrahl- und Wellenfachmaschinen wird von "Experten" für so gering gehalten, daß ihnen kaum relevante Marktchancen eingeräumt werden, so daß sie im Folgenden -

---

[10] Vgl. ebenda, 20.

[11] Vgl. GTB, "DIE MASCHINE TREIBT DICH", 1986, S. 24.

da sie auch in keinem von uns untersuchten Betrieb angewendet wurden - vernachlässigt werden.

Die Grenzen der bisher typischen Hochleistungstechnik in der Weberei (wobei sich die Drehzahlen mittlerweile bei 1000 U/min. bewegen und noch nicht aufgehört haben zu steigen) bilden ähnlich wie in der Näherei die neueren Flexibilitätsanforderungen des Marktes (modische Schwankungen, daher kleine Lose, häufiges Umrüsten usw.). In diesem Bereich haben die Betriebe erhebliche Probleme bei der Auswahl einer bestimmten Technik und bei der Planung und Steuerung in der Produktion sowie der Definierung des zu bedienenden Marktsegments (Produktvielfalt oder Reduzierung des Angebots). Neue Märkte mit einer Nachfrage für besondere Gewebe (z.B. technische Textilien) werden daher seit einigen Jahren von Webereien erobert.

4.1   Eingesetzte Technik, deren Perspektive und die Veränderung der Arbeit

Der in "DIE MASCHINE TREIBT DICH" vorhergesagte Trend zu weiterer Computerisierung der Weberei mit Betriebsdatenerfassungs- und Fehlererkennungssystemen hat sich in unserer Untersuchung bestätigt: Es gab in unserem Untersuchungssample keine Weberei, die nicht vor kurzem ihren Maschinenpark oder zumindest einen Teil davon erneuert hat und bei der nicht so gut wie alle Maschinen an BDE-Anlagen angeschlossen waren (s. Tab.). Darüber hinaus kommt in der Weberei insbesondere der Vorbereitung zunehmende Bedeutung zu: Die modernen Hochleistungswebmaschinen können nur dann schnell und qualitativ hochwertig produzieren, wenn auch in der Schlichterei, der Zettelei und der Schärerei optimiert und modernisiert wurde. Daher wird zunehmend auch dort Mikroelektronik für die Steuerung sowohl von Detailfunktionen als auch von ganzen Prozessen, für die Überwachung (frühzeitige Fehlererkennung) und für die Protokollierung von Abweichungen eingesetzt. Dies soll aber im folgenden aus Platzgründen vernachlässigt werden.

Tab. 7   Übersicht über Produktart und technische Ausstattung der untersuchten Webereien

Web.	Produktart	Maschinentyp	Anschl.-zeitpl.	BDE	Vernetzung
A	Bettwäsche, Hemden- und DOB-Stoffe	SULZER-RUTI PICANOL GTB		BARCO	PPS-Entw. im Gange
B	DOB- u. HAKA-stoffe u.a.	SULZER, DORNIER u. PICANOL GTM	1986	"	mittlere Datenanl.
C	Hemdenstoff Blusenstoff u.a.	SAURER, PICANOL	laufen im Versuch		geplant wie oben Richtung PPS
F	Mullgewebe, Textiltapete u.a.	SULZER (Proj.) u. vorautm. M.		USTER LOOM-DATA (118)	
G	Jute, Heim- u. Tech-Textilien	SULZER-RUTI DORNIER (10 J. alt) Neuanschluß geplant		USTER LOOM-DATA seit 1982	zusätzl. Terminals f. Auswahl geplant
H	Bettwäsche, Meterware	DORNIER (Greifer) Luftdüsen- und Schützenmaschine		"	BDE mit Großrechner
I	Heimtextilien	DORNIER (Greifer) bis 1988 12 Masch.		WILLE 2000 (seit 3 J.)	

Entsprechend den oben skizzierten Entwicklungen kommt es in diesem Abschnitt nicht darauf an, die unterschiedlichen Maschinentypen vorzustellen (s. beispielhaft je ein Bild einer Greifer- und einer Luftdüsenwebmaschine), sondern darauf, sowohl die neuesten Tendenzen bei der Übernahme von Detailfunktionen an Webmaschinen als auch die Einführung von BDE-Anlagen bzw. deren Vernetzung auf Abteilungsebene oder darüber hinaus in Richtung PPS in ihrer Wirkung auf die Entlohnung zu untersuchen.

Abb. 16   Eine Luftdüsenwebmaschine von SULZER-RÜTI

Quelle: Herstellerunterlagen

Bei Betrachtung obiger Tabelle fällt auf, daß bereits in drei von sieben untersuchten Webereien[12] eine Vernetzung von BDE-Stationen stattgefunden hat bzw. zum Zeitpunkt der Untersuchung gerade durchgeführt wurde und mit Ausnahme eines Betriebes bei den übrigen Firmen ein derartiger Entwicklungsschritt geplant war.

Dies dürfte u.E. die Betriebsräte/-innen insoweit vor neue Probleme stellen, als einmal, solange die BDE-Erfassung noch nicht durch BV geregelt ist, eine ungeheure Komplexität von Datenströmen erreicht wird, die für Laien kaum mehr durchschaubar, geschweige denn steuerbar sein wird; zweitens werden zusammen mit der Vernetzung sehr wahrscheinlich Planzeiten eingeführt, deren Anwendung die Mit-

---

[12] Wobei wir bei H und I keine Arbeitsplatzbeobachtung und keine Einzelinterviews durchgeführt haben.

gestaltung von Vorgabezeiten durch den BR nötiger denn je werden läßt (s. Teil E).

Außerdem läßt sich der Tabelle entnehmen, daß in einer der Webereien bereits die neuste, auf der ITMA 1987 in Paris vorgestellte, Maschine des Typs PICANOL PAT A mit automatischer Schußbruchbehebung im Versuchsbetrieb läuft. Beim Einsatz dieser Maschinen entfällt ein wichtiger Teil der Webertätigkeit, was bisher meist zur Folge hatte, daß dem jeweiligen Weberbereich zusätzliche Maschinen zugeteilt wurden.

Dies kündigt einen technischen Durchbruch in der Weberei an, weil die Automatisierung an der Webmaschine bislang lediglich "periphere" Funktionen wie den Schußfadeneintrag, das Überwachen des Kettablasses, das Offenhalten des Fachs bei Stillstand, die Überwachung und Registrierung bestimmter Abläufe und Funktionen usw. betraf. Allerdings sind bis jetzt nur diejenigen Schußbrüche behebbar, die zwischen Vorspulgerät und Fach auftreten.[13]

Zunächst konzentrieren wir uns hier auf die Ausstattung der Webereien mit BDE-Anlagen (zur Funktion siehe Spinnerei).

Da die Webereien zu den klassischen Exerzierfeldern von BDE-Anlagen gehören und die mit diesen Anlagen ermittelten Daten in allen hier untersuchten Fällen auch zur Lohnabrechnung dienen (Produktionsdaten sind auch Leistungsdaten), kommt es uns hier darauf an, die unterschiedlichen und vor allem neuesten Varianten der Datenaufnahme (welche Daten werden aufgenommen und welche Probleme gibt es dabei?) und außerdem die Datenauswertung (Variante der Software, eigene Programmierungen, zugreifende Stellen und Präsentation der Daten) genauer zu untersuchen.

Wir gehen davon aus, daß ZELLWEGER USTER und BARCO die am meisten angewendeten Datenanlagen sind; daher sollen an ihnen die sich aus Datenaufnahme und -verarbeitung ergebenden Problemfelder beispielhaft analysiert werden.[14]

---

[13] Vgl. die ITMA-Dokumentation der GTB, 1987.

[14] Die sonst noch auf dem Markt angebotenen Systeme werden also im folgenden ausgespart.

Aus obiger Tabelle ergibt sich, daß das LOOMDATA-System (s. Bild), ein speziell für die Webereien entwickeltes BDE-System von ZELLWEGER USTER, in fünf von sieben Webereien - teilweise schon seit 12 Jahren - im Einsatz ist.

Abb. 17   LOOMDATA und seine Struktur

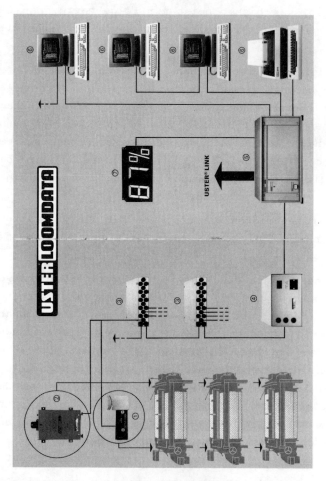

(1) Produktionssensor
(2) Maschineneingabestation
(3) Konzentrator
(4) Bus-Speisung
(5) Zentraleinheit
(6) Geräte zur Ein- und Ausgabe von Daten

Quelle: Herstellerungerlagen

Dieses System funktioniert so, daß verschiedene Sensoren, die an unterschiedlichen Stellen der Webmaschine angebracht sind, erfassen, ob die Maschine noch läuft oder ob sie steht und neuerdings, in welchem Bereich ein Fehler bzw. eine Bruchstelle liegt.

Traditionell wird bei USTER LOOMDATA unterschieden in drei Abstellgründe
- Kettfadenbruch
- Schußfadenbruch
- andere Stillstände (auch deklarierte)

Meldungen der Sensoren werden als Impulse in einem Konzentrator (der die Impulse von jeweils 16 Webmaschinen zusammenfaßt) gesammelt und an einen Personalcomputer (PC) weitergegeben. Dieser fragt die Konzentratoren in einer festzulegenden Zeitspanne ab und verarbeitet in bestimmten Zeiteinheiten (meistens schicht- und tageweise) die aus dem laufenden Prozeß stammenden Daten zusammen mit den gespeicherten Zuordnungsdaten wie Artikel oder Personalnummer zu Berichten über Produktionsausstoß, Nutzeffekte, Stillstände usw.

Neben den aus dem Prozeß stammenden Impulsen werden die anderen Stillstände über Deklaration durch verschiedene Personengruppen erfaßt. Dafür gibt es an jeder Maschine eine Eingabestation, über die Reparatur-, Rüst- und sonstige Stillstands- bzw. Wartezeiten mittels Codekarten (die jeweilige Nummer deklariert die Stillstandsursache) eingegeben werden.

An der Zentraleinheit (die mit Bildschirm ausgestattet ist) ist gewöhnlich ein Druckerterminal angeschlossen, das sämtliche gesammelten Daten in aufbereiteter Form ausdruckt.

Die Berichte können als Standardberichte nach
- Weber,
- Maschinen,
- Artikel,
- Muster,
- Gruppe

und als Spezialberichte unterteilt in
- Außerproduktionszeiten,
- Kette,
- Artikeldaten,
- Kettlager,
- Steuerdaten ausgedruckt werden.

Prinzipiell können nun diese Berichte sowohl zur Verfolgung der Produktion (Optimierung, variable Maschinenzuteilung), zur Festellung von Qualitätsentwicklungen (Ausmerzen fehlerhafter Maschinenteile, Optimierungsprogramme), zur Fehler- bzw. Fadenbruchverfolgung (Verringerung von Stillständen), zur Personen- bzw. Leistungsüberwachung (Initiierung von Leistungswettbewerb) und zur Disposition (kürzere Lagerzeiten, "Echtzeitlieferung") verwendet werden (letztere bezeichnen den Übergang von BDE zu Produktionsplanung und -steuerung, s. weiter unten). Allerdings muß man sich darüber im klaren sein, daß weder die Produktionsdaten noch die personenbezogenen Leistungsdaten die Produktionswirklichkeit exakt wiedergeben.

Bezüglich der Objektivität der Produktionsdaten haben wir in einer Reihe von Betrieben folgende Ungereimtheiten festgestellt:
1. auch bei Mehrfachfadenbrüchen oder Reihenfadenbrüchen wird nur einer ausgewiesen;
2. die Brucharten sind nicht gewichtet (z.B. benötigt der Weber mehr Zeit, um einen Kettfadenbruch zwischen Kettbaum und Lamelle als zwischen Lamelle und Litze zu beheben);
3. Bruchbehebungen, die zeitlich innerhalb eines zu definierenden Rahmens bleiben, werden nicht gezählt;
4. steht die Maschine für eine gewisse Zeit aufgrund eines Fadenbruchs, dann kann durch die Codierung "außer Produktion" der gespeicherte Bruch gelöscht werden;
5. liegt die Fadenbruchzahl außerhalb des angegebenen Toleranzbereichs, wird sie nicht berücksichtigt (Codierung "outline");
6. es wird nicht berücksichtigt, daß Dreherfadenbrüche verglichen mit "normalen" Fadenbrüchen einen bis zu zehnfachen Zeitaufwand zu ihrer Behebung beanspruchen;
7. Fadenbrüche werden nicht gezählt, wenn die Code-Karte z.B. aus Beobachtungsgründen in der Anlage verbleibt.

Dies hat lohnpolitische Konsequenzen (s. unter 4.2).

Wendet man sich nun den Anwendungsbetrieben dieses Systems in der Weberei zu, so läßt sich zunächst feststellen, daß die dort vertretenen Argumente für LOOMDATA nahezu gleich lauten: Seit Anwendung des Systems habe man eine bessere Qualität erreicht, man könne schneller die typischen Kett- und Schußfadenbrüche erfassen und Vergleiche zwischen Webern, zwischen Webverbünden, aber auch auf Meisterebene herstellen. Auch die Disposition würde davon profitieren. (Aussagen von Managern, Abteilungsleitern, Meistern und REFA-Sachbearbeitern der Anwenderfirmen).

Bei F sind 118 Maschinen an das System angeschlossen. Dort wird eingeräumt, daß viele Schwankungen in der Webqualität und im Nutzeffekt von äußeren Einflüssen (von denen einige beeinflußbar sind, wie z.B. die Temperatur) herrührten und daher nicht dem Weber angelastet werden könnten.

Hierzu bestätigten sowohl die interviewten Weber von G als auch von C, daß die Datenanlage zwar im wesentlichen objektiv arbeite, sie jedoch Gruppenfadenbrüche nicht richtig widerspiegele: Die Zahl der Fadenbrüche würde zwar festgehalten, nicht aber deren Dauer; dafür würde immer noch die Stoppuhr eingesetzt. Diese Aussage ist jedoch unzutreffend, denn Mehrfachfadenbrüche sind kein Zeit- sondern ein Häufigkeitsproblem. Wichtig erscheint uns allerdings, daß die Weber bei G mit dem Bewußtsein an der BDE arbeiten, daß deren Software von Menschenhand, die bestimmte Interessen verfolgt, programmiert wurde und daher sowohl Fehler beinhalten kann als auch bestimmte Programmteile wie Abfragerhythmen usw. Unternehmensinteressen gemäß definiert werden können.

So sei es bereits bei den Codes, die für bestimmte Eingriffe an der Maschine eingeführt wurden: Wenn der Untermeister an der Maschine arbeite, habe er seinen Codeschlüssel gesteckt. Über diesen registriere die Anlage jedoch nur die Zeiten, während derer die Maschine stehe. Lasse er sie aber nach oder während der Reparatur einige Minuten probelaufen, werde diese Zeit nicht mehr registriert.

Bei C verlassen jeden Tag 50 000 Meter Stoff die Weberei. Dort sind ca. 100 Maschinen (teilweise noch alte SAURER) mit dem BDE-System verknüpft bzw. verfügen selbst über ein solches. Auch verfügt man neuerdings über die Geräte der Marke PICANOL PAT (s. Bild), die sich dadurch auszeichnen, daß sie bei Fadenbruch automatisch wieder in die Ausgangsstellung zurückgehen (einen Schußfadenbruch zu beheben geht daher wesentlich schneller) und mit eigenständiger BDE ausgestattet sind.

Abb. 18 Die PICANOL PAT mit eingebauter BDE

Quelle: Herstellerunterlagen

Wir erfuhren vom dortigen Meister, daß es ein neues Programm für den Kettablasser gibt, durch dessen Hilfe die

Kette ständig auf optimale Spannung gebracht wird (optimale Spannung kann nur durch Berücksichtigung der jeweiligen Garnqualität erreicht werden). Zusätzlich kämen elektronisch gesteuerte Schaftmaschinen von STÄUBLI und SCHLAFHORST zur Anwendung.[15]

Man sei aber aufgrund der Breite der Kettbäume bei den Luftdüsenwebmaschinen und der Enge der Halle eingeschränkt, was negative Auswirkungen auf den Arbeitsablauf und auf die Ergonomie habe (man brauche dort deshalb z.B. auch "lange Kerls").

Bei G ist - wie aus der Tabelle ersichtlich - das BDE-System schon seit 1982 in Anwendung. Bei dessen Einführung war die Erfahrung mit derartigen Anlagen nach Auskunft der Geschäftsleitung noch sehr gering, so daß die Firma mit der Anwendung dieser Technologie einen völlig neuen Weg beschritten sei. Sie hätten die Anlage so früh gekauft, weil sie ein sehr umfangreiches Produktionsprogramm fertigten, das mit jeweils unterschiedlichen Vorgaben, Qualitätsdaten usw. arbeite.

Mitentscheidend für die schnelle Disposition der Firma G war vor allem die positive Beantwortung der Frage, ob man bei zu hohen Rüstzeiten nicht bestimmte Umbesetzungen oder eine andere Arbeitsverteilung vornehmen könne.

Die LOOMDATA-Software wurde 1985 bei G völlig ausgetauscht. Sie sei im Prinzip ein Festprogramm, in dem Toleranzwerte festgelegt worden seien. Die Fadenbrüche (mit einer 25%igen Toleranzgrenze mit dem BR in einer BV vereinbart) werden pro 10 000 Schuß gezeigt, wobei keine Glättungsfunktion für Ausreißer existiert.

Jeder Beschäftigte hat in dieser Weberei die Möglichkeit, an dem dort aufgestellten Terminal seine Daten nachzuprüfen (s. auch unter 4.2).

H hat die LOOMDATA-Anlage auch an Jacquard-Maschinen angeschlossen. Vielfach wurde dort beklagt, daß sie Arbeits-

---

[15] Schaftmaschinen sind Aggregate, die die Steuerung der Fadenwechsel beim Schußeintrag bei gemusterten bzw. farbigen Geweben übernehmen und überwachen.

bedingungen erzeuge, die von manchen älteren Kolleginnen und Kollegen nicht mehr bewältigt werden könnten.

Die im Zusammenhang mit Fehlerquellen bei BDE-Anlagen aufgeführte programmbedingte Löschung von Fadenbruchdaten (ab 20 min Stillstand vgl. weiter oben) wurde bei H auf 18 Min. gekürzt. Dies ist ein Beweis für die Ungenauigkeit, die mit der direkten Übernahme von BDE-Daten bei der Lohnberechnung entsteht. Daher war bei dieser Firma vom dortigen Betriebsrat und der GTB in einem Verfahren vor der Einigungsstelle neben anderen Verbesserungen auch ein Korrekturfaktor erstritten worden. Die durch den Korrekturfaktor erzielte Lohnverbesserung liegt bei 5 bis 10% des Akkordlohnes.

Auch bei H sind die Weber befugt, ihre Daten am Bildschirm aufzurufen bzw. sie auszudrucken. Dadurch haben sie endlich gegenüber dem Meister Beweismaterial in der Hand, wenn dieser ihre Schuß- oder Kettfadenbruch- bzw. sonstige Störmeldungen nicht ernst genommen hat. Die BDE-Daten wandern nach Sichtung und erster Verarbeitung in den Großrechner und können von dort wieder abgerufen werden.

Bezüglich der Anwendung von LOOMDATA gibt es bei B (drei Viertel der Maschinen sind dort angeschlossen) einige Besonderheiten festzuhalten:

1. U.a. auf der Grundlage LOOMDATA-Daten erfolgt die Prämienlohnberechnung, Auslastungsberechnung und Stellenzuteilung auf einer hierarchisch höheren Rechnerebene (PWS = Personal Work Station), deren Software von einem Tochterunternehmen einer großen Computerfirma in Zusammenarbeit mit dem Anwender erstellt wurde.

2. Über die PWS-Ebene nehmen wiederum verschiedene Abteilungen auf die Daten Zugriff, um sie weiter zu verwenden (z.B. das Lohnbüro oder die Disposition)

3. Der Kettablaufbericht, der prinzipiell über LOOMDATA abrufbar ist, wird bei B selbst nicht verwendet (aber im Zweigbetrieb), da dieser Bericht für B aufgrund der Vielfalt der herzustellenden Artikel und der ständig erweiterten Artikelpalette nicht genau genug ist. Es wurde zum Zeitpunkt der Untersuchung gerade an einem neuen Programm

gearbeitet, das die Besonderheiten der Firma berücksichtigen soll. Dies wird zu einer optimaleren Zuteilung der Maschinen führen, was uns unter 4.2. näher interessiert.

Bei A kommt das BDE-System von BARCO zur Anwendung. Dort wird der Bericht für den Ausbau des Informationssystems zur PPS verwendet.

4. Die von uns in anderen Firmen mit Anwendung der LOOM-DATA-Technik immer wieder reklamierten programmbedingten Löschungen von Kettfadenbrüchen (s. oben) treten bei B nicht ein. Nach Angaben des stellvertretenden Webereileiters erfolgen Löschungen gezählter Fadenbrüche nur dann, wenn der Fadenbruch in einer Zeit erfolgt, die im Programm als APH (Außerproduktionszeit) codiert ist. Ab Stillstand gilt die Zeit bis zur eindeutigen Codierung durch das Einstecken des Schlüssels als Wartezeit auf die folgende Tätigkeit. Dies ist unseres Erachtens eine gute Lösung, denn die Wartezeit wirkt sich nicht mehr negativ auf den Webernutzeffekt aus.

Diese Besonderheiten gehen wohl auf eine intensive Zusammenarbeit zwischen ZELLWEGER USTER und B zurück.

Nach Aussage der Weber wurden die im Jahr 1986 angeschafften PICANOL, die mit bis zu 18 Schäften ausgestattet sind, auf Maximalgeschwindigkeit eingestellt. Dies habe negative Auswirkungen auf die Qualität.

Wir haben in den Ausführungen zu C. bereits darauf hingewiesen, daß LOOMDATA mit einem eigenständigen BDE-System ausgestattet ist. Die Ausführungen des Meisters, dieser Mikrocomputer diene lediglich dazu, den Stückeabnehmer oder den Meister anzurufen, stellt demnach eine Verharmlosung dar, denn dieses System kommuniziert bereits mit einem übergeordneten Rechner. Es handelt sich hier eher um ein Prozeßleitsystem.

Auch bei A sind derartige PICANOL-Maschinen im Einsatz; allerdings mit der Spezifikation, daß sie - als einzige in unserem Sample - an das BDE-System von BARCO angeschlossen sind (ebenso die dort zur Anwendung kommenden SULZER-RÜTI-Maschinen).

Im Gegensatz zu ZELLWEGER USTER begann BARCO von Anfang an damit, die "anderen Stillstandsursachen" sowie Schichtanfang und -ende an der Maschine selbst mit Hilfe einer DATA UNIT (s. Bild) zu deklarieren (Die Deklaration wird angezeigt im LED-Feld). Es sind bis zu 40 Deklarationen je nach Anwenderwünschen möglich.

An neueren Maschinen kann die DATA UNIT noch zusätzlich den Luftverbrauch an Luftdüsenmaschinen, den Frottierkettenverbrauch u.a. messen und überwachen.

Abb. 19 Die DATA UNIT von BARCO

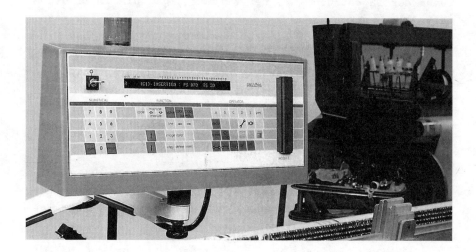

Der Weber kann sich an dieser Unit über die Fadenbruchlage, die Nutzeffekte und über die noch zu webende Länge informieren. An jedem Webstuhl ist eine Eingabe auch für die Warenschau möglich ("on-loom"). Dabei handelt es sich um eine statistische Hochrechnung der fehlerfreien Ware, aus der sich ergibt, ob sich eine extra Warenschau noch lohnt (läuft im Versuch).

Das Neue bei BARCO ist, daß der Zentralrechner SYCOTEX nicht nur einseitig Daten von der Maschine gemeldet bekommt, sondern auch umgekehrt errechnete bzw. verglichene Daten zurücksendet und teilweise in Steuerbefehle umsetzt (bi-direktionale Kommunikation). Wenn z.B. eine vom Rechner vorgegebene Meterzahl erreicht ist oder von einer bestimmten Qualität abgewichen wird, wird die Maschine automatisch abgeschaltet.

Abb. 20 Die "bi-direktionale Kommunikation" mit SYCOTEX

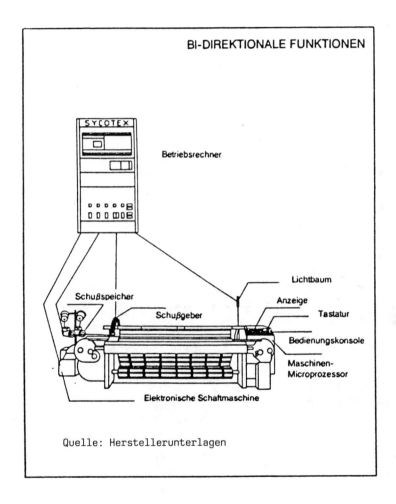

Quelle: Herstellerunterlagen

Bei diesem System können drei Stufen unterschieden werden:

1. Signale, Anzeigen, Maschinenstopbefehle;

2. Passive bi-direktionale Kommunikation -
   Maschineneinstellung nach Artikelwechsel;

3. interaktive Kommunikation.

Die Stufen 2 und 3 bedeuten nach unserer Auffassung die Erfüllung einer wichtigen Voraussetzung für ein PPS- bzw. CIM-System. Bei der Stufe 3, die z.B. bei Abstellung einer unter dem Standard laufenden Webmaschine Vorschläge für mechanische und/oder elektronische Einstellungen zur Wiederherstellung des Standards abgibt, handelt es sich im Prinzip bereits um ein "Expertensystem".[16] Aufgrund dieser Möglichkeiten preist BARCO das SYCOTEX-Rechnersystem inklusive Vernetzung mit verschiedenen Abteilungen im Textilbetrieb als CIM-Konzept an.

Nach Aussagen der Weber bei A bliebe aber unklar, was mit den eingegebenen Daten geschehe. Sie bekämen von den Daten auch keinen Auszug. Es sei zwar ein Bildschirm im Websaal angebracht; dieser diene aber nicht dazu, wie in anderen untersuchten Webereien, den Webern Datentransparenz zu gewährleisten, sondern habe allein den Zweck, Problemmaschinen an den Meister zu melden und ihn zu rufen.

Natürlich verfolgte auch A bei der Einführung von BARCO dieselben Ziele wie die anderen, bereits genannten Firmen. Von einer Aufzählung der Zielvorstellungen kann daher abgesehen werden.

Der dortige Webereileiter hält die Daten von BARCO für durchaus objektiv, von Eingabefehlern einmal abgesehen. Problematisch sei es z.B., wenn der Weber ablaufende Ketten nicht deklariere. Dadurch werde die gesamte Disposition über den Haufen geworfen. Ein interviewter Weber meint zwar auch, daß die Daten wohl objektiv seien, er hätte aber schon gerne gelegentlich eine Überprüfung (weil er gehört hat, daß nicht alle Deklarationen vom Rechner angenommen werden). Er fürchtet aber auch eine solche Überprüfung, weil deren Ergebnis auch eine höhere Maschinenzuteilung sein könne. Vonnöten sei eine entsprechende Schulung des

---

[16] Vgl. auch ITMA-Dokumentation, 1987, S. 22.

BR, damit dieser über die erforderliche Sachkompetenz verfüge, um Stichproben selbst durchzuführen.

Bei der mit Hilfe von BARCO durchgeführten Statusabfrage, die auch bei Störungen erfolgen kann, wird im Unterschied zu ZELLWEGER USTER sofort ein SOLL-IST-Vergleich ausgegeben.

Für alle hier zur Debatte stehenden Betriebe ist die Anschaffung von BDE-Anlagen natürlich auch der große Hoffnungsträger für die Beseitigung ihrer oft schwerwiegenden Planungsprobleme: Bei F müssen mehrere Hauptabnehmer für die einzelnen Produktgruppen bedient werden, so daß die Auftragslage sehr stark schwankt. Daher wird auch meist nur für ein Quartal im voraus geplant. Bis vor drei Jahren habe man alle Aufträge angenommen. Inzwischen sehe man ein, daß nicht auf jeder Webmaschine alles gewoben werden könne. Der Trend ginge auch dahin, verstärkt nur noch eigene Garne zu verweben, um eine einheitlichere Qualität zu erreichen.

Jute, die bei G hergestellt wird, kommt nicht aus der eigenen Spinnerei, sondern aus Bangladesh und anderen Ländern. Wenn die Gesamtaufträge über einen längeren Zeitraum als eineinhalb Monate reichten, sei man schon glücklich. Außerdem seien in den letzten drei Jahren viele neue Gewebearten dazu gekommen. Von daher ergäben sich hohe Anforderungen an Flexibilität und Variabilität sowie an die Innovationsfreudigkeit der Mitarbeiter. Jeder, der eine Idee habe wie man einen neuen Markt erschließen könnte, bekomme eine Prämie.

Von den Webern und dem dortigen BR haben wir die Information erhalten, daß die Maschinen streng nach den Herstellerangaben ausgefahren werden, ohne zu beachten, wie die Bedingungen im Werk seien und welche besonderen Probleme sich bei bestimmten Qualitäten ergeben würden. Oft gebe es auch bei der Planerstellung zu Schichtbeginn Verzögerungen, weil noch unklar sei, welche Maschinen zu Gruppen (Arbeitsplätzen) zusammengestellt werden sollten.

Im Betrieb H existiert nach verschiedenen Informationen keine gute Auslastung: Man habe Aufträge für ca. drei Monate im voraus. Bei den Jacquard-Maschinen wisse man manchmal nicht, was man auflegen solle. Die Aussichten seien in der Region generell trübe, weil die Konkurrenz einem dort praktisch vor der Nase sitze. Zu allem Überfluß hätten sie auch noch zuviel Lagerbestand.

Die Produktionsplanung bei C ist direkt abhängig von mindestens zwei Saisons, oft sogar noch von Zwischensaisons, und sei deshalb ebenfalls schwer planbar.

Bei B läuft die Planung je nach Qualität täglich, teilweise wöchentlich. Artikelwechsel gebe es ca. alle drei Wochen.

Wir mußten feststellen, daß zwar überall gesagt wurde, mit Hilfe von BDE seien einige Erleichterungen eingetreten, sich jedoch erst in wenigen Firmen die Einsicht durchgesetzt hatte, daß die grundsätzlich hier zum Ausdruck kommenden Auftragsschwankungen und harten Konkurrenzverhältnisse wohl kaum mit BDE in den Griff zu bekommen sind.

Was nun die weiteren Perspektiven in der Anwendung Neuer Technik angeht, ist bei F geplant, daß als nächstes die zehn Jahre alten Webmaschinen ersetzt werden und daß die LOOMDATA-Daten dem Lohnbüro im On-Line-Zugriff zur Verfügung stehen (Bisher muß ein Ausdruck angefertigt werden). Möglicherweise würde auch noch die Auflösung der Ringspinnerei anstehen und die Computeranwendung auf das Lager ausgedehnt werden.

Bei C wird uns berichtet, daß von den PICANOL, die zur Zeit im Versuch laufen, 1988 wahrscheinlich noch 25 Stück angeschafft werden. Außerdem soll die Zettlerei erneuert und die EDV-Verknüpfung für die Steuerungen und Betriebsüberwachungssysteme an den Webmaschinen in Angriff genommen werden. Darüber hinaus sollen die letzten 100 alten Schützenstühle im Herbst 1987 durch 28 moderne Luftdüsenmaschinen ersetzt werden. Damit verspricht man sich zum einen, die Stillstände für die Lohnabrechnung schneller erfaßbar zu machen; zum anderen die schnelle Überprüfung des Kettablaufs durch die Arbeitsvorbereitung, um damit eine bessere Verknüpfung zum Disponenten und zur Rohwarenschau herstellen zu können.

Die produktionstechnische Chance für die Zukunft liege für C im Bereich der Spezialitäten, also bei dem Gewebe, das nicht jeder herstelle und das auch nicht jedermann produzieren könne, weil ihm dafür die qualifizierten Leute fehlten.

Bei G sollen DORNIER Greiferwebmaschinen angeschafft werden, um das neu erschlossene Produktfeld Polyäthylengewebe bedienen zu können. Weiterhin ist geplant, das Garnlager computermäßig zu erfassen, um schneller disponieren zu können. Für die Auswertung der BDE-Daten bräuchte man dann wohl zusätzliche Terminals.

Bei H sollen die alten Schützenmaschinen durch neue Luftdüsenmaschinen ersetzt werden. Dadurch würden natürlich Mitarbeiter entbehrlich. Darüber hinaus erfuhren wir, daß im Bereich der Zeitwirtschaft ebenfalls automatisiert wird: Die Verarbeitung der Zeiten geschehe schon teilweise über Computer (die Zeitaufnahme geschieht noch auf herkömmliche Art anhand der Stoppuhr).

Der Webereileiter der Firma A kann sich schon vorstellen, daß in nächster Zukunft bei ihm in der Abteilung ein Expertensystem angeschafft wird, um dem Meister bei Störungen die Arbeit zu erleichtern (s.o.). Es schwebt ihm vor, aufgrund regelmäßiger Kontrollen an den Schautischen eine Art Hochrechnung für die Ware erstellen zu können:

> "... kann ich z.B. sagen, daß diese Ware mit 95%iger Sicherheit 1a-Ware wird, dann muß ich in der Weberei nicht mehr nachkontrollieren und brauche die Ware nur noch über die automatische Putz- und Schärmaschine laufen zu lassen und kann sie weitergeben. Es laufen aber hier erst Versuche, ob das auch wirklich funktioniert."

Außerdem seien sie gerade dabei, die Weberei mit der Vorbereitung, der Zettlerei usw. zu verflechten.

Den Ausführungen der GL der Firma A zufolge steht an, Maschinen mit automatischer Schußbruchbehebung anzuschaffen und den Kettwechsel sowie die Warenschau zu automatisieren.

Personaleinsatz

Bei F arbeiteten zum Zeitpunkt der Untersuchung 15 Personen in der Weberei, davon acht Frauen. Die meisten wurden angelernt. Immerhin gab es aber sieben ausgebildete Textilmaschinenführer, davon drei Frauen. Das Durchschnittsalter in der Abteilung betrug 35 Jahre.

Demgegenüber sind nach Auskunft des zuständigen Meisters bei C in deren Weberei (61 Beschäftigte, früher 70 mit einem Anteil von 58 Männern) meist gelernte Weber bzw. neuerdings gelernte Textilmaschinenführer mit einem Durchschnittsalter von 40 Jahren beschäftigt. Letztere wurden dort schon während der Ausbildung eingesetzt; die anderen haben sich über Anlernung durch Erfahrene und/oder den Meister eingearbeitet - vor allem auch in die Neue Technik. Bei C wird an den Webmaschinen wegen des Nachtarbeitsverbotes keine Frau eingesetzt.

Bei G arbeiten von insgesamt 360 Beschäftigten (1987) 21 als Weber, wobei diese sowohl in der Firma angelernt, als auch ausgebildet wurden. Nach Aussage des GF wurden auch 1987 alle Auszubildenden, insgesamt 21, nach der Lehre übernommen. Um dem Zahlenwust bei der Vorgabezeitermittlung und der Qualitätsverfolgung Herr zu werden, seien früher fünf Frauen nur damit beschäftigt gewesen, die Daten für ca. 30 Weber aufzuarbeiten; mittlerweile konnte der Aufwand mit Hilfe des BDE-Systems schon so verringert werden, daß für 21 Weber noch zwei Frauen zuständig sind.

Damit wird der Rationalisierungseffekt von BDE auch im Angestelltenbereich deutlich.

Die Zuordnung der Maschinen zu Personen sei bei F in den letzten Jahren ziemlich gleich geblieben. Das läßt darauf schließen, daß noch keine automatische Stellenzuteilung mit Hilfe der BDE-Anlage erfolgt.

Firma H beschäftigt in der Weberei keine Frauen. Für die neuen Webmaschinen von DORNIER sollen jüngere Leute herangezogen werden: "die verkraften das besser". Hierfür werden Textilmaschinenführer und -mechaniker ausgebildet, um zu vermeiden, irgendwann ohne qualifizierte Mannschaft zu sein. Allerdings bestehe die Gefahr der Abwanderung (Aufstieg zum Techniker usw.). Für die neue Technik wurden nur die Meister qualifiziert (z.B. durch Kurse bei DORNIER), Weber wurden angelernt.

Bei C werden jeden Montag sog. Weberzusammenkünfte veranstaltet, um Fadenbrüche und andere Fehler diskutieren und abstellen zu können.

In der Weberei der Fa. B sind ca. 160 Menschen beschäftigt, davon 153 Männer und sieben Frauen. Ein Weber bedient zwischen 20 und 25 Webmaschinen, wobei sich die Zuteilung jede Woche nach Sichtung und Bewertung der Weber- und Artikelberichte durch Errechnung über PWS verändert (s. auch BV).

Die Qualifikationsstruktur der dort Beschäftigten weist eine zweijährige Ausbildung als Textilmaschinenführer aus.

Von A wissen wir durch das Interview mit dem Webereileiter, daß insgesamt 12 Webplätze zu je ca. 20 Maschinen existieren.

Ein bei A interviewter Weber ist ausgebildeter Textilmaschinenführer, der aber bezüglich der BARCO-Anlage nur kurz eingewiesen worden war. Demgegenüber behauptet der Webereileiter, daß die Leute geschult worden seien. Problematisch sei dabei allerdings gewesen, daß man in der Weberei so viele Ausländer beschäftige, denn diese hätten noch größere Probleme mit Neuerungen als ältere Deutsche.

Durch BARCO habe man jetzt auch die Möglichkeit, dem Weber, wenn er überlastet ist, kurzfristig Maschinen zu entziehen. Damit könne man den Nutzeffekt steigern. Dies sei auch für den Weber gerechter. Wir meinen aber, daß sich diese Neuerung aufgrund des ständigen Maschinenwechsels auch belastend auf ihn auswirkt.

Veränderung der Arbeit:

Orientiert an der herrschenden Arbeitsteilung in der Weberei wirken sich die neuen Anforderungen aus der zunehmenden Ausstattung der Webmaschinen durch Elektronik (Steuerung und Überwachung) mit Ausnahme der Streßerzeugung kaum auf den Tätigkeitbereich des klassischen Weberberufes aus. Dies wird z.B. in der Aussage eines Webers bei A deutlich, der auf die Frage, was das anstrengendste an seiner Arbeit sei, antwortet:

> "Der anstrengendste Teil bei meiner Arbeit ist, wenn plötzlich mehrere der Maschinen stehen und man zu jeder Maschine gleichzeitig laufen müßte. Dadurch wird man automatisch immer schneller - ja, richtig gehetzt. Aber gleichzeitig soll man ja sauber arbeiten, gute Qualität machen und das geht nicht so einfach. Also muß man sich das immer vor Augen halten und sich nicht hetzen lassen."

Dies bestätigen andere Weber/innen, die ebenfalls viel von Streß durch BDE, Lampen und Lärm sowie von Staub, von ständigem Gehen und der trotz dieser Rahmenbedingungen erforderlichen Konzentration berichten.

Es existiert also ein für derartige Arbeitsplätze bezeichnender Widerspruch zwischen dem Tempo (Auslastung) der Arbeit einerseits und der Qualität der Erzeugnisse andererseits, der von jedem Weber/jeder Weberin individuell gelöst werden muß, denn es gibt in den von uns untersuchten Webereien kaum noch eine solidarische Atmosphäre. Das hängt damit zusammen, daß die Weber meist große Reviere zu betreuen haben (zwischen 16 und 40 Maschinen) und daher kaum noch Zeit zu einem Meinungsaustausch finden. Außerdem müssen die Maschinen ständig in Betrieb bleiben, was dazu führt, daß keine gemeinsamen Pausen mehr gemacht werden (Der damit verbundene ständig wechselnde Rhythmus beim Essen und die mangelnde Entspannung haben natürlich schädigende Auswirkungen auf die Gesundheit).

Zusätzlichen Streß verursacht neuerdings auch die über BDE in schnellerer Abfolge mögliche Neuzuteilung der Maschinen.

Dennoch bewegen sich die Beanspruchungen durch BDE nicht nur auf der negativen Seite, sondern auch auf der positiven: Ein interviewter Weber bei C erzählt uns, daß man ihm zwar grob erklärt habe, welche Möglichkeiten der Computer an der PICANOL eröffne, er aber dieses Werkzeug lediglich dazu nutzen könne, um ab und zu nach den Schuß- und Kettfadenbrüchen (Anzahl), nach dem Nutzeffekt, nach der gewobenen Meterzahl und auch nach den Problemmaschinen zu sehen.

Er gibt auch heute noch z.B. in den Computer an der PICANOL oder an der Deklariereinheit seine Anfangs- und Endzeiten ein, die Mehrfachfadenbrüche, den Aufruf an den Meister und die abgewobene Kette. Damit zeigen sich zwei wichtige Neuerungen, die über die bisherige Webertätigkeit hinausweisen: zum einen die Nutzung von Daten aus der Anlage für die Überprüfung der Arbeit und deren vorausschauende Korrektur bzw. Optimierung (z.B. wenn er aufgrund von derartigen Kennzahlen eine schlecht laufende Kette vermutet oder eine versteckte Störung); zum anderen die wahrscheinlich breitere Nutzungsmöglichkeit dieser Steuerungs- und Überwachungseinheit, die er aber aufgrund der bruchstückhaften Einführung gar nicht kennt.

Selbst eine umfassende Kenntnis helfe einem jedoch nicht viel, weil einerseits ein anderer für diejenigen Arbeiten zuständig sei, die sich auf die weitergehenden Computerdaten stützen und andererseits der Computer nur Fehler anzeige (die man oft selbst schon kenne), nicht dagegen deren Ursprung (was erst durch ein Expertensystem möglich wäre, vgl. weiter oben). Dies bestätigen die Weber von G auf Nachfrage; daher hielten sie die auf der ITMA 1987 vorgestellte automatische Kettfadenbruchanzeige für eine große Hilfe.

Derartige Hilfen haben allerdings unter den derzeitigen Bedingungen meist die katastrophale Folge, daß noch mehr Maschinen zugeteilt werden so daß der Streß zunimmt.

An diesem Punkt wird wohl zukünftig mit dem Argument "mehr Qualität" um eine humane Grenze der Mehrmaschinenbedienung mit den Unternehmern gestritten werden müssen.

Dies verdeutlichen Ausführungen des Leiters der Abteilung Arbeitsstudien bei der Firma B, wenn er davon abrät, das amerikanische Modell "push button only" auf bundesdeutsche Textilfirmen zu übertragen. Damit will er sagen, daß die Leute für die Neuen Techniken nur durch entsprechende Qualifizierung "offen gemacht" werden könnten; es würde heute nicht mehr nur genügen, Weber zu sein, sondern man müsse auch Reparateur sein. Darüber hinaus sei nach wie vor die Beurteilung der Ware wichtig.

Ursprünglich sollte in der dortigen Weberei - genauso wie in der Schlichterei - Gruppenarbeit durchgesetzt werden; dagegen habe sich jedoch der BR gesperrt. Der Abteilungsleiter hielte eine Zuteilung von vier bis fünf Webern, die sich gegenseitig helfen, für einen Maschinenpark für ideal. Bei solchen Modellen sei natürlich eine rechtzeitige Versetzungsplanung angesagt.

Ohne dem dortigen BR zu nahe treten zu wollen, stimmen wir ihm dann zu, wenn sichergestellt ist, daß die Gruppenarbeit nicht zu einer weiteren Leistungsverdichtung genutzt wird (also Garantie einer mit dem BR festzulegenden Personaldecke) und wenn eine Umorganisierung der Arbeit unter den Bedingungen einer solidarischen Nutzung transparenter Produktions- und Leistungsdaten in Form von hierarchieübergreifenden Fehler- und Qualitätsdiskussionen mit Beteiligung gewerkschaftlicher Vertrauensleute in Angriff genommen wird. Voraussetzung dafür wäre dann allerdings eine entsprechend breite Qualifizierung und ein erweitertes Zeitbudget. Dies hätte auch enorme lohnpolitische Konsequenzen (Dazu später).

In den untersuchten Betrieben wird die Ansicht vertreten, daß die Arbeit der Weber sich nicht verändert habe, sondern vielmehr die Mechaniker und die Meister mehr Leistung zu erbringen hätten. Dafür würden aber auch diese oft nicht ausreichend qualifiziert, so daß sie sich in mühevoller Kleinarbeit bzw. durch Ausprobieren die erforderlichen Kenntnisse und Fähigkeiten aneignen müßten. Die Überwachung der Maschinenläufe mit Hilfe einer BDE ermöglicht natürlich den Meistern neue Möglichkeiten, ihre Vorgesetzten-Position auszubauen bzw. auszunutzen (z.B. in Form von inhumanen Leistungsvergleichen; siehe dazu unten). Die Meister stehen jetzt allerdings auch selbst stärker denn je unter Kontrolle, da man schnell und jederzeit ihre Webbereiche abrufen und miteinander vergleichen kann.

Immerhin zeigt sich aber an solchen Erörterungen, wo Möglichkeiten wären, die traditionelle Arbeitsteilung in der Weberei abzubauen, so wie es aufgrund der notwendigen Kenntnis bezüglich der Übernahme von Detailfunktionen durch die Mikroelektronik, der notwendigen Kenntnis derartiger elektronischer Bausteine (weil sie ja auch repariert oder ausgetauscht werden müssen), des Überblicks über die gesamte Produktion mit Hilfe von LOOMDATA- oder BARCO-Daten (Disposition z.B. von Ketten und Spulen, Rückverfolgung von Fehlern im Gewebe oder im Muster usw.) und der dringend erforderlichen Fähigkeit, im Zusammenhang mit der Optimierung des Webprozesses Probleme zu lösen und Ideen zu entwickeln, wünschenswert wäre.

4.2 Typische Probleme bei der Entlohnung

Betrachtet man nun die Webereien der sieben hier zur Debatte stehenden Firmen im Hinblick auf die Entlohnungsgrundsätze, so zeigt sich, daß überwiegend (in 6 von 7 Fällen) im Leistungslohn gearbeitet wird; davon bei H, C und G im Akkord, bei A, B und F in Prämie. Bei I wird im Zeitlohn gewoben.

Bei denjenigen Firmen, die den Entlohnungsgrundsatz gewechselt haben, ist kein Zusammenhang mit der Einführung Neuer Technik feststellbar - eher im Gegenteil: Die Einführung von BDE-Systemen führt zu einer Verfestigung des Akkordsystems, weil man sich in der Sicherheit wiegt, endlich hieb- und stichfeste Daten für die Lohnabrechnung zu haben.

Um an dieser Stelle einmal grundsätzlich deutlich zu machen, wie Daten aus BDE-Anlagen zur Lohnberechnung verwendet werden, soll im folgenden ein durchgängig erklärtes Berechnungsbeispiel, das aus einem der untersuchten Betriebe stammt, vorgeführt werden.

Exkurs: Lohnberechnung mit Hilfe von BDE-Daten

Gezeigt wird zunächst ein Schichtprotokoll (USTER LOOMDATA) aus einer Weberei, in der eine Weberin an 25 SULZER-Projektilwebmaschinen arbeitet (Arbeitszeit von 5.00 Uhr bis 13.30Uhr):

Abb. 21   Schichtprotokoll LOOMDATA vom 6.8.87

```
AUFRUF ? B 3
WEBER-BEREICH ..[1-99,<ret>=alle] ? 4.
VARIANTE ...[1-8,<ret>=alle MACH] ? ...
ZEITRAUM ....[<ret>=laufende Sch] ? 1......,..

USTER LOOMDATA    V2.7.7                                    DO 06-08-87 15:22
WEBER-BEREICH   4 / ZEITRAUM 1
BEOB.DAUER    8H 30M   SCHICHT 1/B    DO 06-08-87 05:00  BIS  DO 06-08-87 13:30

MACH ARTIKEL          INE%  PNE%  KFB   SFB   AST  ST/H  M/S  CD  APH  S/M  *  SCH  WB  M  G
---- -------          ----  ----  ----  ----  ---- ----  ---  --- --- ----    ---- --- -- -
138 1002  141067....  81.4*81.9 3.03*  .57   .28  3.89  3.3           301  9  125   4  R43
139 1302   10 467  BZ 92.4 92.9 1.01*  .25         1.27  3.5          287  2  135   4  R43
140 1302   10 767....  95.7 97.6  .24   .49   .12   .85  1.6      .1  285     139   4  R43
141 1242   10 766....  92.5 93.0  .63   .50         1.14 3.9          299     141   4  F 1
142 1242   10 766....  77.0*78.0 3.97*  .45   .15  4.58  3.6      .1  302  1  119   4  F 1
145 1242   10 766....  94.0 94.6  .62   .37   .25  1.25  2.7          299     143   4  R 1
146 1202   12 867....  93.9 94.3 1.12   .87       - 2.00  1.7         304     145   4  R43
147 1242   10 766....  57.9*79.1 1.01 4.87*  .60  6.50  2.4      2.2  296  7   87   4  R 1
148 1302   10 767....  89.2 89.8  .92   .65   .13  1.71  3.9         287     130   4  R43
149 1242   10 766....  75.1*75.5 2.34 3.60*        5.94  3.2          300  3  115   4  F 1
152 1242   10 766....  74.4*91.7  .47  2.52        3.00  1.7      1.6 281 *9  107   4  R 1
153 1242   10 766....  94.3 95.0  .62   .37         .99  3.1          296     142   4  R 1
154 1242   10 766....  90.5 90.9 1.29   .64   .38  2.33  2.5          307     142   4  F 1
155 803    10 667....  92.8 93.5  .76  1.01   .12  1.90  2.1          303     143   4  F43
156 1242   10 766....  95.2 96.5  .61   .49        1.11  1.9      .1  299     145   4  R 1
159 1242   10 766....  90.9 93.2 1.16   .64   .25  2.06  2.1      .2  299     138   4  R 1
160 1242   10 766....  84.4*84.7 1.53   .83   .69  3.06  3.5          301  1  130   4  R 1
161 1202   12 867....  92.8 93.2  .50 1.26   - .-   1.77  2.4         301     142   4  R43
162 1302   10 767....  79.3*83.9 2.66 2.66   .14  5.48  2.0       .4  284  2  115   4  R43
163 1202   12 867....  92.7 93.3  .50   .76   .12  1.39  3.0          298     140   4  R43
166 1002   141067....  78.0*87.5 1.50   .45   .15  2.10  4.0       .9 298  1  118   4  R43
167 1302   10 76733.. 86.8 87.3 1.48   .40        1.89  4.5          281     124   4  R43
168 1302   10 76733.. 89.5 90.1 1.83   .78        2.62  2.4          286     130   4  F43
169 1302   10 76733.. 87.1 87.8 1.48   .80   .13  2.42  3.4          285     127   4  R43
170 1302   10 76733.. 59.5*66.3 1.18 9.08*  .59 10.8  2.8        .8 290  5   88   4  R43
---- ----                       ----  ----  ---- ----  ---  --- --- ----    ---- --- -- -
S 25              256 85.5 88.6 1.26 1.23   .15  2.65  2.8       7.5 295    3222   4
```

Der Bericht sagt u.a. aus: An der Maschine Nr. 138 wird der Artikel 1002 verarbeitet. Dabei sind in dieser Schicht 125.000 Schuß gewoben worden. Die Weberin mußte an dieser Webmaschine 3,03 Kettfadenbrüche, 0,57 Schußfadenbrüche sowie 0,28 andere Abstellungen je Std. beheben. Somit hatte sie 3,89 Gesamteingriffe pro Std. zu tätigen.

Die durchschnittliche Zeit zur Behebung der Störungen betrug 3,3 min. Die Weberin erreichte an dieser Maschine einen Nutzeffekt von 81,9% (PNE). Die Erreichung dieses Nutzeffekts ist abhängig sowohl von der Fertigkeit und Dispositionsfähigkeit der Weberin, die Störungen zu beheben, als auch von der Anzahl der Störungen.

Der erreichte Nutzeffekt und die mittlere Stoppdauer sind Indikatoren bei Leistungsvergleichen mit anderen

Arbeitnehmern oder mit eigener Leistung in unterschiedlichen Zeiträumen.

Der erreichte Nutzeffekt - aufsummiert zum Durchschnitt des Abrechnungszeitraumes (in der Regel ein Monat) - kann als Bezugsgröße für eine Prämienentlohnung verwendet werden.

Für die Akkordentlohnung wird die erreichte Schußzahl im Abrechnungszeitraum zusammengezählt, z.B. über einen Artikelbericht, den diese BDE-Anlage ebenfalls erstellt.

Die Anzahl (Häufigkeit) der Fadenbrüche (in Schuß- und Kettfadenbrüche unterteilt) je Leistungseinheit (wahlweise 10.000 oder 100.000 Schuß) errechnet sich aus

$$\frac{\text{Anzahl Brüche} \times \text{Leistungseinheit}}{\text{geleistete Schuß}}$$

Wird angenommen, daß für den genannten Artikel pro 100.000 Schuß Weben 16 Kettfadenbrüche und 5 Schußfadenbrüche angefallen sind (aus dem Schichtprotokoll ergeben sich für den dort notierten Tag 3.03 x 8,5 = 25,75 Brüche bei 125.000 Schuß), dann ergeben sich für diesen Tag 20,6 Brüche je 100.000 Schuß. Nun können diese Häufigkeiten zur Vorgabezeitkalkulation verwendet werden.

Das nachfolgende Bild zeigt eine solche Kalkulation beispielhaft auf.

Abb. 22   EDV-Ausdruck einer Vorgabezeitkalkulation

Computergestützte
Vorgabekalkulation

Vorgabezeit S G 190

Rohbr	Qual.	Stuhlart	Lohn	Fdbr.Kette	U/min	BG	gültig ab	Bdg/Gew.
175	2050	SG 190	7.78	16	360	12.30	01.04.88	3

Fertb	Rietbr.	Part.Nr	Dessin	Fd/cm K	Fd/cm S	Nm K	Nm s
150	182.9	792	3601	38.9	24.3	70	60

Stckl	Copsgew.	x.Sp.Gew.	tü.Hfgk	Beob.Länge	Schuß	Sachbearb.	Datum
300	30	1500	26.7	100	5		25.03.88

Nr	Arbeitsstufe	Richtwert	Häufigkeit	min/HTS
1	Warenb.Wechsel	0	0.000	0.00
2	Schussfdbr.beh.	0.64	5.000	3.20
3	kl.Rep.ausf.	2.1	0.150	0.32
4	Kettfdbr.beh.	1.4	16.000	22.40
5	Sonstiges			
tn	Summe 1-5			25.92
6	Kreuzsp.wechsel	0.76	2.032	1.54
7	abstempeln	1.4	0.200	0.28
	Summe 1-7			27.74
8	Überwachung I	0.13	23.382	3.04
9	Überwachung II	0.12	26.700	3.20
tg			Summe 1-9	33.98
10	ts,tr,tp,ter		0.2	6.80
V Z	Vorgabezeit (te)		Summe 1-10	40.78
L S	7.7767104026668		Lohnsatz	7.78
tMe			331.47056	
BG			12.302696	

Aus dieser Kalkulation ergibt sich, daß die Weberin zu 12,03% ihrer Zeit an diese eine Webmaschine gebunden (belastet) ist. Die Vorgabezeit für 100.000 Schuß beträgt in diesem Beispiel 40,78 min; bei einem Tariflohn von DM 11,47 errechnet sich ein Akkordsatz von DM 7,78 (DM 11,47 : 60 x 40,78 min).

Das Beispiel läßt darüber hinaus erkennen, daß die Weberin - was allerdings nicht typisch ist - zu 75% ihrer Arbeitszeit mit der Behebung von Kett- und Schußfadenbrüchen beschäftigt ist. Bei Bedienung von 10 Webmaschinen, belegt mit dem kalkulierten Artikel, wäre die Weberin zu 120,3% belastet (10 .12,03). Ihre Verdienstchance läge dann bei 115 - 125% vom Tariflohn.

Bei G verdienen die Weber laut Aussage des Geschäftsführers bis zu DM 19,-- pro Stunde, was dieser im Vergleich zu den sonstigen Webereien in der Region für weit überhöht hält und deshalb zu einer Reduzierung neigt.

Zum Zeitpunkt der Untersuchung bewegte sich der Durchschnittsverdienst in der Weberei um ca. DM 17,--/Std. Dort wird erst seit 1984 Akkord bezahlt; vorher war der Entlohnungsgrundsatz Zeitlohn. Die Firma wollte umstellen auf Prämienentlohnung, der Betriebsrat bestand jedoch auf Akkord, weil die Tarifbestimmungen der Akkordarbeit gegenüber der Prämienarbeit Vorrang gäben.[17]

Der GF betonte, daß es der BR war, der Weberarbeit im Akkord entlohnt haben wollte. Mit Hilfe der BDE-Anlage sei eine aktuellere Datenpflege und eine bessere Lösung der Zuteilungsprobleme erreichbar.

Ein Weber bei A berichtet uns, daß der Webergrundlohn bei etwa DM 12--/Std. beginne und dann mit dem Webernutzeffekt bis auf DM 15,50 anwachse - in Spitzenzeiten könne man auch mal auf DM 16,-- kommen. Das sei aber äußerst selten. Er beklagt sich darüber, daß er als Akkordlöhner von den Lohnerhöhungen kaum etwas merkt; beim Stundenlohn habe man einen besseren Überblick gehabt. Dennoch (oder gerade deshalb) ist der dortige Webereileiter davon überzeugt, daß das bei A bestehende Lohnsystem den Anforderungen, wie sie sich aus der Anwendung Neuer Techniken ergäben, gewachsen sei.

Mittlerweile ist der BR mit der Firma in Verhandlung über ein Prämiensystem (Arbeitsplatzgröße in % als Bezugsgröße in Verbindung mit einem Nutzeffekt) mit Lohnabsicherung.

Bei I wird beim Weben im Zeitlohn ein effektiver Lohn von DM 11,44 + 0,70 DM + 2,19 DM freiwillige Zulage = DM 14,33 je Stunde verdient. Die freiwillige Zulage ist bei der Tariflohnerhöhung vom Juni 1988 voll angerechnet worden. Die Weber beklagen sich darüber, daß die Firma jede

---

[17] Die datenmäßige Grundlage für beide Entlohnungsgrundsätze wäre gleich.

Lohnerhöhung sofort in eine Leistungsverdichtung umsetze. Zwischen Firma und Betriebsrat wird zur Zeit über die Einführung einer Prämienentlohnung auf der Basis von Nutzeffekt verhandelt. Damit sollen vor allem weitere Anrechnungen auf den Tariflohn verhindert werden.

Bei F erfolgte infolge der eingeführten Betriebsdatenerfassungsanlage eine Umstellung des Lohnsystems von Akkord auf Prämie. Die Weber haben einen Grundlohn von DM 15,35 bei Bedienung von 25 Webmaschinen und bei Bedienung von 20 Webmaschinen von DM 14,86 je Stunde, das entspricht einem Ausgangslohn von 129 bis 133% des Tariflohnes. Die darüber abgeschlossene Betriebsvereinbarung brachte den acht Weberinnen und fünf Webern einen durchschnittlich erhöhten Stundenverdienst von 0,60 DM.

In der BV ist der Passus aufgenommen:
> "Die Frage, inwieweit die Uster-Loomdata-Anlage zur Überwachung des Verhaltens und der Leistung eingesetzt werden kann, ist offengelassen. Die Einzelheiten hierzu sind weiteren Verhandlungen und ggf. der Entscheidung der Einigungsstelle vorbehalten."

Schließlich wird bei H in der Weberei im Stundendurchschnitt DM 18,00 (effektiv) verdient, wovon bei einem Tariflohn von DM 11,72 (Lohngruppe V a) bzw. DM 11,85 (Lohngruppe Vb) Dpf 62 als freiwillige Zulage und Dpf 14 als Qualitätszuschlag geleistet werden.

Bei B kommen die Weber im Entlohnungsgrundsatz Prämie durchschnittlich auf DM 17,50 je Stunde. Alle Weber sind in die Lohngruppe VI eingestuft (dies entspricht ab dem 1.7.1988 einem Tariflohn von DM 11,93). Damit wird ein Verdienstgrad von 146% erreicht.

In der Prämienberechnung bei B wird sowohl der Produktionsnutzeffekt (PNE über eine Woche) als auch die Anzahl der Eingriffe berücksichtigt (beide Daten exakt nach LOOMDATA). Die Firma geht (gemäß BV) davon aus, daß ein Weber im Schnitt 40 Verrichtungen pro Stunde vornimmt, was nach den Berechnungen einem durchschnittlichen Leistungsgrad von 136% (das wird als normal angesehen) und bei 95% PNE einer Prämie von DM 4,88 (in der BV auf ein bestimmtes Bsp. bezogen) entspricht. Die Zuteilung der Maschinen richtet sich nach der Schwankungsbreite von 4 Verrichtungen nach oben oder nach unten.

Wir haben in einer Firma, in der wir zwar nicht untersucht, aber dennoch Daten über den BR und einige Beschäftigte erhielten, ein interessantes Beispiel für eine andere Entlohnungsform gefunden: Im Februar 1988 verdiente dort ein Springer in der Weberei einen Tariflohn von DM 11,86; hinzu kam eine Zeitlohnzulage von DM 0,20 und eine übertarifliche Zulage von DM 3,05. Darüber hinaus erhielt der Springer eine umgelegte Erfolgszulage von DM 0,91, so daß er insgesamt einen Stundenlohn von DM 16,02 bezog. Beim Weber berechnete sich entsprechend wie oben eine erste Zulage nach dem Weberrevier (Verhältnis Grundzahl Weberrevier zu bediente Maschinen x 0,75% Tariflohn), eine zweite Zulage nach dem erzielten Produktionsnutzeffekt (mal 0,85% TL) und eine dritte Zulage nach dem Verhältnis der Grundzahl der Behebungen zu tatsächlichen Behebungen (mal 0,85% TL). Daraus ergab sich in einem Rechenbeispiel für einen Weber an ELITEX-Maschinen ein neuer Stundenlohn von DM 16,23 (gegenüber früher DM 15,55). Der BR und die GL sind in einer Vereinbarung überein gekommen, daß während der Maschinenumstellungen, die im Laufe des Jahres 1988 durchgeführt wurden, keine weiteren Änderungen in diesem Bereich stattfinden sollten. Das Zulagesystem sollte "z.B. die Zahl und bestimmte Verhaltensweisen der zu bedienenden Maschinen sowie das Arbeitsergebnis des Maschinenführers" (BV v. 27.8.87) berücksichtigen. Ein Teil des bis dahin gezahlten freiwilligen, übertariflichen Lohnbestandteils von DM 3,05 ist durch die BV nunmehr abgesichert. Der zu diesem Zeitpunkt geltende Lohn darf nicht unterschritten werden.

Da Vergleiche der Lohngruppen auch hier nicht besonders ergiebig sind aufgrund der unterschiedlichen Tarifverträge und aufgrund der - je nach Schwierigkeitsgrad - differenzierten Eingruppierung des Webens, beschränken wir uns darauf zu untersuchen, ob und inwieweit bei obigen Effektivverdiensten neue Tätigkeitsteile über Eingruppierung oder über Zulagen bzw. Zuschlagsfaktoren aufgefangen werden.

Zunächst war für uns interessant, daß auch in der Weberei - wie schon teilweise in der Spinnerei/Spulerei - kaum einer der Interviewten seine Lohngruppe wußte (Ausnahme: die Weber von G und H); sie definierten meist ihren Lohn über die zugeteilte prozentuale Belastung.[18]

Die Weber von H, die zum Zeitpunkt der Untersuchung in LG IV (Tarifgebiet Westfalen) eingruppiert waren, klärten uns darüber auf, daß es in der Firma seit längerem eine harte Diskussion darüber gäbe, ob denn die Weber nicht falsch eingruppiert seien: Sie waren der Meinung, daß ihre Einordnung zu niedrig sei. An den Zeiten und an der Tätigkeit habe sich zwar nicht viel geändert; aber die Häufigkeit des Fadenbruchbehebens und des Umherlaufens habe aufgrund der höheren Zuteilung zugenommen (aufgrund des größeren Arbeitsplatzes). Aufgrund der existierenden Lohngruppenstruktur in den Tarifverträgen würde es schwierig werden, mit dieser Argumentation eine Höhergruppierung durchzusetzen; vielmehr böten die aufgeführten Fakten eher eine Handhabe, um Zuschläge zu fordern bzw. freiwillige Zulagen fest zu vereinbaren.

Zum Zeitpunkt der Untersuchung war für die Weber die Lohnzusammensetzung meist nicht konkret durchschaubar, weil der Akkordsatz in 3 unterschiedliche Größen gesplittet wurde:

1. in den Akkordsatz für Kettfadenbruchbeheben

2. in den Akkordsatz für Schußfadenbruchbeheben

3. in den Akkordsatz für die anderen Webertätigkeiten.

Infolge dieser Aufsplittung war für die Weber die Zusammensetzung des Akkordes nicht mehr zu übersehen. Sie konnten auch ihr Leistungsverhalten nicht auf ein bestimmtes Lohnziel ausrichten, weil die Anzahl der zu behebenden Brüche nicht vorhersehbar waren. Mittlerweile ist dieses Splittingverfahren vom Landesarbeitsgericht (auf Antrag des BR) für unzulässig erklärt worden.

Im selben Tarifbezirk - nämlich bei C - sind die Weber in LG VI eingestuft; hier ist also bereits in den entspre-

---

[18] Z.B. 138%, was im vorliegenden Einzelfall bei C einer Zuteilung von 16 Maschinen entspricht.

chenden Tarifkommissionen zu diskutieren, ob es für diese starke Abweichung einsichtige Gründe gibt.

Die für die Einstufung relevante Tätigkeitsbeschreibung wurde bei C in begrüßenswert ausführlicher Form der BV von 1984 zur Tätigkeit Weben mit BDE beigefügt. Darin kommt allerdings noch nicht zum Ausdruck, was wir weiter oben in Richtung Auflösung der augenblicklichen Arbeitsteilung in der Weberei andiskutiert haben.

Der Leistungsaspekt wird dagegen nur dann lohnrelevant, wenn einerseits nachgewiesen werden kann, daß die Beschäftigten in den Webereien heute bei Anwendung von BDE in derselben Zeit auch tatsächlich mehr leisten als früher und andererseits durch eine Verschärfung der Streßsituation ein Grund für deren finanzielle Kompensation vorliegt.

Bei der Befragung der Beschäftigten fanden wir zwei Linien heraus: Die eine Gruppe der Beschäftigten versuchte die BDE-Anwendung als etwas ganz normales zu verkaufen und deren Wirkung auf ihr Arbeitsverhalten zu negieren bzw. herunterzuspielen; eine andere zeigte die Veränderungen durch BDE-Anwendung auf.

Zur ersten Gruppe gehörten die Weber/innen bei F, die in einer Gruppendiskussion die Ansicht vertraten, daß man früher auch schon kontrolliert worden sei und daß ein guter Weber auch ohne LOOMDATA schnell arbeiten würde. Wenn man gut sei, bräuchte man keine Angst vor dieser Leistungsüberwachung zu haben.

Oft war der Unterschied zwischen alter und neuer Datenerhebung und -verwertung nicht klar, weil nach wie vor die bisherigen Stempel- oder Stuhlkarten weiterliefen und dann mit LOOMDATA-Daten lediglich verglichen wurden.

Demgegenüber berichteten die Weber von C und von H, daß die Arbeit an den neuen Maschinen aufreibender sei als früher, da man durch die Lampen und die Datenausdrucke angetrieben werde; hierzu trügen auch die Meister bei, indem sie sich auf die Datenausdrucke beriefen, sobald man einige Tage "unten hänge".

In diesem Zusammenhang beklagten sich die Weber bei G auch über die fehlende Anweisung an die Untermeister, ihre Codeschlüssel zu benutzen, wenn sie Arbeiten an den Maschinen vorzunehmen hätten. Sie spielten ständig an den Maschinen herum, wollten sie verbessern, ohne ihre Schlüssel zu verwenden. In der Produktion fehle einem dann die nötige Zeit und man müsse sich sogar gegenüber der REFA bzw. der GL noch rechtfertigen, warum eigentlich an der Maschine gearbeitet worden sei.

Damit sind wir wieder an der Grenze zwischen "Fehlerbesprechungen" und Leistungsvergleichen, für die jedoch nach dem BetrVG ein Rahmen zu vereinbaren ist. Wichtig erscheint uns in diesem Zusammenhang die Aussage eines Webers bei C:

> "Wenn man nicht die direkten Wege nimmt, geht der Lohn in den Keller. Früher hatte man 40 und mehr Maschinen, aber das war nicht so stressig wie heute." (Weber/C)

Diese Aussage macht offenkundig, daß mittlerweile die Maschinen den Weg des Webers vorschreiben und daß der Streß nicht mehr wie allgemein angenommen allein von der Zahl der zugeteilten Maschinen abhängt (wobei fälschlicherweise noch davon ausgegangen wird, daß ständig mehr Maschinen zugeteilt werden), sondern auch von weiteren Faktoren.

Diese Faktoren ergaben sich aus weiteren Interviews:

- wenn fast jede Schicht auf der Basis von BDE-Daten neu zugeteilt wird, ergibt sich eine gewisse Nervenanspannung aufgrund der Unsicherheiten, die dadurch auftreten, daß man die Maschinen nicht besonders gut kennt oder daß unterschiedliche Typen betreut werden müssen. Außerdem können sich die Weberreviere vergrößern, ohne daß alle dort vorhandenen Maschinen bedient werden müssen, so daß sich die Wege des Webers verlängern;

- wenn mehrere Lampen gleichzeitig aufleuchten, hat der Weber Prioritäten zu setzen. Dafür verfügt er aber meist nicht über die erforderlichen Informationen;

- aufgrund der BDE hat man eine sofortige Leistungsübersicht, die - wenn die Leistung gegenüber anderen Beschäftigten zurückbleibt - einen enormen Druck auf den betroffenen Arbeitnehmer ausübt; bei G schlägt sich die Wirkung dieses Drucks z.B. im Verdienst nieder, der sich im Abteilungsdurchschnitt von 120% auf 135% des Tariflohnes erhöht hat. Dies läßt sich auch auf die durch die BDE erreichte höhere Ausnutzung der Webmaschinen zurückführen.

Der Druck, der durch das gleichzeitige Aufleuchten mehrerer Lampen entsteht, mißfällt auch dem Webereileiter der Firma C:

> "Deswegen habe ich lieber gutes Laufgeschehen und auch eine normale Zuteilung der Maschinen, damit er (der Weber, P-NRW) ein Großteil seiner Arbeitszeit in die Kontrolle und in die Überwachung stecken kann. Wenn ein Mitarbeiter bis über beide Ohren in der Arbeit steckt, weil es nicht gut läuft, wird die Qualität verringert. Dafür kann man ihn noch nicht einmal zur Verantwortung ziehen."

Für ihn ist es wichtig, daß der Betrieb kostengünstiger und qualitativ besser fertigt, ohne daß das Personal dabei überlastet wird. Das verbiete sich schon deshalb, weil der Kapitaleinsatz pro Weberarbeitsplatz mittlerweile auf 1,5 bis 2,5 Mio DM angewachsen sei.

Bei I konnten wir unsere Erkenntnisse lediglich aus einer Mitgliederversammlung ziehen, erlebten aber dennoch eine extrem leistungstreibende Anwendung einer BDE-Anlage. Nach Auskunft der betroffenen Arbeitnehmer wird für die Störungsbehebung eine Durchschnittszeit vorgegeben; bei Nichteinhalten der Zeit erscheint über der Maschine ein rotes Licht. Dadurch werde in erheblichem Maße Streß erzeugt. Selbst der Toilettengang müsse bei der BDE-Anlage deklariert werden. Dazu kämen Vorhaltungen des Meisters, der sich dabei auf die BDE-Ausdrucke stütze. Wenn er keine Lust habe, stelle er von "Meister warten" auf "Reparatur", wofür sich dann die Leute rechtfertigen müßten. Daher forderten die Arbeitenden das Abmontieren der Anlage, weil sie menschenfeindliche Arbeitsbedingungen erzeuge.

Das bedeutet also, daß eine Reihe von Faktoren die Leistung in die Höhe treiben und damit auch zu größerem Streß beitragen, die oft erst nach längeren Gesprächen deutlich werden und mit dem engen Begriff von Leistung und Belastung nach REFA nicht zu erfassen sind. Die psychischen Anforderungen an die Menschen, die an derartigen Maschinen arbeiten müssen, sind erheblich (ganz zu schweigen von den traditionellen Belastungen wie dem Aushalten des Lärms, des Staubs usw.) und finden kaum in der Berechnung der Aus- oder Belastung Platz; vielmehr werden dort nur Anzahl und Art der Eingriffe berücksichtigt. Neben der Reduzierung und der Verteuerung des Stresses müßte also auch die Verantwortung für einen derart kapitalintensiven Arbeitsplatz und für die hohe Qualität der Ware in der Entlohnung ihren Niederschlag finden.

Die Weber bei H beklagten, daß heute infolge der Einführung von LOOMDATA die Unterschiede zwischen guten und schlechten Webern verblaßten. Für einen Spitzenweber gebe es nichts mehr zu holen. Die Zuteilung bewegte sich früher bei 110% und hätte heute eine Auslastung von 135% erreicht. Das Ausloten der Belastbarkeit des Webers werde durch die Auswertung der Daten aus der BDE-Anlage gefördert. Eine Lohnausgleichstabelle - über eine Betriebsvereinbarung durchgesetzt - gleiche Schwankungen bei zugeteilten Auslastungen bis zu einer Zuteilung von 147% aus und bestimme zugleich, daß eine höhere Auslastung nicht zugeteilt werden dürfe. Der Gruppenwechsel halte sich bei H noch stark in Grenzen (drei bis vier mal im Jahr erfolge die Zuteilung der neuen Maschinen).

Für eine gerechtere Entlohnung kommt man also nicht umhin, sowohl die Leistungssteigerungen in Form eines Anteils an dem erwirtschafteten Produktivitätsfortschritt an die Arbeiter auszuzahlen, als auch zu versuchen, deren psychische Belastung nicht über Geld, sondern über eine entsprechende Veränderung der Arbeitsbedingungen zu kompensieren. In diesen Zusammenhang paßt die oben zitierte Überlegung des Leiters der Arbeitsstudienabteilung bei B, nach der Gruppenarbeit und auch Gruppenentlohnung eingeführt werden sollte. Nur so kann u.E. - mit begleitenden Kursen zur Gruppenarbeit - die Konkurrenz zwischen den Webern aufgebrochen werden.

Damit stellt sich ein weiteres Problem bezüglich der Verwendung von BDE-Daten: Sollen die Leistungsdaten öffentlich zugänglich sein oder müssen sie datenrechtlich geschützt werden?[19]

Bei F werden z.B. die Daten lt. Obermeister nur den jeweils Betroffenen mitgeteilt. Allerdings wäre es auch sinnvoll, wenn den Weberinnen und Webern eine Erklärung der Kürzel im Leistungsbogen ausgehändigt werden würde. Nach einer längeren Diskussion über die Offenlegung der Lohndaten zeigte sich, daß die Weberinnen und Weber dieser Fa. doch lieber selbst über die Weitergabe und die Veröffentlichung ihrer Daten entscheiden wollten.

Bei H, C und G vergleichen die Weber ihre Daten miteinander; bei H stört sich niemand mehr daran, daß auf dem Bildschirm alle Daten sichtbar sind. Dennoch ist man sich dessen bewußt, daß der Datenvergleich zu mehr Leistung anstachelt und daß für die älteren Kollegen deshalb auch Härten entstehen, weil sie merken, daß sie das Tempo der Jüngeren nicht mehr mithalten können. Die interviewten Weber rufen meist nach der Halbzeit (also nach ca. 3 Std.) ihre Daten ab, bei Nervosität häufiger. Dieses Beispiel verdeutlicht, wie wichtig es ist, die Transparenzbarmachung der Daten nur schrittweise zusammen mit der Initiierung eines entsprechenden Bewußtseinswandels durchzuführen, denn sonst besteht die Gefahr, daß sich die Konkurrenz unter den Beschäftigten eher verschärft, als daß sie geringer wird.

Der BR bei der Firma H möchte den Datenabruf am Terminal in der Halle noch verbessern: Neben den ausgewiesenen Belegungsprozentzahlen pro Maschine sollten die Häufigkeiten von Fadenbrüchen ausgewiesen werden, um sie so mit den tatsächlichen Fadenbrüchen vergleichen zu können. Bei C ist dies mittlerweile verwirklicht.

Die Datentransparenz hat aber auch für jeden einzelnen den Vorteil, daß dieser, sofern er über die jeweiligen Abkürzungen und Bedeutungen der Zahlen aufgeklärt wurde, die für ihn lohnrelevanten Daten kontrollieren kann.
Dazu folgendes Beispiel: Bei C sind im PC die Richtwerte für die verschiedenen Teiltätigkeiten beim Weben aufgeführt und können entsprechend den sich verändernden technischen Daten zu einer Vorgabezeit je 100.000 Schuß errechnet wer-

---

[19] Vgl. z.B. DÄUBLER, 1988.

den. Die Anzahl der Fadenbrüche, an denen sich diese Richtwerte orientieren, werden monatlich zwischen GL und BR festgelegt.

Nun bekommt der Weber/die Weberin auf der Stuhlkarte die vereinbarten Werte, z.B. 16 Kettfadenbrüche und 5 Schußfadenbrüche auf 100 000 Schuß und damit seine/ihre prozentuale Auslastung für den zu webenden Artikel von z.B. 12,3% pro Maschine mitgeteilt. Bei 135% Gesamtauslastung hat er/sie 11 Maschinen zu bedienen.

Vergleicht der Weber/die Weberin nun diese Kalkulation mit den realen Werten, so kann er/sie feststellen, falls sich die Leistungsbedingungen (Fadenbrüche beheben) zu seinen/ihren Gunsten oder Ungunsten verändern und er/sie kann dies reklamieren. Außerdem ist es dem Weber/der Weberin möglich, wenn auf der Stuhlkarte oder im "Bordcomputer" der Webmaschine ein Geldwert für 100.000 Touren (errechnet unter obigen Bedingungen) eingespeist ist, seinen bzw. ihren täglichen Verdienst zu errechnen.

In der Firma G bestimmt jeder Mitarbeiter selbst, wem er am öffentlich aufgestellten Bildschirm Zugang zu seinen Daten einräumt (jeder Mitarbeiter verfügt über einen eigenen Code für seine Daten). Die variablen Größen wie bruchfreie Längen usw. sind dort ständig aktuell verfügbar. Trotz dieser Transparenz bestehen bei G erhebliche Motivationsprobleme, die nach Ansicht der Beschäftigten von der GL verschuldet sind. Es existiere ein schlechtes Arbeitsklima, gäbe zu wenig Anreize (der GF wertet das Anreizsystem im Gegensatz dazu als positiv - allerdings abhängig vom Willen des Einzelnen), eine zu dünne Personaldecke usw. Die GL wirft den Arbeitenden im Gegenzug Unfähigkeit und teilweise "Denkfaulheit" vor.

Tatsachen sind sowohl die sehr dünne Personaldecke, die immer wieder zu starker Streßentwicklung führt, als auch das niedrige Qualifikationsniveau der Mannschaft (kaum ein Mitarbeiter verfügt über eine abgeschlossene Berufsausbildung).

Legt ein Betrieb besonderen Wert auf die Qualität seiner Produkte, gibt es nicht nur die Möglichkeit, Motivation der Arbeitnehmer durch Berücksichtigung dieses Faktors im Entlohnungssystem zu erreichen, sondern auch über bestimmte Sozialtechniken. In einer der untersuchten Webereien sind überall Aufforderungen zu lesen, mehr auf die Qualität bei der Produktion zu achten. In einer anderen werden aus Traditionsgründen noch Karteikarten mit sehr gut, gut und schlecht geführt. Diejenigen, die in letzterer Kategorie geführt werden, bekommen eine mündliche oder sogar schriftliche Meldung (mit der Androhung von Maßnahmen), die Guten bekommen einen Einkaufsgutschein für den Personaleinkauf.

Weiterhin stellten wir in verschiedenen Webereien, bei denen auch noch Frauen an den Maschinen arbeiten (wie z.B. bei F), fest, daß es - zunächst offiziell bestrittene - Unterschiede bei der Bezahlung von Frauen und Männern gibt. Weberinnen berichteten uns, daß es üblich sei, daß Männer an bestimmten Maschinen deshalb mehr bekämen, weil dort auch schwerere Arbeit anfalle; es werde aber übersehen, daß die Frauen an ihren Maschinen entweder auch schwere Arbeit zu tun hätten oder zumindest, wenn sie an den Maschinen der Männer arbeiteten (z.B. wenn einer krank ist), die körperliche Beanspruchung nun auch bei ihnen durch entsprechend mehr Lohn zu honorieren sei.

Anscheinend macht sich die lohnmäßige Diskriminierung der Frauen weniger an unterschiedlichen Einstufungen fest, als an verweigerten Zulagen oder an der Unmöglichkeit, auf bestimmte Plätze aufzurücken.

Hinsichtlich der prinzipiellen Beurteilung des jeweils in den Betrieben gültigen Entlohnungssystems und der gedachten Perspektive sagten uns z.B. die bei C interviewten Weber, daß sie bezüglich der Gerechtigkeit des Lohnsystems sehr skeptisch seien. Die Weber von G hingegen gestanden doch zu, daß viele Bestandteile des Lohns nun aufgrund der BDE-Anwendung korrekt aufgeführt seien und abgerechnet würden. Gleichzeitig wüßten sie aber, daß die Anlage in einigen Punkten nicht objektiv arbeite (s.o.) und sie bezweifelten, ob der hierfür angenommene Faktor bei der Lohnabrechnung diese Ungenauigkeit überhaupt in der Lage ist auszugleichen.

Bei solcher Skepsis drängen sich Überlegungen nach besserer oder gerechterer Entlohnung auf. Dazu fiel in diesem Kreis die Anregung, daß doch die eingesetzten Leute danach bezahlt werden müßten, was sie an Qualifikation vorzuweisen hätten: Z.B. wurde es als ungerecht empfunden, daß ein gelernter Mechaniker, der jetzt als Weber arbeitet, auch als Weber bezahlt wird und nicht als Mechaniker.

Die Weber bei C meinen, daß man mit einem Akkordlohn nie zufrieden sein könne, weil dauernd "volle Pulle" gearbeitet werden müsse. Jeden Tag, den man etwas ruhiger angehen lasse merke man bei der Abrechnung. Daher plädierten sie für ein Lohnsystem, das einen "Durchhänger" nicht sofort zum Tragen kommen lasse, wie z.B. bei einer qualitätsbezogenen Prämie. In so einer Prämie würde nämlich berücksichtigt, daß man mehr Zeit brauche für Kontrollgänge und für die Qualitätsüberwachung, "was die heute auch wollen, wofür du aber gar keine Zeit hast". Als motivierend würden sie es darüber hinaus auch ansehen, wenn nicht immer Ware derselben Qualität auf der Maschine wäre (also Abwechslung); dadurch würde die Arbeit interessanter.

Auch bei H sind die Weber mit dem Akkordlohn nicht zufrieden; den Interviewten wäre eine Qualitätsprämie viel lieber, weil sie dann nicht überbelastet werden könnten. Sie dürften ja auch so keinen Fehler in der Ware haben, könnten das aber gar nicht richtig überprüfen. Ein Entlohnungsfaktor könnte die Fehlerquote berücksichtigen: Z.B. bei null Fehlern bestünde ein Verdienst in Höhe von DM 20,--/Std; mit steigender Fehlerquote wird stufenweise das Entgelt gemindert. Es müsse natürlich eine untere Grenze festgelegt bzw. es müsse unterschieden werden, welcher Mitarbeiter für welche Fehler verantwortlich ist.

Einer der Weber erzählt uns, daß er von einem Weber einer anderen Firma hierzu einen Tip erhalten habe: Man solle die Stühle, bei denen man nicht mehr mitkommt und trotzdem den Qualitätsdruck hat, einfach stehen lassen; die GL käme dann schon auf den Trichter.

> "Bei uns fällt das ja gar nicht auf, wenn mal einer überlastet ist, weil die Kumpels dann einfach doppelt so viel arbeiten. Das kannste aber nicht lange durchhalten."

Ideal wäre es für die interviewten Weber, wenn sie, sobald sie älter als 50 Jahre alt seien, einen festen Lohn, der ständig dem Abteilungsdurchschnitt angepaßt werde, erhielten. Man habe ja dann schon so lange seine Leistung gebracht; daher könnte sich die Firma ruhig erkenntlich zeigen.[20]

Aus dem Interview mit dem stellvertretenden Webereileiter von B läßt sich dagegen eher die Tendenz ablesen, das augenblickliche Entlohnungssystem beizubehalten, weil man damit gute Erfahrungen gemacht habe:

> "Seitdem wir dieses System haben, haben wir wesentlich weniger Reklamationen - und das unabhängig von BDE, weil wir dieses System schon vor BDE hatten."

Als zukünftige Aufgabe der Tarifparteien stellt er sich vor, die Bandbreite in den Lohngruppen zu erhöhen. Er hält die Abstände für zu groß; man könne daher augenblicklich Leistung nicht genügend honorieren. Das Anheben der unteren Lohngruppen sei zwar eine gute Idee, aber vom Können und von der Leistung her, sei das nach seiner persönlichen Meinung (sagt er mehrmals ausdrücklich) nicht angebracht.

Nach Ansicht des Chefs der Arbeitsstudienabteilung derselben Firma seien die Veränderungen in der Arbeit künftig nicht mehr über Leistungsgrad ausdrückbar. Die Leistungsbezugsgröße könne nicht mehr personenadäquat sein, was bedeute, daß die Lohnfindung ohne Leistungsgradbeurteilung stattfinden könnte. Seiner Meinung nach müßte man - wenn 40% oder 50% der Arbeit aus Überwachung besteht - die Eingriffszeit auch wirklich überprüfbar machen. Das wäre dann ein Leistungsanreiz. Die Bezahlung dürfe nicht mehr auf die Menge bezogen sein, sondern auf das Ergebnis - im Verhältnis zu den notwendigen Eingriffen. Dies müsse man nur den einzelnen Leuten verständlich machen, zumal die Daten mittlerweile manipulationsfrei seien.

Wenn aber nun die Leistungsbezugsgrößen nicht mehr personenadäquat sind, könnte man sich auch insgesamt von einem Lohnsystem lösen, das diese Personenadäquanz voraussetzt (was bei B auch gemacht wurde). Allerdings dürfte dann das verfügbare Zeitbudget nicht mehr weiter eingeschränkt oder in einen anderen Bezug zum Ergebnis gesetzt werden.

---

[20] Dies ist bereits geregelt im Vertrag zur Sicherung älterer Arbeitnehmer in der Textilindustrie; Voraussetzung ist dafür allerdings, daß man 55 Jahre alt ist und seit 10 Jahren dem Unternehmen angehört.

Damit ist man einerseits wieder wie schon in der Spinnerei bei dem Problem, die Eingriffszeiten in ein anderes Verhältnis zum Ergebnis und damit zum Lohn zu bringen und andererseits eine bis heute extrem zergliederte Arbeit, deren Bestandteile langsam aber sicher in die Maschinerie integriert werden, vor dem lohnmäßigen Abgleiten zu bewahren (z.B. über Zuschläge für ungenaue BDE-Daten, für zerrissene Arbeitsplätze, für schwankende Arbeitsplatzgrößen usw.) und andererseits mit der Aufgabe konfrontiert, die sich andeutende Umgestaltung lohnpolitisch so zu nutzen, daß der Weber/die Weberin mit neuen Aufgaben, die auch neue Beurteilungsmaßstäbe verlangen, betraut wird, um so mehr verdienen zu können.

Dies muß u.E. im Zusammenhang gesehen werden mit der Forderung nach Qualität, für die Zeit benötigt wird und nach zusätzlichen Pausen, um die extremen Belastungen besser ertragen zu können.

Konflikte

Im Rahmen unserer Untersuchung trafen wir vor allem in Webereien auf noch bestehende oder gerade beigelegte bzw. vorhersehbare Konflikte bezüglich der Einführung von LOOMDATA und der sich damit verändernden Entlohnung.

Der Vorschlag der GL für eine BV sah bei F z.B. vor, zukünftig die Weber nur in Einzelprämie zu bezahlen. Das wollte aber der BR nicht, weil die Berechnungsmethode sehr kompliziert war. Daher machte der Betriebsrat einen Vereinfachungsvorschlag, woraufhin sich die Firma nicht mehr zu Wort meldete und der BR daraufhin die Einigungsstelle anrief. Nach weiteren Verhandlungen mit der Firma wurde in der Entlohnungsfrage ein zufriedenstellender Kompromiß erzielt (Prämienausgangslohn 133% vom Tariflohn, feste Webarbeitsplätze und Bindung der Prämie an den erzielten Maschinennutzeffekt). Eine Regelung der Datenverwendung zur Leistungskontrolle konnte nicht getroffen werden. (Siehe auch oben) Dies mußte in mehreren Anläufen versucht werden.

Der Betriebsrat beschloß, die Einigungsstelle anzurufen.

Bei G drehte sich der Konflikt zum Zeitpunkt der Untersuchung darum, daß es immer wieder sog. "zerrissene Arbeitsplätze" gibt, d.h. in dieser Firma: "Arbeitsplätze die über zwei Doppelreihen hinaus anfallen oder im Arbeitsplatz drei und mehr nicht zugeteilte Webmaschinen stehen." (Entwurf) Der Bedienungsweg von einer Webmaschine zur anderen wird dadurch länger, als in der Akkordvorgabe einkalkuliert ist. In diesem Fall ist zwischen Firma und Betriebsrat ein Zuschlag zu vereinbaren.

Die getroffene Formulierung zum Problem läßt viele Varianten zu und muß nach Auffassung der Weber und des BR enger gefaßt werden. Außerdem sollte der vereinbarte Zuschlag erhöht werden: Nach Auffassung der Weber reiche dieser nicht mehr aus, um die Mehrleistung aus längerem Weg abzugelten.

Das Problem der Wegezeit und seiner Berechnung bei Leistungslohn hat in der gesamten Textilindustrie steigende Tendenz, weil mit Veränderung der Laufeigenschaften von Garn und Maschine die Stellenzahl größer und damit die Wegezeit in der Vorgabezeit anteilmäßig größer wird. Durch das ständige Variieren der zuzuteilenden Stellen ergibt sich ein ständiges Nachrechnen und Bezuschlagen der Vorgabezeit.

In dem der Untersuchung vorangegangenen Monat gab es z.B. ein Drittel zerrissener Plätze, was natürlich einen erheblichen Kalkulationsaufwand mit sich bringt. Außerdem ging es noch um die relativ große Schwankungsbreite des Lohns aufgrund der Auslastungsvorgaben (bis DM 3,--/Std.).

Bei H gab es ebenfalls lange Konflikte wegen der Verwendung der Daten aus einer BDE-Anlage für Leistungskontrollen und der Verwendung für die Entlohnung.

Nach Einführung der BDE-Anlage LOOMDATA erwuchs eine Auseinandersetzung, weil die GL zwar über die Anschaffung diese Anlage kurz informiert hatte, sie aber dann ohne Zustimmung des BR eingeführt wurde. Die GL verwendete die Daten für die Lohnabrechnung und zur Leistungs- und Verhaltenskontrolle.

Der Betriebsrat reichte ihr einen Vorschlag für die Anwendung der BDE-Anlage sowie für eine Akkordrahmenvereinbarung ein. Die darüber geführten Verhandlungen scheiterten.

In je einem Verfahren mußte die Einigungsstelle über die Anwendung der BDE-Anlage und die Akkordvereinbarung entscheiden. Zur Anwendung der BDE-Anlage konnte in der Einigungsstelle ein Konsens gefunden werden. Im Verfahren um die Akkordvereinbarung setzte sich jedoch die Firma im Einigungsstellenverfahren mit dem Vorschlag durch, daß sie die BDE-Daten für gesplittete Akkordsätze verwenden dürfe.

Die Akkordsätze für das Fadenbruchbeheben waren nicht mehr an die vereinbarte Leistungseinheit gebunden. Damit konnten die Weber ihr Leistungsverhalten nicht mehr auf ein Lohnziel ausrichten, weil die Anzahl der Brüche nicht vorhersehbar ist. Dies war nach Auffassung des BR ein Verstoß gegen den Manteltarifvertrag, der die Mitteilung des Akkordsatzes vor Beginn der Tätigkeit an den Arbeitnehmer vorschreibt.

Der Betriebsrat, vertreten durch die GTB, führte diesen Rechtsstreit bis vor das Landesarbeitsgericht, das mit Beschluß vom 09.03.1988 dem Antrag des Betriebsrates entsprach und die Splittungsbestimmung des Einigungsstellenspruches aufhob.

Die Weber bei H regten eine höhere Eingruppierung der Webertätigkeit an, weil nach ihrer Auffassung die Leistungsanforderungen gestiegen seien. Nach Aussagen des BR habe man eine starke Mannschaft, die schon vor Jahren für DM 1,--/Std. Lohnerhöhung gestreikt habe.

5. Veredelung

Unter Textilveredelung versteht man alle chemischen, chemisch-physikalischen und mechanischen Bearbeitungsprozesse, die zur Verbesserung und Verschönerung von Textilien führen. Die wichtigsten sind:
- Waschen,
- Bleichen,
- Färben oder Drucken oder Beschichten,
- evtl. nochmals waschen,
- Appretieren,
- Merzerisieren.

In den Produktionsstufen Waschen und Bleichen wird der Stoff "vorbehandelt", d.h. saug- und aufnahmefähig für die Farbe gemacht. Je nach Qualität und Kundenwunsch wird anschließend gefärbt (d.h. der Stoff wird im Strang oder als Fläche durch ein Farbbad transportiert) oder gedruckt, d.h. die Motive sind in Walzen (Rouleaux- oder Rotationsdruck) oder auf Flächen (Flachdruck) eingraviert, wodurch die Farbe auf den Stoff gepreßt oder beschichtet wird (d.h. es werden Motive dem Stoff aufgedampft). Nach dem Färben und Drucken wird die Restfarbe ausgewaschen und beim Trocknen fixiert (Appretur und Merzerisieren).

Das Textilgut kann als Fasermaterial (Flocke), Garn (Strang, Kreuzspule, Kops oder Kettbaum), textiles Flächengebilde (Gewebe, Maschenwaren oder Vlies) und als teil- oder fertigkonfektioniertes Stück behandelt werden.

Veredelungsverfahren unterliegen strengen Qualitätskontrollen, die sich beispielsweise auf die Lichtechtheit, Waschechtheit, Reibechtheit, Schweißechtheit, Reißfestigkeit, Dimensionsstabilität beziehen.

Im Folgenden werden nicht alle oben aufgeführten Stoffbehandlungsschritte untersucht. Vielmehr konzentrieren wir uns auf die Einsatzfälle Neuer Technik in den Bereichen der Vorbehandlung (Waschstraße und Spannrahmen), des Färbens (Garn, Strang und Breitware sowie Farbmetrik) und des Druckens (Rotationsdruck). Entsprechend diesen Behandlungsschritten sind die folgenden Abschnitte gegliedert.

5.1 Computergesteuerte Anlagen in der Vorbehandlung

5.1.1 Veränderung der Arbeit beim Einsatz von Wasch- bzw. Vorbehandlungsstraßen

Wir hatten in drei der von uns untersuchten Firmen in der Textilindustrie die Möglichkeit, Waschstraßen zur Vor- oder Zwischenbehandlung zu untersuchen.

Firma B verfügt über eine Straße aus zwei Maschinenblöcken (ein dritter ist geplant) der Fa. FLEISSNER, die nach Auskunft des Abteilungsleiters in dieser Form erstmals in Europa installiert wurde und seit November 1987 in Betrieb ist.

Abb. 23 Die Vorbehandlungsstraße von FLEISSNER

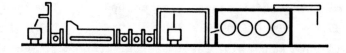

Quelle: Herstellerprospekt

Die Anlage, die mit 100m/min arbeitet und dabei von einem SIEMENS-Steuerungssystem überwacht wird, unterteilt sich in Einlauf, Senge, Waschbäder, Dämpfer und nochmals Waschbäder. Die Anlage soll in den nächsten zwei Jahren noch weiter ausgebaut werden (Integration von 4 Arbeitsgängen). Dann übernimmt sie bislang voneinander getrennt ablaufende Arbeitsgänge: Bei Baumwolle und Mischgewebe wird gesengt, abgekocht, gebleicht, merzerisiert und fixiert (bei zu färbender Ware) oder nach dem Sengen gewaschen, merzerisiert und kalt gebleicht (48 Stunden rotierend) sowie anschließend nochmals gewaschen und getrocknet (bei Buntware). Mit Hilfe dieser Anlage wird also Stoff (ca. 45.000 m pro Schicht) für die Färberei und die Appretur vorbereitet und teilweise auch nachbearbeitet.

Bestandteil der FLEISSNER-Anlage ist ein ROLLER-BED Walzendämpfer der Firma BABCOCK Textilmaschinen GmbH. Der Dämpfer steht auf einem Gerüst oberhalb der Anlage.

Die Verständigung zwischen dem Bedienungspersonal vorn und hinten an der Anlage erfolgt über eine installierte Gegensprechanlage.

Am Bildschirm des SIEMENS-Rechners ist u.a. die Soll- und Ist-Temperatur der einzelnen Bäder, die Laufgeschwindigkeit, die Funktionsfähigkeit der Chemiestationen u.a. überwachbar (mit Hilfe verschiedener Farben); Störungen erscheinen rot unterlegt.

Bei L handelt es sich um eine Waschanlage der BABCOCK Textilmaschinen GmbH, ausgerüstet mit dem rechnergestützten BABCOCK Produktions-Leitsystem DASY-TEX. Für die Flottenführung ist eine SPS-Einheit eingesetzt. Rechner und SPS-Einheit sind SIEMENS-Geräte. Über den angeschlossenen Drucker können, falls gewünscht, vier Protokollarten (Auftragseingangs-, Momentanwert-, Störmelde- und Auftragsende-Protokoll) ausgegeben werden.

Abb. 24   Hauptsteuerpult einer BABCOCK Waschanlage - ausgestattet mit dem Dasy-Tex Produktions-Leitsystem

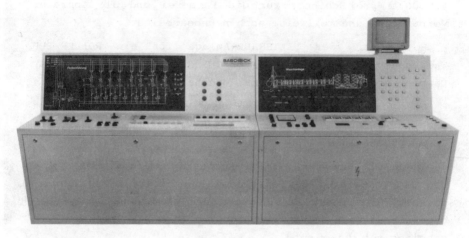

Quelle: Herstellerprospekt

DASY-TEX nimmt alle wichtigen Maschineneinstellungen hinsichtlich Produktionsgeschwindigkeit, Flottenführung, Quetsch- und Pendelwalzendrücke usw. und zusätzlich über autarke, lokale Regelkreise alle Regelungen für Dampfmenge, Flottentemperaturen, Wasser- und Chemikalienzuflüsse usw. vor. Die Flottenführung kann man auf dem oben abgebildeten Steuerpult links verfolgen; Störungen werden rechts angezeigt. Weiterhin überwacht die Anlage die Einhaltung der Soll-Werte für Wareninhalte, Verweilzeiten, Flottenniveaus usw. während des Betriebs, meldet Abweichungen, gibt dem Personal Lokalisierungshilfen (durch farbiges Hervorheben der Störstellen), und protokolliert z.B. Partiedaten, Maschineneinstellungen, Soll-Wert-Abweichungen, Produktionszeiten, Störungen, Maschinenstillstandszeiten sowie Arbeitsmittelverbrauch.

Unter dem Bildschirm auf dem obigen Bild befindet sich der Schlitz für die Dateneingabe mittels Markierungskarte; man kann dieses Steuerpult allerdings auch mit einer Bedienungstastatur versehen.

Diese Anlage übernimmt vor allem Waschvorgänge nach der Färbung, um die Restfarbe auszuwaschen. Bei Uniware spart man durch ihren Einsatz einen Waschgang ein und kann die doppelte Warenmenge durchschleusen. Nach dem Waschvorgang, bei dem die Ware durch mehrere Quetschwalzen und Bäder läuft, wird gemustert; stimmt die Farbe nicht, kommt die Ware zurück zum Foulard (Färbeapparat).

Auch bei C kam 5 Monate vor der Untersuchung zum selben Zweck wie bei L eine Waschanlage von BABCOCK Textilmaschinen GmbH zum Einsatz; sie wird von einer MSC-Steuerung überwacht (ebenfalls mit angeschlossenem Drucker).

Sie ermöglicht nach Angabe des Schichtmeisters in der Druckerei eine doppelt so schnelle (mit 60 m/min.) Warenbearbeitung bei einer Wassereinsparung von zwei Dritteln. Sie wurde mit einem Vorbau, bestehend aus zwei Breitwaschabteilen, ausgestattet, um im Breitwaschgang die Farbstoffverdickungsreste auszuwaschen und im Strang dann die sog. "Feinwäsche" laufen zu lassen.

Zur Zeit der Untersuchung war zur Ergänzung noch eine kontinuierliche Trockenanlage (Zylindertrockner) im Aufbau. Damit entfällt der Transport zum Spannrahmen, wodurch wiederum die Qualität gesteigert werden dürfte (nach Meinung des Meisters). In der gesamten Anlage sind also vier Maschinen integriert, deren Abläufe synchronisiert werden müssen.

Obwohl es erfahrungsgemäß bei komplett gekauften Anlagen (wie der SIEMENS-Steuerung bei B) einige Anlauf- bzw. Anpassungsschwierigkeiten gibt, stellt der Abteilungsleiter den gesamten Einführungsprozeß als unproblematisch dar.

Diese SIEMENS-Anlage sei nicht mit dem Host-Rechner verbunden. Sie verfüge also nur über einen eigenen Arbeitsspeicher, weshalb am PC im Meisterbüro die Produktionsdaten eingegeben werden müßten, um diese - wie bei BDE-Systemen auch - auf Meisterebene (einmal täglich, einmal wöchentlich und einmal monatlich) abfragen und ablegen zu können. Nach Auskunft des dortigen Abteilungsleiters wird die Anlage in ihren Möglichkeiten voll genutzt. Man habe mit der Anlage eine bessere Überwachung der Programme, eine bessere Kontrolle bezüglich des Durchlaufs der Partien und die relative Unabhängigkeit vom Einfluß des Personals an der Maschine erreicht.

Gerade letzteres wird uns auch unter den Aspekten Veränderung der Arbeit und Personaleinsatz beschäftigen.

Qualitätskriterium in der Vorbehandlung sei die Weißgenauigkeit, d.h. wieviel von einer definierten Menge Licht von der Ware reflektiert wird; in der Nachwäsche dagegen, wie "echt", d.h. wie ähnlich die Farbe der Vorlage sei.

Bei C wird überlegt, wegen der schnellen Verfügbarkeit von Qualitätsdaten und für Kosten-Nutzen-Vergleiche entweder an die Waschanlage ein BDE-System anzubringen oder sie mit anderen Bereichen zu vernetzen. Dazu müßten aber nach Ansicht des Abteilungsleiters die Textilfachleute und die Kybernetiker besser zusammenarbeiten; letztere hätten bisher die Dinge oft zu kompliziert durchdacht und die Anwender zu wenig einbezogen.

Er macht sich auch Gedanken darüber, wie die Trockenanlage hinter die Vorbehandlungsstraße gebaut werden könnte, um die Ware gleich in die Färbestraße weiterleiten zu können; das ginge aber aus Platzgründen nicht.

Weiterhin soll bei C im Jahr 1988 noch ein neuer Spannrahmen und in den nächsten Jahren eine neue Waschmaschine angeschafft werden.

Personaleinsatz

Mit dem Aufbau der Anlage bei B wurde unter Mitwirkung der Refaabteilung eine Stammannschaft gebildet, die die Anlage von Anfang an kannte und von den Technikern der Herstellerfirma angelernt wurde. So wurde auch bei den Firmen C und L verfahren.

Von 20 Leuten in der Abteilung arbeiten bei B an dieser Anlage sechs Mann (zwei pro Schicht); die Beschäftigtenzahl habe sich in den letzten Jahren nicht verändert. Strukturell setzt sich die Gruppe in der Vorbehandlung aus vier Gehaltsempfängern, drei Vorarbeitern, einem Disponenten und einem Inspekteur sowie Arbeitern zusammen. Der Vorarbeiter in der Schicht und der Inspekteur müssen sich vorwiegend um die neue Anlage kümmern.

Das Durchschnittsalter liegt etwas über 30 Jahre. Die Mannschaft deckt ein breites Spektrum an Berufen ab (z.B. Elektriker, Kfz-Mechaniker, Weber usw.), auch einige Textilmaschinenführer und gelernte Veredler finden sich. Lediglich eine Frau arbeitet in diesem Bereich.

Nach Meinung des dortigen Abteilungsleiters werde es Veränderungen in der Arbeitsorganisation geben, so daß auch Arbeitsplätze entfielen. Worin aber die Veränderungen genau liegen, wußte er noch nicht. Allein für das Rezepteschreiben wären früher drei Frauen beschäftigt gewesen, die heute nicht mehr gebraucht würden.

Immerhin hat er schon öfter Gespräche über die Probleme der Neuen Technik mit den Anwendern organisiert, z.B. auch in Form von Qualitätszirkeln. Man müsse vor allem bei den Leuten vom Service mehr investieren, z.B. in Form von Qualifikationen. Das stoße aber "weiter oben" nicht immer auf Entgegenkommen. Seiner Ansicht nach sind wir hier mit einem typischen Generationsproblem konfrontiert.

Der Abteilungsleiter hat sich selbst in die EDV eingearbeitet. Er nutzt seinen PC nicht nur als Maschinendatenabfrage- und -vergleichsstation, sondern auch als Textsystem, weil er keine Sekretärin mehr hat und weil er mit Grafiken aus dem PC seine Vorgesetzten besser überzeugen kann, als mit reinen Zahlen.

Bei L sind in der Wäscherei 31 Personen beschäftigt (vier Angestellte und 27 gewerbliche Arbeitnehmer - alle männlich). Sie wurden angelernt, wobei sich die Anlernzeit auf eine bis vier Wochen erstreckte. Das Durchschnittsalter der Beschäftigten in dieser Abteilung beträgt 42 Jahre.

Da von vornherein nur angelernt wird (Kurse werden nur für Service-Leute und Meister abgehalten), läßt sich für alle Personaleinsatzkonzepte dieser Firma feststellen, daß sie den Betroffenen nur marginal Entwicklungsmöglichkeiten bieten. Begründet ist diese Strategie in der Auffassung des Unternehmens, der Mann an der Anlage solle überhaupt keine

Eingriffe in den Produktionsprozeß vornehmen können. Wir meinen dagegen, daß humane Arbeit auch bedeutet, den Betroffenen an solch hochkomplexen Anlagen Einwirkungsmöglichkeiten zu verschaffen. So werden sie dazu motiviert, ihre Arbeit gut zu erledigen.

Bei solch einer Personaleinsatzstrategie werden die Meister und Serviceleute immer mehr zu den Gewinnern des laufenden Umstrukturierungsprozesses; wir meinen aber, daß jeder die gleiche Chance haben sollte, sich weiterzuentwickeln. Der in diesem Zusammenhang gebräuchliche Einwand der Unternehmer bzw. der Unternehmensvertreter, daß "immer gleichere" Ware geliefert werden müsse, überzeugt auch nur unter der Prämisse, daß dem an der Anlage Beschäftigten die Vornahme der richtigen Eingriffe nicht zugetraut wird. Unbedenklich sind Eingriffe des Personals jedoch dann, wenn sie von einem entsprechend qualifizierten Personal vorgenommen werden.

Veränderung der Arbeit:

Damit kommen wir auch zu der Veränderung der Arbeit: Früher mußte man dosieren, Ventile öffnen und schließen, Meßvorgänge durchführen usw. Insbesondere das Dosieren war früher ein Problem. Ständiges Überdosieren wirkte sich nach den Worten des Abteilungsleiters nicht nur schlecht auf die Ware aus, sondern war auch belastender für die Umwelt. Das wird heute alles von der Steuerung übernommen. Dabei wird nicht nur dosiert, sondern exakt gemessen.

Allerdings gilt hier, wie für alle Computersteuerungen, daß bei Ausfall oder "Verrücktspielen" der Anlage jemand zur Stelle sein muß, der zum einen die Funktionen eventuell von Hand ausführen kann und zum anderen die Störungen findet und behebt. Außerdem muß, damit größerer Schaden verhindert wird, jemand darauf achten, daß die programmierten Funktionen auch zur richtigen Zeit und korrekt ablaufen und daß die vorgegebenen Soll-Werte erreicht werden oder zumindest nicht zu sehr von den Ist-Werten abweichen.

Die Komfortabilität der Steuerung bestimmt sich nun einerseits danach, inwieweit Abweichungen bzw. Störungen korrekt, übersichtlich und eindeutig angezeigt werden und andererseits danach, ob und wieweit korrigierende Eingriffe möglich sind.

Bei den hier zur Debatte stehenden Firmen schalten die Anlagen bei bestimmten Fehlern (wie z.B. bei Knoten oder mechanischen Störungen) automatisch ab, bei anderen Fehlern (wie z.B. bei Löchern im Gewebe, unsauberen Farben usw.) dagegen nicht, was bedeutet, daß der/die Maschinenführer/in sehr aufmerksam die Ware in ihrem Durchlauf und hinten beim Aufrollen beobachten muß. Wenn ein Fehler sichtbar wird, muß sofort gestoppt werden; entweder weiß der/die Bediener/in dann selbst Bescheid, was getan werden muß, oder es muß der Meister geholt werden. Im Fall C wird sofort der Meister geholt, weil sich der Kollege nicht zutraut, eine entsprechende Entscheidung zu fällen; im Fall B wird der Meister erst dann geholt, wenn es wirklich nicht mehr allein geht (die Besetzung an dieser Anlage besteht allerdings auch aus zwei Männern, die sich gegenseitig in Kenntnissen und Fähigkeiten ergänzen können).

Zur Einhaltung der Werte, deren Soll-Ist-Vergleich am Bildschirm erfolgt (wenn beim Anfahren alle Anzeigen mit grün unterlegt sind, ist alles o.k., bei Störungen erscheint Rot), müssen diese zwar beobachtet werden; es kann aber bei einer Abweichung vom Soll-Wert nur an einigen wenigen Punkten eingegriffen werden:

"Entweder man muß bei solchen Fehlern nochmals von vorne anlaufen lassen - also aufheizen, Ventile überprüfen usw. - oder man holt gleich den Meister oder den Elektriker und läßt ihn danach suchen, woran es liegt, daß der Wert nicht wie vorgeschrieben erreicht wird." (Maschinenführer/B)

Von beiden Anlagen wird berichtet, daß dort Störungen auftreten, die man bisher gar nicht kannte und für die deshalb ein relativ großer Zeitraum verwendet werden müsse. Während der Untersuchung wurden wir bei B Zeugen eines solchen Fehlers, dessen Behebung von den Männern ihre gesamte Qualifikation erforderte und der dazu führte, daß die Anlage an diesem Tag von eigentlich 8 Std. gerade eineinhalb Stunden in Betrieb war.

Um solche Risiken zu minimieren bzw. um besser eingreifen zu können, fordern die beiden Maschinenführer bei B eine dementsprechende Qualifikation - obwohl ihnen ihre Facharbeiterausbildung durchaus schon hilfreich ist. Demgegenüber verlangt der Kollege bei C mehr Zeit für die Überwachung ein ("ich bin dauernd auf Achse, da kann man ja keinen Überblick haben"); er erreicht also noch nicht einmal die Grenze seiner Qualifikation. Bei ihm hört sich das schon fast an wie resignative Tolerierung der herrschenden Arbeitsteilung oder sogar deren Akzeptanz, weil er teilweise auch gar keine weiteren Eingriffsmöglichkeiten sieht - ja, er ist sogar froh, daß er nicht ins Programm gehen kann (offensichtlich ist der Druck dort sehr groß, bloß nichts an den Einstellungen, die durch das Programm vorgegeben sind, zu verändern).

Auffallend ist außerdem, daß für derartige Anlagen Arbeits- bzw. Aufgabenbeschreibungen existieren (im Gegensatz zu den oben behandelten Abteilungen) die bei B sogar soweit gehen, daß zu den Aufgaben der Maschinenführer die Wartung der Anlage gehört. Was allerdings die Übereinstimmung dieser Beschreibung mit der realen Tätigkeit angeht, bekommen wir sehr widersprüchliche Aussagen.

Dennoch ist auch an solchen Anlagen die Pein körperlicher Schwerarbeit noch nicht vorbei: Alle Anlagenführer berichten davon, daß sie für die Warenanlieferung verantwortlich sind (sie müssen die Ware z.B. von der Dämpfe holen) und teilweise auch für deren Abtransport, was - besonders wenn die Ware naß ist - ein Ziehgewicht von 800-1000 kg bedeuten kann. Weiterhin werde es anstrengend, wenn die Ware in der Anlage reiße, weil man dann auf die Ballustrade klettern müsse, um von dort aus einzugreifen (dies geschieht dann meist zu mehreren); dabei habe man die Dämpfe der Ware und eine große Hitze auszuhalten.

Nerven koste es auch, daß die Firmen aus Musterungs- und Marktgründen oft kurze Metragen auch auf diesen modernen Anlagen fahren würden. Überhaupt sei aufgrund des mehr als doppelt so hohen Tempos gegenüber früher auch die Anstrengung größer geworden.

5.1.2 Veränderung der Arbeit beim Einsatz von Spannrahmen mit Prozeßsteuerung

Wir hatten die Gelegenheit, in zwei Firmen (K und C) prozeßgesteuerte Spannrahmen hinsichtlich ihrer Auswirkungen auf die Arbeit und die Entlohnung sowie deren Grundlagen zu untersuchen.

K hatte sich einen Spannrahmen der Fa. A. MONFORTS angeschafft (s. Bild); C verfügte über einen solchen der Fa. ARTOS (teilweise mit einem vorgebauten Foulard von KÜSTERS).

An der Monforts-Anlage war eine Monfor-Matic angebracht. Es handelt sich dabei um ein rechnergesteuertes Leitsystem für Wärmebehandlungsmaschinen. Mit dieser Vorrichtung wird eine Verbesserung der Warenqualität und der Wirtschaftlichkeit erzielt, weil die Produktionsanlage automatisch auf das jeweils für den Behandlungsprozeß günstigste Verhältnis von Produktionsgeschwindigkeit zu Energieeinsatz eingestellt und die erforderliche Behandlungszeit automatisch eingehalten wird.

Der Prozeßablauf wird auf einem Bildschirm graphisch dargestellt. Die Anlage kann auch auf manuellen Betrieb umgestellt werden.

Abb. 25   Ein Spannrahmen von MONFORTS

Quelle: Herstellerprospekt

Demgegenüber verfügte der bei C untersuchte ARTOS-Rahmen mit 7 Feldern neben einer Verweildauerregulierung von MAHLO (PERMASET; siehe Bild) noch über ein angebautes Egalisiergerät, das den Schußfaden während des Durchlaufs gerade hält (also in einem Winkel von 90° zum Kettfaden); dieses arbeitet mit Hilfe von 4 Fotozellen, die entsprechende Impulse an 4 Walzen melden, über die dann der Warenlauf korrigiert wird.

Abb. 26   PERMASET von MAHLO

Quelle: Herstellerprospekt

Die PERMASET-Meß- und Regelanlage, die vor zwei Jahren mit dem neuen Spannrahmen angeschafft wurde, läßt über mehrere berührungslos arbeitende Fühler die Temperatur des Stoffes messen. Durch rechnergesteuerte Auswertung wird festgestellt, an welcher Stelle innerhalb des Spannrahmens die Ware getrocknet ist bzw. sie sich auf die sog. Verweiltemperatur aufgeheizt hat. Nach Eingabe der gewünschten Verweildauer wird die Geschwindigkeit gerade so einreguliert, daß die für den Abschluß von chemischen Prozessen (wie z.B. beim Aushärten von Kunstharzen) im Stoff optimale Verweilzeit erreicht wird.

Durch den Bildschirm, der sich vorn an der Anlage befindet, hat der Straßenführer auch einen Überblick über das Geschehen am Ende der Straße.

PERMASET wird nach Aussage des Meisters noch nicht voll genutzt. Bis jetzt müsse jede neue Qualität beim ersten Durchlauf genau von Hand ausgesteuert werden.

Die in den Computer vom Schichtpersonal einzugebenden Daten erscheinen auf einem in Kürze ebenfalls vom Computer erstellten Schichtplan, der Artikelart und -nummer, Soll-Daten bezüglich Verweildauer, Temperaturen usw. enthält. Die Temperatur in den einzelnen Kammern wird am Steuerpult eingegeben; die Eingaben für das Egalisierrichtgerät erfolgen durch den Meister/Vorarbeiter.

Über eine datenmäßige Verknüpfung des Spannrahmens mit anderen Maschinen und Anlagen wird bei C nachgedacht. Immerhin lassen sich an einem Spannrahmen bereits die Prozeßdaten ausdrucken.

Dieser moderne Spannrahmen wurde nach den Worten des Abteilungsleiters deshalb gekauft, weil man durch ihn im Gegensatz zu früher nicht mehr mit angenommenen Werten arbeiten müsse, was vor allem bei schwierigen Verfahren (wie z.B. dem RC-Verfahren, das das Appretieren und Härten von Kunstharz bezeichnet) nicht in Ordnung gewesen sei.

Bei K gibt es nach Auskunft der Straßenführer mit der Automatik am Spannrahmen Probleme, weil sie die Ware zu schnell durch die Trockenfelder treibe. Die Straßenführer müssen immer noch von Hand regulieren - vor allem bei kurzen Teilen (z.B. bei 1000 m).

Personaleinsatz

An den Spannrahmen bei K wurde laut Aussage des verantwortlichen Meisters bisher kein Personal eingespart. Es sind am MONFORT je zwei Mann pro Schicht, also insgesamt sechs Mann eingesetzt.

Bei C sind die Spannrahmen so angebracht (je zwei nebeneinander), daß ein Hintermann für zwei Rahmen ausreicht und sich die beiden Straßenführer vorne auch gelegentlich gegenseitig aushelfen können.

Es handelt sich bei den von uns interviewten Straßenführern um einen ehemaligen Weber und um einen ausgebildeten Straßenführer; diese Qualifikationsstruktur ist nach deren Aussage durchaus typisch für die Mannschaft an den Spannrahmen.

Nach Einschätzung des zuständigen Meisters habe man auf die neuen Spannrahmen ohne weiteres die alten Leute übernehmen können, weil die Tätigkeit dort leichter sei als früher ("so einfach wie ein Telefon"). Allerdings sind die dort Beschäftigten um 50% auf mittlerweile 50 Leute reduziert worden.

Frauen würden in diesem Bereich prinzipiell nicht beschäftigt, solange man genug Männer bekommen könne. Außerdem sei die Arbeit zu schwer für sie.

Veränderung der Arbeit

Der Meister bei C widerspricht sich selbst in seinen Äußerungen zu den neuen Anforderungen: Die Arbeit sei leichter geworden, aber gleichzeitig hätten sich die Anforderungen erhöht. Daraus müßte man eigentlich schließen, daß mit letzterem die geistigen Anforderungen gemeint sind.

Die Leute an den Spannrahmen berichten, daß sie die Maschine auf neue Artikel umstellen müßten, die Restfeuchte und das Tempo immer wieder anhand der Anzeigen an den Armaturen überprüften, das Egalisiergerät im Auge behielten und auch immer wieder die Kanten und den Warenlauf hinten an der Maschine über den Monitor kontrollierten. Wenn die Ware beschädigt sei, müsse der Meister geholt werden. Ansonsten könnten sie entscheiden, wie schnell gefahren werden und wann Wasser in den Foulard nachgefüllt werden soll.

Bei schwierigen Situationen oder im Gefolge von Störungen muß der Maschinenführer auch von Hand steuern können.

Zusammengearbeitet wird schon deshalb, weil die Maschinen so nebeneinander positioniert sind, daß man sich gegenseitig aushelfen kann; das ist beabsichtigt nach dem Motto:

"vier Augen sehen mehr als zwei." Außerdem wird dadurch erreicht, daß jeder Maschinenführer jeden Spannrahmen kennenlernt (sie werden also auch schon mal versetzt).

Für jeden Spannrahmenfahrer gibt es nach Auskunft des zuständigen Meisters eine Arbeitsbeschreibung, in der auch die Werte, die eingehalten werden sollen bzw. auf die geachtet werden muß, enthalten sind. Dort ist auch im Rahmen der Aufgabenverteilung geregelt, wer als Hintermann und wer als Vordermann arbeitet. Also wurde eine Arbeitsteilung festgeschrieben, die nach den Worten des Meisters darauf basiert, daß es früher dauernd Ärger gab, als der Hintermann weggenommen wurde und die Straßenführer dann dem Hintermann die Verantwortung für schlechte Ware zugeschoben hätten.

Auf unsere Frage nach den besonderen Beanspruchungen klagen die Beschäftigten, daß es im Sommer an diesen Maschinen sehr warm sei und daß bei chemisch behandelter Ware der Dampf während des Trocknungsprozesses manchmal unerträglich wäre. Darüber hinaus müßten sie viel gehen und stehen sowie vor allem beim Anfahren, bis alles überprüft sei, mit hoher Aufmerksamkeit arbeiten. Dies betreffe auch das Eintippen der Werte in den Computer, weil der Plan, nach dem man vorginge, schon mal Fehler enthalten könne (dann ist Rückfrage beim Meister erforderlich).

Die Mehrbelastung sei auch dann gewaltig, wenn der Hintermann abgezogen werde, weil dieser anderswo gebraucht werde.

All dies muß nun lohn- und tarifpolitisch aufgefangen werden.

5.1.3 Entlohnungsstrategien und ihre Probleme

Wasch- bzw. Vorbehandlungsstraßen

An der Vorbehandlungsstraße der Firma B wurde zum Zeitpunkt der Untersuchung - weil die Anlage erst seit kurzem in Betrieb war - noch Durchschnitt gezahlt (ca. DM 16,-- pro Stunde). Es soll allerdings demnächst eine Prämie vereinbart werden, die sich nach Auskunft des zuständigen

Refa-Sachbearbeiters zwar nach wie vor auf die ausgebrachten Meter pro Zeiteinheit beziehen (Mengenprämie), darüber hinaus aber die erreichten Nutzeffekte berücksichtigen soll. Die Leute an der älteren Anlage sind in LG VIa des LTV-Westfalen eingestuft. Folglich wird es kaum den Tatsachen entsprechen, wenn die Männer an der neuen Vorbehandlungsstraße behaupten, sie würden nach LG III entlohnt (das entspräche einem Tariflohn von DM 11,14/Std, dem eine Prämie von ca. DM 3,20/Std. zugeschlagen wird).

Abgruppierungen gab es bis heute durch den Einsatz Neuer Technik nicht. Es bestünde aber das Problem, daß die neuen Leute, die in die Abteilung geholt wurden, bisher bei Akkord noch nicht ihren Verdienst absichern könnten; sie verdienten immer noch zwischen DM 0,50 und DM 1,-- weniger als die anderen (Refa-Sachbearbeiter).

Die Arbeiter an der Waschstraße in der Firma C wurden zum Zeitpunkt der Untersuchung gemäß ihrem bislang erzielten Durchschnittslohn bezahlt. Nach Auskunft des Färbereileiters soll aber auf Prämie umgestiegen werden. Dafür werden die wichtigsten Daten - ebenso wie bei B - per manueller Stempelung von Ausfallzeiten, Nutzeffekten, Meterleistung usw. festgehalten. Diese Daten werden anschließend in den PC übertragen und bilden so die Grundlage für die angestrebte Leistungsprämie, die sich aus den Aspekten Nutzeffekt, Geschwindigkeit und Warengüte zusammensetzen wird. Inzwischen ist eine Prämienvereinbarung getroffen worden, wonach bei einer kombinierten Mengen- und Qualitätsprämie durchschnittlich 3,52 DM/Std. als Prämie erreicht wird.

Bei L wird der Arbeiter an der Waschmaschine gemäß LG VI des LTV-Textil Baden-Württemberg (= DM 13,02) entlohnt und erhält eine freiwillige Zulage von DM 1,35 sowie eine durchschnittliche Prämie von DM 0,50, so daß er einen Effektivlohn von DM 14,87/Std. erzielt.

Dort waren die Wäscher früher im Zeitlohn beschäftigt; auf Prämie sei in den 60er Jahren umgestellt worden. Die Wäscher hätten allerdings das Gefühl, daß die Grundlagen dieser Prämie nicht mehr stimmen, weshalb sie für eine

Überprüfung plädieren. Sie haben wohl etwas Angst durch die Anwesenheit einer Unternehmensberatungsfirma bekommen, die auch in ihrer Abteilung Zeitaufnahmen erstellte. Es wird uns später vom BR erklärt, daß tatsächlich Zeitaufnahmen gemacht worden seien, die bestimmte Vorgabezeiten um bis zu 50% reduzieren würden.

Die an der Waschmaschine interviewten Beschäftigten schlugen vor, daß man die übertarifliche Zulage voll in der Prämie aufgehen lassen sollte, um z.B. auch die hohe Wärmeausstrahlung und die sehr weiten Wege (Länge der Anlage: 42 m) finanziell auszugleichen. Um die feste Verankerung der freiwilligen Zulagen zu rechtfertigen, sollte uns keine Argumentation zu schade sein. Allerdings sollte man in diesem Fall versuchen, das Schwergewicht der Argumentation nicht so sehr auf die Belastungen zu legen, weil sie bei weiterer Automatisierung wegfallen und damit auch die Legitimierung unserer Forderung untergraben können. Daher erscheint es uns sinnvoller, auf die neuen Anforderungen zu rekurrieren (s. unten).

Weder bei C noch bei L durchschauen die Leute an den Waschanlagen, wie sich ihre Entlohnung zusammensetzt. Das ist deshalb besonders bedauerlich, weil sie damit eigentlich "ins Blaue hinein" arbeiten, denn sie können keinen Bezug zwischen ihrer Leistung und den den Lohn beeinflussenden Größen herstellen.

Bei B sei bei 100 m/min die optimale Geschwindigkeit erzielt, die man aber nur bei keinerlei Störungen erreiche. Die Straßenführer machen uns darauf aufmerksam, daß der Betriebszähler an der Anlage nicht richtig funktioniere: er zähle auch Leerläufe mit. Das hätten sie bereits bei der Abteilungsleitung moniert, worauf aber keine Reaktion erfolgt sei. Der Refa-Sachbearbeiter liest eben an diesem Zähler ab, ob gut gearbeitet worden sei. Im Prinzip wäre sowieso 80% der Leistung von den Maschinen und vielleicht 20% von den dort Arbeitenden abhängig. Die Beeinflussung liege nach Meinung des Refa-Sachbearbeiters darin, daß die Arbeiter bestimmte Störungen erkennen und beseitigen (helfen) würden und Befehle vom Bildschirm mehr oder weniger schnell wahrnähmen und befolgten. Ansonsten seien die Prozeßzeiten durch das Programm festgelegt.

Wenn dem aber so ist, dann stellt sich natürlich die Frage, ob es überhaupt richtig sein kann, die Leute nach der Ausbringung zu bezahlen, denn damit drängt man sie unweigerlich in den Widerspruch zwischen Tempo und Qualität. Außerdem haben wir es hier wieder mit dem typischen Problemfeld der unbeeinflußbaren Zeiten zu tun: Das Personal kann sich noch so sehr anstrengen und kann dennoch nicht mehr, als die Idealgeschwindigkeit vorgibt, erzielen. Damit sind ihre Verdienstmöglichkeiten - nach traditionellem Berechnungsmuster - beschränkt. Also muß überlegt werden, ob diese Grenze über einen Faktor ausgeglichen werden soll oder ob von vornherein Festlohn zuzüglich einer bestimmten Prämie, die aber dann von der Qualität abhängig gemacht werden sollte, vereinbart werden kann.

Wenn aus verfahrenstechnischen Gründen die Soll-Werte nicht erreichbar sind, bestätigt dies der Meister den Leuten und dann seien 80%=100%. Z.B. passiere es öfter, daß Ware, die vorbehandelt werden solle, nicht so verfügbar sei wie notwendig. Daran könnten ja schließlich die Arbeiter nichts ändern.

Es wird auf den Schichtprotokollen nicht ausgewiesen, wer was oder wieviel gemacht hat, weil in der Abteilung nach Gruppenleistung abgerechnet wird.

Wir wollen hier darauf hinweisen, daß man in der Refa-Abteilung von einem etwas eingeschränkten Tätigkeitsbild der Maschinenführer ausgegangen ist (vgl. obige Aussagen zur Veränderung der Arbeit). Dies bestätigen sowohl Aussagen der Maschinenführer, die für ihre Problemlösekapazität und für die Verantwortung, die sie tragen, höher bezahlt werden wollen, als auch die Überlegung des Refa-Sachbearbeiters, der die Notwendigkeit sieht, für derartige Anlagen neue Bewertungsverfahren zu entwerfen, weil es sonst Lohneinbußen gebe. Daher sei man vor einigen Jahren auch zur Prämie übergegangen. Seiner Meinung nach seien auch die Abstufungen im Tarifvertrag zu fein; man müsse zu deutlicheren Stufen kommen.

Dies zeigt u. E., daß die ungenügende Erfassungsmöglichkeit neuer Anforderungen durch das traditionelle Leistungsbewertungsinstrumentarium jedem der Beteiligten doch in irgendeiner Weise klar vor Augen ist. Daher liegt es an der hier betroffenen Gewerkschaft, so schnell wie möglich mit konkreten Vorschlägen in diese Lücke zu springen.

Der Veredelungsleiter bei C glaubt nicht, daß sich die Leistung für die Arbeitenden an der Waschanlage erhöht hat. Er betont aber, daß die Firma (zusammen mit einer Unternehmensberatungsfirma) zur Motivierung der Mitarbeiter in diesem Bereich an einem Qualifizierungskonzept arbeite. Außerdem sei es tatsächlich noch offen, wie man denn bei Neuer Technik richtig entlohne.

Spannrahmen

Die Firmen K und C wenden zur Entlohnung für die gleiche Tätigkeit zwei verschiedene Entlohnungsgrundsätze an. Bei K wird im Zeitlohn gearbeitet. Die Maschinenführer sind in die Lohngruppe VII (höchste Lohngruppen im Tarifvertrag von Baden-Württemberg) eingestuft. Der Tariflohn in dieser Lohngruppe beträgt zur Zeit 13,97 DM/Std. Daneben wird eine freiwillige Zulage von 1,18 -2,68 DM/Std. gezahlt. Die Helfer sind in der Lohngruppe IV eingestuft. Der Tariflohn in dieser Lohngruppe beträgt 11,89 DM/Std. Daneben wird eine Zulage von 2,06 - 2,44 DM/Std bezahlt. Für die Zulagen bei Zeitlöhnern im Tarifgebiet Baden-Württemberg gilt folgende Tarifbestimmung:

> "Zeitlohnempfänger im Sinne des § 12 Ziff. 5 ff. MTV für gewerbliche Arbeitnehmer einschließlich der Jugendlichen erhalten eine Leistungszulage, die im Betriebsdurchschnitt 6% des Tariflohnes beträgt (§§ 1,2)."

Sofern die gezahlten Zulagen den vorgenannten tariflichen Schutz überschreiten, ist der überschreitende Betrag ungesichert.

Bei C sind die Maschinenführer in die Lohngruppe Va eingestuft (Tarifbezirk Westfalen) Der Tariflohn beträgt in dieser Lohngruppe 11,72 DM/Std. Die Helfer sind in der

Lohngruppe IV eingruppiert, Tariflohn 11,43 DM/Std. Durch eine kombinierte Mengen- und Qualitätsprämie wird 3,52 DM/Std. bzw. 3,47 DM/Std. über Prämien durchschnittlich verdient. Da es sich um eine Prämienregelung handelt, ist dieser Verdienst abgesichert.

Einige Leitende bei K versichern uns bei der Diskussion über Vor- und Nachteile dieser Entlohnungsgrundsätze, daß sie sich dann etwas neues überlegen würden, wenn sie sicher seien, daß mit Veränderung der Grundsätze auch mehr produziert werde. Auch für den Spannrahmen gingen sie davon aus, daß sich die Höherwertigkeit der Arbeit an prozeßgesteuerten Produktionsmitteln in einer höheren Bewertung und damit auch höheren Bezahlung dieser Arbeit ausdrücken müsse. Wie dies allerdings konkret aussehen sollte, wußten sie nicht zu sagen.

Der technische Leiter von K geht davon aus, daß man - falls man überhaupt zu einer Abgruppierung kommen müsse - den Lohn sichern könne. Bisher sei die herkömmliche Eingruppierung bei ihnen in der Firma nicht als Problem angesehen worden.

Die Leistungszulage für Zeitlöhner (in Baden-Württemberg wird diese in Höhe von 6% geleistet) steht seiner Ansicht nach in der nächsten Tarifrunde zur Disposition.

Bei C werden von den Daten, die am Spannrahmen anfallen, die Nutzeffekte für die Entlohnung verwendet; außerdem geht die Qualität in den Lohn ein. Beeinflußbar seien eigentlich nur noch die Rüstzeiten, über die auch der Nutzeffekt steigerbar wäre.

Der zuständige Abteilungsleiter führt aus, daß er sich für die Zukunft eine Entlohnung nach Nutzeffekt, Qualität und Meterleistung vorstellen könne (letzteres, weil der Maschinenführer während der Trocknungsprozesse die Geschwindigkeit doch beeinflussen könne).

Dabei müßten Stillstände ausgestempelt werden, weil im Durchschnitt bezahlt werden würde. Im Gespräch mit dem zuständigen Meister stellt sich heraus, daß die oben angesprochene Zukunftsvision des Abteilungsleiters bereits in die Wirklichkeit umgesetzt wird.

Die Leute, die von uns am Spannrahmen der Firma C interviewt wurden, durchschauten ihren Lohn (d.h. die in ihn eingehenden Bezugsgrößen) ebenso wenig wie schon diejenigen an der Vorbehandlungsstraße. Aus dem Stegreif wußten sie auch keine Antwort auf die Frage, wie ihrer Meinung nach ein besseres Lohnsystem für die Zukunft gestaltet sein sollte. Letzteres gilt auch für die Maschinenführer bei der Firma K.

Nach Einschätzung des Meisters bei C ist die Leistung angewachsen: Die Leute müßten aufmerksamer sein als früher. Man müsse auch die geistige Leistung neu bewerten. In diesem Zusammenhang hat er die Idee, daß eine Neubewertung wohl nur so durchführbar wäre, indem eine absolvierte Ausbildung - auch wenn sie nicht permanent abgefordert wird - bezahlt werden müsse.

Dies kommt unseren Überlegungen sehr entgegen. Denn so würde eine erlangte Qualifikation, die ständig bereitgehalten werden muß, um dann im entscheidenden Augenblick zur Anwendung zu gelangen, auch tatsächlich lohnrelevant werden.

Seiner Meinung nach sei es nicht nötig, die erbrachte Leistung zu überwachen (z.B. indem ein Drucker an die Steuerung angeschlossen wird); allerdings sei geplant, mit Hilfe von BDE einen besseren Überblick über die Produktion zu erhalten, was u.E. eine Leistungsüberwachung mit einschließt. Entsprechend müßte vom dortigen BR reagiert werden.

Die Maschinenführer bei C berichten uns, daß sie Pausen durcharbeiteten bzw. ihre Pause während der Beobachtungszeit nähmen.

Dies ist ein für diese Technisierungsstufe typisches Problem, das uns schon in den Abteilungen weiter oben und auch noch in den folgend zu behandelnden begegnen wird; entsprechend muß die GTB hier tarifpolitisch antworten, bzw. zunächst auf betrieblicher Ebene eine feste Pausenzeit vereinbaren oder darauf drängen, daß die gesetzlichen Pausen eingehalten werden.

5.2 Computergesteuerte Färbeaggregate

5.2.1 Veränderung der Arbeit in der Garnfärberei

Wir untersuchten bei B Garnfärbeanlagen von JASPER mit einer SIEMENS-Steuerung. D verfügte über THEN-Färbeapparate mit DATACOMP-Steuerung und A über Anlagen von THIES mit eingebauter Computer-Steuerung.

Der Verfahrensablauf ist bei allen drei Garnherstellern der gleiche: In einen großen Kesselbehälter (s. beispielhaft eine Anlage von JASPER im Bild) werden die Garnspulen - aufgesteckt auf eine Metallstange - mit dem Kran hineingestellt und von der unter Druck von der Mitte her ausgestoßenen Farbe durchdrungen.

Abb. 27 Garnfärbeanlage von JASPER

Quelle: Herstellerprospekte

Die Farbe mußte bei den Firmen D und A noch manuell eingegeben werden; bei B war dagegen an den Maschinen ein mikroprozessorgesteuertes Dosiergerät angebracht, womit dem

Bad Lauge innerhalb von 30 min. zugesetzt werden kann. Geplant war auch bei D eine zumindest teilweise Automatisierung: Die chemischen Zusätze sollten über eine entsprechende Leitungsbahn in die Garnfärberei fließen, um dort direkt vom Färber abgezapft werden zu können (eine automatische Farbküche sei nach den Worten des Abteilungsleiters für D noch zu teuer).

Pro Tag wird bei B auf die oben beschriebene Weise eine Tonne Garnspulen gefärbt. Nach Auskunft des Schichtmeisters habe man auch schon bis zu vier Tonnen produziert, was aber nur bei Hochkonjunktur sinnvoll sei. Bei A werden maximal 10 Tonnen und bei D fünf Tonnen täglich gefärbt.

Zwei Drittel dieser Anlagen sind bei B an ein Produktionssteuerungssystem von Siemens angeschlossen, das im Meisterbüro installiert ist. Die dazu gehörige Software wurde nach Aussage des Meisters komplett gekauft und dann von firmeneigenen EDV-Spezialisten an die dortigen Gegebenheiten angepaßt. Die Farbrezeptaufstellung wurde vom Inspekteur, einem EDV-Fachmann und dem Meister programmiert. Dieses System ermöglicht die Abfrage von Produktions- und Qualitätsdaten und den Vergleich von Rezepturen einmal täglich, einmal wöchentlich und einmal monatlich.

Die SIEMENS-Steuerung hatte während unserer Untersuchungszeit ein neues Auswertungsprogramm für die Produktionsdaten bekommen. Es besteht aus einem zentralen Leitstand mit Drucker, Bildschirm und Grafiksystem. Bei Störungen werden diese registriert, per Drucker ausgedruckt und dann zu dem Färber oder Reparateur gebracht, der Eingriffe vornehmen muß. Die Anlage stellt natürlich auch die Zeiten fest.

Neben diesem System von SIEMENS ist noch ein Rechner von IBM installiert, der zur Beschaffung und Speicherung von Farbrezepturen dient. Dazu kann er mit dem Host-Rechner kommunizieren.

Eine Zwischenstufe in der Entwicklung von BDE zu PPS stellt die Vernetzung bei D dar: Die THEN- und THIES-Steuerungen sind zu einem großen Teil mit einem PC von IBM im Meisterbüro verknüpft, um SOLL-IST-Datenvergleiche vornehmen zu können (hauptsächlich für die Rezeptur) - aber ohne Verbindung zu einem Host-Rechner. Die bei der Protokollierung des Färbeprozesses festgehaltenen Daten, die nach Ansicht des Abteilungsleiters zutreffend sind, werden täglich zur sog. Auswertungsstelle der Disposition weitergeleitet (also nicht zum Lohnbüro). Allerdings werden Störungen verfolgt, bei denen auf Handbetrieb umgeschaltet werden kann bzw. der Prozeß unterbrochen wird.

Diese Störungen können mit einem eigenen Auswertungsschritt ausgewertet werden. Außerdem enthält der PC ein Suchprogramm, mit dessen Hilfe ein bestimmter Vorgang, der bereits einige Monate zurückliegt, herausgesucht werden kann. Das Färbeprogramm und der genaue Ablauf des Färbeprozesses bleiben noch ein ganzes Jahr lang abrufbar.

Bei A sind die Maschinen noch nicht so miteinander verkoppelt; allerdings werden die Produktionsdaten erfaßt und an eine BDE-Anlage der Firma BARCO überspielt, damit sie für die Lohnabrechnung und für die Kalkulation (Kosten-Controlling) verfügbar sind.

Zum Zeitpunkt der Untersuchung war man dort gerade damit beschäftigt, die restlichen Färbeapparate mit dem vor vier Jahren angeschafften Steuerungssystem zu verknüpfen und die Materialträger umzubauen.

Zu Beginn der Umstellung auf die THEN-Steuerungen seien, so der Abteilungsleiter, viele Störungen eingetreten. Aber mittlerweile hätte sich das gebessert; auch bei den Qualitäten merke man eine wesentliche Verbesserung.

Bei der Umgestaltung der Garnfärberei der Firma B gab es wohl einige Probleme, weil nicht alle Anlagen auf einmal umgebaut werden konnten (zum großen Teil wurden nur Steuerungseinheiten an ältere Maschinen angebaut) und weil die Planungen ohne ausreichende Information der dort Beschäftigten angestellt und durchgeführt wurden.

In der dortigen Garnfärberei wird der Produktionsauftrag von der Disposition vorgegeben und täglich überprüft. Im Prinzip wird 14 Tage im voraus geplant; dies läßt sich aber bei besonderen Kundenwünschen nicht mehr durchhalten. Wegen der unterschiedlichen Garnqualitäten (Naturfaser, Synthetik) kommen unterschiedliche Färbeverfahren zum Einsatz, die ja wiederum koordiniert werden müssen.

Bei A erfolgt nach einer hektischen Einführungsphase, während derer alle Programme neu in den Computer eingegeben werden mußten, mittlerweile ein- bis zweimal im Monat eine Programmumstellung. Prinzipiell wird für eine, maximal zwei Wochen geplant; 30% der Planungen müssen jedoch korrigiert werden.

Die Organisation der Arbeit ist darüber hinaus von der Farbe abhängig, die jeweils verwendet wird; es ist nämlich wirtschaftlicher, die Anlage mit demselben Ton weiterzufahren und erst später auszuwaschen, als andauernd die Farbe wechseln zu müssen.

Die Firma färbt in ihrer Garnfärberei sowohl für den eigenen Gebrauch (die Färberei für den Eigenbedarf stellt einen Produktionsanteil von 60%), als auch für den Garnverkauf. Von der zu färbenden Ware sind 90% Schußspulen (davon 80% Baumwollgarn, der Rest Mischfäden) und 10% Spulen für die Kette. Die guten Spulen werden gleich verpackt, schlechtere Spulen werden für Messungen im Farblabor oder für die Weiterverwertung auf einer speziellen Spulmaschine umgespult.

Firma D, die nur für den Verkauf spinnt und färbt, plant für einen Zeitraum von zwei Wochen, wobei ihre Planungen noch stärker als bei den anderen beiden Garnfärbereien von Kundenwünschen abhängen.

Die Disposition überreicht der Garnfärberei einen Auftrag, in dem Farbe, Farbnummer, Qualität, Reihenfolge des Färbevorgangs usw. festgelegt sind. Nach dem Färben kommt die Ware zum Trocknen in die Rückspulerei. Von dort gelangt sie in den Versand.

Geplant ist bei der Firma B die Automatisierung der Farbküche, denn es sei unpraktisch und z.T. auch gefährlich, daß das Personal Zusätze (also z.B. Farben oder Bleichen) noch selbst herbeiholen und in den Färbeapparat geben müsse. Personell rechnet der Färbereileiter damit, daß die Firma dann für die gesamte Abteilung mit drei bis vier Färbern und einem Ansatzüberwacher auskäme. Zudem soll der nächste Färbeapparat nach Angaben des Meisters bereits im Jahr 1989 installiert werden.

Bei A wird uns gesagt, daß bald eine Presse angeschafft werde, durch die 12 Spulen auf 9 heruntergepreßt werden könnten, um so ein besseres Durchfärbeergebnis zu erzielen (schon länger im Versuch). Außerdem ist im Gespräch, daß ein neuer 50 kg-Apparat (als Austausch für einen alten) angeschafft und auch die Garnfärberei an die BARCO-Anlage angeschlossen werden soll.

Weiterhin gebe es Überlegungen, das Aufsetzen der Spulen auf die Träger zu automatisieren. Von der Automatisierung der Farbküche sei man noch weit entfernt; viel wichtiger sei noch die vollständige Ausstattung der Anlagen mit Prozeßsteuerungen (so der Abteilungsleiter).

Bei D wünscht sich der Abteilungsleiter ein PPS-System:

> "...Es ist dann zum einen vorgesehen, daß die gesamte Disposition mit EDV erfaßt wird. Also vom Auftragseingang ...bis zur Auslieferung. Wir bekommen dann das hier (also in der Garnfärberei, K.W.) sofort 'reingespielt; dann kann man hier am PC die Rezeptur sichtbar machen und sie in die Farbkammer an den dortigen PC weiterleiten, der dann die Rezeptur zusammenstellt nach den vorgegebenen Daten und abwiegt, was dann wiederum eine Rückmeldung in den Lagerbestand nach sich zieht usw..."

Außerdem soll das Spulformat verändert werden.

Personaleinsatz

Die bei B beschäftigten 26 Arbeiter sind teilweise Angelernte und teilweise gelernte Färber.

Angelernte werden innerhalb von vier Wochen eingeführt, d.h. sie arbeiten an allen Anlagen mit, müssen jede anfallende Tätigkeit einmal ausführen. Man zeigt ihnen auch, was während des Stillstands und während der Laufzeit des Apparates zu tun ist und wie die Partie überwacht werden muß. Für gelernte Färber dauert die Anlernzeit nicht so lange.

Laut dem Abteilungsleiter ist zur Zeit eine Umstrukturierung des Personals im Gange: Die älteren Arbeiter würden durch jüngere ersetzt. Insgesamt habe sich die Zahl der Leute jedoch nicht verändert (dagegen wurde der Ausstoß erhöht).

Der Meister in der Färberei wünscht sich, daß die Arbeiter nichts machten außer "händeln" und überwachen; die Steuerung erfolge aus dem Meisterbüro. In jeder Schicht bestückt ein Mann zwischen vier und sechs Apparate.

Aufgrund der bereits oben angesprochenen erheblichen Auftragsschwankungen gibt es bei B relativ viele Versetzungen in andere Abteilungen.

Zum Zeitpunkt der Untersuchung waren in der Garnfärberei des Betriebes A insgesamt 54 Leute beschäftigt (gegenüber 80 Leuten vor einigen Jahren), davon 35 Männer und 19 Frauen (hauptsächlich Angelernte). Nach Ansicht des dortigen Färbereileiters kann man augenblicklich noch nicht erkennen, daß die Technisierung zu Personaleinsparungen führte; vielmehr wurde besser und mehr mit der gleichen Mannschaft produziert. Wie man sieht, kann das nicht ganz richtig sein, es sei denn, er meint, daß niemand entlassen worden sei.

Vom dortigen Meister wird hervorgehoben, daß man - bevor man Leute von außen in die Abteilung hole - lieber die eigenen Leute entsprechend schule (wobei er mit "schulen" wohl eher "anlernen" meint). Man sehe ja, wer clever genug sei und wer die Anforderungen in dieser Abteilung aushalte. Die Färber würden zunächst an einen Apparate-Typ gestellt und dann an weiteren Typen angelernt; dadurch wären sie sehr flexibel. Es seien vor allem junge Leute, die ihre Arbeit auch so wollten. Allerdings seien sie für das, was in ihrem Bereich (in dem sie auch länger bleiben) gefärbt werde, verantwortlich.

Bei D erzählt der Abteilungsleiter von dem Druck, unter dem er steht, Leute einzusparen, was ihm offensichtlich mit der Automatisierung der Garnfärberei auch gelungen ist: An den sieben Apparaten waren vor fünf Jahren (also noch vor Umrüstung auf die Computersteuerung) vier Leute pro Schicht beschäftigt; heute sind es noch zwei. Es sei zwar Teamarbeit angestrebt, aber in der Realität hätten ja beide ihre eigenen Verantwortungsbereiche (so der Meister).

Insgesamt sind in der Garnfärberei bei D 13 eher ältere Arbeiter, von denen die wenigsten einen Beruf gelernt haben, und zwei Meister beschäftigt. Die befragten Färber meinen, daß bei ihnen keine Frauen eingesetzt würden, weil trotz der Automatisierung noch immer schwere körperliche Arbeit verrichtet werden müsse.

Veränderung der Arbeit

Durch die neuen Maschinen/Anlagen veränderte sich einiges an der Arbeit der Färber: Der Meister bei A berichtet, daß z.B. früher alles Garn gewogen worden sei, daß die 5-kg-Spulen früher alle unten abgekantet worden seien (was heute nur noch nach Laboruntersuchungen bei einem bestimmten Garn nötig ist) und daß verschiedene manuelle Handgriffe, wie z.B. das Drehen an den Handsteuerventilen für Wasser und Dampf, für Temperatur und Färbeniveau usw., entfallen seien.

Dies heißt allerdings nicht, daß der Färber damit auch nicht mehr wissen muß, welche Parameter verstellt werden müssen bzw. auf welche zu achten ist. Die Überwachung ist an diesen Geräten – aufgrund ihrer Auslegung – tatsächlich einfacher, aber auch undurchschaubarer geworden, weil der Färber heute durch die Kontrollampen an die Maschine gerufen wird. Durch deren jeweilige Farbe wird er dann darüber in Kenntnis gesetzt, was zu tun ist. Für die Störungen trifft dies aber nur bedingt zu, denn sie werden zwar einheitlich angezeigt, es wird aber dennoch häufig nicht ersichtlich, was eigentlich vorgefallen ist. Um dies festzustellen, muß der Färber zum "Computerraum" im Meisterbüro gehen. Dort kann er am Bildschirm die Störungsmeldungen genauer differenzieren (über grafischen und Protokollausdruck).

Bei verschiedenen Schritten im Färbeablauf erscheint auf dem Bildschirm ein Befehl, der zuerst befolgt und dann per Knopfdruck bestätigt werden muß, um den Prozeß weiterlaufen lassen zu können.

Die Arbeit hat sich auch dadurch verändert, daß der Färber heute beim Nachfärben (wenn die Partie nicht mit der Vorgabe übereingestimmt hat) an die Steuerung muß, denn er muß dazu einen Teil des Färbeprogramms erneut aufrufen.

Da die jeweiligen Partien unterschiedlich lange Zeit benötigen, muß er bezüglich der jeweiligen Zusätze, der Musterungsphasen und der Be- und Entladephasen gut disponieren.

Anstrengend ist nach wie vor das "Bäume aufsetzen" (damit ist das Aufsetzen der bestückten Garnträger gemeint); psychisch anstrengend ist es, wenn ein neues Programm angefahren wird, denn man muß sich dann mit den Farben, den Chemikalien und den Abläufen neu auseinandersetzen.

Die interviewten Färber berichten, daß es in ihrem Bereich eine Arbeitsbeschreibung gebe, nach welcher die meisten angelernt worden seien und die auch im wesentlichen mit ihrer tatsächlichen Arbeit übereinstimme. Sie waren außerdem auf einer Schulung (meist eine Woche) und wurden später von den schon länger an den Maschinen Arbeitenden angelernt.

Ab und zu zeigt ihnen der Meister oder der Schlosser/Elektriker noch etwas, das sie noch nicht kennen. Manche Störungen beheben sie selbst, in der Regel fehlt ihnen jedoch dafür die Kompetenz und die Zuständigkeit. Deshalb ist auch eine gewisse Resignation in der Belegschaft feststellbar.

5.2.2 Strang-/oder Stückfärberei

In den vier Betrieben, in denen wir die Strangfärberei untersucht haben, kamen drei verschiedene Maschinentypen zum Einsatz:

a) in Firma K   Hochtemperatur-Färbeanlagen von BRAZZOLI (Italien)

b) in den Firmen B und C   "   -   "   von THEN mit dem neuen AIR-FLOW-System und

c) in Fa. L   Färbeanlagen von THIES .

zu a) Die BRAZZOLI waren im Einsatz für das Färben von Stoffen für Damenoberbekleidung (Mischgewebe, reine Synthetik, reine Baumwolle), wobei in einer der beiden Anlagen nur Muster gefahren wurden. Sie sind ausgerüstet mit Mikroprozessorsteuerungen von SEDO (siehe Bild), die den jeweiligen anwenderspezifischen Bedingungen entgegenkommen und das Aufheizen (bis 135^0 Celsius), das Halten der Temperatur, das Abkühlen usw. steuern und überwachen. Weiterhin können über die Tastatur und den Bildschirm Befehle eingegeben und Veränderungen des Prozesses sichtbar gemacht werden. Z.B. zeigt der Bildschirm die augenblickliche Funktion (also auch die Schrittfolge), Temperaturabläufe, auftretende Störungen sowie eine Zeit/Temperaturgrafik an. Eingegebene Daten sind löschbar, veränderbar und können im Festwertspeicher abgelegt werden. An diese Steuerung sind Protokolldrucker und Zentraleinheit anschließbar.

Abb. 28   Die SEDO-Steuerung

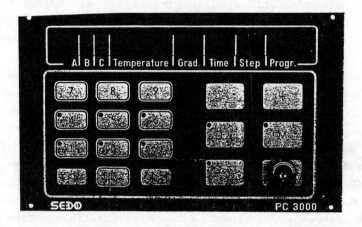

Quelle: Herstellerprospekte

Zum Zeitpunkt der Untersuchung war dieses System erst im Aufbau, so daß die endgültige Ausstattung der Maschinen noch nicht feststand. Allerdings stand fest, daß die Färbeanlagen noch an eine BDE-Anlage (von BARCO) angeschlossen werden.

Das Neue an diesen Maschinen ist nun, daß die einzelnen Programmschritte und Prozeßstufen nicht mehr über Knopfdruck bzw. über einzelne manuelle Eingriffe, sondern automatisch in Gang gesetzt werden. Allerdings muß bei Ausfall dieser Steuerung von Hand gefahren werden können.

Im Zuge der Umstrukturierung der gesamten Färberei (insgesamt werden ca. 30 Mio. DM investiert) bei K wurde auch eine neue Halle gebaut, in der noch weitere Färbeanlagen untergebracht werden sollen. Angestrebt wird eine Vollautomatisierung inklusive automatischer Farbküche.

Was die Verknüpfung der Maschinen auf EDV-Ebene betrifft, wird dies bei K offensichtlich so vollzogen, daß eine Fertigungsplanung und -steuerung über EDV (PPS) aufgebaut wird. So wird eine schnellere Reaktion auf Kundenwünsche und folglich eine gesteigerte Wettbewerbsfähigkeit erzielt. Während unserer Untersuchung existierte bereits eine Standleitung zur Muttergesellschaft, die dazu diente, die Rohwarendaten aus den anderen Webereien, von denen die Rohware in das Zentrallager geschickt wird, an K zu überspielen, um diese Daten für die jeweilige Fertigungsstufe mit im System zu haben. Der weitere Schritt in der Produktionssteuerung ist aber dann von der Muttergesellschaft unabhängig.

Das von einer Unternehmensberatungsfirma gekaufte PPS-System (BARCO) wurde an die Belange eines Auftragsveredlers angepaßt; z.B. ginge es bei K nicht um die Steuerung von Maschinen, sondern des Produktionsdurchlaufs (also von der Auftragserfassung bis zur Betriebsabrechnung). Als Hardware wird ein DEC-Rechner eingesetzt mit entsprechend großem Plattenspeicher und einem speziell dafür nutzbaren Betriebssystem.

Die Leitenden hofften auch, daß mit der Entwicklung eines PPS die großen Planungsprobleme in einigen Abteilungen sowie das daraus erwachsende Chaos etwas besser gelöst werden könnten.

Diese Probleme werden z.B. daran deutlich, daß allein aufgrund der verschiedenen von K vertriebenen Artikel zwischen 3000 und 3500 Arbeitspläne verwaltet werden müssen (was wiederum allein für die Färberei ca. 12000 Rezepte zur Folge hat). Dies erfordert eine manuell kaum durchführbare Datenpflege. Daraus ergeben sich wiederum Qualitätsprobleme, weil möglicherweise für einen Artikel, für den es bereits ein Rezept gibt, ein neues Rezept erstellt wird, das aber mit Sicherheit nicht die gleiche Zusammensetzung aufweist.

Ab Einführung des PPS sollen die Veredelungspapiere nicht mehr von Hand ausgeschrieben werden, sondern über EDV, inklusive der nötigen Arbeitsgänge, von der Rohware bis zur Fertigware als Uni- oder Druckware. Damit werde man beweglicher.

> "Das heißt, wenn der Auftrag kommt, wird die Rohware nicht nur verwaltet, sondern dann geht es gleich weiter: Der Computer fragt die ganzen

Farben ab, die zum Auftrag gehören, schaut
nach, ob bereits Färberezepte vorhanden sind
oder Druckrezepte oder ob neue Farben enthalten
sind, für die erst ein Rezept angelegt werden
muß. Diese Information geht dann sofort ins La-
bor und ich bekomme auf dem Bildschirm ein Zei-
chen, wenn das Rezept vorliegt. Dann läuft die
Vorkalkulation bezüglich Chemikalien und Farbstoffe und wenn alles da ist, dann bekommt die
Farbküche automatisch den Auftrag, das entsprechend vorzubereiten, so daß, wenn die Ware auf
dem Weg zur Färberei ist, auch die Zusätze ab-
rufbereit sind. Das alles, also die Vorbehandlung - und das ist unser Ziel - soll in läng-
stens 2 Tagen erledigt sein... Das muß jetzt
noch einprogrammiert werden" (Technischer Leiter, K).

Die Programme für die Auftragserfassung waren zum Zeitpunkt der Untersuchung fast fertig programmiert (durch Programmierer, die nicht zum Unternehmen gehörten). Der technische Leiter von K rechnete damit, daß in ca. eineinhalb bis zwei Jahren der gesamte Uni-Bereich datentechnisch erfaßt und programmäßig durchlaufen wird und daß in einem weiteren Jahr auch der Druckbereit soweit ausgebaut sein dürfte. Dann wird sich die Frage nach der Datenrückmeldung stellen, deren Gewährleistung er am liebsten über einen On-Line-Betrieb herbeiführen würde. Als Übergang müsse er aber wohl mit Coupons auskommen (aufgrund der Probleme bei der Hard- und Software). Dann bräuchten nach seiner Vorstellung die Färber und die Drucker auch einen eigenen Bildschirm und einen Drucker, um Abweichungen registrieren zu können und um bei wichtigen Eingriffen auch das komplette Rezept, das auf den Begleitpapieren nicht angegeben ist, abrufen zu können.

Künftig sollen im Zuge der Umstrukturierung auch die Lohnveredler, die bisher für K gearbeitet haben, zum großen Teil wegfallen.[1]

zu b) Strangfärbeanlagen vom Typ THEN-AIRFLOW finden sich sowohl bei B (dort eine 2-Strang- und eine 4-Strang-Anlage) als auch bei C (dort als Versuch eine 2-Strang-Anlage) im Einsatz (siehe Bild). Sie zeichnen sich dadurch

---

[1] Dies bedeutet also die Verlagerung von Arbeitslosigkeit aus dem Betrieb zu den Zulieferern.

aus, daß sie ein völlig neues Verfahren - das Airflow-Prinzip - zur Anwendung bringen. Ein "aerodynamischer" Antrieb der Ware kommt dadurch zustande, daß die Ware durch einen Gasstrom angetrieben wird und in diesen die Behandlungsflotte injiziert wird. Dies gewährleistet sowohl einen sicheren Warenlauf als auch eine bessere Maschinenauslastung sowie eine schnelle Kühlung bzw. Heizung, eine gute Reproduzierbarkeit und führt darüber hinaus zu einer erheblichen Einsparung von Wasser, Farbstoffen und Chemikalien.

Abb. 29   Der THEN-AIRFLOW AF 540

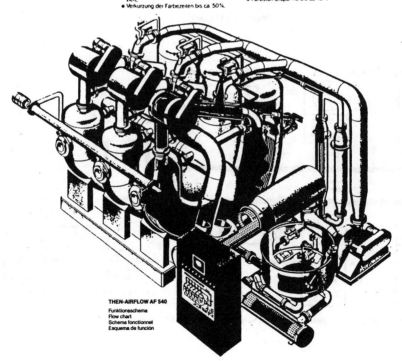

Quelle: Herstellerprospekt

Die Airflow ist ausbaubar bis zu sechs Kesseln bei bis zu 180 kg pro Kessel und bis ca. 140°C Färbetemperatur. Die Einzugshaspel läuft mit stufenlosem Antrieb von 50-500 m/min.

Die Steuerung DATACOMP überwacht den gesamten Produktionsablauf. Auf einer Kassette sind von den Färbereiassistenten und/oder den Meistern bzw. Abteilungsleitern in Zusammenarbeit mit der Herstellerfirma die jeweiligen Färbeprogramme gespeichert. Obwohl es sich hier um eine frei programmierbare Steuerung handelt, ist diese so ausgelegt, daß an der Maschine selbst kaum in das Programm eingegriffen wird, sondern lediglich einige Werte verändert werden können (s. auch Veränderung der Arbeit).

Abb. 30 Blockschaltbild der DATACOMP-Steuerung von THEN

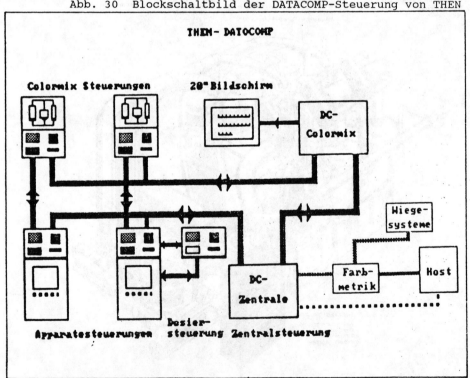

Quelle: Herstellerprospekt

Im Rechner der Steuerung können bis zu 50 Färbeprogramme gespeichert werden; weiterhin enthält der Rechner sog. Service-Routinen zur Änderung von internen Zeiten, Parametern, von Datum, Uhrzeit, Code-Wort und für den Hardware-Test, er hat die Überwachung aller Befehle mit Störungsmeldung im Klartext einprogrammiert und er ermöglicht in gewissem Umfang Korrekturen ohne Veränderung des Restprogramms. Ebenso wie bei der BRAZZOLI-Anlage gibt es auch beim THEN-Apparat Schnittstellen für einen Drucker und für die On-Line-Verbindung mit der Arbeitsvorbereitung bzw. einem übergeordneten Rechner und der Farbküche.

Diese Schnittstellen wurden mangels Automatisierung der Farbküche weder bei B noch bei C verwendet.

Bei B werden die Protokolle des Färbeprozesses zur Abteilungsleitung und zur Refaabteilung transferiert, so daß man dort in der Lage ist, jederzeit exakt jeden einzelnen Programmschritt und seine richtige Ausführung sowie eventuell auftretende Störungen nachzuvollziehen. Dagegen ist es nicht möglich, die Störungen zu differenzieren (vgl. auch unter Lohnprobleme). Laut Aussage des Veredelungsleiters bei C wird dort der Drucker nur für die Überprüfung der Richtigkeit der Färbeprogramme gelegentlich eingesetzt. Der Färbereiassistent beklagt sich, weil ihm der Rechner nicht die Gründe für den Stillstand der Anlage nennt.

Der lediglich gelegentliche Einsatz des Druckers ist wohl durch die noch nicht abgeschlossene Probephase begründet; selbstverständlich wird diese Überwachung als ständige Einrichtung genutzt werden, sobald die für die nächsten beiden Jahre geplanten THEN-Airflow angeschafft und installiert worden sind; dann sollen die Programmdaten auch zur Entlohnung herangezogen werden.

Beide Firmen haben die Anlagen erst vor zwei bis drei Jahren gekauft. Bei C konnte in diesem kurzen Zeitraum nach Angaben des Färbereileiters bereits eine enorme Zeit- und Rohstoffersparnis sowie eine Verbesserung der Qualität der gefärbten Ware erreicht werden. Es bestehe noch das Problem, daß beim Ausschalten der Anlage die Daten verschwänden, weil der Arbeitsspeicher zu klein sei. Daher werde eine solche Verknüpfung dieser Maschinen/Anlagen über EDV angestrebt, die einen ständigen und vor allem bequemeren Zugriff auf alle Produktionsdaten zuließe.

Wie uns der Färbereileiter bei C mitteilt, wurde die Software für die THEN-Anlage komplett gekauft und war ohne größere Probleme verwendbar.[2]

Mit dieser Anlage können bei B pro Schicht 2.200 m gefärbt bzw. behandelt werden. Dies entspricht fast der dreifachen Menge gegenüber der von den uralten Haspelkufen (SILURO) verarbeiteten. Dennoch sind diese alten Anlagen noch immer neben den neuen installiert; sie sollen jedoch laut Auskunft des Meisters in Kürze gegen modernere Maschinen ausgetauscht werden. Bei C werden mit dem Airflow pro Schicht 2.333 m gefärbt. Dort soll ein 4-kammriger Jet (der nach Ansicht des Färbereileiters als Flop angesehen werden müsse, weil man nur eine begrenzte Qualität fahren könne) durch eine zweite Airflow ersetzt werden. Daneben waren noch 4 Jets mit Prozeßsteuerung von der Firma Durand Lyon im Einsatz, die in den letzten zwei Jahren angeschafft worden waren. Da die Steuerung von Durand Lyon derjenigen von DATACOMP nahezu entspricht, soll sie folgend nicht weiter erläutert werden.

Das Ziel der Leitenden ist es, die Abteilung mit der gleichen oder sogar einer kleineren Mannschaft unter möglichst hoher Effektivität zu fahren. Dies soll dadurch geschehen, daß Energie- und Rohstoffkosten abgesenkt sowie die Qualität vereinheitlicht wird. Dafür sei eine ständige Erneuerung des Maschinenparks entsprechend den jeweiligen Messeangeboten vonnöten. "Aus produktionstechnischen Gründen" wird Neue Technik inhuman eingesetzt: Der Abteilungsleiter betonte, daß er seine Techniker angewiesen habe, den Mann an der Anlage möglichst wenig eingreifen zu lassen. Außerdem solle er - was wir für gut halten, weil es die Arbeit erleichtert - statt nasser Ware trockene für das Ein- und Ausfahren vorfinden.

Zu dem technischen Hintergrund bei Firma C kommt als planungsrelevante Größe hinzu, daß früher im Jahresablauf

---

[2] Dies können wir uns nach aller Erfahrung aus der betrieblichen Anwendung von EDV nicht vorstellen; zur Überprüfung hatten wir jedoch keine Gelegenheit.

zwei oder vier Termine für die Vorstellung neuer Farben bzw. Artikel stattfanden; heute stehe man dagegen in einem ständigen Musterungsprozeß. Daher könne man - so der Färbereileiter - meist nur wenige Tage überblicken. Man sei ja auch sehr abhängig von anderen Abteilungen (Weberei und Druckerei).

Wenn z.B. Uni-Produktion in Konkurrenz mit der Vorbehandlung für den Druck laufe, dann habe letzteres Vorrang, weil die Druckerei immer ausgelastet sein müsse. Die eigentliche Planung werde täglich vorgenommen und zwar je nach Verfügbarkeit der Ware und der Rezepturen. Nur die gröbere Planung komme von der Produktionsplanungs- und -steuerungsabteilung Ein Großteil der Ware wird von C übrigens angekauft.

Demgegenüber hat B noch härtere Anforderungen an die Planung, weil dort alles für die Färberei selbst gemacht wird: Es gebe zwar eine 14-tägige Grobplanung, die aber aufgrund der vielfältigen Kundenwünsche immer wieder über den Haufen geworfen werden müsse.

Die Disposition bei der Firma B erwartet täglich 180.000 bis 190.000 Meter gefärbtes Material. Bei Nichteinhaltung, so der Färbereileiter, sei der Imageverlust vorprogrammiert. Das Problem sei, daß man neue Anlagen mit Kinderkrankheiten kaufen müsse, die dann bei voller Produktion beseitigt werden müßten. Er meint, daß mit Hilfe der neuen Anlagen eine bessere Überwachung der einzelnen Färbeprogramme und des Färbeablaufs gegeben sei und daß man die Färbeweise nicht mehr dem Färber überlassen müsse.[3] Gekauft wurde die THEN-Anlage ursprünglich, um auch kleinere Stücke kostengünstig färben zu können. Tatsächlich konnte ca. 50% der früheren Verfahrenszeit eingespart werden.

Die THEN-Anlagen werden bei B und C als Insellösung begriffen. Sie sollten später sowohl mit anderen Färbemaschinen als auch mit der noch zu automatisierenden Farbküche datentechnisch verkoppelt werden. Während heute noch die Leute ihre Daten jeden Tag selbst aufschreiben müssen, soll später bei C eine BDE-Anlage für einen besseren Überblick

---

[3] Problematische Orientierung s.o.

und für die direkte Verwendbarkeit der Daten bei der Entlohnung sorgen.

Nach der Idealvorstellung der Leitenden bei der Firma C sollte der Maschinenführer seine Partien an der Maschine an seinem Terminal anmelden, abmelden und alle Zeiten für Unterbrechungen, für Störungen (möglichst auch deklarieren, um was für eine Störung es sich handelt) inklusive seiner Anwesenheitszeit eingeben. Damit ist natürlich auch eine Leistungsüberwachung des Färbers verbunden.

Der verantwortliche Abteilungsleiter meint allerdings, daß diese Entwicklung einer sehr langen Anlaufphase bedürfe. Als ersten Baustein in diese Richtung wertet man bei C die Installierung eines automatischen Zeiterfassungssystems. Der nächste Schritt falle noch etwas schwer, weil dafür noch nicht die richtigen Computer installiert seien.

Im Meisterbüro ist ein computergesteuertes Farbmeßgerät installiert, mit dessen Hilfe der Meister bei der Musterung die Musterechtheit überprüft.

zu c) bei L sind schon etwas ältere "Jets" von THIES im Einsatz, die nachträglich mit der oben bereits erwähnten DATACOMP-Steuerung von THEN ausgestattet wurden.

Die THIES-Apparate verfügen über zwei Steuerungskästen für den Färbevorgang, die sowohl über Computer als auch von Hand gesteuert werden können. Bei Computersteuerung holt sich der Arbeitende das Programm, das auf einer Diskette gespeichert ist und liest es in den Steuerungscomputer ein (dieser Prozeß ist am Monitor überprüfbar).

Die Anschaffung der DATACOMP-Steuerung hängt wohl damit zusammen, daß in diesem Betrieb weitere THEN-Apparate geplant sind, so daß später einmal ein einheitliches Computersystem aufgebaut sein wird. Die Steuerung war 30 bis 40 Meter vom Arbeitsplatz entfernt in einem besonderen Büro untergebracht.

Auch diese Abteilung soll in nächster Zukunft an BARCO angeschlossen werden, um mit anderen Abteilungen vernetzt werden zu können.

Personaleinsatz

In der Färberei bei K sind 36 Arbeitende beschäftigt. Einer derjenigen, der die BRAZZOLI und noch drei andere Maschinen bedient, wurde für diese Aufgabe neu eingestellt. Der Abteilungsleiter Färberei berichtet von Entlassungen, die aufgrund der Rationalisierung anfielen. Man könne natürlich mit weniger Personal mehr Färbeapparate bedienen. Es sei z.B. bei 10 Apparaten nicht unbedingt nötig, vier Arbeitnehmer zu beschäftigen; hier genügten auch zwei oder drei.

Dagegen würde in der Vorbereitung und in der Farbküche mehr Arbeit anfallen, wodurch aber der Personalabbau nicht aufgefangen werden könne. Wenn dort auch noch automatisiert worden sei, dann werde es einen Einbruch in der Beschäftigtenzahl geben.

Die Struktur der in der Färberei Beschäftigten gliedert sich wie folgt: 30% des Personals sind jüngere Menschen, die ausgelernt haben (jedes Jahr würden 15 Lehrlinge in dem Bereich ausgebildet und dann auch übernommen), 70% werden von älteren Arbeitnehmern, die zum großen Teil fachfremde Berufe bzw. Arbeitsbiografien haben, gestellt. Nach Ansicht des technischen Leiters kämen diese Leute auch ohne Qualifizierung mit den neuen Anforderungen zurecht.

"Es wird nur das Wiegen sein, das sich verändert und bei automatischem Zusetzen muß er (der Färber, P. NRW.) einige Zahlen ins Zählwerk eingeben; das ist alles bei der EDV-Verknüpfung."

Im Widerspruch hierzu steht jedoch die "große Linie", die vom Personalchef des Unternehmens im Zusammenhang mit dem zunehmenden Einsatz Neuer Technik uns gegenüber vertreten wurde: Er sei davon überzeugt, daß Personalpolitik mittel- und langfristig nur so gestaltet sein könne, daß sie das schrittweise Ersetzen Angelernter durch im Betrieb ausgebildete Textilveredler (3-jährige Ausbildung) bzw. Textilmaschinenführer Veredelung (2-jährige Ausbildung) im Färberei- und Druckereibereich bewirke. Gerade dafür betreibe die Firma eine im süddeutschen Raum vorbildliche Ausbildung. Allein in der Färberei waren z.Zt. der Untersuchung 14 Auszubildende beschäftigt.

In der Abteilung Strangfärberei arbeiten im Betrieb B 12 Männer (früher waren es 25-30). Der Färber soll nach Aussage des Färbereileiters universell einsetzbar sein. Damit kein Widerstand vom Personal kommt, wird es bei Veränderungen vorher informiert. Die neuen Arbeitnehmer würden vier Wochen lang eingeführt. In dieser Zeit müßten sie an allen Anlagen arbeiten und dabei die Farbstoffe und Chemikalien kennenlernen.

Mit der EDV-Anlage wurde nach seiner Ansicht ein großer Schnitt gemacht, weil damit die Einflußmöglichkeiten des Färbers enorm eingeschränkt worden seien.

Die Schlosser und die Elektriker waren auf Lehrgängen bei den Herstellerfirmen.

Der in diesem Bereich zuständige Meister der Firma B berichtet davon, daß erste Gespräche im Gange wären mit dem Ziel, die Färber als Gruppe zu betrachten, in der jeder für jede Maschine verantwortlich ist (gegenseitiges Helfen). Augenblicklich ist noch jeder für seine Färbeapparate verantwortlich.

Bei C arbeiteten zur Zeit der Untersuchung an der Anlage ein Gelernter und zwei Angelernte, die, sofern es längere Färbeprozesse erlaubten, auch zu anderen Maschinen gingen, um dort auszuhelfen (z.B. beim Breitmachen, beim Schleudern oder an der Färbekufe).

Was die Veränderung der Personalausstattung in der Abteilung betreffe, ließe sich im Zusammenhang mit der Anschaffung der Airflow nichts sagen, weil sie zusätzlich installiert worden sei. Fest stünde nur, daß diese Anlage etwa doppelt so schnell sei wie die Jets.

Kurz vor Beginn der Untersuchung hatten bei C ca. 10 Beschäftigte einen Durchlauf durch die Abteilung an mehreren

Maschinen beendet, um nötige Flexibilität zu erlangen. Dieses Anlernprogramm soll fortgeführt werden.

Arbeitnehmer, die an den neuen Maschinen arbeiten sollen, werden laut Aussage des zuständigen Meisters schon frühzeitig ausgewählt und darüber informiert (manchmal bereits vor dem Kauf der Maschine). Sie werden meist aus dem Färbebereich von den alten Maschinen weggenommen und den neuen Anforderungen entsprechend geschult bzw. angelernt (im Falle THEN waren es die alten Jet-Färber). Mittel- und längerfristig sollen möglichst viele Leute in der Abteilung an den neuen Anlagen ausgebildet werden. Frauen haben allerdings auch hier aufgrund der Schichtarbeit und aufgrund der körperlichen Anforderungen kaum eine Chance, einen Arbeitsplatz zu bekommen. Der Abteilungsleiter würde den Frauen zwar die nötige Qualifikation zugestehen, es bliebe jedoch das Problem mit der Nachtarbeit. ("Da müßten ja die Männer in der Schicht bereit sein, die Nachtschicht der Frauen zu übernehmen").

Bei L kontrolliert der von uns untersuchte Arbeitnehmer drei Jets der Marke THIES mit DATACOMP-Steuerung.

Veränderung der Arbeit

Mit dem ersten Schritt wird sich nach Einschätzung des technischen Leiters für den Färber nichts verändern, weil nur die bisherige Steuerung durch die Mikroprozessorsteuerung abgelöst wird; mit dem Anschluß an die automatische Farbküche trete eine Arbeitserleichterung ein. Diese Äußerung ist typisch bei körperlichen Arbeitserleichterungen. Auf die neuen geistigen Anforderungen geht der technische Leiter dagegen nicht ein. Für den Mann in der Farbküche ändere sich durch eine Automatisierung natürlich einiges in seiner Tätigkeit: Bei ihm käme es dann darauf an, daß er richtig wöge und eintippe; um dabei Fehler zu vermeiden, könne ein Barcode-Leser verwendet werden. Es wird jedoch kaum genügen, daß der Arbeiter nur richtig die Werte eintippt; vielmehr wird er auch die Rezepte in den Programmen kennen müssen.

Die Farbverwaltung wird vom Büro aus durchgeführt, d.h. die Farbabstimmung läuft grob über EDV und anschließend fein von Hand. Dafür müsse man mindestens fünf bis sechs Jahre Erfahrung in der Färberei gesammelt haben (laut technischem Chef); Diese Tätigkeit wird daher augenblicklich noch von den Meistern erledigt. Allerdings schätzt der technische Leiter im Betrieb K, daß der Färber künftig diese Arbeit mit Hilfe ausgefuchster Farbmeßgeräte übernehmen werde, zumal er langfristig nur noch eine Schaltschrankwand zu beobachten hätte, an der die Färbeapparate zu überwachen seien. Solche Farbmeßgeräte druckten nach Kontrolle anhand eines Musters (Vermessung) ein Korrekturblatt aus, mit dessen Hilfe dann die Nachsätze gefahren und auch neue Vorgaben erstellt werden könnten. Damit ergebe sich eine hierarchische Veränderung, die arbeitsorganisatorische (und natürlich auch qualifikatorische) Konsequenzen habe. Daher wurde bei K zunächst so vorgegangen, daß den Meistern ein derartiges Farbmeßgerät nur als Hilfsausrüstung zur Hand gegeben wurde, um ihre Berufsehre als Färber nicht zu verletzen. Hier befindet sich doch einiges im Umbruch, wozu wir weiter unten kommentieren werden.

Arbeitsorganisatorisch interessant ist weiterhin, daß sich die Abteilungsleiter der Firma K jeden Morgen zur Tagesauswertung treffen, während derer auch die Tagesplanung festgelegt wird und Maschinengruppen sowie Qualitätsdaten ausgewertet werden. Darüber hinaus werden einmal in der Woche tiefergehende Probleme besprochen und in sechs- bis achtwöchigem Turnus Samstagsschulungen durchgeführt (Teilnehmerkreis: Abteilungsleiter, Meister und Vorarbeiter).

Arbeitsorganisatorisch wurde die Zuständigkeit für die Auftragserfassung bereits von der Färberei auf die Arbeitsvorbereitung übertragen. Weiterhin geht man bei der Rezepterstellung nicht mehr Rohartikelbezogen, sondern Substratbezogen vor. Weil in der Kette und ebenfalls im Schuß die Substrate liegen, können auf deren Struktur die Arbeitspläne, die Rezepte und damit die Produktionssteuerung aufgebaut werden. Dies dient einer Standardisierung der

Substrate und der Rezepturen. Zunächst behauptet der technische Leiter, daß sich hieraus keine arbeitsorganisatorischen Konsequenzen ergeben würden; auf Nachfrage räumt er allerdings ein, daß sich das große Problem gleichzeitiger Zuständigkeit mehrerer AV-Fachleute für die Färberei dadurch ausräumen ließe, daß diese nicht mehr für Artikel, sondern für Sachgebiete verantwortlich seien.

Fachleute bestätigten uns unter Anspielung auf die bei der Installation des Systems aufgetretenen Probleme (keine Projektleitung, zu geringe Sorgfalt bei der Vorabstandardisierung von Daten und Rezepten usw.), daß ohne Beteiligung der Betroffenen, natürlich auch des BR, an eine Technisierung nicht zu denken sei.

> "Sie kriegen natürlich alle Fertigungsunterlagen dann papiermäßig in einer ganz neuen Form. Und damit muß sich jeder Einzelne identifizieren können und muß sagen, jawohl, so haben wir das gewollt von der EDV." (Abteilungsleiter K)

Es wird viel Hoffnung in die jungen Leute gesetzt, "weil sie ja mit der Technik aufwachsen"(derselbe). Man hat daher - nach anfänglichem Mißerfolg - das Personal (bis zur Meisterebene) bei Schulungsgruppen am Wochenende oder auch nach Feierabend bei einem Glas Bier zusammengesetzt, um sie auf die geplanten Veränderungen einzustimmen und um mit ihnen Probleme zu besprechen. Dann wurden Teams innerhalb der einzelnen Abteilungen (also auch in der Färberei) mit den EDV-Fachleuten gebildet, die den Umstellungsprozeß begleiteten.

Es zeigt sich, daß im Zusammenhang mit der Einführung von PPS die Veränderung der Arbeit nicht mehr allein auf den Bereich einer Maschine begrenzt werden kann, sondern daß sie dann solch gravierende Umstrukturierungen nach sich zieht, daß eine abteilungsübergreifende Analyse angebracht wäre, die wir hier jedoch nicht leisten können. Dennoch wird bereits hier deutlich, daß auch die Ausstattung der Färbemaschinen mit Computersteuerungen, so wie wir sie heute antreffen, lediglich eine Zwischenlösung bildet. Die Arbeit der Färber wird sich entsprechend obiger Ausführungen mit weiterer Vernetzung nochmals verändern, weil sie am

Bildschirm zusätzliche Parameter und Auftragsverläufe mitzuüberwachen haben werden.

Was nun die heutige Tätigkeit des Färbers betrifft, so mag es sein, daß er dann, wenn der Prozeß ohne Störungen abläuft, diesen nur überwachen muß. Fällt die Steuerung jedoch punktuell oder insgesamt aus, dann muß die Anlage von Hand gefahren werden können; d.h., daß der Färber wissen muß, wo und wann welche Prozesse in Gang gesetzt werden müssen und wie sie mit dem Auge, dem Ohr oder sonstwie kontrolliert werden können.

Bei C werden für die Besprechung von Störungen jede Woche die Führungskräfte inklusive der Serviceleute zusammengerufen; erst wenn man dabei auf Probleme und Fehler stößt, die auch die Maschinenführer etwas angehen, werden auch sie hinzugezogen. Als Grundlage dieser Diskussion dienen auch Computerausdrucke, mit deren Hilfe Störungen schneller und effektiver erkannt und beseitigt werden können. Bei problematischen Qualitäten wird - noch bevor es zu Störungen kommt - die Anweisung erteilt, daß man mit dem Schichtmeister bei Datenveränderungen Rücksprache zu halten habe.

Dazu paßt auch, daß prinzipiell davon ausgegangen wird, daß man die BDE-Daten auch in der Produktion lesen und interpretieren können müsse, um aus ihnen die richtigen Schlüsse ziehen zu können. Dem können wir nur beipflichten, weil es voraussetzt, daß die Betroffenen entsprechend qualifiziert wurden.

Hierzu gehört ebenso, daß die Färber nach wie vor Kenntnisse über chemische Prozesse und über Farben und ihre Zusammenstellung haben.

Die Zusammenarbeit muß - neben der mit den Serviceleuten - am engsten mit der Appretur erfolgen, weil in dieser Abteilung die Endbearbeitung der Ware erfolgt und weil sich bis zu dem Zeitpunkt, an dem die Ware dort behandelt wird, der Termindruck oft noch verschärft hat.

Außerdem arbeitet der Färber bei Neuansätzen mit dem Arbeiter in der Farbküche zusammen, denn sie müssen zusammen darüber abstimmen, welche Dosierungen angebracht sind.

Wenn der Färber bei L das Färbeprogramm in den Computer eingeben möchte, nimmt er sich dieses aus dem entsprechenden Ordner und benutzt für die Eingabe einen speziellen Code. In dem Programm sind alle Schritte der Anlage und die gesamte Tätigkeit des Färbers (wie z.B. Ein- und Ausfahren der Ware, Bereitstellung der Hilfsmittel usw.) aufgeführt. Es wurde wie auch in den anderen Färbereien vom Meister erstellt. Damit bleibt dem Färber als Tätigkeit tatsächlich oft nur das Be- und Entladen, das Mustern, das Reagieren auf Befehle vom Bildschirm und evtl. der Eingriff bei Störungen.

Es stellte sich heraus, daß die Färber durchaus ein Gefühl für die Störungen entwickelt haben und daher meist an der Anlage bleiben, wenn die Serviceleute sich mit dem Problem befassen. Sie werden häufig gebraucht, z.B. um die Maschine durch einen bestimmten Programmschritt zu fahren und haben so außerdem die Gelegenheit, etwas über die Funktionsweise der Anlage zu erfahren.

Bei allen hier untersuchten Strangfärbeanlagen besteht ein Widerspruch bei den Anforderungen auf mehreren Ebenen, den die Leute für sich lösen müssen: Zum einen sollen sie den Prozeß beobachten, werden aber dennoch mehreren Maschinen zugeteilt, so daß sie gar nicht in der Lage sind, bestimmte Störungen oder Befehle rechtzeitig wahrzunehmen; zum anderen sollen die Zwischenschritte im Programm, die der Färber beeinflussen kann, möglichst verringert werden, obwohl dies zum Teil gar nicht machbar ist, weil hier Bedingungen wirken, die der Färber nicht beeinflussen kann.[4]

5.2.3 Breitfärbestraße

Im Gegensatz zum Strangfärben nennt man Breitfärben jenen Vorgang, bei dem die Ware in ihrer gesamten Fläche durch die Bearbeitungsstationen läuft. Damit ergeben sich natürlich ablauftechnisch ganz andere Probleme als bei der Strangfärberei.

---

[4] Wie z.B. dann, wenn gleichzeitig mehrere Färber zum Mustern ins Meisterbüro kommen oder wenn das Färbeprogramm offensichtlich manche praktischen Erfahrungen nicht integriert hat und daher - im Gegensatz zu früher - mehrere Nachsätze gefahren werden müssen.

Seit ca. 2 Jahren verfügt die Fa. B über eine Breitfärbestraße, in der fünf Produktionsschritte durch unterschiedliche Maschinen der Firmen FLEISSNER, MONFORTS, KÜSTERS, BRÜCKNER und BABCOCK zusammengefaßt sind. Diese Continue-Anlage, die nach Auskunft des Färbereileiters zum damaligen Zeitpunkt die modernste Europas war und einen Wert von 7 Mio. DM repräsentiert, kann an einem Stück 600 m Stoff bearbeiten.

Die Steuerung der Anlage wird von einem SIEMENS-Rechner übernommen, der in einem besonderen Häuschen etwa in der Mitte der Anlage mit Terminal, Bildschirm und Drucker installiert wurde. Die dort im Laufe der Schicht bzw. des Tages gesammelten Daten werden abends vom Meister in den PC eingegeben und an den Host-Rechner[5] überspielt.

Nur der Meister und der Abteilungsleiter können die Programmdateien im SIEMENS-Rechner verändern.

Auch hier - ähnlich wie im Strangfärbebereich - sind die Rezepturen vorgegeben (sie werden vom Meisterbüro bezogen) und die Abläufe fest einprogrammiert, so daß der Prozeßablauf überwacht und bei Störungen sowie bei Anlauf, Unterbrechungen usw. eingegriffen werden muß. Parameter können nach Absprache mit dem Meister geändert und optimiert werden.

Für die Wahrnehmung von Störungen ist ein ausgeklügeltes System von Farbunterlegungen am Bildschirm, Ausdrucken über den Drucker, Licht- und Hupsignalen an der Anlage installiert.

Neben diesem Rechner ist noch ein SIEMENS-Datentelefon an der Anlage angebracht, mit dessen Hilfe Daten direkt auf den Rechner im Rechenzentrum übertragen werden können. Zum Zeitpunkt der Untersuchung funktionierte dieses Telefon noch nicht richtig.

Im Prinzip könne diese Anlage mit der Appretur verknüpft werden, was sich aber wegen der kleinen Metragen nicht lohnen würde.

---

[5] Dabei handelt es sich um eine übergeordnete Rechneranlage, die mehrere Datenstationen oder untergeordnete Rechnerebenen (Stichwort: mittlere Datentechnik) zusammenfaßt (was eine hohe Speicher- und Rechnerkapazität sowie das Verfügen über Datenbanksysteme einschließt).

Früher wurden die in dieser Anlage integrierten Arbeitsgänge Klotzen, Trocknen, Fixieren, Entwickeln (bei Baumwolle), Zwischenschauen usw. von insgesamt drei Maschinen ausgeführt, an denen sechs Leute arbeiteten. Heute werden für die Anlage, die pro Schicht ca. 30.000 m Ware verarbeitet (ca. 10000 m mehr als die alten), lediglich noch drei Arbeitnehmer pro Schicht beschäftigt, wobei mit weit höherer Qualität als früher produziert wird.

Personaleinsatz

Insgesamt sind also an der Breitfärbestraße der Firma B in drei Schichten je drei Maschinenführer beschäftigt, die Teil einer 95 Arbeitende umfassenden Abteilung sind, in der zusätzlich noch sechs Schichtmeister, ein Obermeister und ein Abteilungsleiter arbeiten. Diese Beschäftigtenzahl hat sich nach Aussage des Abteilungsleiters in den letzten Jahren nicht verändert.

Er gibt an, daß das Durchschnittsalter in der Abteilung bei ca. 35 Jahren liege.

Auffallend war für uns, daß in dieser Abteilung ein relativ hoher Prozentsatz der Beschäftigten über eine qualifizierte Berufsausbildung entweder in einem Textilberuf (Textilmaschinenführer und -mechaniker Veredelung) oder in anderen Berufen wie z.B. als Regeltechniker, Elektriker, Schlosser, Kfz-Mechaniker usw. verfügte.

Wie bereits erwähnt, wurden an dieser Straße Teams gebildet, was schon aufgrund der Länge der Anlage sinnvoll ist. Allerdings sind die Aufgaben innerhalb der Teams nicht gleichberechtigt verteilt: Es gibt einen Hauptverantwortlichen, einen, der praktisch als 2. Mann läuft und einen (der bei der Untersuchung auch über die geringste Ausbildung verfügte), der praktisch am Ende der Anlage verantwortlich für die Qualität der auslaufenden Ware ist.

Diese Leute wurden über den Aufbau der Anlage informiert und nachdem sie angelernt waren, übernahmen sie nach und nach die notwendige Verantwortung. Sie fanden es sehr langwierig, bis alles so lief, wie es sollte. Damit wird der komplexe Zusammenhang derartiger Anlagen deutlich und die Schwierigkeit, synchronen Ablauf zu erreichen. Ihrer Meinung nach wird die Anlage auch falsch eingesetzt. Statt der kurzen Metragen (2-3000 m) sollten längere Serien gefahren werden.

Veränderung der Arbeit

Die durch die Komplexität und Größe der Anlage bedingte Veränderung der Arbeit wirkt sich vor allem bei der Kontrolle des Arbeitsablaufes aus, d.h. bei der Überwachung der Programmschritte, der richtigen Disposition, der Kontrolle der Werte in den einzelnen Anlagenteilen und der rechtzeitigen Korrektur bei Sollwertabweichungen sowie der Zusammenarbeit innerhalb der Gruppe.

Dazu wird abstraktes Denkvermögen benötigt und die Fähigkeit, vorausschauend zu denken und zu planen. Außerdem geht es um schnelles Reagieren im Störungsfall, was wiederum die Vorhaltung entsprechender Kenntnisse und Fähigkeiten voraussetzt.

Wenn z.B. ein Signal auf dem Bildschirm anzeigt, daß ein Bad außerhalb der Toleranz liegt, dann läßt sich einer der Maschinenführer das Bad konkreter zeigen und sieht, daß es am Wasser liegt. Parallel zu diesem Vorgang wird ein Protokoll über die Störung gedruckt.

> "Manchmal geht der Fehler von selbst weg; wenn nicht, muß ich sehen, ob wir's selbst wegkriegen oder wir holen jemanden vom Service."(Straßenführer/B)

Wenn er neue Zahlen für eine Partie eingeben muß, läßt sich der Maschinenführer am Bildschirm die Rüstkarte zeigen, um alle Zahlen auf Null zu setzen. Der Computer überprüft die eingegebenen Daten und gibt sein o.k.

Wenn in einzelnen Stationen der Bearbeitung die Felder am Bildschirm von grün (o.k.) auf rot (Störung) springen, muß er entweder am Bildschirm versuchen, die Störungsursache zu ermitteln (z.B. indem er sämtliche wichtigen Daten für diesen Bereich aufruft und überprüft) oder er muß "raus", d.h. er muß in diesen Bereich der Anlage und vor Ort untersuchen, was der Grund für die Störungsmeldung ist. Kann der Maschinenführer die Störung nicht beseitigen, werden die Serviceleute gerufen.

Im Prinzip muß also jeder Schritt im Programm vorweggenommen werden, d.h. die Abläufe müssen blitzschnell durchdacht werden können, was voraussetzt, daß einige wesentliche Störungsursachen bekannt sind. Genau hier liegen jedoch die Schwierigkeiten, weil die Beschäftigten an der Anlage nicht ausreichend eingeführt wurden und nicht die Möglichkeit hatten, ihre praktischen Erfahrungen mit theoretischem Know-how abzustützen (gemäß ihren Aussagen). Das schrittweise Mitlaufen beim Aufbau der Anlage halten wir durchaus für eine brauchbare Art des Lernens; doch hat sie dort ihre Grenzen, wo keine Zusammenhänge und tiefergehende Fakten vermittelt werden und wo später angestellte Arbeitnehmer diese ersten Erfahrungen nicht mehr machen können.

Ihre Arbeitsunterlagen bekommen die Maschinenführer von der Arbeitsvorbereitung.

Sie sind auch verantwortlich für die Reinigung der Anlage.

5.2.4 Entlohnungsstrategien in der Färberei und ihre Probleme

5.2.4.1 In der Garnfärberei

Bei B arbeiten in der Garnfärberei 25 Personen in Prämie und drei in Zeitlohn; weiterhin gibt es dort fünf Angestellte. Der dortige Refa-Sachbearbeiter meint, daß die Färbetätigkeiten verglichen mit der Lohngruppe in anderen Betrieben überdurchschnittlich bezahlt würden. Die Maschinenarbeiter verdienen laut Tarif DM 11,85/Std, was der LG Vb im Tarifgebiet Westfalen entspricht. Zusätzlich werden über eine kombinierte Qualitäts- und Mengenprämie im Durchschnitt weitere 3,55 DM/Std. verdient.

Bei A arbeiten die 38 Garnfärber dagegen unter Zeitlohn, und neun Personen in der Restgarnverwertung (Spulerei) im Akkord; sieben Personen sind Angestellte. Es wird ein Gesamtlohn von 14,36 DM/Std. erzielt, der sich aus dem Tariflohn der Lohngruppe 10 (Tarifgebiet Nordbayern) von 12,31 DM/Std., einer tariflichen Zeitlohnzulage von 0,71 DM/Std. sowie einer freiwilligen Zulage von 1,34 DM/Std. zusammensetzt.

Bei D erfolgt die Entlohnung über eine Mengenprämie, die gemäß BV vom 15.6.88 (Neufassung im Interesse einer Dynamisierung) auf zwei in der Garnfärberei eingesetzte Arbeitnehmergruppen folgendermaßen aufgeteilt ist: Helfer bekommen einen Tariflohn von DM 12,40/Std. (entspricht LG IV TV Baden-Württemberg), der mit einer durchschnittlichen Mengenprämie von DM 0,89 und einer freiwilligen Zulage von DM 0,60 (summiert also DM 13,89/Std.) beaufschlagt wird. Färber bekommen einen Tariflohn von DM 13,97 (entspricht LG VII), auf den eine durchschnittliche Prämie von DM 1,60 und eine freiwillige Zulage von DM 0,58 (ergibt summiert DM 16,15/Std.) kommt. Ein interviewter Färber sagt uns, daß er zum Zeitpunkt der Untersuchung DM 15,55/Std. verdient.

Es ist nun interessant, den hier deutlich gewordenen Gegensatz hinsichtlich des Entlohnungsgrundsatzes zwischen den beiden ersteren Firmen und der letzteren Firma weiter zu verfolgen: bei der Begründung für die Wahl des Entlohnungsgrundsatzes bei A spielt es eine Rolle, daß die Anlagen in ihrer Laufzeit nicht beeinflußbar sind. Die Refaabteilung ist nach Auskunft des dortigen Färbereimeisters auch schon gekommen und hat versucht, Zeitaufnahmen anzufertigen; sie hätten diese aber abgebrochen, weil dem prozeßbedingte Schwierigkeiten entgegenstanden:

> "Ich kann jetzt nicht sagen, ich mache vier Partien pro Apparat am Tag und nach der Zeitaufnahme mache ich fünf. Das geht eben nicht, weil die eine Färbung nicht gleich der nächsten ist und weil die Färbezeit genau eingehalten werden muß."

Die Be- und Entladezeiten, die ja vom Färber beeinflußbar und insofern auch optimierbar sind, seien so gering, daß man sie auch schlecht bemessen könne. Außerdem hänge die benötigte Zeit auch davon ab, ob helle oder dunkle Farben verwendet würden. Nach einer Dunkelfärbung müsse der Färber länger spülen - also könne man keine Leistung an der Minimierung dieser Zeit festmachen. Dieser Meister hat lieber vier gute Partien als fünf schlechte. Er möchte daher den Färber nicht unnötig verunsichern oder zur Eile antreiben.

Demgegenüber wird bei B und auch bei D der Lohn nach den beeinflußbaren Teilen des Ablaufs berechnet. Bei B kommt es nach den Ausführungen eines Färbers darauf an, wieviele Kessel geleert werden und wie lange gebraucht wird, um an der Steuerung den nächsten Programmschritt einzuleiten (dafür gibt es Zeitaufnahmen). Bei Störungen, für die jemand anderes an die Maschine gerufen werden muß, wird gestempelt und Durchschnitt bezahlt.

Bei D ist der Aufbau der Prämie für das Hilfspersonal dergestalt, daß die bewegten Kilo je Schicht bei den Tätigkeiten Kreuzspulen abrunden, vorbereiten, aufstocken und abnehmen sowie schleudern und in den Trockner ein- und ausfahren erfaßt und verrechnet werden. Es handelt sich dabei um eine Gruppenprämie.

Auch die Färber werden pro Schicht als Gruppe bezahlt. Deren Prämie bezieht sich auf die Anzahl der gefärbten Partien. Da die Färbeapparate vier unterschiedliche Größen haben, wird diesen Größen auch als Unterscheidungsmerkmal für die Berechnung der Partien Rechnung getragen. Darüber hinaus wird berücksichtigt, daß die unterschiedlichen Färbeverfahren auch als unterschiedliche Beeinflussungsfaktoren in die Entlohnung eingehen: Die effektiv gefärbte Partienanzahl wird multipliziert mit einem Faktor (der zwischen Firma und BR ausgehandelt wurde), was die Anzahl der Basispartien ergibt. Pro Basispartie gibt es dann einen festgelegten Prämienbetrag.

Nach Aussage des Abteilungsleiters bei B müßte man bei diesen Anlagen Leistung sowieso anders definieren:

> "...wenn 40-50% der Prozeßzeit Überwachung ist, dann sollte man die Eingriffszeit auch wirklich überprüfbar machen. Das wäre dann ein Leistungsanreiz."

Nutzeffekt sei heute gleichzusetzen mit Leistung. Wenn man die Entlohnung im Zeitgrad ausdrücke, sei das Personal nach oben abgesichert. Das heißt für ihn, daß die Leistungsbezugsgröße nicht mehr personenadäquat ist. Prämie wird also bei B dafür gezahlt, daß die verbliebene beeinflußbare Zeit so optimal wie möglich genutzt wird. Bei A dagegen wird eine Zulage (von einigen ebenfalls Prämie genannt) für die Flexibilität des Färbers gezahlt.

Kritik ist an der Gleichsetzung des Nutzeffekts mit der menschlichen Leistung anzubringen. Für die Erhöhung des Nutzeffekts in einem niedrigen Bereich ist weit weniger Leistung anzusetzen als für die immer geringer werdende Erhöhung in dem kurz vor 100% liegenden Bereich. Außerdem müßten die in die Erhöhung des Nutzeffekts eingehenden Qualifikationen und Anstrengungen berücksichtigt werden, um eine realistische Einschätzung menschlicher Leistung zu bekommen.

Weiterhin ist zu obigen Ausführungen - ebenso wie zu den diese unterstützenden Aussagen des Refa-Sachbearbeiters derselben Firma - anzumerken, daß zwar das Programm den Färbevorgang steuert, der Färber aber nicht nur dann eingreift, wenn ein Befehl am Bildschirm auftaucht bzw. bestimmte Zutaten so vorbereitet werden können, daß der Prozeß möglichst wenig Unterbrechungszeit aufweist, sondern auch dann, wenn er, sofern er die Zeit dazu hat, durch Mitverfolgen des Prozesses größere Probleme oder Störungen vorhersehen und vermeiden kann.

Er kann also nur dann rechtzeitig und schnell eingreifen, wenn er sich an der Maschine befindet und erkennt, wie sich ein Problem aufbaut. Dies steht jedoch im Widerspruch zu den Anweisungen der Vorgesetzten, weil diese den Eingriff bei technischen Problemen meist den Reparateuren zuordnen, obwohl es der Realität im Arbeitsalltag widerspricht.

Außerdem muß der Färber bei gleichzeitigem Bedienen von mehreren Apparaten aus der Gesamtsicht des Ablaufs her disponieren können, um eine optimale Ausnutzung der Anlagen zu erreichen.

Auch hier kommen wir also zu dem Thema unbeeinflußbarer Zeiten. Neben vielen anderen Einflußgrößen bestimmt auch die Garnqualität das Verhältnis von beeinflußbarer und unbeeinflußbarer Zeit, weil der Färber die Produktion je nach dem mit weniger oder mehr Zusätzen fahren muß.

Die Prämienregelung bei B sei lange Zeit von der Gewerkschaft behindert worden.

Die Tages-, Wochen- und Monatsprotokolle von den Anlagen gelangen nach den Angaben des dortigen Färbereileiters lediglich zu ihm und werden in der Meisterei abgelegt (Rückgriffsmöglichkeit besteht eineinhalb Jahre). Welche Tätigkeit von wem ausgeführt wurde, wird dabei nicht gesondert erhoben, weil die Leute in Gruppen abgerechnet werden (über die Schicht und pro Apparategruppe).

Auch die Nutzeffektberechnungen an den Maschinen des Betriebes D bleiben noch in der Abteilung und sollen erst später in das Lohnbüro geleitet werden.

Nach den Worten des Färbereimeisters bei B sei das heutige Verfahren auch gerechter, weil früher der Färber eine feste Vorgabezeit vorgeschrieben bekam, wobei es gleichgültig war, ob zweimal oder dreimal nachgesetzt werden mußte. Heute würde aufgrund der vorprogrammierten Zeiten genau registriert, so daß Nachsetzvorgänge berücksichtigt werden könnten. Die interviewten Färber bei A teilen diese Ansicht, weil die Computerdaten in den Lohn eingingen.

Der REFA-Beauftragte der Firma B äußert, daß sich die Tätigkeit beim Einsatz Neuer Technik im bloßen Bedienen erschöpfe; früher hätte das Personal mehr wissen müssen. Allerdings gäbe es ein Problem: Man hätte an den neuen Anlagen durchschnittlich zwei Nachsätze statt einem oder gar keinem bei den alten Anlagen. Spielt hier vielleicht nicht doch auch die Qualifikation der Arbeinehmer eine Rolle?

Der REFA-Sachbearbeiter bei B vermutet für die Zukunft in der Garnfärberei eine prozentmäßige Zuteilung der Maschinen. Allerdings sei die Auslastung der Maschinen nicht vorher berechenbar, da sich diese in Abhängigkeit zu den Nachsätzen ständig verändern würde. Insofern fragt man sich allerdings, wie dann eine prozentmäßige Zuteilung überhaupt gelingen soll. Er bezweifelt auch, daß man an den neuen Anlagen mehr leisten müsse, so daß eine höhere Vergütung nicht gerechtfertigt sei. Auch der Abteilungsleiter äußerte sich dazu skeptisch. Bei Betrieb A und B sagten uns die Färber, daß die Tätigkeit für sie zwar körperlich leichter geworden sei, ihr Verdienst aber dennoch zu gering ausfiele, weil sie ja die Verantwortung trügen und mit den Chemikalien umgehen müßten. Die Färber bei D zeigten hingegen keinerlei Unzufriedenheit bezüglich ihres Lohns.

Die Anregung, für den Transport von Chemikalien mehr Lohn zu fordern, können wir nicht gelten lassen, weil so Gefahren bezahlt werden, anstatt sie zu beseitigen. Außerdem würde man sich damit in eine lohnpolitische Sackgasse begeben, weil natürlich mit der Automatisierung der Zusatzzuführung diese Lohnkomponente wieder entfallen würde.

Später soll es bei B einmal so sein, daß die REFA-Abteilung die Zahlen aus den Protokollen des SIEMENS-Rechners erhält und diese dann mit den Rezepturen vergleichen kann, um so die Lohnabrechnung durchzuführen. Darüber seien die Färber informiert worden.

Nach Meinung des Färbereileiters bei A müßte sich die Tatsache, daß immer mehr Neue Technik in die Abteilung komme, auch positiv auf die Höhe des Lohnes auswirken. Er möchte zwar die genauere Regelung den Tarifparteien überlassen, meint aber, daß sich Leistungslohn am ehesten anböte. Die befragten Färber wollen hingegen weiterhin unter Zeitlohn arbeiten, sofern dieser angehoben wird.

Bei D geht der Abteilungsleiter Färberei davon aus, daß zukünftig stärker die Qualifikation in die Entlohnung einbezogen wird und so die Löhne auch steigerbar seien. Allerdings bleibe es dabei, daß unterschiedliche Erfahrung und damit Leistung auch unterschiedlich entlohnt werden müsse. Im Moment müsse schon eine gewisse Angst bei der Bedienung des Computers überwunden werden, was aber natürlich nicht bezahlt werden könne.

Nach Meinung des verantwortlichen Meisters könne sich die Leistungs- und Produktionssteigerung an den neuen Anlagen (die ja erst jetzt vollständig umgebaut werden) in Zukunft noch stärker als heute im Lohn ausdrücken.

5.2.4.2 In der Strangfärberei

In der Strangfärberei werden die Betroffenen der Firmen B, L und C über Prämie entlohnt (bei B und C handelt es sich um eine Gruppenprämie), Betrieb K entrichtet hingegen Zeitlohn.

Die Textilmaschinenführer beginnen bei K nach ihrer Ausbildung mit einem Effektivlohn von 12,-- DM/Std, die Textilveredler erhalten DM 14,--/Std. (Tariflohn: DM 13,48 gemäß LG VII im TV Baden-Württemberg, Stand Juli 1987). Beide Beschäftigtengruppen sind in der Lage, ihren Stundenlohn innerhalb eines Jahres um 1,-- DM bis 1,50 DM/Std. zu steigern. Die Zulagen liegen bei zehn bis zwölf Prozent des Grundlohns. Hinzu kommen eine tarifvertraglich vereinbarte Leistungszulage in Höhe von 6%, die für alle Zeitlöhner berechnet wird.

An den BRAZZOLI wird den Textilmaschinenführern ein Gesamtlohn von 16,15 DM/Std. gezahlt (13,97 DM/Std. Lohngruppe VII und 2,18 DM/Std als freiwillige Zulage).

Die Helfer erhalten 14,16 DM/Std. (11,89 DM/Std. nach Lohngruppe IV und 2,27 DM/Std. freiwillige Zulage). Die Zulagen sind mit 6 % des tariflichen Betriebsdurchschnittes abgesichert.

Prinzipiell soll der augenblickliche Entlohnungsgrundsatz nach der Einschätzung des Personalchefs bei K beibehalten werden, es sei denn, über eine andere Entlohnungsart wäre auch eine Produktionssteigerung erzielbar. In der Legerei sei zwar schon die Entlohnungsart etwas in Richtung Prämie verändert worden, dies müsse aber erst "verdaut" werden, bevor etwas neues angegangen werden könne. Bei anderen Tochtergesellschaften sei man in dieser Entwicklung schon weiter, habe z.B. auch schon Programme zur Lohnberechnung eingesetzt.

Auch die von uns befragten Beschäftigten in diesem Bereich wollen den Zeitlohn beibehalten.

Bei L erhalten die Färber (angelernt) zusätzlich zum Tariflohn von 12,40 DM/Std. (Lohngruppe IV Tarifgebiet Baden-Württemberg) eine durchschnittliche monatliche Mengen- und

Qualitätsprämie von 0,85 DM/Std.. Hinzu kommt eine freiwillige Zulage in Höhe von durchschnittlich 0,90 DM/Std. Diese variiert im Einzelfall zwischen 0,60 - 1,57 DM/Std. Im Mittel wird ein Stundenlohn von 14,15 DM erzielt.

Laut Betriebsvereinbarung mit der Firma L beträgt der Sollwert für die zu färbende Ware 450m; ab diesem Wert erhalten die Betroffenen für jeweils weitere zehn Meter zusätzlich vier Pfennig pro Stunde; bei einem Sollwert von 150 weißbehandelte Meter für jeweils weitere zehn Meter zusätzlich drei Pfennig je Stunde. Damit die Qualität nicht in Vergessenheit gerät, wird in der Betriebsvereinbarung von 1970 (!) festgehalten, daß sowohl die angefallene Zweite Wahl als auch die Färberei-Retouren und alle Farbabweichungen von der erzielten Prämie, soweit das festgesetzte Soll überschritten wird, in Abzug gebracht werden. Bei einem Sollwert für Farbware der Zweiten Wahl von 0,5% und für Weißware der Zweiten Wahl von 0,1% erfolgt für jede Abweichung um 0,1% ein Zu- bzw. Abschlag von vier Pfennigen. Bei Retouren und Farbabweichungen wird in der Weise verfahren, daß diese bei eindeutiger Zuordnung der Nachlässigkeiten zur Färberei unentgeltlich nachzubearbeiten sind.

Zu diesen beiden Faktoren kommt laut Angaben des Lohnbüro noch eine freiwillige Zulage von DM 1,80 hinzu, so daß also der Gesamtlohn bei DM 14,90/Std. liegt (Durchschnittswert).

Bei B verdient ein Färber im Durchschnitt 16,--DM/Std. Dieser Lohn setzt sich zusammen aus 11,85 DM/Std.(Lohngruppe Vb, Tarifgebiet Westfalen) zuzüglich einer Prämie von durchschnittlich 4,15 DM/Std. Zur Ermittlung der Prämie hat die dortige Refaabteilung die Zeiten für diejenigen Partien an der Färbeanlage vorausgesetzt, die am häufigsten sind.

Durch Vergleich dieser Zeiten wird ein Sollwert definiert, anhand dessen ein Prämiensystem aufgebaut wird: Eine möglichst hohe Annäherung an diesen Soll-Wert ergibt eine entsprechende Prämie (Zeiterfüllungsprämie). Bei Stillstand der Anlage z.B. aufgrund von Reparaturen oder Ausfall der Elektronik soll nach Tarif bezahlt werden.[6]

Das Prämiensystem soll sich über alle drei Schichten erstrecken, d.h. wenn eine Schicht schlechter fährt, bekommen die Kameraden von den anderen Schichten ebenfalls weniger Geld. Dies hinge nach Auskunft der Färber mit den langen Färbezeiten zusammen, die über die Schichtzeiten hinausgehen könnten (Überlappung).

Nach Angabe der dort Beschäftigten spielen sowohl die Menge als auch die Qualität der Ware eine Rolle bei der Entlohnung. Es gebe nämlich auch Geschwindigkeitsvorgaben, deren Erreichen durch Zuschläge honoriert würde (z.B. wird bei einer Vorgabe von 60m/min für jeden m/min ab 45m/min ein Zuschlag von Dpf 5 gewährt).

Die Aussagen der Färber lassen vermuten, daß das System in der Probe bereits funktioniert. Nach der Definition des Refa-Sachbearbeiters handelt es sich bei dieser Prämie um eine Nutzeffektprämie, weil in den persönlichen Nutzeffekt die Einhaltung der vorgegebenen Geschwindigkeit sowie die dabei erreichte Ausbringung eingeht. Weiterhin seien die Rüstzeiten bei stehendem und fliegendem Wechsel gestoppt worden. Die einzigen Zeiten, die beeinflußt werden könnten, seien ja nur die Be- und Entladezeit und die Zeit für die Beantwortung eines Programmbefehls auf dem Bildschirm bzw. für die Beachtung einer Unterbrechungsmeldung des Ablaufs durch ein gelbes Blinklicht. Diese Zeiten hingen jedoch von der Art der Färbung und der Qualität der Rohware ab, so daß sie sich dauernd veränderten.

Es stellt sich also hier dieselbe Frage wie schon in der Garnfärberei, ob nämlich bei diesen Schwankungen menschliche Leistung tatsächlich nach Zeiten bewertet, d.h. ein Leistungslohnsystem aufgebaut werden darf.

Bei C arbeiten die Leute an der AIRFLOW-Anlage bei Gruppenprämie. Damit wird wie an den alten HT entlohnt. Die Prämie setzt sich zusammen aus 11,85 DM/Std. Tariflohn (gemäß LG Vb TV Westfalen) zuzüglich im Abteilungsdurchschnitt

---

[6] Dieses Lohnsystem war zum Zeitpunkt der Untersuchung noch in Ausarbeitung.

3,55 DM/Std. Leistungsprämie, berechnet nach Geschwindigkeit, Nutzeffekt und Güte.

Für ROTOSTREAM und AIRFLOW gibt es eine Betriebsvereinbarung, wonach die Ausbringung (beginnend bei 60% mit Steigerung bis 102%) und die Qualität (bei einwandfreier Qualität = Dpf 16,1) die maßgebenden Prämienbestandteile sind. Bis 87% Ausbringung wird auf ein Prozent Dpf 11,67, bis 100% auf ein Prozent Dpf 4,61 vergütet.

Die Prämienergebnisse aller Veredelungsprämien wurden in der Betriebsvereinbarung vom 28.6.1984 um den Faktor 0,88 gekürzt; zum Ausgleich gibt es eine neue Komponente, die sich am Qualitätsergebnis der veredelten Endprodukte orientiert. Die Staffelung geht von 5% Fehlware = 0 Dpf bis 2,5% = 65 Dpf Prämie.

Der Abteilungsleiter ist nach eigenen Worten ein großer Verfechter des Prämiensystems. Man solle nicht wie im vorigen Jahrhundert ständig noch größeren Druck auf die Belegschaft ausüben, sondern versuchen, sie für ihre Arbeit zu interessieren und sie angemessen entlohnen. Im Grunde sei die Leistung der Werker durch die neuen Maschinen nicht so sehr gestiegen, es sei mehr die Qualität, die zugenommen hätte und darauf komme es auch an. Das Entlohnungssystem müsse man infolge der Automatisierung nicht verändern, aber man erhielte durch den Einsatz der EDV für die Entlohnung präzisere Daten, so daß auch die vielen Manipulationsmöglichkeiten, die es heute noch gebe, ausgeschaltet werden könnten. So würden die Anfangs- und die Endzeiten in der Veredelung erfaßt werden.

Wenn nun oben in einigen Fällen Prämien oder Leistungszulagen gezahlt werden, deren Grundlage auch etwas mit der neuen Arbeit zu tun haben, so ist dies u.E. kein Äquivalent für die Mehrleistung des Färbers an den neuen Anlagen (s.o.); daher schlagen wir vor, nicht nur eine Prämie, die die neuen Anforderungen besser wiedergibt, zu fordern (Berücksichtigung z.B. von Lernprozessen in der Arbeit, von Bereithalten von Qualifikation und hoher Verantwortung), sondern zunächst die Vereinbarung der freiwilligen Zulage als festen Lohnbestandteil.

Was nun die Eingruppierung angeht, werden bei K einige Merkmale wie Verantwortung, Umwelteinflüsse usw. beurteilt. Nach Ansicht des Personalchefs paßten in diesen Beurteilungsbogen auch die neuen Anforderungen, die im Zusammenhang mit dem Einsatz Neuer Technik an die Leute gestellt würden. Wenn allerdings die geistigen Anforderungen anstiegen, könne man nicht mehr für jeden ein annähernd egales Lohnniveau garantieren; vielmehr müsse man je nach Anforderungen und nach den Möglichkeiten, diese Anforderungen zu bewältigen, differenzieren.

Hier wird deutlich, daß es doch darum geht, die herrschenden Bewertungskriterien um solche zu erweitern, die die neuen Anforderungen zu fassen in der Lage sind und mit deren Hilfe innerhalb der betroffenen Arbeiterschaft differenziert beurteilt werden kann.

Auf Nachfrage bekommen wir im Gespräch mit diesem Interviewpartner zur Antwort, daß er sich hinsichtlich Gratifikation für die Anlernung an komplizierteren Maschinen bzw. für entsprechende Weiterbildung noch keine Gedanken gemacht habe. Die Veränderungen in der Arbeit müßten sich seiner Meinung nach auf jeden Fall in einer besseren Bewertung und damit irgendwann auch im Lohn ausdrücken. Bei der Eingruppierung sieht er Probleme: Die Beschreibungen stimmten nicht mehr; es bestünde aber nicht die Gefahr der Abgruppierung.

Der Personalchef der Firma K ist sich darüber im klaren, daß obige Neuorientierung bei der Bewertung der Arbeit nicht unbedingt zu einer Verkleinerung dieses Lohnanteils beitragen würde. Das könne man vielleicht ausgleichen durch "natürliche Abgänge". Die Strategie der Firma sei jedenfalls nicht in erster Linie, die Löhne zu senken, sondern die Kapazitäten voll auszulasten, um so mehr Gewinn zu erwirtschaften.

Auch bei B zeigen sich Unsicherheiten bei der Einstufung. Die Färber am AIRFLOW berichten uns, daß man ihnen mit der Versetzung an die neue Anlage versprochen habe, daß ihre Tätigkeit mit einem höheren Grundlohn eingestuft würde. Davon wolle mittlerweile jedoch keiner mehr etwas wissen. Der zuständige Refa-Sachbearbeiter bestätigt indirekt diese Unsicherheiten, indem er davon spricht, daß sich beim Ablauf in der Färberei mittlerweile einiges getan habe, man aber über lohnpolitische Konsequenzen noch nicht richtig nachgedacht habe.

Sie seien wegen dieser Sache gerade mit dem BR in Verhandlung. Man müsse auf jeden Fall die bisherige Bewertung der Tätigkeit und der Leistung hinterfragen. Für den Färbereileiter stellt sich hingegen die Beurteilung der neuen Anforderungen nach dem herkömmlichen System nicht als Problem dar; folgerichtig hält er die Eingruppieren daher noch für zutreffend.

Die Betriebsdaten von den Färbeanlagen werden beim Abteilungsleiter gesammelt; die Rezepturen werden über drei Schichten zusammengetragen und dann an die Refaabteilung weitergegeben. Diese errechnet daraus den Lohn.

Der Abteilungsleiter lehnt es ab, die Daten einzelnen Personen zuzuordnen, weil doch alle "im Gruppenakkord" arbeiteten.[7]

Für die Eingruppierung bei der Firma C spielt die Anlernung an den neuen Anlagen keinerlei Rolle; Für eine Gratifikation könne hier, so der Meister, nicht hinreichend differenziert werden. Es wird also entlohnt wie an älteren Jets.

Das halten aber die dort Arbeitenden für nicht in Ordnung; außerdem sind sie gegen eine einheitliche Prämienregelung. Eigentlich sei etwas anderes vereinbart worden. Sie nehmen an, daß die Maschinenzuteilung ursprünglich anders geplant war, denn mittlerweile müßten sie drei oder manchmal sogar vier Maschinen bedienen, während die anderen sich auf ihrem Lohn ausruhen könnten. Bei vier Maschinen sei der Streß sehr groß, man könne daher kaum noch auf irgendetwas achten. Außerdem sei die vierte Maschine aus der Prämie ausgeklammert, so daß sie an ihr auch gar nichts verdienten.

---

[7] Es handelt sich hier offensichtlich um eine begriffliche Verwechslung, wenn er statt von Prämie von Akkord spricht.

Dies ist ein Beispiel dafür, wie die Leistungsfähigkeit der Arbeitenden erprobt wird, ohne dies durch entsprechende Vergütung zu honorieren.

Während unserer Untersuchung ereignete sich eine Auseinandersetzung zwischen BR und Refa-Sachbearbeiter, bei der es genau um die Einschätzung ging, was der Arbeitende an der Anlage überhaupt wissen müsse und ob er, weil er nach Meinung des REFA-Fachmanns weniger Wissen als früher bräuchte ("das macht doch alles der Computer"), nicht in der alten Lohngruppe verbleiben und mehrere Maschinen mitbedienen müsse.

Hier zeigt sich, wie wichtig unsere obige Anforderungsanalyse ist, um den BR mit Argumenten, die dieser Einschätzung des REFA-Fachmanns widersprechen, zu versorgen. Die Daten für die Entlohnung entstanden so, daß Ausfallzeiten gestempelt und Nutzeffekte, m-Leistungen usw. von Hand notiert wurden. Diese Daten wurden im REFA-Büro teilweise von Hand und teilweise über PC ausgewertet.

Nach Aussage des Färbereileiters der Firma C würden mit der Registrierung von Produktions-, d.h. Unterbrechungsdaten selbstverständlich auch Leistungsdaten der Arbeitenden festgehalten. Hier sollte von Zeit zu Zeit eine Überprüfung stattfinden. Da diese Daten aber von der Anlage nicht exakt ausgewiesen würden, habe es hin und wieder Ärger mit der Refaabteilung gegeben, weil diese Stillstandszeiten nicht akzeptieren oder nachvollziehen konnte.

5.2.4.3 In der Breitfärberei

Die Mannschaft an der Breitfärbestraße der Firma B arbeitet ebenso wie der größte Teil der Beschäftigten in ihrer Abteilung auf Prämie. Sie erhalten als Verdienst einen Tariflohn von 11,85 DM/Std. (LG Vb gemäß TV Westfalen) und eine durchschnittliche Prämie von 4,14 DM/Std., mithin einen Effektivlohn von 15,99 DM/Std. Es handelt sich hier sowohl um eine Gruppenprämie als auch um eine kombinierte Prämie, deren Bezugsgrößen die Zeiteinsparung beim Rüsten (vom Menschen durch manuelle Leistung in vollem Umfang beeinflußbar) und die Einhaltung der Sollgeschwindigkeit der Maschinenlaufzeit (nur bedingt vom Menschen beeinflußbar) sind.

Laut zuständigem Refa-Sachbearbeiter bewegt sich damit die Eingruppierung und Bezahlung dieser Tätigkeit über den üblichen Werten. Hier wurde bereits verwirklicht, was zum Zeitpunkt unserer Untersuchung für den AIRFLOW in Planung war: Die erreichten Nutzeffektprozente werden prämiiert, wobei die Mehrzahl der Stillstände bereits in Zeitvorgaben ausgedrückt sind.

Die Straßenführer kannten ihre Einstufung allerdings nicht genau. Bis zum Januar des Jahres 1988 hätten sie noch die alte Prämie, d.h. die für die ehemalige Anlage errechnete erhalten. Anhand des Lohnzettels könnten sie die Höhe ihrer Prämie ermitteln. Eine Kontrolle der Werte, bevor diese von der REFA zu ihnen gelangten, sei allerdings nicht möglich; nachher sei sie sehr umständlich.

Die Prämie richte sich im wesentlichen nach der Produktionsleistung, d.h. sie müßten den Zählerstand aufschreiben und die Stop- und Rüstzeiten abstempeln. Daraus würden dann die lohnrelevanten Werte errechnet. Es ist fraglich, ob eine solche Mengenprämie der Anlage unter Berücksichtigung der neuen Anforderungen gerecht wird.

Bei 60 Metern pro Minute wird die optimale Maschinennutzung angenommen. Die von der Refa festgelegten Zeiten und die Geschwindigkeit sind von den Maschinenführern möglichst einzuhalten. Bei Überziehung der Zeiten aus eigenem Verschulden gibt es einen Abzug von der Prämie. Wenn beispielsweise nur 50m gefahren werden, bekommt ein Führer auch nur 10 Pfennig zusätzlich. Dies ist u.E. nicht logisch, denn die Geschwindigkeit wird von vielen, nicht vorhersehbaren Faktoren beeinflußt, die in der Prämie ebenfalls berücksichtigt werden müßten. Bei der Überwachung der Zeiten durch die Refaabteilung geht es vor allem um die Minimierung der Rüstzeiten.

Während uns diese Zusammenhänge erläutert wurden, erfuhren wir beiläufig, daß der mitlaufende Zähler nicht genau arbeitet.

Das Prämiensystem gilt für alle drei Schichten, alle Beschäftigten werden also geringer entlohnt, wenn nur eine einzige Schicht langsamer fährt.

Die Straßenführer weisen darauf hin, daß ihre Verantwortung bei der Betreuung dieser Straße gegenüber der früheren erheblich gestiegen sei. Entgolten werde dies jedoch nicht.

Der Sachverständige der Refaabteilung räumte ein, daß die Argumente, die für die Bewertung der Arbeit am AIRFLOW fielen, an dieser Straße nicht einschlägig seien. Allein das Erkennen der vielfältigen Daten auf dem Bildschirm und deren Interpretation im Störungsfall sei schon eine Belastung. In einer für einen REFA-Experten typischen Weise interpretiert er die höheren geistigen Anforderungen; zu einer Belastung werden die Anforderungen aber nur bei fehlender oder mangelhafter Qualifizierung.

Der für diese Abteilung zuständige Meister sieht keinerlei lohnrelevante Mehrleistung der Beschäftigten und auch keine Probleme bei der Beurteilung geistiger Arbeit. Die gültigen Eingruppierungsmerkmale stimmten daher immer noch.

5.3 Lohnprobleme bei der Automatisierung im Druckbereich

Die Druckerei bildet neben der Färberei die zweite Möglichkeit, textile Flächen zu veredeln. Die Ware wird dort entsprechend vorbehandelt in der Druckerei angeliefert; zu dieser Zeit müssen bereits die Rundschablonen (Rotations- und Rouleauxdruck) oder Flachschablonen (Flachdruck) und der Farbstoff vorbereitet sein, damit gedruckt werden kann. Vor dem Druck muß die Ware in Partien (kundenbezogen) zusammengestellt und egalisiert (Richten des Fadens) werden.

Nach dem eigentlichen Drucken wird die Farbe fixiert (Dämpfen); anschließend wird meist noch ausgewaschen, damit der vom Stoff nicht aufgenommene Farbstoff beseitigt wird.[8] Danach muß die Ware getrocknet werden.

---

[8] Lediglich bei einer Farbstoffart entfällt dieser Schritt, nämlich bei Pigmentfarben.

5.3.1 Veränderte Arbeitsbedingungen durch Einsatz Neuer Technik

Wir haben nun den Prozeß des Druckens beispielhaft bei einer größeren Firma (L) untersucht, weil dort - was in diesem Bereich noch relativ selten ist - ein BDE-System (BARCO) zur Anwendung kam, durch das einige der zentralen Leistungsbedingungen verändert wurden.

In dieser Firma (Hauptproduktgruppen: DOB-Stoffe, Segeltuch, Dekostoffe u.a.) verwendet man für die Rotation Nikkelrohlinge, die in einer eigenen Werkstatt beschichtet, mit einem Film ummantelt und dann belichtet werden. Die neueste Möglichkeit, das Muster in den Mantel einzugravieren besteht in der Lasergravur, was zu einer enormen Einsparung von Material und Arbeitszeit geführt hat.[9] Nach Ausstattung der Walzen mit beschrifteten Endringen sind sie zum Einsatz in der Druckerei bereit.

Die Entwürfe, nach denen die Muster für die Walzen hergestellt werden, werden bei L zu 85-90% bei bekannten Modedesignbüros gekauft und dann mit Hilfe verschiedener Verfahren verändert. Wichtig bei dieser Arbeit ist, daß das Muster bezüglich des Walzenumfangs bzw. der Fläche der Schablone aufgehen muß (d.h. es darf keine Überlappung z.B. von Motiven geben). Erst nach Rücksprache mit dem Operator am Scanner[10] kann die Zeichnerin das Muster erstellen.

Die bei L im Einsatz befindlichen neun Druckmaschinen in der Rotation stammen von STORK (Typ RD 4). Sie erreichen in 24 Stunden einen Durchlauf von ca. 110.000 m. Daneben existieren in der Firma auch Abteilungen für Flachdruck und für Rouleauxdruck, die uns aber hier nicht interessieren.

---

[9] Früher mußten nach Auskunft eines dort beschäftigten Spezialisten ca. 8 von 10 gedrehten Walzen aufgrund von Ungenauigkeiten in der Gravur ausgesondert werden.

[10] Dabei handelt es sich um einen Farbcomputer, der die Motive und ihre Farben abtastet und sie gleichmäßig auf dem Rapport verteilt.

Abb. 31 Druckmaschine von STORCK

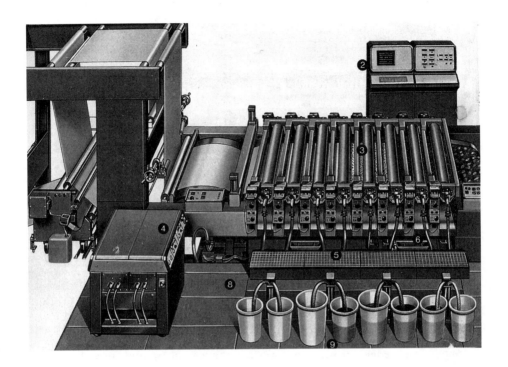

Aufgrund des enormen Termindrucks und der Reduzierung der oben angedeuteten Wartezeiten hat man bei L etwa ein Jahr vor unserer Untersuchung damit begonnen, die Druckerei mit BARCO-Units auszustatten.[11] Das bedeutet, daß jeder Drucker nun jeden Arbeitsgang und jede Störung bzw. sonstige Ereignisse mit seinem Code anhand einer bestimmten Zahlen bzw. Zahlen-Buchstaben-Kombination in das Unit eingeben muß. Zu Beginn der Schicht und am Ende gibt er seine Personalnummer ein. Beim ersten Untersuchungstermin in der Firma hatte der Drucker 36 Eingabemöglichkeiten (wobei einige davon nur für den Rouleauxdruck bestimmt waren); beim zweiten waren es schon 42.

---

[11] Vgl. zur ausführlicheren Darstellung dieses BDE-Systems Abschn.3 (Weberei).

Abb. 32 Eingabecodes für das DATA-Unit von BARCO

```
RUSTZEITEN                                      WARTEZEITEN
----------                                      -----------

 2      Dessinwechsel-Auslegen          30      Warten auf Ware
 3      Dessinwechsel-Einlegen          31      Warten auf Farbe
 4      Einrapportieren                 32      Warten auf Gravur
 5      Variationswechsel               33      Warten auf Leergut
 6      Rest                            35      Warten auf Begutachtung
 7      Docken/Wagenwechsel             36      Ändern Farben
 8      Rapportverstellung              37      Reparatur Maschine
 9      Schabl/Rakel ausbauen, wa.      38      Reparatur Gravur
10      Trockner umziehen               39      Maschinenpflege
11      Vorläufer annähen               40      Thermoplast aufkleben
12      Rakel neu einziehen             41      Warten auf Untertuch
13      Klebechassis reinigen
14      Bandwaschmaschine rein.
15      Tragband Mansarde rein.                 SONSTIGE DATEN
16      Abrüsten                                --------------
17      Aufrüsten
21      Chassis ausbauen/waschen        42      Pause
22      Chassis ausstreichen            43      Kein Einsatz
23      Köpfe wechseln
24      Riemchen machen
25      Walzen umlegen
26      Untertuch einziehen
27      Klebergegenwalze umwick.
```

Der Sinn dieser "Verkabelung" besteht laut Aussage des zuständigen Abteilungsleiters darin, die Ware endlich durch den gesamten Betrieb verfolgen zu können. Dies sei als der erste Schritt einer langfristigen Entwicklung von BDE zu PPS. Außerdem seien in der Druckerei aufgrund der Hektik oft die Begleitkarten nicht richtig ausgefüllt worden:

> "Ich habe erlebt, daß ein Drucker, der um 2 Uhr anfing, um 6 Uhr noch nichts geschrieben hatte. Da frage ich Sie, wie sollen da noch genaue Daten herauskommen - selbst wenn er den üblichen Zehnminutentakt einhält."

Beeinflußbar sei diese Anlage, wenn einer raffiniert genug wäre, genauso wie die Zettel von früher; aber man habe genauere Daten (z.B. zur Durchschnittsgeschwindigkeit). In Planung sei weiterhin der automatische Ausdruck durch das System bei Über- oder Unterschreitung eines Soll-Wertes (Toleranzgrenzen), damit dies für die Disposition verfolgbar sei.

Auf eine entsprechende Nachfrage bezüglich einer weiteren Automatisierung dieser Maschinen antwortet der Abteilungsleiter, daß er für den Bereich Druckerei selbst auf der ITMA in Paris noch keinen Durchbruch hätte feststellen können. Es wäre doch viel Spielerei dabei gewesen, auch die Roboter zum Einlegen der Walzen. Gerade für diese müßte man neben den Maschinen doppelt soviel Platz haben. Außerdem seien so viele Sensoren und Rückmeldungen, wie dort erforderlich sein würden, kompliziert einzubauen und es sei ein wahnsinniger finanzieller Aufwand. Er bezweifelte, daß dieser Aufwand in einem angemessenen Verhältnis zu der zu erwartenden Qualitätsverbesserung stünde. Für wichtiger hielt er die Reduktion von 22% Rüstzeit bzw. Wartezeit an den Maschinen, wozu ja auch BARCO angeschafft worden sei.

Noch in diesem Jahr würden neue Druckmaschinen und zusätzliche Terminals für die BARCO-Überwachung installiert werden.

Für die bisher viel Geld verbrauchenden und die Umwelt verschmutzenden Farbreste sei nun eine Lösung gefunden worden: Es gebe inzwischen eine computergesteuerte Restfarbverwertung, so daß Farbreste wiederverwendet und folglich erhebliche Einsparungen erzielt werden könnten.

Umstellungen in der Produktion seien praktisch täglich notwendig, weil kein Dessin dem anderen gleiche. Daher sei es auch nur logisch, daß die Vorgaben für die Maschinenführer täglich definiert werden müßten. Allerdings könne man beim Druck, weil die Farben möglichst ohne Überhang vorbereitet werden sollten, keine willkürlichen Partieveränderungen vornehmen, weil dann nachgesetzt werden müsse und der Farbton eventuell nicht mehr stimme.

Außerdem sehe man Erfolge in der Störungslokalisation. Er könne an seinem Bildschirm einen Monat zurück die Daten verfolgen.

Der Abteilungsleiter erhält von der Statistik für jeden Monat eine Einzelauswertung für jeden Drucker über Farbmeter pro Betriebszeit, Gesamtmeter, Laufzeit, Rüstzeit, Wartezeit, Musterungsanteil, Geschwindigkeit, Index, Leistung in Meter pro Betriebsstunde und über die Zweite Wahl in Meter und in Prozent sowie über die hauptsächlich belegte Maschine und die bezahlte Prämie. Da er diese Daten abheftet, kann er Vergleiche auch jahreweise anstellen. Irgendwann könne man diese Werte auch direkt auf den Bildschirm abrufen.

Der Abteilungsleiter der Druckerei im Betrieb L ist allerdings skeptisch hinsichtlich der Möglichkeiten der Neuen Technik. Man brauche ja auch den Menschen, der bereit sei, die Neuerungen zu bedienen.

Gerade in dieser Hinsicht wurden in der Firma schlechte Erfahrungen gesammelt: Zwar sei die Belegschaft vor Einführung des BDE-Systems über das Vorhaben informiert worden; als dann jedoch die Geräte installiert wurden, habe es heftigen Widerstand bis hin zur Sabotage gegeben (Zerstörung oder Abmontieren der Data-Units). Erst vor einigen Monaten habe sich das Personal wieder beruhigt.

Man könne bis heute mit den Daten dieser Anlage nicht richtig arbeiten.

Weiterhin hat L Monitore in der Druckerei und in der Farbküche aufgestellt, auf denen diejenigen Maschinen - unterlegt mit verschiedenen Farben - erscheinen, bei denen ein bestimmter Produktionsabschnitt erreicht ist oder zu denen der Meister gerufen wird.[12]

Wir stellten fest, daß sowohl die Art der Rüstzeit als auch die Dauer der Auftragsbearbeitung und vieles mehr am Bildschirm für die letzten fünf Schichten aufgerufen werden können. Stehende Maschinen werden mit Balken gekennzeichnet. Die Berechnung des Nutzeffekts war zu diesem Zeitpunkt noch sehr fehlerhaft, so daß die ermittelten Daten nichts aussagten; ein BARCO-Fachmann sollte hier die nötigen Umprogrammierungen vornehmen.

Der Abteilungsleiter für die Statistik teilte uns mit, daß seine Abteilung keinen direkten Zugriff auf BARCO-Daten habe. Grund dafür sei wohl eine Kompetenzstreitigkeit zwischen verschiedenen Abteilungen gewesen, die zu einer un-

---

[12] Z.B. werden die Maschinen blau, wenn begutachtet werden muß - also bevor richtig losgedruckt wird - ; dann weiß der Meister Bescheid, daß er zu dieser Maschine gehen muß.

klaren Vernetzung führte. Die Disposition habe jedenfalls einen eigenen Anschluß. Die Kontrollmöglichkeiten der Daten und der Übergang zur Zweiten Wahl ist nach den Worten des Abteilungsleiters noch unbefriedigend. Über ein Applikationssystem von IBM sollen die Daten von BARCO direkt in den Zentralrechner der ORDATA fließen.[13]

Zwischen Legerei und Appretur-Ausgang sei bereits eine Vernetzung hergestellt und die Datenstationen in den Lagern warteten ebenfalls auf ihre Vernetzung mit dem Druck. Dann wäre das PPS fertig.

Die Entwicklung dieser Schritte - ebenso wie die erstmalige Einführung von BARCO in der Druckerei - wird von der Firma L im Forschungs- und Anwendungsverbund mit anderen Firmen im Rahmen eines EUREKA-Projekts in Zusammenarbeit mit den Fraunhofer-Instituten in Stuttgart und Karlsruhe durchgeführt.

<u>Personaleinsatz</u>

Bei L arbeiten insgesamt 89 Leute in der Rotationsdruckerei, davon eine Frau als Druckerin. Neben Textilveredlern, Metzgern, Kfz-Mechanikern, Bäckern usw. fehle es nach übereinstimmender Aussage des zuständigen Meisters und des Abteilungsleiters an qualifizierten Druckern. Die guten würden zum Meister oder Techniker aufsteigen oder die Firma verlassen. Auf die Frage, was man denn dagegen tun könne, fällt ihnen jedoch nichts Zündendes ein. Dennoch beträgt das Verhältnis von Gelernten zu Un- bzw. Angelernten 60 zu 40.

Bei neuen Maschinen würde man die erfahrenen Drucker auf einen Kurs schicken und sie häufig zuvor noch während des Aufbaus (die letzten 14 Tage) an die Maschine rufen. Danach kämen sie mit Angelernten an die Maschine (Schneeballsystem). Diese Drucker machten auch die Techniker der Maschi-

---

[13] Dabei handelt es sich um eine rechtlich eigenständige Gesellschaft, die für die Datenverwaltung und -aufbereitung sowie für diverse Serviceleistungen innerhalb und außerhalb des Unternehmens zuständig ist; problematisch daran ist unter betriebsverfassungsrechtlichen Gesichtspunkten, daß der BR - wenn ihn das Unternehmen vom Zugriff auf die BDE-Daten ausschließen will - kaum von "außen" an diese Daten herankommen kann, sondern er sich erst in dieser Gesellschaft Kontakte verschaffen oder für die Wahl eines BR sorgen muß.

nenfabrik auf Nachfrage auf verschiedene Fehler und Schwachpunkte, die noch beseitigt werden müßten, aufmerksam. Man werde, weil man nicht über genügend ausgebildete Lehrlinge verfüge, auch künftig mit Angelernten arbeiten müssen.

An der Druckmaschine herrscht eine dem traditionellen Facharbeiterbewußtsein verpflichtete Arbeitsteilung. Es gibt einen Ersten Drucker (der für die gesamte Anlage und damit auch die Qualität der Ware verantwortlich ist), einen Zweiten Drucker (meist Angelernte) und manchmal noch einen sog. "Hintermann" oder Springer (ebenfalls angelernt). Diese Arbeitsteilung hat sich durch die Einführung von BARCO nicht verändert. Allerdings muß in gewisser Weise Teamarbeit geleistet werden (solange nicht alles von einer Seite aus überwacht und gesteuert werden kann). Weil die Qualitäten ständig wechseln, sollen diese Teams in Konkurrenz zueinander treten.

Arbeitsorganisatorisch wesentlich ist bei L noch, daß die Farbküche relativ weit entfernt von den Druckmaschinen eingerichtet ist, so daß hohe Wegezeiten anfallen. Es gibt daher Überlegungen, die Farbküche näherzulegen; an eine Automatisierung wird indessen noch nicht gedacht.

Veränderung der Arbeit

Da der Einsatz der Waschmaschine von der Druckgeschwindigkeit abhängig ist, gibt es bei allen dem Druck nachgeordneten Maschinen einen Trichtereffekt. Die Geschwindigkeit ist abhängig von der Verfügbarkeit der Ware, vom Dessin und vom Verfahren. Letzteres beinhaltet z.B. auch den Bedeckungsgrad, also den Prozentsatz der mit Farbe bedeckten Fläche.

Es liegt jedenfalls auf der Hand, daß auch hier über die Produktionsüberwachung eine Überwachung menschlicher Leistung angestrebt wird, um so bessere Qualität zu erreichen.

Unterstrichen wird der Kontrollcharakter des Systems mit Aussagen wie: "Es sind auch immer die gleichen, die lange Wartezeiten haben" oder: "Die Fleißigsten haben oft die schlechtesten Zettel geschrieben" (womit die Manipulation der Warenbegleitzettel angedeutet wird).

Für die BARCO-Eingabe wurde der Drucker vom Obermeister und vom Schichtmeister eingewiesen; ob er alles richtig mache, wisse er allerdings nicht. Er meint, daß er über diese Daten auch eine Kontrolle über seine Arbeit habe, denn die Daten würden schon richtig festgehalten werden. Es sei zwar nicht üblich, aber der Obermeister habe sich die Mühe gemacht, jedem Drucker am Monatsende die für ihn relevanten Daten auszudrucken. Der Ausdruck sei auch erklärt worden.

Nach Auskunft des Obermeisters werde überlegt, dies wegen der Durchsichtigkeit der Leistungsdaten regelmäßig zu machen. Schon heute sei eine Verbesserung in der Leistung eingetreten, weil man so auf bestimmte Daten (z.B. zu lange Wartezeiten) eingehen könne. Hier sehen wir die Gefahr von Leistungsvorhaltungen, aber auch die Chance, eine qualifizierte Diskussion über Fehler und Probleme bei der Produktion zu untermauern.

Der Drucker weiß jedoch nicht, wo seine Daten abgelegt werden.

5.3.2 Entlohnungsprobleme im Rotationsdruck

Im technischen Teil der Ausführungen haben wir erfahren, welche Daten in der Firma L durch BARCO erfaßt werden: Die Einsatzzeiten, die Laufzeiten und damit auch die Wartezeiten, die Rüstzeiten, die Geschwindigkeit, die Zweite Wahl usw.

Die Prämie bezieht sich auf die Geschwindigkeit, die Rüstzeit und die Qualität (also Anteil Zweite Wahl). Sie wird auf den tariflichen Grundlohn aufgeschlagen: Also für die Drucker auf 13,97 DM/Std. (LG VII, TV Baden-Württemberg) und für die Angelernten (also 2.Drucker und Springer) auf 13,02 DM/Std. (LG VI).

Die Lohnhöhe ist in fünf Stufen gestaffelt: Nach der Lehre spielt die gesammelte Erfahrung in Jahren und die Flexibilität (Beherrschen verschiedener Maschinen) eine Rolle. Je älter und flexibler ein Mitarbeiter ist, umso höher ist der neben der Prämie bezahlte sog. "L-Zuschlag" (dieser macht zwischen DM 1,50 und DM 2,-- je Stunde aus). Die Aussage des Abteilungsleiters, mittlerweile bewegten sich die meisten der Drucker doch im oberen Bereich der Lohnstufen, wird durch Fakten widerlegt: Zur Zeit der Untersuchung waren in LG VII 16 Drucker (davon eine Frau), in VI (höchste Gruppe mit K-Zuschlag, die übrigens dieselbe tarifliche Lohnerhöhung wie die Gruppe VII bekommt) waren 20 und in VI bzw. V 70 Drucker eingestuft. Während der letzten Jahre sei hier, so der Personalchef, kaum eine Veränderung eingetreten.

Für die Berechnung der Sekunda liegt die Basis bei 5%; liegt der Anteil der mangelhaften Ware unter diesem Wert, gibt es für die gesamte Abteilung einen Zuschlag, bei Überschreiten erfolgt ein Abzug von der Prämie. Dieser Abzug kann aber die Laufzeitprämie nur zu 70% eliminieren; die übrigen 30% bleiben auf jeden Fall erhalten.

Außerdem wird zwischen Vor- und Hintermann unterschieden: Der Hintermann bezieht 75% des Vormannes. Wenn ein Springer eingesetzt würde, bekäme dieser 75% vom Durchschnitt aller Drucker.

Für die Nebenarbeiten werden nur 90% Prämienbezug angesetzt, weil sie nicht zur Produktion gehören. Darüber hinaus werden jeden Monat 50 Pfennig/Std. in der Abteilung an die 15 Besten verteilt (ausgewählt von der GL nach ihrer Gesamtleistung).

Vor Einführung von BARCO wurden von zwei verschiedenen Unternehmensberatungsfirmen auch im Druckbereich Zeiten aufgenommen (Auf- und Abrüsten). Nach Ansicht des BR wären dabei die Maschinen unkorrekterweise zu Gruppen zusammengefaßt worden. Die Beratungsfirmen empfahlen, die Vorgabezeiten für Rüstzeit unverändert zu lassen. Bei Zweimannbedienung kämen 20% Zuschlag hinzu. Variations- und Dessinwechsel sollten zeitmäßig gleichbehandelt werden, was dem BR nicht gefällt, weil es sich dabei um unterschiedliche Arbeiten handle. Die Vorgabezeiten würden pro Dessin festgelegt.

Das größte Problem sei aber nach wie vor die Laufzeitprämie, bezogen auf bedruckte Meter, weil es so viele beeinflussende Faktoren gebe. Außerdem seien während der Untersuchung die Geschwindigkeiten erhöht worden, so daß der Nutzeffekt nicht stimmen könne. Der Abteilungsleiter schlug aufgrund dieser Schwierigkeiten vor, eine Prämie einzuführen, die nur auf Dessinvariationen aufbaue.

Nach übereinstimmender Aussage von Geschäftsleitung und BR gibt es seit längerem große Probleme mit dieser Prämienregelung. Der Betriebsrat und die Beschäftigten halten die in sie eingehenden Faktoren für zu undurchsichtig und verweisen auf die sehr ungleichen Verdienste bei gleicher Arbeit. Die GL stellt eine mangelhafte Motivationswirkung fest, die unseres Erachtens auf die von den Beschäftigten aufgeführten Kritikpunkte zurückführbar ist.

Laut Obermeister seien die Laufzeiten noch zu gering (zwischen 25 und 28%) und die Rüstzeiten zu hoch. Gerade bei den Rüstzeiten ginge aufgrund mangelhafter Deklaration oft einiges durcheinander bzw. ineinander über, so daß später Probleme bei der Auswertung der Daten entstünden. Das bestätigt der Statistik-Chef. Prinzipiell würden die Daten getrennt nach deklariert und nicht-deklariert mit den Soll-Daten verglichen, um weitere Schlüsse ziehen zu können.

Der Obermeister berichtet, daß ihn die ständigen Reklamationen der Drucker veranlaßt hätten, einen Drucker, der nicht in seiner Abteilung arbeite, mit dem Ausdruck der genauen Daten zu beauftragen; so könne er die Daten der Drucker, die mit ihrer Prämie zufrieden seien mit denen, die unzufrieden seien vergleichen, um so herauszufinden, worauf die Unterschiede zurückzuführen sind.

Diese Unterschiede liegen angeblich an der Überschneidung von Zeiten im System, an der unterschiedlichen Arbeitszeit, Rüstzeit und Wartezeit (was wiederum mit der Qualität der Ware und deren Menge zu tun hat). Minusminuten würden nicht berücksichtigt.

Man müsse, um hier Ruhe zu bekommen, die Laufzeit stärker gewichten - zusammen mit der Qualität. Der BR war zur Zeit der Untersuchung mit der GL wegen dieses Problems in

Verhandlung. Das Prämiensystem sollte völlig umgebaut werden. Allerdings erschienen uns die Bezugsgrößen, von denen ausgegangen wurde, noch immer nicht klar und eindeutig zu sein. Zur Eindämmung des Problems, daß die Laufgeschwindigkeit die Vergütungshöhe bestimmt, wurde die Sekunda mit einbezogen; um zu vermeiden, daß mit geringer Rüstzeit nur dann eine hohe Prämie erreicht wird, wenn gleichzeitig die Laufzeit niedrig ist, muß die Laufzeit auf alle gleich verteilt werden (z.B. über die Zuteilung von Qualitäten). Man müßte bei der Neuregelung der Prämie also auch prüfen, wer welche Aufträge bekommt und weshalb.

Auch die interviewten Drucker berichteten, daß manche von ihnen "Renner" (d.h. Ware, die gut läuft) verarbeiteten und daher Geld scheffelten, die anderen aber das Nachsehen hätten mit kurzen, schwierigen Druckpartien, mit Rüstzeiten und komplizierter Abmusterung. Sie halten daher eine gerechte Prämie kaum mehr für machbar und würden einen Festlohn mit zugeschlagenen Überstunden vorziehen. Leistungszulagen seien ja nicht nur deshalb problematisch, weil diese gar nicht alle Daten bei einem so komplizierten Prozeß wie dem Drucken berücksichtigen könnten, sondern auch deshalb, weil jeder zwischendurch einen Durchhänger habe, diesen aber nicht sofort im Lohn spüren wolle.

Außerdem würden sowohl vom Meister als auch vom Abteilungsleiter Leistungsvorhaltungen gemacht.

Letzteres kann durch den Verweis auf den Tarifvertrag unterbunden werden (muß aber trotzdem in die neu zu vereinbarende BV Eingang finden); ersteres halten wir für uns einen wichtigen Gedanken, denn tatsächlich ist zu überlegen, ob ein sowieso schon komplizierter, von vielen Faktoren abhängiger Prozeß nicht trotz BDE-Einsatz über einen Festlohn abgerechnet werden sollte - mit festgelegter Arbeits- und Pausenzeit und unter den zwischen BR und GL vereinbarten Soll-Daten.

6. Zwischenresumé: Typische Lohnprobleme in der Textilindustrie

Wie zu Beginn des Kapitels dargelegt, hat man es in der Textilindustrie zunächst typischerweise mit <u>Mehrstellenarbeit</u> zu tun. Wir haben nun herausgefunden, daß die Einführung von Maschinen mit mikroprozessorgesteuerten Detailfunktionen (wie in der Spinnerei, Spulerei und Weberei) und von computergesteuerten Anlagen (wie z.B. im Spinnereivorwerk, in der Vorbehandlung und in der Färberei) die Mehrstellenbedienung tendenziell reduziert, weil einerseits mehr Qualität produziert werden muß und so selbst dann, wenn Mikroprozessorsteuerungen dem Menschen bestimmte Teiltätigkeiten abnehmen, die Maschinen überwacht werden müssen; zudem wird an den computergesteuerten Anlagen teilweise versucht, Mehrstellenbedienung einzurichten bzw. zu erhalten, wobei häufig von vornherein ein Beschäftigter oder eine Mannschaft für eine Anlage zuständig ist. Man kann also nicht sagen, im Gegensatz zu den zunächst in Fachkreisen geäußerten Vermutungen, daß bei den neuen Webmaschinen mit BDE-Überwachung z.B. aufgrund der geringeren Anzahl von Fadenbrüchen, deren Reduzierung durch Fehlerverfolgung, der Übernahme von Detailfunktionen durch Mikroprozessorsteuerung usw. eine generell noch höhere Zuteilung erfolgen wird.

Ganz davon abgesehen, daß dies auch physische Grenzen hat, stellte sich in diesem Kapitel heraus, daß von der Ausweitung der Stellen auch deshalb abgesehen wird, weil aufgrund von BDE-Daten feststellbar ist, daß bei zu großem "Revier" der Nutzeffekt sinkt, weil sich die Arbeitenden ständig zwischen verschiedenen, gleichzeitig oder kurz hintereinander stehengebliebenen Maschinen entscheiden müssen und sich dies natürlich nachteilhaft auf die Laufzeit insgesamt auswirkt.

Wenn nun weiter oben einige Vorgesetzte zitiert wurden, die diese Tatsache zum Anlaß nahmen, vorwiegend auf den Nutzeffekt abzustellen, dann bedeutet das, daß diese <u>Bezugsgröße</u> einen zentralen Stellenwert für den Leistungslohn gewinnt und somit deren Verhältnis zur menschlichen Leistung genau bestimmt werden muß. Es kann für den Anstieg des Nutzeffekts keine proportional ansteigende Prämie akzeptiert werden, weil die Anstrengung und die Optimierungsleistung, die dafür nötig ist (vor allem je näher man sich den 100% nähert), das prozentuale Ergebnis um ein Vielfaches übersteigt.

Offensichtlich wird es den Vorgesetzten immer klarer, daß die Menge der Faktoren, die den Lauf einer Maschine bzw. einer bestimmten Qualität beeinflussen, nur dann einigermaßen in den Griff zu bekommen sind, wenn sie entsprechend feines Meßgerät einsetzen (z.B. eben BDE), um damit die wichtigsten Parameter exakter feststellen und so deren Berücksichtigung auch bezahlbar machen zu können. Wir stellten also fest, daß in einigen Betrieben zu dieser Bezugsgröße weitere Bezugsgrößen wie z.B. Qualität oder Minimierung der Stillstände bei der Lohnberechnung hinzukamen. Dies wirft zwei Probleme auf:

- zum einen muß bei Kombinationen von Bezugsgrößen sehr darauf geachtet werden, daß die Lohndaten noch transparent bleiben und die Kombination nicht in einem Widerspruch zu den Anforderungen an die Beschäftigten steht (wenn z.B. gleichzeitig schnell und mit hoher Qualität gefahren werden soll)

- zum anderen sollten die aus BDE oder sonstiger computergestützter Protokollierung stammenden Daten immer wieder auf ihre Exaktheit geprüft werden, weil wir Beweise für die <u>Unexaktheit von USTER-Daten</u> (BDE) erbracht und Hinweise auf unklare Protokollierung bei BARCO bekommen haben. In einigen Webereien war dafür ein Zuschlag vereinbart worden.

Natürlich dienen vor allem BDE-Anlagen dazu, Fehler und Probleme zu erkennen, um sie nach und nach abzuschaffen; dabei fiel aber in der Untersuchung auf, daß Spinner/innen, Spuler/innen und Weber/innen noch <u>kaum in</u> derartige <u>Optimierungsvorgänge einbezogen</u> wurden und daher auch <u>nicht für diese neuen Systeme geschult</u> worden waren. Entsprechend dünn war ihr Wissen und eingeschränkt die Nutzung der Möglichkeiten dieser Systeme (mit Ausnahme der Weber in zwei der behandelten Webereien).

Dies wird umso wichtiger, je weiter die Entwicklung bereits vorangeschritten ist: In einigen der untersuchten Betriebe fanden wir bereits die Verknüpfung verschiedener BDE-"Inseln" auf einer hierarchisch höheren Rechnerebene mit entsprechender Datenaufbereitung für die <u>computergestützte Planung und Steuerung der Produktion (PPS)</u> und für die Fehlerrückverfolgung bis zum Lieferanten. Dies hat erhebliche Folgen für die Neugestaltung von Informationsflüssen und damit von Zuständigkeiten, von Aufgabenverteilungen und für die Vorgabezeiten (die dann als Planzeit in die Soll-Vorgaben für die Produktion eingehen).

Wir haben die damit entstehenden, komplexen Probleme am Beispiel eines großen Veredlers absichtlich etwas ausführlicher dargestellt, weil diese unseres Wissens bisher noch nicht in Untersuchungen über die Textilindustrie behandelt worden sind.

Bleiben wir noch etwas bei dem Thema Mehrstellenarbeit: Bei zunehmendem Einsatz von BDE findet man in den Betrieben auch immer mehr deren Nutzung für die <u>computergestützte Stellenzuteilung.</u> Lohnpolitisch wichtig ist dabei, daß
- die Weber/innen oder Spinner/innen im Extremfall von heute auf morgen in einem neuen "Revier" arbeiten sollen, in dem sie die Maschinen nicht so gut kennen wie die ihnen bisher relativ fest zugeteilten;
- sich mit dieser ad-hoc-Zuteilung das sog. "Revier" vergrößern kann, ohne daß mehr Maschinen zugeteilt wurden, was bedeutet, daß die Wege zwischen den Maschinen größer werden, weil dazwischen welche außer Produktion gesetzt wurden und deshalb anders gewichtet in den Lohn eingehen müssen;

- Flexibilität abgefordert wird, die nicht bezahlt wird.

Außerdem haben wir sowohl im Zusammenhang mit dem BDE-Einsatz als auch mit dem Einsatz computergesteuerter Maschinen eine <u>Verschärfung des Leistungsdrucks</u> vorgefunden, die mit der Schnelligkeit der Maschinen, mit der minutiösen Auflistung von Prozeßzuständen, Reparaturen usw. und mit der Vorhaltung von Leistungsdaten durch Vorgesetzte zu tun hat (dies wurde in einigen Interviews offen zugegeben). Neben dieser Leistungsproblematik haben die angewendeten BDE-Systeme offensichtlich in einigen Fällen den Vorteil für die Arbeitenden, daß sie ihre Arbeit selbst <u>genauer kon-</u>

trollieren können und damit Fakten in der Hand haben, wenn es zur Auseinandersetzung mit Vorgesetzten um Qualitäten, Laufeigenschaften, Fadenbrüche usw. kommt (allerdings nur, wenn sie mit den Ausdrucken bzw. Bildschirmmasken umgehen können).

In diesem Kontext ging es in den Interviews und Gruppendiskussionen bzw. Gewerkschaftsabenden auch um die Frage des Datenschutzes. Es scheint weder eine Mehrheit dafür, noch dagegen zu geben, daß kein anderer in die persönlichen Daten Einblick erhalten darf. Meist wurde an diesem Punkt darauf abgehoben, daß die Daten der anderen sowieso bekannt seien bzw. die Lohndaten sowieso schon immer ausgetauscht würden. Bei BDE-Daten müsse das nicht anders sein. Andererseits wurde aber auch zugegeben, daß es psychischen Druck erzeuge, wenn ein anderer in der Schicht bessere Daten erreiche als man selbst. Außerdem habe eine verschärfte Konkurrenz um sich gegriffen, die vom Arbeitgeber ausgenutzt werden könne.

So widersprüchlich wie diese Aussagen waren auch diejenigen zum persönlichen Verdienst: Die Lohngruppe, in der die jeweilige Tätigkeit eingestuft worden war, war den Arbeitenden in den seltensten Fällen bekannt - ebenso die Faktoren, die in den Lohn einfließen. Es kam uns manchmal so vor, als arbeiteten die Leute "ins Blaue" hinein. In einigen wenigen Betrieben allerdings, hauptsächlich in Weberei und Druckerei, wußten die interviewten Beschäftigten sehr genau, was sie verdienten und welche Bestandteile der Lohn umfaßte (und ob abgesichert oder nicht). Dies hing dort offensichtlich mit dem ohnehin hohen Informationsstand der Beschäftigten und einem überdurchschnittlich aktiven BR zusammenzuhängen.

Bezüglich der Lohnbestandteile läßt sich resumieren, daß in mindestens der Hälfte der untersuchten Betriebe ein großes Durcheinander hinsichtlich Definition von Entlohnungsgrundsätzen und von Zulagen und Prämien existierte. Wir interpretieren dies so, daß das jeweils in den Betrieben herrschende Entlohnungssystem an vielen Stellen die komplizierter gewordene Realität nicht mehr abzubilden in der Lage ist und daher mit mehr oder weniger großem Aufwand

"Flickenteppiche" aus Akkord und Prämie oder abgesicherter Lohngrundlage, aber mit hoher freiwilliger Zulage gebastelt wurden.

Dies hängt u.E. auch damit zusammen, daß sich die Arbeit in einigen Bereichen eindeutig in Richtung erhöhter Anforderungen an Kognition, Kooperation und Lernen entwickelt hat und daher mit herkömmlichen Bewertungskriterien nicht mehr zu fassen ist. Dies wird von den Unternehmern mit Begriffen wie Flexibilität und/oder Verantwortung belegt, aber meist nicht exakt nachvollziehbar vergütet.

Hier zeigt sich eine ganze Menge an Klärungsbedarf, der sich an die Adresse der zuständigen Gewerkschaft richtet und nur dann befriedigt werden kann, wenn die oben bereits erwähnten Probleme lohn- und tarifpolitisch angegangen und gelöst werden.

II Entlohnungsprobleme durch die zunehmende Automatisierung in der Bekleidungsindustrie

Es wurde in Teil A bereits dargelegt, vor welchen Problemen die Bekleidungsindustrie prinzipiell und besonders seit einigen Jahren steht. Diese Problematik kann zusammenfassend dahin beschrieben werden, daß bei wachsenden Modellvarianten kleinere Losgrößen in immer kürzerer Zeit (statt zwei Saisons mittlerweile vier), mit hoher Qualität und einem relativ niedrigen Qualifikationsvorrat in klassischen Strukturen gefertigt werden müssen.

Begleitende Produktionsrahmenbedingungen für die Unternehmer sind folglich ein extremer Zeitdruck, die Notwendigkeit einer möglichst exakten Planung und Steuerung sowie einer deutlichen Verringerung von Lohnkosten, ein ständiger Poker um Preise und um Warenqualität mit dem Großhandel und rechtzeitige Lieferung mit den Zulieferfirmen usw. Hinzu kommt eine meist knappe Kapitalausstattung und eine dadurch bedingte, lange Jahre zögerliche Investitionstätigkeit (im Bereich Neue Technik).

Diese Bedingungen werden von ihnen heute - so unsere Erfahrungen - auf zweierlei Weise versucht zu gestalten:

- zum einen (soweit dies finanziell tragbar ist) durch den überlegten Einsatz von Neuer Technik in den sog. Peripherie-Bereichen der Bekleidungsproduktion (also z.B. Mustererstellung, Zuschnitt, Transport[1]) und zum Teil auch durch Mikroprozessoreinsatz an Nähmaschinen;

- zum anderen durch die Entwicklung von EDV-gestützten Planungs- und Steuerungssystemen (Stichworte: PPS und just-in-time) in Verbindung mit Versuchen arbeitsorganisatorischer Optimierung.

Letzteres war - von der eingesetzten Technik her - nicht Gegenstand unserer Studie; vielmehr konzentrierten wir uns auf die erste Gestaltungsebene, wobei die eventuell mit der

---

[1] Vgl. zur Bestätigung auch Forschungsprojekt 3150 (Lütgering), 140 ff.

Technisierung der Produktion einhergehenden organisatorischen Veränderungen ebenfalls berücksichtigt wurden.

Bei den folgenden Darstellungen und Schlußfolgerungen handelt es sich um Ergebnisse aus den Untersuchungen in drei Unternehmen der Bekleidungsindustrie mit verschiedenen Werken, wovon eines hochwertige Herrenoberbekleidung herstellt, eines Damenoberbekleidung und eines Damenwäsche. Dort hatten wir Gelegenheit, uns näher mit den Bereichen Schnittlagenbilderstellung und Gradierung, Zuschnitt, Nähen und Transport zu beschäftigen, die in dieser Reihenfolge nachfolgend abgehandelt werden.

1. Schnittbilderstellung/Gradieren

In diesem Bereich erfolgen die ersten Schritte für die Herstellung eines Kleidungsstückes; diese sind:

"Modell entwerfen", "Erstschnitt konstruieren", "Produktionsschnitt konstruieren", "Schnitteile digitalisieren und gradieren", "Schnittbild erstellen" und "Zuschnittauftrag erstellen".

Alle diese Stufen sind mittlerweile mit Hilfe verschiedener Systeme[2] computergestützt durchführbar.

In der Modell- (oder Muster-) Abteilung werden die Kollektionen hinsichtlich der Artikelgruppen, der modischen Gestaltung, der zu verwendenden Materialien, der Größenpalette und ähnlichem von Modellmachern/innen, Mode- und Entwurfsdesigner/Innen usw. entwickelt und zusammengestellt. Diese Modelle oder Muster dienen als Ausstellungsstücke für Messen, als Vorführexemplare bei Verkaufsgesprächen und als Prototypen für die Serienfertigung.

Entsprechende Entwurfssysteme gestatten den freien zweidimensionalen (mittlerweile in Ansätzen dreidimensionalen) Entwurf von Modellen, die beliebig nach Form und Farbe verändert, beurteilt und gespeichert werden können. Über Da-

---

[2] Vgl. dazu BAUMGARTEN u.a., 1987.

tenbanken können Farben und Formen, die bereits irgendwann verwendet worden sind, ausgewählt werden.

Firmen, die hier den Markt beherrschen, sind seit 1979 GERBER USA (die die AM-Abteilung von HUGHES AIRCRAFT und 1983 auch CAMSCO übernommen haben), LECTRA SYSTEMES (Frankreich) und INVESTRONICA (Spanien); seit 1985 kamen zusätzlich zwei von ehemaligen CAMSCO-Mitarbeitern gegründete Unternehmen (MICRODYNAMICS und ASSYST) sowie ein neues System von PFAFF (PAR) hinzu. Deren Hard- und Software ist mittlerweile IBM-kompatibel. Nach HENNE (1988), von dem obige Systemanbieter-Übersicht stammt, hat sich die Zahl der Systemanwender in der Bekleidungsindustrie zwischen der Internationalen Maschinenmesse Bekleidung (IMB) 1985 und 1988 von ca. 150 auf ca. 300 verdoppelt (ermittelt über Referenzlisten).

Bei Vorliegen entsprechender Aufträge werden die Produktionsschnitte konstruiert, berechnet (vorher digitalisiert), gradiert und auf Lagen verteilt, was im Grunde schon eine dem Zuschnitt zugeordnete, weil arbeitsvorbereitende Funktion ist. Für diese Tätigkeit können die Daten aus dem ursprünglichen Entwurf aber noch nicht direkt verwendet werden.

Untersucht haben wir in diesem Bereich nun speziell die Ablaufschritte "Schnitt konstruieren", "Digitalisieren", "Gradieren" und "Schnittbild erstellen".

1.1 Technikanwendung, deren Perspektive und die Veränderung der Arbeit

Die beiden Betriebe, bei denen wir die oben erwähnten Ablaufabschnitte untersuchten, hatten ein System von der Fa. GERBER GARMENT TECHNOLOGY (im Folgenden kurz GERBER) im Einsatz. Dieses AM 5-System ist ausgestattet mit einem graphischen Farbbildschirm mit integriertem 32-bit-Prozessor, einem Display, einem 32-bit-Zentralrechner sowie einem Zentralspeicher (Speicherkapazität ist abhängig von der jeweiligen Produktion), einer Digitalisiereinrichtung zum eingeben und gradieren von Schnitt-Teilen sowie einem Flachbettplotter (Zeichentisch zum auszeichnen der produktionsreifen Lagebilder).

Abb. 33 AM 5 der Fa. Gerber Garment Technology

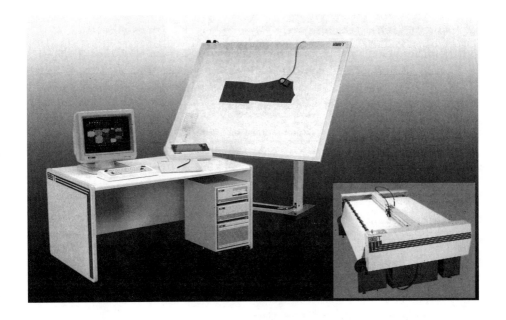

Quelle: Herstellerprospekt

Bei der Fa N gab es drei Arbeitsstationen mit je einem Bildschirm, die über ein Laufwerk von GERBER verbunden waren, bei der Fa. O zwei.

Die dafür verwendete Software (Preis 1986: 40 000 Dollar) wurde von beiden Firmen komplett gekauft und ist vom Anwender nicht veränderbar; sie umfaßt im einzelnen folgende Funktionen:

- Schnitteilentwurf für neue Modelle und Formen
- Digitalisierung von bestehenden Modellen
- automatische Teilekonstruktionserstellung für Zutaten
  (Futter, Einlagen usw.)

- automatische Gradierung der Teile (also Größenveränderung)
- vier Möglichkeiten der Schnittbilderstellung von interaktiv bis zu vollautomatisch
- schnelles, akkurates Zeichnen der Teile bzw. Schnittbilder
- Erstellung von Daten für den Zuschnitt
- zusätzliche Netzwerk- und Telekommunikationsfunktionen.

Voraussetzung für die Übernahme von einigen dieser Funktionen durch den Rechner ist die Definition von Regeln (also z.B. Gradierregeln), die vom Unternehmen eingegeben werden müssen.

Die oben erwähnte Speichermöglichkeit für Schnittlagenbilder soll bei N erst noch geschaffen werden; man sei diesbezüglich im Gespräch mit GERBER. Die Kapazität des bisher benutzten Speichers ist nach vier bis fünf Tagen erschöpft; dann muß alles gelöscht bzw. auf Kassette überspielt werden.

Es ist bei N eine Analyse gemacht worden, wieviele Lagen pro Tag umgeschrieben werden müssen; es waren ca. ein Drittel (= 45) aller Lagen. Es scheint also bei dieser Art von Speicherung an der Übersichtlichkeit der Modelle bzw. Schnittlagenbilder zu mangeln.

Nach Ansicht des Produktionsleiters von N - auf die weitere Rationalisierung angesprochen - ist im Zuschnitt von der Technik her nicht mehr viel zu holen; jetzt müsse man umorganisieren: Angefangen von der Arbeitsvorbereitung solle mehr in Baukastenart gefertigt werden. Das würde die Vielfalt der Schnittlagenbilder reduzieren, weil man mehr Teile immer wieder verwenden könne. Daneben wird aber versucht, auch die vielfältigen Über- und Zwischengrößen mitzunehmen. In diesem Zusammenhang soll die Arbeitsvorbereitung mehr in den Zuschnitt integriert werden (sozusagen als Unterabteilung). Dies ist auch bei O geplant (Schnittgestaltung als Unterabteilung des Zuschnitts).

Die Aufträge werden sowohl bei N als auch bei O schon über EDV registriert; sie könnten aber nicht gleich in dieser Form an den Zuschnitt weitergehen. Diese Vernetzung sei angestrebt.

Bei O arbeitet man in diesem Bereich mit Budgetrechnungen; d.h. jedes Teil bekommt einen dpf- oder DM-Betrag zugeordnet, den es beim Fertigungsdurchlauf nicht überschreiten darf. Für diese Berechnung durch die AV stehen entsprechende Datenbanken über die Preisentwicklung beim Rohstoffeinkauf, beim Verkauf, über die Marktentwicklung usw. zur Verfügung.

Bei Bestellungen bis 12 Uhr mittags liefert N noch am selben Tag (wenn die Teile fertig sind; wenn nicht, dauert ein Durchlauf zwischen zwei und drei Tagen). Selbstverständlich sind beide Firmen an einem möglichst schnellen Durchlauf und damit einem geringen Lagerbestand interessiert; man müsse nämlich aufpassen, daß man nicht zuviel im Lager hängen habe. Das spreche sich herum und dann fielen die Preise in den Keller.

Ziel der Automatisierung bei N ist nach den Worten des Produktionsleiters in erster Linie die Qualität: Es sollen den höchsten Ansprüchen gerecht werdende Kombinationen und Anzüge hergestellt werden (bei N arbeitstäglich rd. 1200 Anzugeinheiten). Dies sei auch das einzige Kriterium, das die Konkurrenzfähigkeit gegenüber dem Ausland (z.B. Portugal, Taiwan) gewährleiste. Darauf müsse sich die westdeutsche Bekleidungsindustrie in der internationalen Arbeitsteilung einstellen: hohe Qualität in der Bundesrepublik fertigen, Massenware im Ausland. Deshalb gebe es auch einen sog. "Freundeskreis HAKA", dem sieben bundesdeutsche Hersteller hochwertiger Herren- und Knabenbekleidung angehören und der - entgegen der normalen Konkurrenz zwischen den Firmen - dazu beiträgt, daß sowohl die Produktionsbedingungen der Mitgliedsfirmen angeglichen werden können, als auch die gemeinsam formulierten Aufgabenstellungen gegenüber den Maschinenherstellern vertreten und durchgesetzt werden (Diese Kraft wird benötigt, weil die Maschinenhersteller bei 80% Exportanteil natürlich eher auf die Wünsche ihrer ausländischen Partner eingehen). Dies auch gegenüber dem sich immer stärker konzentrierenden Handel zu praktizieren, stoße allerdings auf fast unüberwindliche Konkurrenzgrenzen.

Bei O, wo hauptsächlich DOB gefertigt wird, sieht man in erster Linie beim Einsatz Neuer Technik die Rationalisierungswirkung, also auch Leistungssteigerung; erst an zweiter Stelle wird vom technischen Bereichsleiter die Qualität erwähnt. Dies hängt wohl auch mit dem Tempo der Auftragsausführung zusammen: Als fast reiner Auftragsfertiger handelt es sich bei O um einen Betrieb, der seine Investitionen in erster Linie daran messen muß, ob sie ihm schnellere Lieferzeit garantieren. Insofern ist Ziel der Firma weniger der Personalabbau (was auch an der Entwicklung der Beschäftigtenzahlen nachvollzogen werden kann) als die Ausweitung der Kapazität.

Es habe sich herausgestellt, daß es eine Art Optimalgröße der Betriebe gebe: in der Leichtkonfektion ca. 100-120 Beschäftigte und in der Großkonfektion ca. 200-220 Beschäftigte. Die Leiter dieser Betriebe seien eigenverantwortliche Unternehmer, zusammengefaßt unter dem Konzerndach. Weil in dem von uns untersuchten Werk mittlerweile 440 Beschäftigte arbeiteten und alles zu eng geworden sei, werde wahrscheinlich angebaut.

Hinsichtlich des Innovationstempos kann man den Ausführungen der befragten Leitenden entnehmen, daß Betrieb O eher eine vorsichtige Anwendungsstrategie anwendet. Solange sich die Anlagen nicht rechnen und diese - aufgrund fehlender Erfahrung - möglicherweise teure Korrekturen, lange Einlaufzeiten usw. nötig machen, wird lieber noch auf alte Art produziert, bis andere Firmen damit ihre Erfahrungen gesammelt haben. Interessanterweise ist diese Strategie, die der Theorie des Extraprofits widerspricht, bei O bis heute erfolgreich. Dies hängt wohl auch damit zusammen, daß man sich dort manchmal für Aggregate entscheiden muß, die nur für eine oder zwei Saisons benötigt werden (das dürfte aber für die GERBER-Anlage nicht gelten).

Der Rationalisierungsgewinn durch die Anwendung von Computertechnologien bei der Schnittkonstruktion ergibt sich also durch die schnellere Bearbeitung und die Optimierung von Mustern und Schnittlagen, durch die Reduzierung von Fehlerquellen und durch Materialeinsparungen. Außerdem gelingt die Integration bisher getrennter Bereiche und Abteilungen: Alle einmal eingegebenen Daten können ständig wiederverwendet, verändert und an den nächsten Arbeitsbereich - im Prinzip sogar On-Line - weitergegeben werden. Daß die Herstellung von Musterstücken längerfristig infolge der Einführung des dreidimensionalen Musterentwurfs am Bildschirm überflüssig wird, läßt sich noch nicht mit der letzten Sicherheit sagen.

Personaleinsatz

Sowohl bei N als auch bei O sind die zwei Frauen am AM 5 fast ausschließlich damit beschäftigt, am Bildschirm auszulegen, damit der Zuschnitt reibungslos ablaufen kann. Es wird bei N damit spekuliert, daß bei zunehmender Abspeicherung von Schnittlagenbildern eine Frau schrittweise die Feinarbeit am Bildschirm übernehmen könnte ("die soll rumbasteln können"). Daraus soll sich in der Länge eine weitere Stoffeinsparung von 1-2% ergeben.

Die beiden Frauen bei N unterstehen einer Direktrice, die für den Ablauf in der Abteilung, den Kontakt zum Musterzimmer und die Digitalisierung von neuen Mustern zuständig ist. Sie war auch als einzige von den Dreien in München bei der deutschen Niederlassung der Herstellerfirma zu einem Weiterbildungskurs.

Zwei von den drei Frauen haben Bekleidungsfertigerin gelernt; eine ist gelernte Verkäuferin und wurde entsprechend eingearbeitet. Auch bei O haben die beiden Frauen am Bildschirm diesen Beruf gelernt.

Neben diesen drei Frauen arbeitet dort noch ein Modellmacher und sein Assistent. Bei O gab es ebenfalls einen Modellmacher; außerdem gehörte der gesamte Zuschnitt zu dieser Abteilung. Folglich unterstehen die beiden Frauen bei O, von denen die eine ebenfalls mehr an Weiterbildung genossen hat als die andere und daher zuständig für das Digitalisieren ist, dem Zuschnittleiter.

Gegenüber früher (also vor dem Kauf der GERBER-Anlage) gab es bei N keine Personaleinsparung, sondern eine zusätzliche Person. Bei O wurde nach Aussage der Kollegin eine Person in ihrem Zuständigkeitsbereich eingespart. Dort wird allerdings bezüglich Weiterbildung etwas zukunftsorientierter verfahren: Neben den zwei am GERBER-System Arbeitenden werden noch zwei weitere Beschäftigte am System angelernt, um Krankheiten, Urlaub und sonstige Ausfallzeiten überbrücken zu können.

Veränderung der Arbeit

Früher mußten nach Auskunft der Gradiererinnen der Fa. N bei Änderungen in der Kollektion Pappmodelle aussortiert werden (schon das habe eine Std. gedauert), dann wurden die ganzen Teile auf einem 12 m langen Tisch ausgelegt, das Netz übergezogen, das Papier unterlegt und mit einem alten Lichtpausengerät abgelichtet. Auf dieser Pause wurden die Änderungen vorgenommen. Die dafür notwendigen Daten mußten manuell aus unterschiedlichen Quellen herangezogen werden.

Heute läuft dies wie oben bereits angedeutet ab: Muster werden eingegeben (digitalisiert) und am Bildschirm bearbeitet (geändert oder vergrößert bzw. verkleinert). Das Digitalisieren erfolgt, indem mit einer Fadenkreuzlupe mit Tastatur das Modell entlang den Konturen mit den notwendigen Einzelpunkten (Daten im x- und y-Koordinatensystem) erfaßt und in den Rechner übertragen wird.

Wenn es bereits ein gespeichertes Muster gibt, wird dieses über eine Ordernummer mit all seinen Bestandteilen aufgerufen und dann entsprechend dem Auftrag (der in schriftlicher Form vorliegt) verändert, was der Rechner automatisch umsetzt auf andere Größen und speichert. Der Auftrag für diese Bearbeitung kommt bei N von der Arbeitsvorbereitung (Musterabteilung), bei O entweder direkt vom Betriebsleiter oder von der Zentrale.

Wenn die Kolleginnen bei N die Order eingetragen haben, nennt ihnen der Rechner eine Nummer für das Schnittbild. Die durch die eingegebenen Daten (Stoffbreite, der Minimalabstand der Teile zueinander, die geschätzte Lagenlänge, die Musterungsart - z.B. Karo - und der Grad der maximalen Fadenlaufabweichung) verknüpft mit den gespeicherten Gradierregeln und sonstigen "Stammdaten" veränderten Teile werden mit Hilfe eines Elektronikstiftes (durch Antippen derselben auf einem Menü) in ein eingegebenes Schnittlagenbild eingesetzt oder per Programmschritt automatisch verteilt (in den untersuchten Betrieben noch nicht möglich).

Je nach Auftrag ergibt sich bei O eine Buchstabenzuordnung und je nach Regelzuordnung beim Digitalisieren eine Zahl; diese Zuordnung muß von den Kolleginnen für jedes Teil vorgenommen werden. Nach Überprüfung aller Teile wird die Order geschrieben und in einer besonderen Datei abgespeichert.

Wenn sich während dieses Vorgangs z.B. das Vorderteil so verändert, daß 1 cm mehr Stoff erforderlich wird, müssen die Frauen am AM 5, weil kein Schnittlagenbild mehr stimmt, neue Ideen entwickeln. Bei N blinkt in einem solchen Fall der Bildschirm auf, um auf die Notwendigkeit der Erstellung eines neuen Schnittlagenbildes hinzuweisen. Dies stellt an die Frauen die Anforderung, Probleme lösen zu können. Dies gilt auch dann, wenn ein kleiner Fehler unterläuft (z.B. falsche Ordernummer zugeordnet oder der Plotter hat etwas anderes gezeichnet, als er sollte, usw.), der eventuell vielfältige Folgen haben kann.

Früher dauerte die Veränderung einer Grundform bei 5-7000 Schnittlagenbildern etwa ein halbes Jahr; heute werden nur noch wenige Tage benötigt (Auskunft des Produktionsleiters der Firma N).

Wenn beim Schnittlagenlegen die optimale Teilekonstellation ermittelt wurde (Ziel ist minimaler Stoffverbrauch), werden die Schnittlagenbilder gespeichert (dabei taucht eine Prozentzahl über den Stoffverbrauch auf dem Bildschirm auf), entsprechend den zugeordneten Nummern geplottet, die dazugehörigen Daten auf Diskette abgezogen und in den GERBER CUTTER (Zuschneideautomat) eingespielt (s. dort). Bei O werden die Zeichnungen dem manuellen Zuschnitt zugeleitet.

Entsprechend dieser technischen Stufe bei O muß eine der beiden Frauen am AM 5 noch für den Zuschnitt die Pappe zurechtschneiden, was aufgrund des Platzmangels und des mangelnden Vorschubs schwierig ist.

Bei N existierte bereits eine On-Line-Verbindung zwischen AM 5 und CUTTER, die aber aufgrund des geringen Speicherplatzes der AM 5 noch nicht funktionierte (der gerade durchgeführte Probelauf führte zu Datenverlust).

In beiden Firmen ist für die Frauen, die am Bildschirm arbeiten, das Bestimmende bei ihrer Tätigkeit das Schnittlagenlegen, was zwar eine Optimierung einschließt, aber eben noch nicht das Optimum darstellt (aus Zeitdruck kaum möglich). Bei N liegen die Frauen hinsichtlich der Optimierung bei 85% und bekommen Druck von der Geschäftsleitung, bei O gibt es keine derartige Leistungsvorgabe.

Die Direktrice bei der Firma N bezieht von der AV die Basisgröße (50), die sie in den PC eingibt; der Computer sucht sich dann aus den Stammdaten sämtliche anderen Daten, die er zum Vergrößern und Verkleinern braucht. Größenspiegel, Gradierregeln usw. wurden bei der Systemeinführung vom Modellmacher fest eingegeben.

Für diese Frau ist das Digitalisieren - neben der Regelung von Fehlern und/oder Störungen, die enorme Nachwirkungen beim Zuschnitt haben können - das Bestimmende und gleichzeitig das Anstrengendste. Man müsse sehr stark konzentriert arbeiten und möglichst ruhig bleiben. Ähnliche Aussagen traf die viel jüngere und noch nicht so erfahrene Frau am Digitalisiertisch bei O.

Bei den Frauen am Bildschirm zeigt sich die alte Problematik bei der Bildschirmarbeit: In beiden Firmen gibt es keine Mischarbeit, so daß die Frauen oft den ganzen Tag am Bildschirm sitzen und hochkonzentriert die Befolgung ihrer Befehle verfolgen (z.B. bei 16-facher Hosenlage). Daraus ergeben sich die bekannten Beschwerden wie Augen- und Kopfschmerzen, Rücken- und Nackenverspannungen. Teilweise gab es auch Klagen über die mangelhafte Angepaßtheit der Arbeitstische an die Körpergröße.

Je häufiger auf bereits gespeicherte Daten zurückgegriffen werden kann, um so weniger ist es notwendig, neue Modelle vollständig zu zeichnen oder zu konstruieren.

In beiden Firmen gab es für die untersuchten Tätigkeiten keine Aufgabenbeschreibungen; beide Frauenteams äußerten aber im Rahmen des Interviews, daß ihre reale Arbeit über das, was ihnen mündlich vorgegeben wurde, hinausgehe. Vor allem sei es so, daß sich kaum jemand außerhalb dieses computerisierten Bereichs vorstellen könne, mit welchen manchmal paradoxen Fehlern und oft undurchschaubaren Problemen sie sich auseinanderzusetzen hätten.

Weil diese Probleme aber nicht für jeden sichtbar seien, werde angenommen, sie würden nichts tun bzw. ihre Arbeit sei leicht zu bewältigen.

Wir denken, daß dies eine typische, vor allem die Computerarbeit betreffende Fehleinschätzung ist: Da geistige Arbeit, d.h. Problemlösung, Entscheidungsabwägung usw. nicht nach außen sichtbare Vorgänge sind, werden diese Tätigkeiten in ihrer Anforderungsqualität oft unterschätzt.

Gerade weil die Anlagen noch relativ neu sind, ist es völlig gerechtfertigt, wenn die dort Beschäftigten einen größeren Freiraum einfordern, um die weiteren Möglichkeiten des Systems auszuprobieren (dies gilt hauptsächlich für die Frauen bei N), spielerisch Entdeckungen zu machen um dann immer wieder ihre Entdeckungen und Probleme in einem theoretisch fundierten Seminar zu diskutieren.

Z.B. würden Fehlermeldungen ausgeschrieben (in Englisch), die man so im Handbuch nicht finde oder das System mache manchmal anstatt der 16 verschiedenen Größen bei den Hosen eben nur 14 - dann müsse man eben zwei Dateien bilden und diese zusammenfügen mit der negativen Konsequenz, daß diese getrennten Dateien bei weiteren Änderungen nicht mehr durch eine Ordnernummer aufgerufen werden könnten. Also müsse man erfindungsreich sein, in der Softwareanweisung nachsehen und notfalls in München bei der deutschen Niederlassung der Firma, von der die Software stammt, anrufen.

Bei N arbeiten die Frauen selbst mit der Software und verändern z.B. den Größenspiegel, denn der Service von GERBER nehme zu viel Zeit in Anspruch.

Insgesamt ist das Personal aufgrund der noch kurzen Anwendungsdauer des Systems noch etwas unsicher bei der Störungsbeseitigung.

Eine der Frauen im Betrieb O empfand die Schulung anfangs als einen regelrechten Schock, weil "alles so auf einen einstürmt" und man sich "das so schnell gar nicht merken kann". Erst wenn die Trainerin dann fort sei, kämen einem die Fragen. Insofern hielt sie die Abfolge der Schulung für recht gut: Nachdem zuerst 14 Tage lang ein Lehrgang stattfand, wurde drei Monate später ein weiterer mit einer Dauer von drei Tagen abgehalten; später erfolgte noch ein Lehrgang mit einer Dauer von zwei Tagen.

Was die Kooperation betrifft, sagen beide Frauenteams, daß sie - obwohl bei Einführung des GERBER-Systems eine formale Kompetenzaufteilung stattgefunden hat (bei O sogar durch die Trainerin von GERBER) - eng zusammenarbeiten müßten, sich auch gegenseitig helfen und bei bestimmten Problemen mitdenken würden. Man müsse sich schon wegen der Benutzung der Geräte absprechen, aber auch hinsichtlich der bei der Arbeit auftretenden Unklarheiten, Fehler oder Kooperationskonflikte mit anderen Abteilungen (bei N vor allem mit dem Zuschnitt, weil dort noch viele Fehler unterlaufen).

Die Direktrice bei N weist im Interview darauf hin, daß sie manchmal abends nicht wisse, wo ihr der Kopf stehe, weil sie soviel herumgerannt sei und mit anderen Abteilungen über Fehler und Probleme gesprochen habe. Die Frauen an den Bildschirmen hätten damit nicht so viel zu tun - höchstens wenn es sich um Diskettenprobleme im Zusammenhang mit dem GERBER-CUTTER handle. Hier fordern sie sogar Kenntnisse über dessen Funktionsprinzipien.

Bei Nutzung der vorhandenen Vernetzung zwischen AM 5 und CUTTER befürchten sie ein noch größeres Chaos für die Abteilung, weil Fehler dann kaum noch vor dem Zuschnitt korrigierbar wären, so daß sie unter noch höherem Druck stünden, konzentriert zu arbeiten.

Wenn man bestimmte Arbeiten am Computer längere Zeit nicht mehr gemacht habe, sei das ein Problem, weil man doch die Funktionen bzw. Befehle mit der Zeit vergesse.

Bei Störungen kooperiert die Schnittbildlegerin bei O mit dem Abteilungschef, "weil der sich doch am besten auskennt". Von ihm läßt sie sich auch die meisten Entscheidungen "absegnen". Sie habe sich zur Vermeidung bestimmter Fehler z.B. beim Karolegen mit den Aufbüglerinnen verständigt, um zu erfahren, worauf geachtet werden müsse. Dadurch werde sie auch flexibler an ihrem Arbeitsplatz.

Bei N trifft die Direktrice in Abstimmung mit den Schnittbildlegerinnen die notwendigen Entscheidungen. Sie muß sich mit der AV gut abstimmen, weil diese ihre Arbeit so an ihrer Abteilung ausrichten können, daß sie z.B. in der Lage sind, an einer Form weiter zu arbeiten. Später einmal wird sich die AV danach ausrichten, welche Größenkombination am günstigsten zusammengelegt werden kann.

1.2 Die Entlohnung und ihre Probleme

Bei O besteht ein Haustarifvertrag für alle Werke entsprechend dem regionalen Lohntarifvertrag für die gewerblichen Arbeitnehmer der westfälischen Bekleidungsindustrie. Dort arbeiten die Zeichnerinnen ebenso wie bei N im Zeitlohn. Eine der beiden Frauen bei der Firma O verdient (nach der zweijährigen Ausbildung zur Bekleidungsfertigerin) 13,--DM/Std., die andere aufgrund längerer Berufserfahrung und ihrer vorherigen Zuschneidetätigkeit 15,--DM/Std.[3] Die Einstufung erfolgte über Firma und Betriebsrat in die höchste Lohngruppe (VII = DM 13,72, Stand: Juli 1988). Somit beträgt die freiwillige Zulage für die letztgenannte Arbeitnehmerin 1,28 DM/Std.

Bei N sind die Frauen am AM 5 als Springerinnen eingestuft (in LG V des TV der Bekleidungsindustrie Hamburg) und

---

[3] Sie verdient dennoch weniger als in ihrer alten Abteilung und der von ihr absolvierte Directricenkurs wurde auch nicht berücksichtigt.

verdienen - ebenfalls im Zeitlohn - DM 12,96/Std. Der dieser Lohngruppe zugeordnete tarifliche Verdienst liegt bei DM 11,27/Std; diese Frauen erhalten somit eine freiwillige Zulage von DM 1,67/Std. Die Leiterin der Abteilung ist in T III eingestuft (TV für technische Angestellte), entsprechend einem Tarifverdienst in Höhe von DM 2.386. Effektiv erhält sie ein Gehalt von DM 2.700.

Nach Meinung des Zuschnittleiters der Firma O fehlten für eine Entlohnung der Arbeit am AM 5 nach Akkordgrundsätzen die entsprechenden Voraussetzungen. Problematisch sei allerdings, daß sich die Stundenlöhner den Leistungslöhnern immer mehr annäherten, weil die Leistungslöhner im Verhältnis zu ihnen abfielen. Dies ist eine Anspielung auf die Situation im gesamten Zuschnitt. So wird auch seine Äußerung verständlich, daß er die Zulagen der Frauen für ungerecht hielte, "denn die Frauen arbeiten doch genauso schnell wie die Männer".

Prinzipiell ist die Einstufung des Gradierens in den Tätigkeitskatalog für Angestellte möglich (wie erwähnt in Bayern bereits erfolgt). Diese Kataloge sind aber regional unterschiedlich und noch nicht überall erfolgte bislang eine solche Einstufung. Wenn allein Optimieren anfällt, läßt sich dies im gewerblichen Bereich der Lohneinstufung regeln. Kommt aber wie in unserem Fall noch das Digitalisieren hinzu, wird eine höhere Bewertung erforderlich.

Entsprechend müßten die Frauen am AM 5 umgruppiert bzw. neu eingestuft werden. Zudem wären die Leistungsbedingungen zu regeln, weil damit zu rechnen ist, daß die bisherige legere Handhabung bei der Protokollierung der AM 5 Leistung nicht mehr beibehalten wird. In diesem Zusammenhang ist es auch notwendig, die Kolleginnen darüber aufzuklären, daß die innerbetriebliche Drucksituation nicht dadurch gelöst werden darf, daß sie "freiwillig" Überstunden machen, um mit der angefallenen Arbeit fertig zu werden. Dies würde den Kampf um mehr Arbeitsplätze ja gerade schwächen.

Die befragten Kolleginnen hatten keine konkreten Vorstellungen, wie ihr Lohn zukünftig ausgestaltet sein sollte. Sie würden gern mehr verdienen und sich sicher sein können, daß sie für ihre erbrachte Leistung auch wirklich die äquivalente Gegenleistung erhielten. Ein Mehrverdienst wäre aber durch Mehrleistung kaum erzielbar, da sie keine Soll-Vorgaben bekämen und ihre Leistung auch sonst nicht überwacht würde, obwohl dies technisch möglich sei.

Soll im Entgelt die Leistung berücksichtigt sein, kann man zwar mit Zuschlägen operieren - aber abgesichert. Natürlich gilt für den technischen Leiter der Firma O ganz allgemein der Grundsatz, daß höhere Leistung auch höher zu vergüten ist:

> "Wenn wir jemanden von der Straße holen und ihn hier anlernen, dann wird diese Person genauso wie ein Arbeitnehmer eingestuft, der hier vor 10 Jahren gelernt hat, und dann kann es sein, daß der neu Eingestellte nach 14 Tagen das gleiche Geld verdient wie jemand, der hier schon 10 Jahre gerackert hat... Ich gehe da nach glasklarem Leistungsprinzip."

Wir gehen aber davon aus, daß ohne Schulung keine Leistung erbracht werden kann, daß aber dennoch der Kampf um die Einstufung geführt werden muß. Daher können wir der Aussage des technischen Leiters nicht beipflichten. Der Produktionschef bei N hält es für menschlich, daß nicht alle die gleiche Leistung erbringen und befürwortet daher eine Leistungszulage für diejenigen Beschäftigten, die im Stundenlohn arbeiten.

Der Zuschnittleiter von O bedauert es generell, daß die neuen Tätigkeiten, die mit dem Einsatz des Computers in diesem Bereich anfielen, nicht im Lohngruppenkatalog enthalten sind; daher liefen bei O bereits Verhandlungen mit der GL (er ist Mitglied der Tarifkommission), um eine "gerechtere" Einstufung zu finden (neuer Tätigkeitskatalog).

Dies kommt auch den Wünschen der dort Arbeitenden entgegen, weil sie ihre derzeitige Einstufung nicht für zutreffend halten.

Auch bei N hoffen die Frauen am AM 5 darauf, "daß es irgendwann einmal bergauf geht; daß diese Arbeit mal eine eigene Stufe bekommt und höher entlohnt wird." Sie haben offensichtlich mittlerweile resigniert, weil "man immer nur eine dumme Antwort bekommt, wenn man einen Vorgesetzten darauf anspricht."

Führt man sich nochmals die oben herausgearbeiteten, vielfach gänzlich neuen Anforderungen vor Augen, die durch den AM 5-Einsatz an den Bediener gestellt werden, dann wird deutlich, daß auf kognitiver Ebene doch sehr hohe Aufmerksamkeit, ein gewisses Abstraktionsvermögen, Kombinations- und Problemlösefähigkeit sowie Wissen über die Funktionsweise der Anlage und ihre Möglichkeiten bis hin zum CUTTER (zumindest in bezug auf die Datenübertragung) vorhanden sein müssen. Auf der Ebene der Motivation im Zusammenhang mit der Zusammenarbeit zwischen den Abteilungen muß das Verantwortungsbewußtsein und der Wille zu exakter Arbeit (Qualität!) weit entwickelt sein (oder werden). Auf der Ebene Kooperation muß sowohl intern als auch über Abteilungsgrenzen hinweg mit vor- oder nachgelagerten Bereichen die Bereitschaft zur gemeinsamen Problemlösung, zur Aushilfe in Notfällen entwickelt werden. Auf der Ebene Lernen hat sich gezeigt (wie übrigens generell bei Computerarbeitsplätzen), daß ständig die Fähigkeit vorhanden sein muß, neue, unbekannte Situationen zu meistern. Dies setzt allerdings voraus, daß beim Bediener ein ausreichendes Abstraktionsvermögen vorhanden ist und würde eigentlich eine theoretische "Nachbehandlung" in entsprechenden Kursen (in bestimmten, festzulegenden Abständen) erfordern.

Dies sind unseres Erachtens doch einige wesentliche Argumente, die im Rahmen der Eingruppierungsverhandlungen mit den Unternehmern neben der Notwendigkeit der Beachtung gesicherter arbeitswissenschaftlicher Erkenntnisse bei der ergonomischen Ausstattung derartiger Bildschirmarbeitsplätze[4] gegenüber den Betrieben bzw. gegenüber der anderen Tarifpartei vorgebracht werden könnten.

Bei der Einarbeitung obiger Punkte müßte allerdings darauf geachtet werden, daß sich nicht über die Verteilung dieser Tätigkeitsteile auf unterschiedliche Personen herrschende Arbeitsteilungsmuster durchsetzen.

---

[4] Vgl. dazu FRIELING, 1987.

Die Bewertung und Eingruppierung dieser Arbeit hat höchste Priorität, wie schon die Ausführungen der bei Firma N beschäftigten Frauen beweisen: Diese sind einer Leistungsüberwachung überhaupt nicht abgeneigt, weil sie sich von einer solchen erhoffen, daß die Vorgesetzten mit Hilfe entsprechender Daten endlich begriffen, wie umfangreich ihre Tätigkeit ist.

Ebenso wie in Betrieb O wird dort offensichtlich die Arbeit der Frauen von den Vorgesetzten geringer bewertet als andere Arbeiten (obwohl die Frauen nach eigenen Angaben pro Tag um die 60 Größen machten und dies gegenüber früher eine ungeheuere Steigerung sei). Der Produktionschef bei N sucht schon aus diesem Grund für die Zukunft nach neuen Bewertungskriterien für die Arbeit. Er möchte das persönliche Engagement stärker in die Entlohnung einbeziehen. Er wußte aber noch nicht genau, wie dies geschehen soll und überhaupt geschehen kann; vielleicht könne im Tarifvertrag ein Zuschlag für die Erfüllung bestimmter Kriterien (z.B. Verantwortung usw.) verankert werden.

2. Automatisierung in der Zuschneiderei

Der rechnergestützte Zuschnitt wird von den Herstellern vor allem unter Hinweis auf die besonderen Einsparungsmöglichkeiten angeboten. Es handelt sich - abgesehen von den jeweiligen betriebsspezifischen Bedingungen - bei den Herstellungskosten um folgende Möglichkeiten der Einsparung:[5]

- Lohnkosten im Zuschnitt: 1-3%
- Lohnkosten in der Näherei durch exakteren Zuschnitt: 2-10%
- Materialkosten durch bessere Nutzung der Bandbreiten und geringere Schnittabstände: 1-8%

Für das automatische Zuschneiden stehen mittlerweile Systeme von BULLMER, DÜRKOPP, GERBER, INVESTRONICA und LECTRA zur Verfügung, wobei LECTRA neben dem Stoßmesser ein Laser-

---

[5] Laut Herstellerunterlagen, vgl. auch BRACZYK u.a., 1987, 72.

strahlsystem anbietet und DÜRKOPP mit einem Wasserstrahl-System auf dem Markt ist. Diese Systeme haben aber neben den Stich- und Stoßmesser-Systemen große Probleme sich zu behaupten, weil sie doch einige wichtige Nachteile bei der Anwendung mit sich bringen.[6] Insgesamt sind in der bundesrepublikanischen Bekleidungsindustrie[7] ca. 50 Installationen (meist mit Stichmesser) bekannt, was im Vergleich zu den installierten CAD-Systemen noch recht wenig ist. HENNE geht aber davon aus, daß aufgrund des Wegfalls verschiedener "Wettbewerbshemmnisse" das "Zeitalter des automatischen Zuschneidens erst jetzt beginnt".[8] Wichtig dafür ist die gegenseitige Vernetzungsmöglichkeit der unterschiedlichen CAD-Systeme mit den Zuschneidesystemen. Keiner der oben genannten Hersteller bietet allerdings bis dato ein in sich geschlossenes System, das alle Arbeitsschritte von der Mustererstellung bis zu den fertig ausgeschnittenen Stoffteilen umfaßt, an.

2.1 Eingesetzte Technik, deren Perspektive und die Veränderung der Arbeit

Im obigen Abschnitt wurde bereits darauf verwiesen, daß die erstellten Schnittlagenbilder auf Disketten zum Zuschnitt gelangen. Im Bereich des Zuschnitts wird der Stoff vom Ballen abgerollt, gelegt (meist in mehreren Lagen) und geschnitten; die Teile werden anschließend zusammengebündelt und zum Nähen weitergeleitet.

Wir untersuchten in dem schon unter 1.1 erwähnten Betrieb N auch den Zuschnitt. bei O war dies nicht möglich, weil zum Zeitpunkt der Untersuchung die entsprechenden Anlagen in dem Werk, für das wir die Untersuchungsgenehmigung hatten, noch nicht angeschafft worden waren.

Vor dem Zuschnitt ist also die Legerei angeordnet. Dort war bei N zeitweise eine teilautomatisierte Maschine im Einsatz (teilautomatisiert heißt, daß aus einem Stoffballenmagazin am Legetisch die Ballen per Computerabruf ab-

---

[6] Vgl. dazu Forschungsprojekt 3150 (Lütgering), S. 184 ff. und HENNE, 1988.

[7] HENNE, 1988.

[8] Ebenda, S. 16.

gerollt und gelegt werden; an manchen Maschinen kann man die Kanten usw. über Bildschirm überprüfen). Dieses Niveau wurde wieder zurückgenommen, weil es sich (noch) nicht lohnte.

Die Neuerung im Zuschnitt besteht aber in dem vor zwei Jahren für 1,2 Mio DM gekauften GERBER CUTTER. Das System besteht aus einem Rechner, dem Steuerpult, dem Schneidetisch mit einer luftdurchlässigen Borstenauflage (wegen des Stichmessers) und einer Abdeckfolie (GERBER-Patent bis Ende 1987) sowie dem Schneidekopf (s. Bild).

Abb. 34   Der Cutter der Fa. GERBER

Quelle: Herstellerprospekt

Über das Steuerpult können die für das Schneiden erforderlichen Daten wie z.B. Schnittgeschwindigkeit, Vorschubgeschwindigkeit, Schleifzyklen usw., unabhängig von der Materialart und der Lagenhöhe eingegeben und auch während des Prozesses korrigiert werden.

Im untersuchten Fall war der PC für die Steuerung des CUTTER einige Meter von der Anlage entfernt installiert worden. Da - wie oben bereits erwähnt - die On-Line-Verbindung zwischen Gradiercomputer (AM 5) und dem Steuerungscomputer des CUTTER noch nicht funktionierte, mußten die Disketten mit den gespeicherten Schnittbilddaten vom Gradierhaus dorthin gebracht werden.

Gemäß den Eingaben schneidet der CUTTER den gelegten Stoff unter Vakuumbedingungen in bis zu sieben Zentimeter dicken Lagen mit einer variablen Geschwindigkeit von 10 bis

30 Meter pro Minute (einstellbar). Er besitzt dafür eine sich selbst schärfende und den günstigsten Winkel einstellende Schneidevorrichtung (sog. "intelligentes Messer"), die zu einem deckungsgleichen Schnitt durch alle Lagen hindurch beiträgt.

Außerdem kann die Stärke des Schneidedrucks (z.B. bei hartem Stoff) eingestellt werden. Der Druck des Messers bzw. seine Orientierung entlang der Kontur verstärkt sich von selbst, wenn es aus dem Schußfaden herausschneiden muß.

Die Stofflagen werden nach dem Legen auf den mit Gumminoppen bestückten Schneidetisch geschoben und von unten her mit Preßluft dort festgepreßt, um Vakuumbedingungen und damit absolute Rutschfestigkeit zu erreichen.

Direkt am PC des CUTTER kann man z.B. Veränderungen der Stofflänge und -breite eingeben, woraufhin der Rechner versucht, die neuen Angaben mit dem Schnittlagenbild in Einklang zu bringen:

> "Wir haben Schnittlagenbilder aufgelegt am Freitag Abend, 12,8 m Stretchcord und am Montag früh kamen wir, da waren das keine 12,8 m mehr, sondern 12,6 m. Der Cord ist also eingelaufen durch die Feuchtigkeit. Was machen sie jetzt? Unsere Leute haben den Configger so gestellt, daß vorne 1/2 cm herausgegangen wurde, d.h. alle Hosen wurden 1/2 cm kürzer geschnitten. Sie müssen ja leben mit der Ware... Da haben also die Leute Möglichkeiten. Das machen die aber immer nur nach Rücksprache mit dem Abteilungsleiter und es muß dann im Protokoll vermerkt sein - wegen der Reklamationen nachher."
> (Produktionsleiter bei N)

Die neueste Software ist nach Angabe des dortigen Produktionschefs komfortabler, weil sie es z.B. nach Einstellung einer Schneidegeschwindigkeit ermöglicht, eine Verringerung der Geschwindigkeit bei Kleinteilen (die schwieriger zu schneiden sind) um 25% vorzuwählen. Diese neue Software verfüge über solche zusätzliche Potenz, die man gar nicht voll nutzen könne.

Nach dem Schneiden müssen die Leute am CUTTER die Schnitte zusammenbinden und auf einen mehrstöckigen Wagen legen, die Ware abzeichnen, die Wagen, auf denen zusammengehörige Teile liegen, zusammenschieben und diese dann in die Näherei bringen. Über automatische Abräumstationen wird zur Zeit nachgedacht.[9]

Wenn Karo-Stoff gelegt und geschnitten werden muß, bestehen an die Genauigkeit besondere Anforderungen. Daher kommt der karierte Stoff vom Schneiden direkt zum Richten (Abstimmen des Karos).

Perspektivisch geht es darum, die On-Line-Verbindung zwischen Gradieren und CUTTER funktionstüchtig zu machen und eine bessere organisatorische Lösung zwischen den beiden Abteilungen herzustellen. Außerdem sollen alle gezeichneten Schnittlagen auf einer großen Speicherplatte abgelegt werden können. Hierzu finden augenblicklich Verhandlungen mit GERBER statt.

Ein großes Problem sei die Säuberung der Anlage (Aufgabe der Straßenführer). Dazu habe sich die Herstellerfirma keine Gedanken gemacht; daher müßten sie sich jetzt eine Reinigungsmöglichkeit überlegen - vielleicht eine große Bürstenanlage, die über den Tisch wandert.

Wir gehen davon aus, daß mittelfristig der automatische Legetisch - sobald sich dieser lohnen wird - angeschafft wird; dann vielleicht auch gleich mit einem an ein PPS anschließbaren Stoffballenmagazin (s. Skizze), das mit einem revolverartigen Wechselautomaten und einem rechnergesteuerten Beladegerät (verknüpft mit dem Lager oder der Anlieferung) ausgestattet ist und z.B. von BULLMER schon seit längerem angeboten wird.[10]

---

[9] Siehe den Hinweis bei HENNE, 1988, 17, daß das Fraunhofer Institut für Produktionstechnik und Auto-matisierung in Stuttgart Partner für die industrielle Erprobung einer Lösung sucht.

[10] Vgl. dazu HENNE, 1988.

Abb. 35 Skizze einer Verknüpfung von CUTTER, Legetisch und Stoffballenmagazin

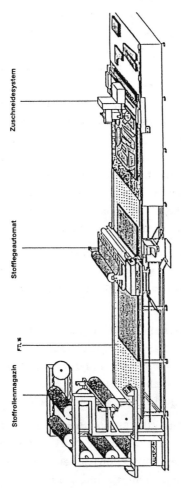

Quelle: Herstellerprospekt

Personaleinsatz

Insgesamt waren zum Zeitpunkt der Untersuchung im Zuschnitt der Firma N 56 Arbeitnehmer beschäftigt; davon vier gleichzeitig am GERBER CUTTER und an der vorgeschalteten Legemaschine. Von diesen vier Arbeitnehmern waren drei Arbeiter und einer Angestellter.[11]

---

[11] Mit ihm war ursprünglich "Größeres" geplant; er konnte daher auch den REFA-Schein machen.

Der Angestellte besuchte als einziger den Kurs bei GERBER und war am Aufbau der Anlage beteiligt. Daher hatte er die Arbeiter angelernt und kennt sich auch besser mit der Anlage aus, so daß meist er es ist, der Änderungen am PC eingibt. Er ist auch beteiligt, wenn sich die Leitenden bei anderen Firmen, die den CUTTER gerade neu installiert haben, informieren, was es für diese Anlage mittlerweile an Neuerungen gibt (z.B. Software-Versionen). Er hat Weisungsbefugnis, die aber von den drei Maschinenführern (einem gelernten Bäcker, einem Tischler und einem gelernten Herrenschneider, die mittlerweile durch "billigere" Frauen ersetzt wurden, s. unter Lohnprobleme) nicht so richtig anerkannt wird. Sie behaupteten im Interview, daß sie das, was er mache, auch könnten. In der Praxis erwies sich diese Behauptung indes als eine Übertreibung.

Sie kannten zwar die wesentlichen Befehle am CUTTER, konnten ihn auch überwachen, ließen aber bei schwierigeren Befehlen und vor allem bei Störungen den Angestellten an den Rechner.

Der Produktionsleiter bei N bezweifelte, daß die Maschinenführer die Anlage bereits voll nutzen könnten; er dachte aber nicht daran, sie entsprechend zu qualifizieren und die unglückliche Zusammenarbeit mit dem Angestellten ("der sich als was besseres aufspielt") zu verändern.

Die vier Männer am CUTTER werden als zwei Teams angesehen, die sich ihren Zeithaushalt frei untereinander aufteilen. Sie können daher ihre Schichten wechseln, verlängern, usw., wie sie wollen. Hauptsache ist nur, daß gearbeitet wird.

Der Produktionsleiter berichtet, ursprünglich sei geplant gewesen, dem Angestellten statt der drei Männer eine entsprechende Anzahl von Frauen "dazuzugeben". Von diesem Vorhaben sei man aber wieder abgekommen, weil Männer eben doch robuster seien. Mittlerweile wissen wir, daß diese Überlegung doch noch in die Wirklichkeit umgesetzt wurde. Seine Begründung für die Wahl der männlichen Arbeitskräfte war, daß diese vielleicht im Notfall besser von Hand schneiden könnten, wenn es sich um harten Stoff handle. Er hatte damals schon Zweifel, ob diese Entscheidung richtig war. Natürlich haben solche Personaleinsatzkonzepte auch immer etwas mit gewachsenen Personalstrukturen und mit den Möglichkeiten des BR zu tun.

Perspektivisch gilt ähnliches wie auch für den Bereich Mustererstellung und Gradierung: Wenn es gelingt, die On-Line-Verbindung zwischen Gradierbüro (AM 5) und CUTTER-Steuerung herzustellen, dann wird sich die Arbeit am CUTTER von den Anforderungen her weiter ausdünnen, so daß eventuell die Frage zu beantworten sein wird, mit welcher Berechtigung diese Maschine überhaupt noch mit so vielen Leuten besetzt ist. Es besteht zudem die Gefahr, daß ein großer Teil der Arbeit dann tatsächlich aus Abräumen besteht.

Veränderung der Arbeit:

Früher mußte nach dem Legen ein Schneidemesser (später mit Servoantrieb) von Hand entlang den nach Schablonen aufgezeichneten Mustern geführt werden. Da der Stoff mit der anderen Hand gehalten wurde, war die Arbeit zum einen schwer (Messerführung) und zum andern nicht so genau, weil die Stofflagen verrutschen konnten. Gerade deshalb erforderte sie hohe Konzentration.

Mit Einführung des CUTTER hat sich die Tätigkeit der Kollegen stärker auf das Auflegen der Zutaten und auf die Koordination dieser Arbeit mit der Überwachung des CUTTERS und des Abräumens nach dem Zuschneiden verschoben.

Das Auflegen ist nach wie vor eine Tätigkeit, die lediglich hohe Konzentration für das exakte Übereinanderlegen von Kanten, die Abstimmung von Karos usw. sowie für das Abmessen erfordert. Ansonsten ist Körperkraft für das Wechseln und Bereitstellen der Stoffballen einzusetzen. Man muß allerdings etwas vom Schneidern verstehen, um den Stoff richtig legen zu können (links und rechts, Kanten usw.).

Die befragten Kollegen bei N halten das Hochziehen der Lagen auch tatsächlich für das anstrengendste ihrer Tätigkeit. Körperkraft erfordert außerdem das Hin- und Herschieben des Schneidetisches (es gibt zwei Legetische und eine Schienenvorrichtung für das Bewegen des Schneidetisches).

Als monoton und stressig bewerten sie das Abräumen nach dem Schnitt (Anbringen von Gummi um die Stoffteile und auf einen Wagen legen). Außerdem ärgert sie das Gequietsche des CUTTER beim Schneiden und ein hoher Pfeifton, der häufig ertönt, weil die Folie, die über die Lagen gelegt werden muß und dann von der Preßluft angepreßt wird, kleine Risse hat, so daß Preßluft durch sie hindurch pfeift.

Daneben bestehe eine große Verletzungsgefahr. Beim Abräumen der Teile greife man in die Gummistifte der Tischauflage und verletze sich am Nagelbett. Alle Kollegen berichten dementsprechend von blutenden Fingern und Schwielen.[12]

Monotonie, die menschlicher Entwicklung abträglich ist und wohl einem Zwischenstadium der technischen Entwicklung geschuldet wird, läßt sich u.E. zunächst dadurch ausgleichen, daß andere Teile der Arbeit interessant gestaltet werden.

Doch gerade daran fehlt es bei N. Die Kollegen dürfen am Rechner des CUTTER lediglich die auf der Order festgehaltenen Daten eingeben und ihn dann starten. Das Programm wird grundsätzlich von der Arbeitsvorbereitung bzw. im Gradierbüro erstellt. Das Korrigieren von Problemen oder die Suche nach Störungen kann von den befragten Kollegen nur insoweit erfolgen, als der Angestellte, der über das nötige Wissen verfügt, ihnen die nötigen Kenntnisse vermittelt. Er hat also eine Machtposition (ohne formale Festschreibung), die die Entwicklungsmöglichkeiten des restlichen Teils des Teams vor allem im kognitiven Bereich stark einschränkt.

Immerhin ist nach Einschätzung der Kollegen das Verhältnis von Routinetätigkeit zu solcher, die geistige Anstrengung erfordert, von früher 95 : 5 auf 80 : 20 gestiegen. Diese Steigerung resultiere vor allem aus der Konzentration beim Eingeben und dem (sehr begrenzten) Korrigieren von Da-

---

[12] Bei der globalen Behandlung von Belastungen in diesem Bereich durch BAUMGARTEN u.a. (1987) wurde dieses Problem leider vergessen. Gerade unter den Bedingungen Neuer Technik sollten derartige Gefahren völlig ausgeschlossen sein.

ten und natürlich aus der erforderlichen Suche nach Störungsursachen. Korrigiert werden kann z.B. die Messergeschwindigkeit (wenn z.B. der Stoff hart ist), der Vorschub oder der Tellerdruck.

Ähnlich wie die Gradiererinnen berichten auch diese Kollegen von Störungen, die plötzlich auftauchen und von keinem durchschaut werden. Sie hätten schon ein Problem gehabt, da sei sogar ein Spezialist von Belgien im Betrieb gewesen, der alles auseinander genommen, aber trotzdem nichts gefunden habe. Anschließend sei der CUTTER aber wieder gut gelaufen. Störungen vorbeugen könne man nur insoweit, als man den CUTTER beobachte, d.h. die Schnitte prüfe bzw. auf fremde Geräusche achte.

Im Prinzip stellt sich der CUTTER selbst bei Störungen ab. Laut Anweisungen der Vorgesetzten sollte er aber möglichst wenig stehen; gleichzeitig hieße es, sie sollten ständig an der Maschine herumstehen (das habe auch was mit dem Image zu tun bei den anderen Arbeitenden: "die stehen nur herum"). Es gibt also im Vergleich zu den Anforderungen eine widersprüchliche Arbeitsanweisung.

Die Maschinenführer müssen zudem bei Störungen eventuell den Schneidekopf ersetzen, das Messer eventuell nachschleifen oder ersetzen, auf die Folie aufpassen, damit sie nicht einreißt und kontrollieren, daß die Messergeschwindigkeit stimmt, daß die einzelnen Lagen nicht verklebt sind und sauber geschnitten ist (wenn nicht, müssen sie von Hand nachschneiden).

Offiziell gebe es keine Arbeitsbeschreibungen für ihre Tätigkeit; problematisch sei dies deshalb, weil sie mehr Aufgaben zu erfüllen hätten, als man ihnen ursprünglich gesagt hatte, das aber keiner mehr wahrhaben wolle. Dies bezöge sich vor allem auf die Störungen und die Suche nach Ursachen, wobei sie allerdings oft nicht das nötige Wissen hätten, so daß diese Aufgabe meist der Angestellte übernehme. Wenn er aber nicht da sei, müßten sie es doch versuchen. Bei Programm- oder Elektronikfehlern könnten sie aber nicht eingreifen; dann müßte jemand von GERBER oder ein Elektroniker der Firma dazu kommen.

Es zeigt sich hier das Ergebnis einer engstirnigen Personaleinsatzpolitik: Da nur ein einziger im "Team" ausreichend qualifiziert wurde, haben die anderen erhebliche Probleme, den an sie gestellten Anforderungen gerecht zu werden. Ihre Streßreaktionen sind daher nur verständlich. Die Betroffenen meinen, daß am falschen Ort gespart worden sei und mit der Auswirkung, daß man sich zwar durch die lange Anlernzeit einiges angeeignet habe, aber immer noch unsicher sei, ob man auch alles richtig mache. Auch das Nachschlagen im Handbuch (das vom Programmierer aus dem Englischen übersetzt worden war) habe manchmal nicht mehr geholfen, weil die Fehler oder die Symptome dort einfach nicht beschrieben waren.

Zum Thema Kooperation betonen die Maschinenführer, daß sie ein Nadelöhr für die weitere Produktion, also den Einricht- und Nähprozeß darstellten und sich daher ständig in Verteidigungsposition gegenüber dem auf ihnen lastenden Druck von dort befänden. Außerdem kommt wohl als verschärfende Variante hinzu, daß sie deshalb unter Druck geraten, weil ihnen die Gradiererinnen die Schnitte nicht rechtzeitig liefern und sie dann warten müssen. Zudem sei die Fehlererkennung nach Einspeisung der Daten in das System schwierig; man müsse sich darauf verlassen können, daß diese stimmten, denn wenn man erst später darauf aufmerksam werde, sei es schon zu spät.

Dagegen hoben die Gradiererinnen hervor, daß sie den Beschäftigten am CUTTER oft bei der Eingabe oder Korrektur der Daten behilflich sein müßten und daher manchmal ein Engpaß entstehe.

Innerhalb des Teams gibt es nach ihren widersprüchlichen Aussagen keine Arbeitsteilung; im gleichen Atemzug behaupten sie jedoch, daß die Nachschnitte nur derjenige mache, der auch Schneider gelernt habe und daß der Angestellte eben doch in gewisser Weise die Arbeit verteile und die schwierigsten Probleme mit dem Computer übernehme.

Wir entnehmen daraus jedenfalls zum einen, daß die Zuschneider erheblich unter Druck stehen, der zusätzlich durch den Anschluß eines Druckers verschärft wurde, über den der Abteilungsleiter und die Geschäftsführung jederzeit über die Vorgänge am CUTTER unterrichtet sein können (also ob und wie lange er stillgestanden hat, wie hoch die Messergeschwindigkeit war, welche Veränderungen vorgenommen wurden, usw.) und zum anderen, daß ihre Qualifikation auf keinen Fall ausreicht, um die vielfältigen Probleme, die bei ihrer Arbeit auftauchen, zu bewältigen.

Zu den Anforderungen wurde bereits in den Ausführungen deutlich, daß sich der kognitive Teil nach wie vor auf das exakte Auslegen der Lagen und auf die Eingaben der Schnittdaten, die Kontrolle des Schneidevorgangs und auf die Ursachenbestimmung und Beseitigung von Störungen (teilweise unter Einschaltung von Fachleuten) am CUTTER bezieht.

Das relativ niedrige Niveau dieser Anforderungen hängt eindeutig mit der unglücklichen arbeitsorganisatorischen und Qualifizierungslösung zusammen, die man in dem von uns untersuchten Unternehmen gewählt hatte. Hier wird es der gewerkschaftlichen Interessenvertretung neben der Klärung von Eingruppierung und Entlohnung um eine Vergrößerung des Kompetenzfeldes aller am CUTTER Beschäftigten gehen, was eine entsprechend theoretisch fundierte Schulung voraussetzt.

Eingeschlossen in diese Qualifizierungsmaßnahmen müßten die offensichtlich auftretenden Kooperationskonflikte und ihre für alle Beteiligten produktive Lösung sein. Offensichtlich kann sich die Kooperationsfähigkeit der Teammitglieder unter den gegebenen Verhältnissen zum Nachteil der erbrachten Leistung nicht optimal entwickeln. In diesem Zusammenhang schließen wir aus der schwachen Motivation der Beschäftigten, daß niedriger Lohn, schlechtes Arbeitsklima und geringe Entwicklungschancen höher wiegen als die Verantwortung für teure Arbeitsmittel und qualitativ hochstehende Produkte (Widerspruch zum Image der Firma).

Perspektivisch besteht zumindest für eine Übergangszeit die Gefahr, daß durch die Beibehaltung traditioneller Arbeitsteilung mehrere Abräumer einem CUTTER-Spezialisten gegenüberstehen (Polarisierung) oder sogar letztere Arbeit vom Gradierbüro aus erledigt wird. Bei Verfolgung obiger

Gestaltungsvorschläge kann diese Entwicklung verhindert werden.

2.2 Entlohnungsformen und ihre Probleme

Ebenso wie die beiden Gradiererinnen sind die Zuschneider der Firma N in LG V (LTV Bekleidungsindustrie Hamburg, entspricht DM 11,27/Std.) mit unterschiedlichen freiwilligen (d.h. unabgesicherten) Zulagen eingestuft: Die Bandbreite des Stundenlohnes reicht von DM 12,96 bis zu DM 14,46. Der Angestellte ist nach T 2 eingestuft (TV für die Angestellten der Bekleidungsindustrie Hamburg), entsprechend einem Tarifgehalt von DM 1.683; effektiv erhält er 2.500 DM.

Zwei der Maschinenführer waren zuvor im alten Zuschnitt beschäftigt und hatten dort 20% über dem Tariflohn verdient; sie beklagen sich heute darüber, daß sie an der neuen Anlage, obwohl dort ebenfalls unter Leistungsbedingungen gearbeitet wird, weniger verdienen (trotz Leistungszulage). Die Kollegen reflektieren dies fälschlicherweise so, als ob sie noch im Akkord wären und es darauf ankäme, daß sie auch ständig Ware zur Verfügung hätten. Dem ist aber nicht so.

Interessanterweise widersprechen sie sich bei der Beantwortung der Frage, ob ihnen nun eine Vorgabe gemacht werde oder nicht: Einerseits sei die vorgegebene Stückzahl eine Phantasiezahl, die man gar nie erreichen könne; andererseits gebe ihnen keiner etwas vor. Sie arbeiten mit Sicherheit nach Vorgaben, denn es handelt sich bei ihrer Abteilung um eine solche, die von allen Teilen passiert werden muß, bevor diese zum Einrichten und Nähen kommen und dort wird überall im Akkord gearbeitet. Wenn dies aber vom Abteilungsleiter nicht so deutlich ausgesprochen wird (er meinte, man entnehme noch keine Daten), dann bildet das lediglich eine Beruhigungsstrategie und soll die Betroffenen im Glauben wiegen, sie bekämen keine Vorgaben oder so jemandem wie ihnen gebe man keine Vorgaben.

Aufgrund dieser Situation müßte zumindest versucht werden, die sog. Leistungszulage zu einem festen Lohnbestandteil zu machen sowie die Leistungsvorgaben zu vereinbaren und unter Einbeziehung der unvorhersehbaren Problemfälle am CUTTER eine entsprechende Prämienregelung zu treffen. Schon während der Untersuchung wurde deutlich, wie schnell diese Initiative ergriffen werden muß, denn die Geschäftsleitung ließ bereits verlauten, daß sie sich den Übergang vom Entlohnungsgrundsatz Zeitlohn in Akkord o.ä. überlege. Außerdem besteht ja eine vollkommene Kontrolle jedes Schneidevorgangs.

Den Maschinenführern sei gesagt worden, daß die gesammelten Daten schichtweise ausgewertet und Kurven über die Stillstände angefertigt würden. Also geht es hier um das Problem der Leistungskontrolle, weshalb für diese Anlage sofort eine BV durchsetzbar wäre.

In diesem Zusammenhang erfahren wir, daß die Geschäftsleitung Leistungsvergleiche anstellt. So fand sie heraus, daß eines der Teams eine Ausnutzung der Anlage von 80% gefahren hat und das andere von 65%. Konsequenz war natürlich eine Veränderung in der Zusammensetzung der Teams, um festzustellen, wer der Minderleister war und ob er sich durch eine solche Maßnahme "motivieren" läßt.

Da dies unserer Auffassung nach inhuman ist, hätte man einen argumentativen Ansatzpunkt für die Beseitigung obiger Probleme. Eine feste Vereinbarung der freiwilligen Zulage würden sich auch die interviewten Maschinenführer wünschen.

Sie beklagen sich desweiteren über ihre Einstufung: Sie sei ein Witz (was ja auch für den BR noch ein zu lösendes Problem ist). Inzwischen sind die männlichen Zuschneider durch Frauen ersetzt, die gegenüber den Männern eine LG tiefer (IV) eingestuft werden und einen Tariflohn von DM 11,28 pro Std. erhalten. Diese Einstufung erfolgte nach schwierigen Verhandlungen zwischen BR und Geschäftsleitung unter Hinzuziehung der Tarifvertragspartei. Die Geschäftsleitung versuchte, die LG III (DM 10,93) durchzusetzen, der BR wollte die ursprüngliche Eingruppierung (LG V) beibehalten.

Die Arbeit mit dem GERBER CUTTER ist für die befragten Kollegen durchaus körperlich eine Erleichterung, dafür aber eine Arbeit mit erhöhtem Streß und mehr geistiger Anforderung.

Wir sehen allerdings Probleme, die Arbeit am CUTTER bei einer wie oben beschriebenen Arbeitsorganisation und Personaleinsatzpolitik "aus dem Stand" neu einzustufen. Einer neuen Einstufung müßte u.E. zunächst eine Klärung der arbeitsorganisatorischen Strukturen mit dem Ziel "Jeder kann alles" und eine entsprechende Qualifizierung vorausgehen.

Damit brächte man die in diesem Zusammenhang von Arbeitgeberseite oft angeführte Argumentation, es handle sich lediglich noch um Abräumer, die eigentlich noch tiefer eingestuft werden könnten, besser zu Fall.

Die GL versucht nach den Aussagen der Befragten, das Team über den Lohn auseinanderzudividieren: Jeder erhält unterschiedlichen Lohn; dieser Unterschied im Entgelt wird aber auch jedem vorgehalten als Versuch, ihm Angst zu machen ("du verdienst eigentlich zu viel"). In Anbetracht solcher realer Drohungen muß hier schnellstens eine Diskussion über die Gestaltung der Arbeit am CUTTER geführt werden. Ein Paket sollte geschnürt werden, das sowohl die technische Perspektive als auch neue arbeitsorganisatorische Lösungen und entsprechende Qualifizierungsmaßnahmen enthält.

3. Weitere Detailautomatisierungen in der Näherei

Wie sich aus den bisher behandelten Fertigungsabschnitten und deren technischer Ausstattung ersehen läßt, gerät die Montage auch wegen den dort zum Tragen kommenden Automatisierungsgrenzen zunehmend unter Druck. Steuerungs-, d.h. Flexibilitätsprobleme in den nachgelagerten Bereichen werden sich potenzieren und führen damit laut WEISSBACH (1984) zu der Gefahr, daß der "...Flexibilitätsfortschritt, der durch die Zuschnittsautomation gewährleistet erscheint, ... im Montagebereich wieder verloren zu gehen (droht)." Damit könnte seiner Meinung nach eine Entwicklung zu mehr Dezentralisierung in Gang gesetzt werden, d.h. der automatisierte Zuschnitt eines Unternehmens liefert rechnergesteuerte Teile inklusive Unterlagen an ein Netz von kleinen und kleinsten Nähereien (Töchter des Unternehmens oder Lohnfertiger).

Dieser Druck wird im Augenblick von seiten der Nähmaschinenhersteller dadurch beantwortet, daß Nähmaschinen an den Stellen mit mikroelektronischen Steuerungen ausgestattet werden, an denen eine Detailfunktion, die zum Teil bisher von Hand erfüllt werden mußte, problemlos aus dem Fertigungsablauf abgetrennt werden kann. Dies sind z.B. produkt- bzw. ablaufbedingte Veränderungen von Stichweiten, Nahtlängen, der Transport des Stoffes, das Fadenabschneiden usw.

Dadurch ist allerdings nicht zu erwarten, daß sich an der prinzipiellen Charakteristik der Näharbeit als Hort der typischen, extrem arbeitsteilig organisierten und damit gesundheitsschädigenden Akkordarbeit etwas ändert. Dennoch wurde in der Untersuchung von ADLER (1986) herausgearbeitet, daß die Unternehmer in diesem Punkt umzudenken beginnen:

> "Wenn heute die Unternehmen des Bekleidungsgewerbes eher den wählerischen aber besser bezahlenden Kunden bedienen, geht dies an der Ausprägung der Arbeit nicht vorbei. Mit der klassischen Arbeitsteilung und damit der klassischen Akkordarbeit, die das Ziel verfolgt, möglichst lange mit hohem Leistungsgrad an einer Teilvorrichtung (ausführend) zu arbeiten und durch Methodentraining schnell in diese Arbeit hineinzukommen, kann diese Kundschaft kaum bedient werden. Die Dynamik in einem Bekleidungsunternehmen ist allgemein gewachsen: häufige Modellwechsel, kleine Fertigungslose, kürzere Dispositionszeiten erzwingen eine gewisse Unvorhersehbarkeit und damit Nichtorganisierbarkeit von Entscheidungen, also eine viel höhere arbeitsinhaltliche Dynamik sowie den Zwang zu mehr Selbstentscheidung und Mitverantwortung (dispositiver Aspekt)." (ders., 2f).

ADLER setzt also in seiner Argumentation bezüglich der Überwindung der Anpassungsprobleme an die Marktveränderungen in der Bekleidungsindustrie auf die Innovation im Bereich menschlicher Arbeit, also im Bereich der Aus- und Weiterbildung. Dies wurde so auch innerhalb der von der GAT

(Gesellschaft für Arbeitsorganisation und Technik) betreuten Arbeitsstrukturierungsprojekte vertreten.

Dies müßte natürlich eine entsprechende Veränderung im Lohngefüge bzw. bei den Entlohnungsmethoden nach sich ziehen, was von uns im Folgenden auch geprüft wird.

3.1 Eingesetzte Technik, deren Perspektive und die Veränderung der Arbeit

Es handelt sich bei den meisten Maschinen, die wir untersucht haben (Taschen-, Leisten-, Schweißblatt-, Langnaht-, Ärmelein-, Futter-, Etiketten-, Spitzennähautomaten) um Spezialaggregate mit einer auf diesen Nähvorgang bei unterschiedlicher Qualität des Materials ausgerichteten Steuerung, die in der AV vorprogrammiert wurde, aber am Arbeitsplatz durchaus in gewissen Grenzen veränderbar ist. Eine Flexibilisierung der Maschinerie auf der Grundlage eines verschiedene Nadeln automatisch zum Einsatz bringenden Nadelkopfes[13] haben wir in unserer Untersuchung nicht gefunden.

Die von einer solchen Detailsteuerung - z.B. QUICK DIGITAL, PROGRAMMAT oder SCHIPS übernommenen Funktionen sind z.B. der Antrieb des Nähvorgangs, wobei Veränderungen bei der Einstellung jetzt nicht mehr mit Hilfe des Schraubenziehers vorgenommen werden, sondern mit Hilfe entsprechender Eingaben am Bedienerfeld oder die Weitenverteilung der Nähte oder die Stichzahl usw.

---

[13] Was z.B. bei WEISSBACH, 1984 für die Wäscheindustrie als existent angeführt wird, vgl. ebenda, S. 26, Fn 1.

Abb. 36 SCHIPS-Steuerung mit Blockdiagramm

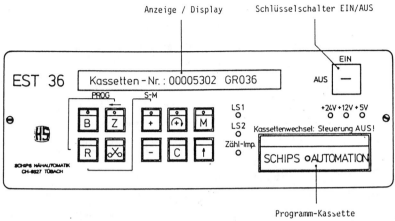

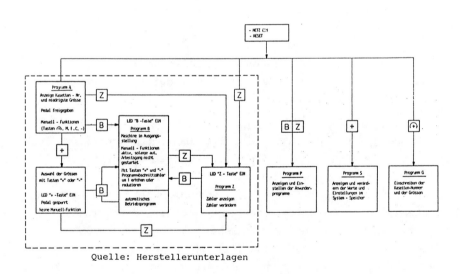

Quelle: Herstellerunterlagen

Quelle: Herstellerunterlagen

In diese Steuerung können mittlerweile über 80 verschiedene Programme für verschiedene Größen, d.h. Nahtlängen und deren Spezifika eingespeichert werden. Unterschiedliche Nahtabläufe sind anwählbar.

Man kann das Programmiergerät anstelle des Bedienerfeldes mit der Steuerung verbinden, um die Einstellwerte einzuspeisen: Diese Werte können auch auf Kassette gespeichert und dann eingelesen werden (EPROM). Im Anzeigenfeld ist bei laufender Maschine die augenblicklich gefahrene Stichzahl pro Minute ablesbar.

Beim <u>Ärmeleinnähautomaten</u> (von der Fa. KOCHS-ADLER), wie er z.B. bei O in Anwendung war, übernimmt die Prozeßsteuerung die Regulierung der Weitenverteilung am Transportband (Raffen oder Dehnen der Naht) und des Stichabstands; weiterhin wird der Nähvorgang automatisch in Gang gesetzt und beendet (über Lichtschranken), inklusive Fadenabschneiden und Hochstellen des Drückerfußes. Ferner ist die Geschwindigkeit in verschiedenen Stufen wählbar. Daneben sind acht Programme für zusätzliche Arbeitsschritte einles- und abrufbar.

Das bedeutet, daß sich sowohl der Ausstoß durch die höhere Geschwindigkeit (die Maschine näht mit höchster Geschwindigkeit bis zum Nahtende, nähert sich also nicht wie bisher dem Nahtende mit weniger werdender Stichzahl) erhöht (bis zu 10%) als auch die Qualität durch die Überwachung des Nähvorgangs verbessert.

Der <u>Tascheneinnähautomat</u> (PFAFF) - ebenfalls bei O in Anwendung - verfügt über eine Steuerung mit ähnlichen Funktionen wie oben. Zusätzlich ist er ausgestattet mit einer Zuführ- und Ablegevorrichtung der Fa. BEISSLER. Das Zuführen der Leiste und des Taschenfutters erfolgt ebenfalls automatisch. Bei der Steuerung stellt der Meister die Schnitte der Taschen ein (bisher: Auswechseln von Rädern, die Länge und Weite mechanisch regulierten) und die dort arbeitende Kollegin kann dann die Länge (Nahtstrecke in Millimetern), die Weiten und das Eckmesser (entscheidet über genaues Einschneiden an den beiden Endenleisten) einstellen bzw. korrigieren.

Die Stichlänge, das Tempo (2.800 Stiche pro Minute) und die Anfangs- und Endverriegelung sind fest eingegeben. Weitere Parameter sind für die Fester- oder Loserstellung des

Bandes und für das Ein- und Ausschalten der Funktion Beutel und Futter einstellbar.

In die Untersuchung wurden noch folgende Arbeitsgänge aufgenommen, deren Ausstattung mit mikroelektronischen Steuerelementen den obigen Beispielen entspricht:

- **Maschinen zum Vornähen von Röcken** (mit Puller und Fotozelle ausgestattet, wobei ersteres zur Stoffspannung dient und vom Meister eingestellt wurde, letzteres zur Steuerung für Beginn und Ende des Nähvorgangs);

- **Maschinen zum Rockfutternähen** (mit LIERSCH-Steuerung SPS 1, ebenfalls mit programmierbarer Fotozelle).

In Firma P, die Damenunterbekleidung herstellt, sind hauptsächlich Maschinen der Firmen ROCKWELL RIMOLDI und REECE im Einsatz. Wir untersuchten beispielhaft

- **Maschinen, mit denen Träger und Spitzen an Unterhemden angenäht**
- und mit denen **Höschen zusammengenäht und versäumt** wurden.

Alle diese Maschinen waren wie bei O mit Programmaten (fünf programmierbare Programmschritte) o.ä. Steuerungen (z.B. SCHIPS) und mit optoelektronischen Fühlern ausgestattet.

Die Steuerung von SCHIPS übernahm beim Trägerannähen die Spannungsüberprüfung und die Weitenverstellung des Einstichs. Der Programmat steuerte die Anzahl der Stiche und das Tempo, überwachte die Länge der Naht und übernahm das Abschneiden des Fadens. Die verwendeten Kassetten kamen von SCHIPS (und können vom Anwender selbst programmiert werden) und von DACHS (diese werden dort programmiert und sind nicht mehr zu verändern).

An der untersuchten REECE-Maschine war zusätzlich eine Preßluftdüse angebracht, die das abgeschnittene Teil vom Tisch bläst und eine pneumatisch gesteuerte Hebelvorrichtung, die den fertigen Träger vom Tisch zieht.

An einigen der RIMOLDI war ein Puller zur Dehnungsregelung angebracht.

Nach Aussage der Geschäftsleitung wird bei P als nächstes in einen neuen Etikettennähautomaten investiert.

Vor 30 Jahren habe man, so die Angabe des Prokuristen, für knapp 1.000 DM einen Näharbeitsplatz eingerichtet. Heute würde ein solcher Platz je nach Arbeitsgang zwischen 20 und 80.000 DM kosten. Z.B. habe man jetzt mit hohem finanziellem Aufwand eine INATEC-Förderanlage in einem Zweigwerk installiert, um Erfahrungen zu sammeln - auch hinsichtlich der Humanisierung der Arbeit.

Exkurs: Automatisierung des Teiletransports

Die Ware wird bei P zu 34 Stück je Bündel (oder Klammer) aus dem Hauptwerk geliefert. Früher mußte nun die Ware von Hand meist mit irgendwelchen Containern oder Wagen abgeholt bzw. verteilt werden.

Seit dem Jahr 1985 ist nun in dem von uns untersuchten Werk von P eine Hängeförderanlage für ca. 200.000 DM der Fa. ETON installiert (s. Bild). Von der Planung bis zur Installation der Anlage wurde ca. ein Jahr benötigt. Ein weiteres halbes Jahr verstrich, bis sie eingelaufen war. Man erwartet, daß sich die Anlage in wenigen Jahren amortisiert haben wird.

Nach Angaben des in diesem Bereich arbeitenden Meisters seien die Frauen nach einer skeptischen Phase von den Vorteilen dieser Anlage überzeugt worden.

Abb. 37   Ein Näharbeitsplatz - versorgt durch das ETON-
          Hängefördersystem

Quelle: Bildarchiv der GTB

Diese Hängeförderanlage bedient lediglich 26 Arbeitsplätze und kann so gesteuert werden, daß die ankommenden Klammern mit der zu nähenden Ware je nach Eingabe an einen bestimmten Nähplatz transportiert werden. Da bei P noch keine Programmsteuerung per EDV im Einsatz war, mußten die Teile per Knopfdruck von der Bandleiterin direkt an einen bestimmten Arbeitsplatz dirigiert und von der jeweiligen Näherin an den nächsten Bearbeitungsplatz weitergeleitet werden.

Dieses System von ETON (Schweden) ist als automatisches Transportsystem mit vorgewählter Platzansteuerung schon seit 1967 im Einsatz.[14]

Wenn es nun seit 1985 mit Computersteuerung ausgestattet ist, so zeichnet es sich gegenüber dem konventionellen System dadurch aus, daß es "u.a. die

> - Steuerung des Materialflusses,
> - Optimierung der Platzbelegung,
> - Optimierung der Durchlaufzeit
> - und die Erfassung und Verarbeitung von Betriebs- und Fertigungsdaten unterstützt bzw. leistet."

(BRACZYK, 1987, S. 13)

Wenn dieses System mit EDV ausgestattet wird, besteht es typischerweise aus einem Bildschirm mit Tastatur und Drucker und je einem Terminal pro Arbeitsplatz. Jedes Terminal ist mit einer Barcode-Leseeinrichtung verbunden, mit der jeder Trolley (das sind die Transportbügel) beim Durchfahren des Arbeitsplatzes anhand seiner Code-Nummer identifiziert wird. Die Identifikation der Näherin erfolgt morgens und abends durch Eingabe ihrer Codenummer. Mit einem Hauptcomputer können laut BRACZYK u.a. (an deren Studie sich diese Darstellung anlehnt) 126 Arbeitsplätze gesteuert und überwacht werden.

Die mit diesem System zur Anwendung kommende Software umfaßt die Bereiche: 1. Dateienverwaltung

                     2. Datensammlung in Echtzeit

                     3. Übersichtenausdruck

Unter 1. werden folgende Dateien geführt:

1. Terimaldatei: welche Arbeitsplätze sind ans System angeschlossen?

2. Beschäftigtendatei: Personalnummer, Name, Abteilung, Arbeitszeit, Informationen zur Lohnabrechnung usw.

---

[14] Nach Schätzung von BRACZYK u.a., 1987, mindestens 1.100-fach.

3. Arbeitsgangdatei: alle Arbeitsgänge, die im System ausgeführt werden.

4. Modelldatei: Jedes Modell ist durch einen Code erfaßt.

5. Auftragsdatei: Angaben über die Produktionsaufträge
"Am Ende eines jeden Arbeitstages werden eine Reihe von automatisch erfaßten Daten in aufbereiteter Form ausgegeben:
- eine Übersicht über den Verdienst und die erarbeiteten Minuten eines jeden Beschäftigten, aufgeschlüsselt nach den ausgeführten Arbeitsgängen; diese Angaben werden pro Abteilung und insgesamt summiert;
- eine Übersicht über die Leistungsgrade sowie Leistungsdurchschnitte der Abteilungen und insgesamt;
- eine Spezifikation der Arbeiten, die nicht im Akkord durchgeführt worden sind." (BRACZYK u.a., 1987, 41)

Die Benutzung der Basisdateien wie auch die Erstellung bestimmter aktueller Übersichten ist nur mit Hilfe eines Passwortes für autorisierte Personen möglich. Hier sieht man sehr deutlich den Zusammenhang mit der Entlohnung, was uns weiter unten noch näher beschäftigen wird.

Man erhofft sich von einem derartigen System (das in Konkurrenz steht zu ähnlichen Angeboten von DÜRKOPP, GERBER, INA, ISELI, JICE und VEIT) zum einen eine Verringerung der Fertigungskosten von 30-40% und zum anderen die Auflösung der starren Grenzen der bisher üblichen Fließfertigung in der Näherei.

In dem untersuchten Unternehmen waren nun, obwohl die Anlage noch nicht rechnergesteuert ist, die ersten drei Ziele bereits in Angriff genommen worden. Allerdings waren Steuerungsengpässe und Optimierungsprobleme zu beobachten, die möglicherweise mit dem notwendigen Modellwechsel bzw. der Mehrfachbelegung von Arbeitsplätzen zusammenhingen.

Die Anlage, die nach dem Baukastenprinzip konzipiert und damit auch leicht vergrößert und/oder umgebaut werden kann, hat zumindest insoweit bereits eine Verbesserung gebracht, als schneller Arbeitende ihre Teile in einen Puffer schicken können (wovon es drei gab), in dem die Ware solange warten kann, bis sie aufgerufen wird. In einem sog.

"neutralen" Puffer der Anlage kann auch noch zwischengelagert werden; dort muß aber der Meister die Freigabe geben.

An jedem Näharbeitsplatz ist Platz für 20 Klammern. Darüber hinausgehende Beschickungen wandern solange rund, bis wieder Platz ist.

In der von uns gefundenen Ausprägung der Technisierung des Transports innerhalb des Betriebes P spielt nun eine Rolle, daß die Näherinnen durchaus selbständig feststellen können, welche Kollegin Platz hat bzw. den nächsten Arbeitsgang erledigen kann, um dann das fertige Bündel dorthin zu schicken. Diese Möglichkeit sollte bei Ausstattung mit EDV gewahrt bleiben und ausgebaut werden. Der Ausbau könnte so vonstatten gehen, daß bei Anwendung sog. "intelligenter" Terminals nicht nur Arbeitsplatz- und z.T. Arbeitsgangwechsel dezentral organisiert werden könnten, sondern auch die unmittelbare Aktualisierung der Leistungsdaten und Exzeßzeiten.[15] Daraus ergibt sich ein nicht unerheblicher Qualifizierungsbedarf im Bereich von Planung und Steuerung unter Berücksichtigung der Materiallage, der Organisationsstrukturen und der Personalausstattung.

BRACZYK u.a. übersehen in diesem Zusammenhang allerdings, daß Voraussetzungen dieser Dezentralisierung von Entscheidungskompetenz ein nicht so enger Zeithaushalt und die Schaffung wirklich humaner Kommunikationsmöglichkeiten, die nun gerade beim ETON-System nicht vorliegen, sind. Da die Bündel an einer Eisenstange entlang auf Rollen bis an den Arbeitsplatz herangeführt werden, sitzen die Näherinnen ständig in einem Käfig von Bündeln, allein mit ihrer meist viel Lärm erzeugenden Maschine, ohne ausreichende Luftzirkulation, ohne jegliche Sicht zur Nachbarin oder in den Raum.

In einer zusammenfassenden Charakterisierung der Belastungsfaktoren führt BRACZYK obige Problematik durchaus auf. Dieselben Schwierigkeiten haben die von uns befragten Kollegen vorgebracht: Einsamkeit, Arbeitshetze, Verkürzung von Leistungszeiten durch griffgerechtes Anliefern der

---

[15] Vgl. ebenda, S. 96.

Teile und Verkürzung der Erholzeiten durch Wegfall von Nebentätigkeiten usw. Wenn man aufstehen würde, um die einseitige Belastung des Sitzens auszugleichen und um ein paar Worte mit der Kollegin nebenan zu wechseln, sei dies ein Grund für eine Rüge.

Daraus würden wir allerdings ableiten, daß zum Kauf eines derartigen Systems nicht geraten werden kann.

Auf der IMB in Köln wurde eine Reihe von Nähanlagen vorgestellt, bei denen die festverdrahtete Steuerung von Detailfunktionen durch einen Mikrocomputer ersetzt war (siehe als Beispiel die in der folgenden Abbildung gezeigte Taschennähanlage von DÜRRKOPP ADLER AG, die auf der IMB 88 in Köln vorgestellt wurde).

Abb. 38   Die Taschennähanlage von DÜRRKOPP ADLER

Quelle: Herstellerunterlagen

Auch diese Maschinen sind aber erst für eine eingegrenzte Anzahl von Artikeln und Nähvorgängen ausgelegt. Darüber hinaus sind Versuche bekannt, sowohl auswechselbare Nähköpfe mit mehreren Nadeln für verschiedene Aufgaben einzusetzen (nach einem ähnlichen Prinzip wie CNC-Werkzeugmaschinen im Maschinenbau) als auch die dem Nähen unmittelbar vor- und nachgelagerten Vorgänge mit Hilfe der Robotertechnik und der Versteifung des Nähguts zu automatisieren. Dies wird also die mittel- und längerfristige Perspektive in den Betrieben sein.

Personaleinsatz

Die meisten der bei O an den untersuchten Automaten beschäftigten Kolleginnen (sechs von ca. 350) sind jüngere, gelernte Bekleidungsfertigerinnen (zweijährige Ausbildung). Bei P ist dies ähnlich; das Durchschnittsalter der 26 Näherinnen am Hemdenband ist allerdings etwas höher und das Qualifikationsniveau geringer.

Interessant ist, daß Firma P im Gegensatz zu Betrieb O kaum Auszubildende einstellt und begründet dies damit, daß sich die Ausgebildeten selbständig machten bzw. zu Konkurrenten gingen.

Veränderung der Arbeit:

Bei den heute im Einsatz befindlichen Spezialnähmaschinen werden Funktionen wie Füßchenlüftung oder Nahtverriegelung automatisch durch die Maschine bewerkstelligt. Früher mußte dies von der Näherin von Hand oder durch Betätigen des Fußpedals ausgeführt werden. Sie mußte sich beim Nähen stark konzentrieren, mußte steppen, genau auf die Geschwindigkeit achten, auf den Lauf des Nähguts und auf das Ende. Größere Umstellungen nahm der Meister bzw. der Mechaniker vor.

Heute näht die Maschine von Anfang bis Ende, d.h. bis zur Lichtschranke durch und erhöht damit die Lärmbelästigung und die Anforderung an die Konzentration der Näherin, weil der Prozeß schneller abläuft und die Näherin, während das Teil genäht wird (beim Schließen von Futterseitennähten z.B. 6-8 Hm), ein neues Teil positionieren sollte. Eben dies beansprucht die Frauen psychisch sehr, weil sie bei jedem Teil einen Wettlauf gegen die Zeit antreten, um nicht das Abstellen der Maschine (die einen kurzen Nachlauf hat) zu riskieren.

Interessanterweise können die Frauen das Nachlaufen in der Länge beeinflussen, wobei es für sie zwar offiziell keine Grenze nach oben gibt, sie sich aber natürlich bei Verlängerung dieser Nachlaufzeit die Verkürzung ihrer Arbeitszeit und damit die Verringerung der Teileausbringung (d.h. eine Verdiensteinbuße) einhandeln.

Die Näherinnen bestätigen uns in einer Gruppendiskussion, daß der Lärm und an warmen Tagen die Hitze unerträglich sind. Außerdem beklagen sie sich über die Monotonie bei ihrer Arbeit.

Bei der von der Näherin am Ärmelnähautomaten vorzunehmenden Sichtkontrolle (in Stichproben) wird geprüft, ob die Naht zu locker oder zu straff ist und ob der Ärmel insgesamt richtig sitzt. Wenn sie nicht zufrieden ist, gibt sie Änderungen in das Programm ein.

Beim Rockfutternähen können die angelernten Frauen mit Hilfe der Prozeßsteuerung die Einstellung der Stichverteilung verbessern, die Stichweite, den Ober- und Untertransport usw. beeinflussen. Voraussetzung sei dabei, so ein Prokurist von O, daß sie das Material und dessen Reaktion beim Nähen kennen. Bei schwierigeren Umstellungen helfe der Mechaniker.

Ganz davon abgesehen, daß auch hier das Problem der Arbeitsteilung diskutiert werden muß (also, ob die Aufteilung so bestehen bleiben soll, daß immer nur eine Frau eine Maschine optimal bedienen kann und daß nur der Mechaniker für die Beseitigung der Störungen zuständig ist), stellt sich die Frage nach dem Zusammenhang von klassischer Arbeitsbewertung (lt. TV) und Anforderungsdefinition: Wenn die Kolleginnen in das Programm eingreifen und Werte neu eingeben bzw. korrigieren, dann führen sie eine Tätigkeit aus, die in der herkömmlichen Arbeitsbeschreibung für Nähen und in dem Bewertungsschema für diese Tätigkeit nicht enthalten ist.

Die befragten Frauen fragen sich, was ihnen bei über 70% Prozeßzeit, in der die Maschine volle Power bringe, denn noch zu tun bleibe. Man sei schon heute, indem Stückchen für Stückchen in die Maschine hineinverlagert werde, hauptsächlich mit Einlegen beschäftigt oder bekomme mehr Maschinen (so z.B. beim Säumen). Dies deutet die Problematik von unbeeinflußbaren Zeiten und Mehrmaschinenbedienung an, die im Abschnitt über die Entlohnungsprobleme diskutiert werden muß. Außerdem sei aufgrund der enorm gestiegenen Hast bei der Arbeit ein Kontakt zwischen den Frauen kaum noch möglich und die Konkurrenz nehme zu.

Das mangelhafte Qualifikationsniveau bei O zeigt sich nicht nur daran, daß die Näherinnen ihre Probleme mit der neuen Technik auf die Meister schieben und selbst diese oft überfordert sind, sondern auch daran, daß die Führungskräfte den an sie gestellten Menschenführungsaufgaben nicht gewachsen sind (u.a. auch aufgrund der Probleme, die im Zusammenhang mit der zunehmenden Leistungsverdichtung bei den Näherinnen auftreten).

Aufgrund der Hetze in der Arbeit habe sich, so die Näherinnen, bei ihnen schon ein gewisser Drogenkonsum (Beruhigungstabletten u.a.) eingeschlichen. Außerdem sei das Arbeitsklima so schlecht, daß man Angst habe, Probleme anzusprechen oder sich zu beschweren.

Nach Aussagen der Vorgesetzten ist man sich bei P durchaus der Tatsache bewußt, daß man keine guten Arbeitsbedingungen habe, aber um diese zu bekommen, müßte mehr verdient werden und das sei zur Zeit nicht machbar. Der Weg dorthin solle über eine bessere Maschinenauslastung, eine kluge Verlagerungspolitik (teuere Produkte im Inland fertigen und billige im Ausland) und flexible Arbeitszeit führen. Bezüglich der Führungsschwächen werde schon etwas getan.

Der Arbeitsgang "Teile greifen" wird nach Meinung des interviewten Prokuristen in den nächsten Jahren bestehen bleiben, ebenso die Art und Weise des Nähens und das Ablegen. Man müsse wohl noch einige Jahre damit leben, daß der Stoff nicht einfach vom Roboter bewegt, positioniert bzw. eingelegt werden könne.

Das Transportieren hingegen könne wieder mit Computerunterstützung durchgeführt werden. Dadurch könnten die Teile griffgünstig von einem Platz zum anderen gelangen (Förderanlage, s.u.). Immerhin könne man davon ausgehen, daß durch diese Investitionen die Arbeit leichter geworden sei, denn es müßten nicht mehr solche Gewichte bewegt werden. Diese Aussage korrigierte er jedoch auf Nachfrage, denn er war sich bewußt, daß sie nur dann zutreffend sein kann, wenn tatsächlich keine Teile mehr zu bewegen sind. Da diese Tätigkeit aber auch nach Installierung eines Transportsystems noch vorzunehmen ist, wird die Belastung nicht geringer, sondern höher, weil die Stückzahl zunimmt.

Ein maßgeblicher Schritt bei den neuen Anforderungen an die Näherinnen ist unseres Erachtens erst dann getan, wenn frei programmierbare Maschinen eingesetzt werden, die es ermöglichen 10 unterschiedliche Nähte in unterschiedlicher Reihenfolge im selben Bündel zu nähen und die Näherin dabei in die Lage versetzt wird, diese Änderungen auch einzugeben (Qualifizierung!). Weiterhin kommt es heute schon darauf an, wie die Arbeit an den neuen Maschinen, die einen erheblich höheren Wartungsaufwand haben, möglicherweise einen eigenen Programmierplatz (in der Produktion und nicht in der Arbeitsvorbereitung) fordern und mehrere Arbeitsgänge zusammenfassen, organisiert wird - also ob die Meister die Versuchsreihen durchführen, die Nähergebnisse fachlich beurteilen, die Maschineneinstellungen vornehmen usw. oder ob dies (wenigstens zum Teil) von den Näherinnen erledigt wird.[16] Als grundsätzliche Perspektive für diese Arbeit wird schon bei GEBBERT (1982) die Gruppenarbeit (nach dem Prinzip von Fertigungsinseln) angesehen.

3.2 Typische und neu auftretende Entlohnungsprobleme

Da die oben in einem Exkurs beschriebenen Tendenzen in der Transportautomatisierung (am Beispiel einer untersuchten Förderanlage) keinen eigenständigen Fertigungsbereich repräsentieren, sondern eher im Bereich der Näherei den Teiletransport und damit die Arbeits- und Entlohnungsbedingungen - zunächst hauptsächlich der Näherinnen - beinflussen, sollen die sich aus deren betrieblicher Verwirklichung ergebenden lohnpolitischen Konsequenzen in diesem Abschnitt mitbehandelt werden.

---

[16] Vgl. dazu auch WEISSBACH, 1984, 34ff.

Bei beiden hier untersuchten Firmen wird in der Näherei im Akkord gearbeitet. Dieser Entlohnungsgrundsatz hat in der Näherei eine lange Tradition, die dadurch begründet ist, daß es sich beim Nähen um eine extrem zergliederte Arbeit handelt, die lediglich durch Anforderungen wie hohe Aufmerksamkeit, Fingerfertigkeit und manuelles Geschick sowie eine hohe Leidensfähigkeit zu charakterisieren ist und bei der es auf einen hohen Teileausstoß ankommt.

Aufgrund der oben beschriebenen Produktionsbedingungen, die ja gleichzeitig auch diejenigen Bedingungen mitdefinieren, unter denen in der Bekleidungsindustrie Leistung erbracht wird, ergeben sich folgende Probleme:

- durch den schnellen Durchlauf immer kleinerer Losgrößen geraten die Näherinnen immer wieder in eine Situation, in der sie sich in Einarbeitung befinden (wofür sie tarifvertraglichen Anspruch auf Durchschnittslohn haben), die Firma aber diese Einarbeitung bestreitet, so daß sich wegen fehlender Routinebildung Lohnminderungen ergeben;[17]

- eben deshalb besteht die Gefahr, daß aufgrund dieser Bedingungen die extrem arbeitsteilige Fertigungsstruktur in der Näherei beibehalten wird, weil man nur so "auf sein Geld kommt";[18]

- im Zusammenhang mit der zunehmenden Übernahme von Detailfunktionen an der Nähmaschine durch Mikroprozessorsteuerungen und Zusatzgeräte ergibt sich sowohl die Veränderung der bisherigen Tätigkeit (Wegfall klassischer Tätigkeitsteile und neue Eingriffsmöglichkeiten) als auch die Zunahme von sog. "unbeeinflußbaren Zeiten".

Diese Probleme gehören zum Vorwissen unserer Untersuchung und es soll nachfolgend sowohl darauf ankommen, darzulegen ob wir in den von uns untersuchten Firmen dieselben oder noch andere problematischen Entwicklungen, die aus der Einführung Neuer Technik resultieren, vorgefunden haben als

---

[17] Vgl. dazu auch schon GTB, "COMPUTER RÜCKEN VOR", 1986.

[18] Vgl. auch ADLER, 1987.

auch deren widersprüchliche Lösung bzw. Lösungsversuche im Betrieb herauszuarbeiten.

Erwähnt werden kann noch, daß es im Gegensatz zur Textilindustrie im Lohngruppenkatalog des Bekleidungstarifvertrags sieben Lohngruppen gibt, von denen sich drei (LG III, IV und V) auf die Nähtätigkeit beziehen. Entlohnt wird nach der ausgeführten Tätigkeit (wobei man sich immer im klaren darüber sein muß, daß diese Anforderungen die Unternehmer definieren). Es ist also für die Eingruppierung bedeutungslos, ob eine abgeschlossene Berufsausbildung vorliegt oder nicht.

Bei O sind alle Näherinnen seit einigen Jahren gemäß den Regelungen im Haustarifvertrag in LG IV entsprechend einem Verdienst von DM 10,75/Std.(Akkordrichtsatz) eingestuft. Der Effektivverdienst bewegt sich zwischen 120% und 130% des Tariflohns.

Nach den Ausführungen des dortigen Prokuristen wollte sich die Firma so die Unterteilung in die LG III, IV und V ersparen. Es sei außerdem lange Zeit als ungerecht empfunden worden, daß Frauen, die direkt nebeneinander arbeiteten und natürlich auch ihren Lohn kennen würden und wüßten, daß sie sich beide in gleichem Umfang anstrengten, ungleich Lohn erhielten.

Die Betriebsräte bei O heben im Gespräch hervor, daß sie bezüglich der generellen Eingruppierung in Lg IV nicht so zufrieden seien, weil die Relationen zwischen III und V jeweils zu IV bezogen auf die Anzahl der Betroffenen unterschiedlich seien. Dazu gebe es auch keine Vereinbarung.

Bei Firma P (für die allerdings der Tarifvertrag der Textilindustrie Baden-Württembergs gilt, wonach für Näharbeiten die Lohngruppen II, III und IV vorgesehen sind) sind die Näherinnen in LG III (das entsprach einem Tariflohn von DM 11,03/Std. zum Zeitpunkt der Untersuchung) eingestuft. Effektiv verdienen sie DM 16,--/Std. Dies bestätigt der dortige REFA-Leiter. Vor allem im Bereich der Hängeförderung liege das durchschnittliche Verdienstniveau höher als im Gesamtbetrieb; dies erkläre auch, weshalb dieser Bereich einen Sog ausübe auf die sonstigen Näherinnen.

Ein garantierter Abteilungsdurchschnitt im Hängeförderbereich von 136% des Tariflohns (TL) ist bei P durch Betriebsvereinbarung festgelegt - zuzüglich eines Belastungsausgleiches für Erschwernisse der Arbeit aufgrund Neuer Technik von 4%.

Beim Taschennähautomat wie auch bei anderen Automaten bei O, die wir untersucht haben, ist nun festzustellen, daß das Positionieren - also das Legen des Vorderteils der Jacke unter die Lichtpunkte bzw. an Markierungsstellen - um ein Vielfaches häufiger stattfindet als bisher (aufgrund des erhöhten Nähtempos), mit entsprechend höherer Anforderung an die Konzentration und gleichzeitiger Erhöhung der Monotonie. Außerdem findet das Positionieren während der Prozeßzeiten statt, um diejenige Zeit sinnvoll zu nutzen, die an der Maschine nicht beeinflußt werden kann.

Exkurs: Berechnungsbeispiel für die Beeinträchtigung des Leistungslohnes bei Prozeßzeiten (unbeeinflußbar)

Weil die maximale Menge je Stunde durch die Prozeßzeit begrenzt ist, gilt dies auch für den nach der Menge berechneten Leistungslohn. Dies soll hier an einem Beispiel für die Tätigkeit "Taschen einnähen" erläutert werden.

Für diese Tätigkeit fallen am Taschennähautomaten (gerechnet wird immer für ein Paar, also zwei Taschen) 0,5 min (50 HM) als Prozeßzeit für Zuführen, Schneiden und Nähen an. Bei einem beurteilten Leistungsgrad für die Tätigkeiten während der Prozeßzeit von durchschnittlich 125%, einer Rüstzeit von 11 HM und Zuschlägen von 15,43 HM für sachliche, persönliche Verteilzeit und Erholzeit wird eine Vorgabezeit von 89 HM je Teil kalkuliert.

Daraus errechnet sich ein Geldbetrag je Teil von

$$\frac{ARS \times te/min}{60} = \frac{1075 Dpf \times 0,89 min}{60} = 15,95 \text{ Dpf}$$

Theoretisch, d.h. rein rechnerisch können höchstens je Stunde $\frac{6000 \text{ HM}}{50}$ = 120 Teile gefertigt werden.

(maximale Stückzahl/Std. = $\frac{\text{HM je Std.}}{\text{Prozeßzeit in HM je Teil}}$

Dies könnte zu einem Maximalverdienst von 120 x 15,95 Dpf = 1914 Dpf/Std. = 178% des Akkordrichtsatzes führen. Aufgrund der oben ermittelten Erholzeiten, persönlichen und sachlichen Verteilzeiten sowie der Rüstzeiten, die ja von der Produktionszeit abgehen, können aber lediglich 79 Teile in der Stunde gefertigt werden.

$$\left(\frac{6000 \text{ HM}}{50+11+15,43 \text{ HM/Teil}} = 79 \text{ Teile/Std.}\right)$$

Daraus errechnet sich ein maximaler Stundenverdienst von 79 Teilen a 15,95 Dpf. = 1260 Dpf/Std. Das entspricht einem Verdienstgrad von 117% des tariflichen Akkordrichtsatzes.

Eine weitere Steigerung des Verdienstes kann die Näherin nur durch Verkürzen der Rüstzeiten und sachlichen Verteilzeiten sowie durch Umwandlung ihrer Erhol- und persönlichen Verteilzeit in Produktionszeit erreichen.

Fallen jedoch höhere Anteile von Rüstzeiten und/oder sachlichen Verteilzeiten, an als in der Vorgabezeit kalkuliert ist (das kann oft vorkommen), fällt in diesem Beispiel der Verdienstgrad ohne Verschulden der Näherin und bei höchstmöglicher Leistung unter den maximal erreichbaren Zeitgrad von 117%.

Damit begrenzen die Höhe des Anteiles der Prozeßzeit und der bei früheren Zeitmessungen einmal beurteilte Leistungsgrad weitestgehend den maximalen Akkordverdienst.

Die tarifvertragliche Bestimmung, daß bei Akkordarbeit der Verdienst nach oben keiner Begrenzung unterliegen darf, wird damit verletzt.

Daraus wird der dringende Regelungsbedarf dieses Problems ersichtlich.

In den von uns untersuchten Betrieben wurde die Arbeitnehmerleistung während der unbeeinflußbaren Zeit mit dem in der beeinflußbaren Zeit beurteilten Leistungsgrad gleichgesetzt. Damit wird der in der beeinflußbaren Zeit beurteilte Leistungsgrad zugleich zum maximalen Verdienst während der unbeeinflußbaren Zeit.

Um die Verdienstchancen während der unbeeinflußbaren Zeit für alle Arbeitnehmer gleich zu gestalten, sind nach unserer Auffassung diese Zeiten mit einem Faktor (von uns mit mindestens 1,5 vorgeschlagen) auf die Normalzeit umzurechnen.

Selbst wenn aber dieser Ausgleich im günstigsten Fall über einen Faktor erfolgt, sind die grundsätzlichen Probleme, die mit dem Einsatz von Prozeßsteuerungen immer mehr auch im Nähbereich auftreten, noch nicht gelöst. Wenn nämlich die Leistungsgradbeurteilung zunehmend nicht mehr greift, weil den größten Teil der Leistungsspielräume die Maschine ausfüllt, ist Akkordlohn infolge fehlender Leistungsentfaltung unangebracht. Wenn außerdem die Programmeingriffe der Frauen als neue Anforderungen vom Bewertungsschema gar nicht vorgesehen sind und sie daher bei der Eingruppierung und folglich auch bei der Lohnfindung nicht berücksichtigt werden können, ist der Arbeitnehmer zusätzlich benachteiligt.

Hinsichtlich dieser Zusammenhänge stießen wir in den untersuchten Firmen auf ein noch schwaches Problembewußtsein, von Lösungsvorschlägen oder -modellen ganz zu schweigen. Als wir darüber in den Betrieben diskutierten, wurde uns zugestanden, daß man tatsächlich weder die Eingruppierung, noch die Zeitermittlung voll im Griff habe, aber eben noch keine Alternative kenne.

Bezüglich der Einarbeitungsproblematik, die ja bei ständig wechselnden Kollektionen, kleineren Losgrößen usw. immer häufiger auftritt, steht für den Prokuristen bei O fest, daß die dort gefahrene Kollektion zu groß ist. Wenn bei Veränderung der Teile oder bei Kollektionswechsel veränderte Vorgabezeiten erforderlich würden, ziehe man die Werte anderer Produktionsstätten heran, die das gleiche herstellten (davon gebe es im Konzern immer 6 oder 7):

> "Nehmen wir die Taschennäherinnen: Bei ihnen liegt das unterste Drittel gerade beim Akkordrichtsatz von 11,-- DM und das geht nun hoch bis 17,-- DM. Man könnte ja sagen, daß bei denjenigen mit DM 17,-- die Vorgabezeiten zu niedrig liegen; wenn man diese aber ändert, dann gehen die Frauen mit DM 11,-- kaputt. Umgekehrt kann man auch nicht vorgehen, sonst liegen die

oberen bei DM 20,--. Dann muß ich also einen Mittelwert bilden und das ist meine Vorgabe."
(Prokurist/O)

Diese Werte werden angeblich über den Computer, in dem die Lohndaten für alle Betriebe des Konzerns gespeichert sind, ausgesucht und errechnet.

Dieser Darstellung widerspricht der BR. Es werde bei O ganz "klassisch" vorgegangen, indem die Zeiten durch den REFA-Fachann genommen und vom BR überwacht würden.

Bei den Vorgaben wird bei O im Gegensatz zu P mit Geld gerechnet, weil die Menschen zu Geld eine Beziehung haben und nicht lange von Minuten in Geld umrechnen müssen.

Wenn etwas völlig neues gearbeitet werden müsse, bekomme die Frau solange eine längere Einarbeitungsphase, bis die Zeit gestoppt wird.

Beim Ärmeleinnähen liegt die Vorgabe z.B. bei drei Minuten oder 53,9 Pf pro Teil; bei Benutzung der alten Technik (also ohne prozessorgesteuerte Weitenverteilung) werden für denselben Artikel 59 Pf berechnet. Damit wurde also mit Hilfe der neuen Technik eine Zeitersparnis von 5,1 Pf = 9,6% erreicht, was nicht nur zu einer Reduzierung der Lohnkosten, sondern gleichzeitig zur Erhöhung des Ausstoßes führt.

Die Näherinnen der Firma O sind übereinstimmend der Meinung, daß sie zu wenig verdienen. Einige meinen, daß Stundenlohn besser für sie wäre. Außerdem sei die Leistungsanforderung erhöht worden und manchmal komme man gar nicht an das Soll heran. Eine Kollegin erzählt in diesem Zusammenhang, daß man, wenn man die Vorgabe zu leicht erreiche, neu abgestoppt werde, um den Verdienst zu drücken.

Die GL bei O meint dazu, es sei gut, wenn die Leute immer wieder neue Artikel bekämen und dadurch der Lohn sinke, weil sie sich sonst ihre Arbeitskapazität verderben würden. Es würden nämlich zu hohe Akkorde erarbeitet und dann käme bei Neuem das große Erstaunen und die Beschwerden. Dabei wird bestätigt, daß man zwischendurch neue Zeiten nehme, um keine "Höhenflügler" zu bekommen.

Auch die Näherinnen bei P haben Probleme damit, gute Zeiten zu halten; dort berichtet eine der Kolleginnen, daß sie für 35 Bündel schon einmal 800 min. in 495 min. Arbeitszeit erreicht habe (das entspricht 162% Zeitgrad). Diese Leistung könne man aber nicht über eine längere Zeit durchhalten. Sie vertritt daher die Auffassung, daß es durchaus sinnvoll sei, den Verdienst nach oben einzuschränken. Dem würde sich aber die Geschäftsleitung bei P widersetzen, weil sie gerne immer wieder ausprobieren würde, was in den Kolleginnen stecke.

Man hat es also mit einem sehr widersprüchlichen Spannungsfeld zu tun:

- Einerseits haben wir oben herausgestellt, daß die Prozeßsteuerung zu einer prozeßbedingten Leistungsbegrenzung führt und damit der tariflichen Bestimmung, im Leistungslohn müsse auch tatsächlich nach dem Prinzip der Leistungsoptimierung gearbeitet werden können, widerspricht;
- andererseits wissen wir aus der Praxis, daß sich die Kolleginnen aufgrund der aufreibenden Arbeitsbedingungen selbst massiv unter Leistungs- und Konkurrenzdruck setzen, der ihrem objektiven Interesse am Erhalt ihrer Arbeitskraft (also auch ihrer Gesundheit) widerspricht.

Wir vertreten die Auffassung, daß die tarifvertraglichen Formulierungen uns nicht hindern sollten, der Gesundheit und der solidarischen Leistungserbringung im Arbeitsprozeß den Vorrang zu geben; daher meinen wir, daß nach Möglichkeiten gesucht werden muß, den starken Leistungsdruck bei zum größten Teil inhumanen Bedingungen durch eine allgemein (d.h. für die gesamte Näherinnen-Gruppe) gültige Leistungsbegrenzung und durch eine andere Organisation der Arbeit zu entschärfen.[19]

Hier offenbart sich tatsächlich das weiter oben von dem Prokuristen von O angesprochene Dilemma: friert man die Leistungsmöglichkeiten und damit den Verdienst an einem Punkt ein, bekommt man berechtigte Schwierigkeiten mit den Betroffenen, denn diese lassen ihre Arbeitskraft deshalb so

---

[19] Vgl. auch BRACZYK u.a. 1983.

extensiv ausbeuten, weil ihr Tariflohn (also die Normalleistung) so niedrig angesetzt ist.[20]

Damit gelangen wir automatisch zu zwei weiteren zu bearbeitenden Punkte, die eng miteinander zusammenhängen: soll der Tariflohn steigen, so kann dies als Forderung in eine Lohnrunde eingebracht, aber auch durch eine höhere Eingruppierung erreicht werden. Dazu ist es nötig, Kriterien zu ermitteln, die eine andere Einstufung rechtfertigen.

Einen Anhaltspunkt dazu liefern einige von uns interviewte Näherinnen. So meint eine Näherin bei P, daß die Tätigkeit "Träger annähen" anders eingestuft werden müßte, weil sie mehr zu tun habe, als im Lohngruppenkatalog stehe; eine Näherin bei O stellt fest, daß sie Programmpunkte in den Programmat eingeben müsse, was früher nicht üblich gewesen sei, daß das schnellere Nähen viel mehr Aufmerksamkeit abverlange als vorher und daß der Lärm erheblich zugenommen habe.

Außerdem müsse man selbst sehen, wo man bleibe, wenn die Maschinen - wie dies bei O der Fall war - dauernd stünden und die Mechaniker nicht beikämen. Sie müßten dann die Störungen bzw. Wartezeiten mit einem Kreuzchen kennzeichnen und bekämen dafür den Durchschnitt bezahlt. Oft müsse man sich selbst helfen oder derweil an eine andere Maschine gehen. Lästig sei, daß man sich auch deswegen noch herumstreiten müsse, weil plötzlich Zeiten verschwunden seien und weil diese Flexibilität nicht anerkannt werde.

Einige der bei P interviewten Frauen berichten anläßlich einer Gruppendiskussion, daß es auf ihr Zeitkonto gehe, wenn sie Motive holen müßten; dies gelte auch für das Fadenholen und das häufigere Kontrollieren (statt jedem 34. Teil, wie vorgesehen, wird jedes fünfte bis sechste Teil kontrolliert). Das sei aber eigentlich nicht mit im Budget.

Auch der Prokurist von O stellt fest, daß man das ganze Entlohnungssystem nach dem Tarifvertrag nochmals überdenken müsse, weil die Beschreibungen nicht stimmten. Davor scheue

---

[20] Vgl. dazu auch ADLER, 1986, 5ff.

man jedoch zurück, weil dies auch eine Bewegung nach unten auslösen könne und nicht nur nach oben.

Letzteres halten wir bei den oben zitierten Mehrarbeiten der Kolleginnen an den Maschinen nicht so sehr für eine Gefahr; vielmehr denken wir, daß es nicht ganz einfach ist, in dieser Art denkende Unternehmensvertreter davon zu überzeugen, daß mehr und mehr danach bezahlt werden muß, was die jeweilige Arbeitskraft an Qualifikation und Erfahrung auf Vorrat hält, um sich flexibel den Erfordernissen des Arbeitsprozesses stellen zu können.

Angesichts des kognitiven Niveaus, das an den von uns untersuchten Maschinen mit einfacher Prozeßsteuerung abverlangt wurde, läßt sich augenblicklich noch keine Höherstufung der Frauen ausreichend begründen. Daher erscheint es uns sinnvoller, in diesem Bereich auf der Basis der mittleren und mit zunehmendem Schwierigkeitsgrad der höchsten Lohngruppe für das Nähen solange mit Zuschlägen zu arbeiten, bis tatsächlich infolge der Einführung von CNC-Nähmaschinen mit auswechselbarem Nadelkopf erheblich höhere Anforderungen an die Arbeitnehmerinnen gestellt werden, die eine Höherstufung besser begründen und auch tariflich absichern lassen.

Hinsichtlich der Zukunftswünsche bei P sind die Meinungen offensichtlich geteilt: einige sind mit ihrem Lohn zufrieden und können sich auch nichts anderes vorstellen; andere meinen hingegen (ebenso wie viele Beschäftigte bei O), daß ein höher angesetzter Stundenlohn günstiger sei. Dafür sei man sogar zu einer gewissen Lohneinbuße bereit.

Sehr unterschiedlich ist auch das Verständnis des Lohnsystems und die Beurteilung desselben (gerecht und ungerecht). Perspektivisch werden die Unternehmer mit Hilfe der EDV-gestützten Fördersysteme ein Werkzeug an die Hand bekommen, mit dessen Hilfe sie die Leistungsüberwachung noch besser durchführen, aber auch das Lohnsystem durchsichtiger gestalten können. Für die Interessenvertretung gelten dabei die in den verschiedenen Bereichen der Textilindustrie, in denen der BDE-Einsatz schon weit fortgeschritten ist, aufgeführten Anregungen, wie mit den damit auftretenden Problemen umgegangen werden sollte.

4. Zwischenresumé: Lohnprobleme beim Einsatz Neuer Technik in der Bekleidungsindustrie

Ausgehend von dem bereits dargestellten Bedingungsgeflecht, in dem sich die Bekleidungsunternehmer bei der Gestaltung der Produktionsbedingungen bewegen, zeigte sich, daß es erhebliche Widersprüche zwischen den dort formulierten Ansprüchen und der technischen sowie personellen Ausstattung gibt (womit WEISSBACHs und auch ADLERs Argumentation gestützt wird). Daraus ergeben sich sowohl teilweise unmenschliche Arbeitsbedingungen (wie Arbeitshetze, extrem monotone Arbeit, schlechte klimatische Bedingungen usw.) als auch eine Verschärfung der typischen Lohnprobleme. Außerdem treten neue Lohnprobleme auf.

Unter "typisch" würden wir folgende Probleme fassen:

a) den Versuch, Vorgabezeiten zu kürzen, wenn die Akkordverdienste wachsen;

b) die Verdienstminderung aufgrund ständiger Maschinen- und/oder Partiewechsel (Einarbeitung);

c) die hohe Monotonie aufgrund extremer Arbeitsteilung in der Näherei.

Im Zusammenhang mit der Einführung Neuer Techniken in verschiedenen Bereichen der Bekleidungsindustrie ergeben sich nun neue Probleme, die sich auf den Lohn auswirken:

Beginnt man bei der Schnittlagenbilderstellung und beim Gradieren, so hat man es mit einer die bisherige Arbeit relativ stark umwälzenden Veränderung zu tun. Wie wir herausgearbeitet haben, verändert sich die Arbeit der Frauen am AM 5 von GERBER z.B. erheblich, weil diese zunächst mit EDV arbeiten, deren Funktionsprinzipien und deren Möglichkeiten Schnittbilder zu erstellen (Optimierung), zu gradieren bis zur Plotter- und Zuschnittsteuerung inklusive der Produktionslistenerstellung überschauen und begreifen müssen und in wesentlich stärkerem Maße mit verschiedenen vor- und nachgelagerten Abteilungen zusammenarbeiten können sollten.

Dies hat nach unserer Kenntnis schon in einigen Betrieben zu erheblichen Auseinandersetzungen über die korrekte Eingruppierung geführt - u.a. auch deshalb, weil zu diesem neuen Tätigkeitsfeld in den meisten Lohngruppenbeschreibungen der Tarifverträge nichts zu finden ist.[21]

Diese Unsicherheit und natürlich der Versuch der Unternehmer, die Anforderungen, die mit dieser Arbeit an die Frauen und Männer gestellt werden, zu bagatellisieren, haben, wenn der BR nicht genügend fundiert argumentieren konnte und die herrschende Arbeitsteilung beibehalten werden sollte, zur polarisierenden Entlohnung geführt. So in den beiden untersuchten Fällen, in denen eine Frau die Höherqualifizierte (in einem Fall sogar die Angestellte), also quasi die Leiterin war, während eine bis zwei andere Frauen Zu- bzw. Abarbeiterinnen mit geringerer Entlohnung waren. Dasselbe Problem begegnete uns beim Zuschnitt, innerhalb dessen die Aufgabenverteilung so vorgenommen wurde, daß man bei den meisten der dort Beschäftigten nicht mehr von Zuschneidern, sondern von Abräumern reden muß. Dies führte auch prompt nach unserer Untersuchung nicht nur zu deren Abgruppierung, sondern sogar zum Geschlechteraustausch.

Damit stellt sich also die Anforderung an die Tarifparteien, dieses Tätigkeitsfeld so schnell wie möglich sinnvoll einzugruppieren, was natürlich wesentlich von der Aufgabenbeschreibung abhängt, wozu unsere obigen Überlegungen und Ergebnisse einen Beitrag liefern sollen.

Ist die Eingruppierungsproblematik aufgrund der massiven Umwälzung in diesem Bereich offensichtlich, so kann man dies für die Näherei nicht unbedingt behaupten. Dort wirkt vielmehr die klassische Bewertungsproblematik, wie wir sie bereits in der Spinnerei und in der Weberei kennengelernt haben. Wenn die Frauen bei ihrer Arbeit lediglich nach den vier Ablaufabschnitten "Aufnehmen", "Positionieren", "Nähen" und "Weglegen" beurteilt werden, dann ist das ei-

---

[21] Ausnahme ist der Gehaltstarifvertrag in den Bezirken Nord- und Südbayern vom 5.Juli 1988.

nerseits deshalb problematisch, weil mit zunehmender Übernahme von Detailfunktionen durch Mikroprozessorsteuerungen mehr und mehr dieser Ablaufabschnitte in der Maschine verschwinden (dies führt zu dem oben ausgeführten Problem der unbeeinflußbaren Zeiten); andererseits betrifft dies die Tätigkeit der Näherin nur noch bedingt, weil sie bei bestimmten Ablaufabschnitten vor und während des Prozesses denselben durch Parametereingabe, Umschalten von automatisch auf Hand usw. beeinflußt.

Lohnverlust kann also eintreten, weil immer mehr Ablaufabschnitte von Mikroprozessoren übernommen werden und damit die unbeeinflußbaren Zeiten zunehmen. Darüber hinaus führen die nun vereinfachten Tätigkeiten zu Lohneinbußen, weil die neue Art von Anforderungen an den betreffenden Arbeitsplätzen im Bewertungsschema nicht vorgesehen ist. Es ist aber ein Trugschluß, die eventuell zunehmende Monotonie, die hohe Belastung durch Lärm, Streß, zwischen den Arbeitsplätzen stehende Luft usw. als Kompensation der Verlustgefahren (z.B. in Form von Zuschlägen) betrachten zu wollen. Dies führt dazu - was wir ebenfalls herausfanden - daß die Frauen zwar ein Empfinden der Belastungen haben, ihre Beseitigung aber nicht mehr einklagen aus Angst, Lohn zu verlieren.

Damit stellt sich generell das Problem, wie lohnpolitisch in Bereichen, die dermaßen zergliedert und gesundheitsschädigend sind, künftig vorgegangen werden soll. Versucht man nämlich - was wir für die beste Strategie halten würden - die Gesundheitsgefährdung ebenso wie die extreme Arbeitsteilung Schritt für Schritt abzubauen (was mit der weiteren Technisierung Richtung CNC-Maschinen technisch unterstützt wird), dann muß man entweder eine Eingruppierung finden, die die mit obiger Strategie verbundenen Lohnverluste aufhebt oder man muß neue bisher nicht berücksichtigte Bezugsgrößen des Lohns entwickeln.

III Computergestützte Zeitwirtschaft am Beispiel einer untersuchten Firma

1. Neue Meßtechniken und ihre Probleme für die Arbeitnehmervertretung

1.1 Grundsätzliches

Die zur Erfassung menschlicher Leistung für die Bemessung des Leistungslohnes eingesetzten mechanischen Meßgeräte (Stoppuhren) werden zunehmend von mikroelektronischen Meßgeräten abgelöst. Diese Geräte speichern die während der Zeitaufnahme eingegebenen Daten, damit sie anschließend auf einem PC zwecks Auswertung anhand speziell dafür entwickelter Programme überspielt werden können. Die Gerätehersteller werben für den wirtschaftlichen Einsatz dieser Geräte unter Hinweis auf deren kurze Amortisationszeit. Die Zeiteinsparung für die Datenauswertung betrage bis zu 50%.

Abb. 39 Einsparungen mittels EDV-gestütztem Zeitmeßgerät

50% Einsparung

Die Rationalisierung des Arbeitsstudiums durch rechnergestützte Zeitwirtschaft ist erheblich. Der Zwang zum systematischen Vorgehen, die schnelle Datenaufbereitung unter optimaler Nutzung gespeicherter statistischer Methoden und die Ausschaltung von Fehlerquellen ergeben Einsparungen von 50% und mehr.

Die Nutzung von **IPAS** verbessert Ihre Kostenplanung, Teilekalkulation, Investitions- und Wirtschaftlichkeitsrechnung. **IPAS** legt die Grunddaten für andere Systeme. Die Rationalisierung des Arbeitsstudiums hat darüber hinaus positive Auswirkungen auf die Produktivität Ihres Unternehmens.

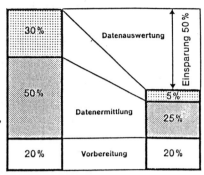

Quelle: Werbeprospekt der Firma Mitterhauser GmbH

Die Veränderung der Meßtechnik durch mikroelektronische Meßgeräte für die Erfassung menschlicher Leistung ermöglicht das Registrieren und Katalogisieren, computermäßiges Erstellen und Speichern von Einflußgrößen und Leistungsnormen. Dadurch wird das bisherige Aushandeln der Leistungsnormen - der Akkord- oder Prämiensätze - zwischen den Arbeitnehmervertretungen und der Unternehmensleitung ganz oder teilweise auf Computer übertragen.

Dies hat zur Folge, daß die Arbeitnehmervertretung die ihr de jure auferlegte Verpflichtung nach § 80 BetrVG zur selbstkritischen Kontrolle von Einflußgrößen, Vorgabezeiten, Bezugsgrößen und Bezugsleistung zur tarifvertraglichen Normalleistung de facto nicht mehr ohne weiteres ausüben kann.[1]

Auf Antrag des Betriebsrates der Firma M. führte die Projektgruppe für diesen bei der Einführung der EDV-gestützten Zeitwirtschaft eine Untersuchung und Beratung durch.

---

[1] Das strukturelle Ungleichgewicht zwischen Unternehmern und Arbeitnehmervertretung hat sich weiter zu der Seite verschoben, die über das Wissen über die Software verfügt und deren möglichst rationellen, d.h. ökonomisch rentablen Einsatz veranlaßt.

1.2 Vorstellung der untersuchten Firma

Die Firma M. beschäftigte 1987 in fünf Betriebsteilen - davon zwei im Ausland - 875 Arbeitnehmer. Im Hauptwerk gliederte sich die Beschäftigtenzahl in 140 Angestellte und 440 gewerbliche Arbeitnehmer, von denen wiederum 70% im Leistungslohn (Akkord oder Prämie) beschäftigt sind.

Die notwendigen Betriebsvereinbarungen sind abgeschlossen. Die Firma ist tarifgebunden im Tarifbezirk Baden-Württemberg der Textilindustrie. Die Produktion besteht zu 98% aus Plüschtieren, Puppen und Schaustücken. Sie werden unter einem Markennamen vertrieben. Die Produktion erfolgt in Serien-, Klein- und Einzelfertigung. Der Betriebsrat besteht aus neun Personen und hat einen Akkordausschuß gebildet, der die Vorbereitung zur Regelung der jeweiligen Akkordsätze zur Aufgabe hat.

1.3 Produktionsmittel und Zeitmeßmethoden

Die Produktion erfolgt im nähenden Bereich an Nähmaschinen und Stanzmaschinen. Die meisten Leistungslöhner arbeiten noch manuell.

Durch die Vielzahl der Modelle und Varianten sind jährlich bis zu 3000 Einzelakkorde - Prämiensätze - mit dem Betriebsrat zu vereinbaren, was ein erhebliches Maß an Zeitaufwand für die Arbeitsstudienabteilung bedeutet. Die Leistungserfassung erfolgt mit dem herkömmlichen Meßgerät "Robotimer".[2] Der Betriebsrat hat mit der Geschäftsleitung in einer Betriebsvereinbarung die Verwendung dieses Gerätes zur Durchführung der Zeiterfassung vereinbart.

Als Problem kommt hinzu, daß die Vielzahl der Zeitaufnahmen nicht ohne Auseinandersetzung mit der Geschäftsleitung von der Zeitaufnahme bis zur Vereinbarung möglich ist, weil der Betriebsrat seine Mitbestimmung nach § 87 BetrVG gewissenhaft wahrnimmt.

---

[2] Es handelt sich dabei um ein Aufnahmebrett auf dem vier mechanische Stoppuhren befestigt sind.

Überwiegend wird die Vorgabezeit in traditioneller Weise in Anlehnung an die REFA-Methodenlehre des Arbeitsstudiums durch Zeitaufnahme im Fortschrittszeitverfahren als Gesamttätigkeit (vom Aufnehmen bis zum Ablegen) ermittelt.[3] Bei ca. 2/3 der Zeitaufnahmen nimmt ein Beauftragter des Betriebsrates an den Messungen teil. Werden neue Artikel eingeführt, beteiligt er sich an allen Zeitaufnahmen.

Das Hauptproblemfeld ist dabei jeweils die unterschiedliche Beurteilung der menschlichen Leistung (Ausdruck durch Leistungsgrad). Die Ermessensdifferenzen von Zeitstudienbeauftragten der Firma und dem teilnehmenden Betriebsrat müssen dabei zu einem Konsens geführt werden.

2. Entscheidung der Firma zur Anschaffung eines elektronischen Meßgerätes

Die Firma teilte dem Betriebsrat im Juni 1987 mit, daß sie von der konventionellen Zeiterfassung und Auswertung auf elektronische Auswertung umstelle und probeweise ein elektronisches Zeiterfassungssystem anwenden wolle. Der Betriebsrat forderte daraufhin die Firma auf, ihn über das vorgesehene System umfassend zu informieren, weil er von der Geschäftsleitung bisher lediglich das Deckblatt einer Systembeschreibung erhalten habe, das erkennen ließ, daß es sich um das System UNIDAT IPAS handeln sollte.

Außerdem wandte sich der Betriebsrat an die Gewerkschaft Textil-Bekleidung mit der Bitte um Beratung. Diese führte, zusammen mit der Projektgruppe, die weitere Beratung des Betriebsrates durch.

2.1 Systembeschreibung

Unter der Bezeichnung UNIDAT wird ein universelles Datenerfassungsgerät (Aufnahmegerät) verstanden, das einen Mikrocomputer enthält. Dieser ist in "Basic" programmiert.

---

[3] Vgl. REFA, Methodenlehre des Arbeitsstudiums Teil 2 Datenermittlung, Kapitel 3, 1972.

IPAS steht für "Integrierte Programme des Arbeitsstudiums", was nichts anderes heißt, als daß die Software im wesentlichen auf der REFA-Methodenlehre beruht.

In das Aufnahmegerät werden über eine Tastatur die bei der Zeitaufnahme anfallenden Daten eingegeben, gespeichert und anschließend auf einen PC übertragen. Daraus wird ein Beleg, das sog. Urprotokoll, durch Programm erstellt. Danach erfolgt im PC die Datenauswertung (Teil 1) und die Datenaufbereitung (Teil 2).

Abb. 40 UNIDAT IPAS-Ausstattung

Die Rationalisierung des Arbeitsstudiums

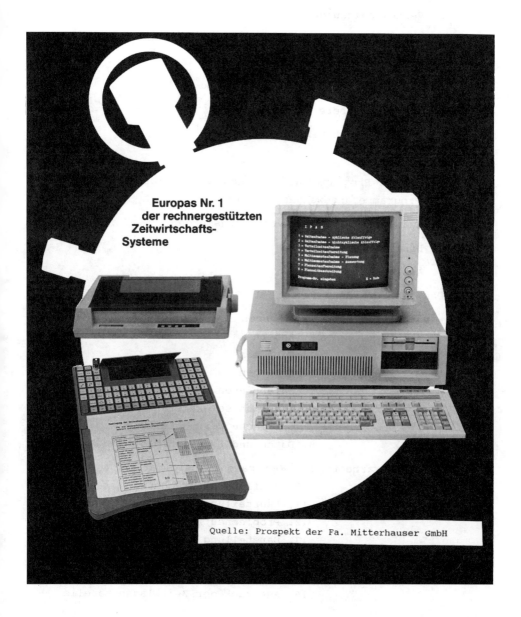

Quelle: Prospekt der Fa. Mitterhauser GmbH

Das Programm-Menü im Teil 1 umfaßt:

1. Zeitaufnahme - zyklische Ablauffolge
2. Zeitaufnahme - nichtzyklische Ablauffolge
3. Verteilzeitaufnahme
4. Verteilzeitaufbereitung
5. Multimomentaufnahme - Planung
6. Multimomentaufnahme - Auswertung
7. Planzeitaufbereitung
8. Planzeitbeschreibung

Mit einem Programmdialog können u.a. folgende lohnrelevante Programme angewendet werden:

1. Auswerten, Ergänzen von Bezugsmengen
2. Epsilon-Auswertung
3. Ausreißer eliminieren

Das Programm-Menü in Teil 2 (Datenaufbereitung) umfaßt:

- Datenverwaltung 1. Eingeben
2. Ändern
3. Einlesen
4. Anzeigen
5. Selektieren
6. Anzeigen selektieren
7. Grafische Wertverteilung
8. Daten und Funktionsplot

- Datenverarbeitung 9. Optimale Transformation
10. Einflußgrößenrechnung
11. Beurteilung der Planzeitfunktion
12. Problemneutrale Testverfahren
13. Darstellung der Planzeitfunktion
14. Automatische Planzeitermittlung
15. Ausdruck der Planzeittabelle
16. Ausdruck der Zeitklassentabelle

Um darzulegen, wie sich die EDV-gestützte Zeitwirtschaft von der herkömmlichen unterscheidet, sind zunächst in einem Exkurs die Vorgänge bei der Vorgabezeitermittlung darzulegen. Danach kann verglichen werden, welche Vorgänge ganz oder teilweise durch Programme übernommen werden.

Exkurs: Vorgehen bei der Vorgabezeitermittlung

1. Vor Beginn der Zeitaufnahme

- Erstellung der Arbeitsbeschreibung
- Festlegung der Meßpunkte
- Festlegung oder Berechnung der Bezugsmengen

2. Während der Zeitaufnahme

- Korrekte Messung der regelmäßig und unregelmäßig anfallenden Ablaufabschnitte und der Unterbrechungen
- Einhaltung der Meßpunkte
- Leistungsgradbeurteilung
- Erfassung und Zuordnung der tatsächlich angefallenen Bezugsmengen

3. Nach der Zeitaufnahme

- Statistische Auswertung und Bestimmung über Ausreißer
- Rechnerische Aufarbeitung der Daten von der Istzeit zur Grundzeit
- Zuordnung der Daten zu den Zeitarten
  (t_g, t_s, t_n, t_{er}, t_w, t_r, t_b, t_{ui}, t_H und t_W).
- Bewertung der t_{ui} Zeiten
- Kalkulation der Vorgabezeit entsprechend dem mit dem Betriebsrat vereinbarten Kalkulationsschema

4. Bildung von Planzeiten

Dabei unterscheidet man 3 Vorgänge.

Variante A: Die Ablaufabschnitte werden aus der Zeitaufnahme übernommen und als Planzeit verwendet.

Variante B: Die Ablaufabschnitte aus mehreren Aufnahmen werden durch Bildung eines Mittelwertes zu einem Baustein zusammengesetzt (Mittelwert aus Mittelwert).

Variante C: Die Planzeiten werden nach Planzeitformeln oder über Regressionsrechnungen gebildet.

5. Wiederverwendung der Planzeiten

Dies umfaßt die Auswahl und die Komposition der Planzeiten zur Grundzeit.

Bei EDV-Unterstützung bleiben die Vorgänge unter 1. unverändert und sind weiterhin manuell durchzuführen. An die Qualität der Vorgänge sind jedoch höhere Anforderungen zu stellen, falls die bei der Zeitaufnahme aufgenommenen Daten für die Planzeitbildung wiederverwendet werden.

Verändert werden in der Arbeitsweise die unter Punkt 2 genannten Vorgänge der Datenaufnahme: Die durch Eintippen der visuell erfaßten Meßpunktdaten, Leistungsgrade, Bezugsmengen gewonnene Zeit kann dazu benutzt werden, den Arbeits- und Bewegungsablauf sorgfältiger zu beobachten sowie die Meßpunkte besser zu erfassen.

Die Vorgänge der Datenauswertung für die Vorgabezeitermittlung nach Nr. 3 werden vollständig durch Programme übernommen.

Alle Regelungen, Absprachen oder Vereinbarungen (Betriebsvereinbarungen - Tarifvereinbarungen) müssen nun je nach Fall in die Programme übernommen oder manuell nachgearbeitet werden. Dies ist durch zusätzliche Betriebsvereinbarungen sicherzustellen (Datenpflege).

In Bild 41 wird die Endauswertung einer Zeitaufnahme von einer bestimmten Nähtätigkeit bestehend aus einem Zyklus mit 12 Ablaufabschnitten aufgezeigt.

Abb. 41 Zeitaufnahme Endauswertung

```
I P A S - D A T E N A U S W E R T U N G                    Seite: 5


fuer   naehen


   Zeitaufnahme-Endauswertung     Bearbeiter: rg           Datum: 5.10.1987
                                  ZA-Nr.: 2              Abl-Nr.: 91
   Teile-Nr.: 1534
   Benennung: naehen

     tiu   =    0.00 %         0.00 Min     Zusammensetzung der Aufnahmezeit
     tib   =  100.00 %       257.13 Min    ---------------------------------
     ti    =  100.00 %       257.13 Min     zus.-AA   =   47.85 %    17.29 Mi
                                            fehl.AA   =    0.00 %     0.00 Mi
     Olg   =  110.89 %        28.00 Min     TI-Gesamt =   52.15 %    18.84 Mi
     tg    =  110.89 %       285.13 Min     Ruestzeit =    0.00 %     0.00 Mi
                                           ---------------------------------
     tvs   =    5.00 %        14.26 Min     Aufn.Zeit =  100.00 %    36.13 Min
     tvp   =    5.00 %        14.26 Min
     te100 =  121.98 %       313.65 Min


                  Auswertung der zusaetzlichen Ablaufabschnitte

   zus.AA  Nr. / Zy    Zeit    Z-Art        Beschreibung
   ----------------------------------------------------------------------
      1     4     8     116     VP     persönliche Verteilzeit
      2     3     9      37     VP     persönliche Verteilzeit
      3     4     9    1576    VSV5    Dienstgespräch mit Meister
   ----------------------------------------------------------------------
        Summe je Zeitart:  VP      4.23 %     1.53 Min
                           VSV5   43.62 %    15.76 Min


                     Zusammensetzung der Aufnahmezeit
                     --------------------------------
              TI-Gesamt =   52.15 %    18.84 Min
              Ruestzeit =    0.00 %     0.00 Min
              vsk       =    0.00 %     0.00 Min
              vsv       =   43.62 %    15.76 Min
              vp        =    4.23 %     1.53 Min
              F-Zeit    =    0.00 %     0.00 Min
              N-Zeit    =    0.00 %     0.00 Min
              Sonstiges =    0.00 %     0.00 Min
              ---------------------------------
              Aufn.Zeit = 100.00 %     36.13 Min

              Verteilzeit (%)   zsk =    0.00 %
                                zsv =   83.65 %
                                zp  =    8.12 %
                                --------------
                                zv  =   91.77 %
```

Zur Auswertung und der Vorgabezeitkalkulation geben wir folgende Hinweise:

1. Die Vorgabezeit (Grundlage für den Akkordsatz nach § 87 Abs. 1 Ziff. 11 BetrVG und den Tarifverträgen) beträgt für das Nähen von 100 Teilen 313,65 Min. Sie wurde errechnet aus 257,13 Min. Istzeit (beeinflußbar) mal 110,89% Leistungsgrad zuzüglich 10% pauschale Zuschläge für persönliche und sachliche Verteilzeit.

2. Die Zusammensetzung der Aufnahmezeit in absoluten und relativen Werten nach Ablaufabschnitten und zusätzlichen Ablaufabschnitten (36,13 Min.) sowie die Zusammensetzung der Aufnahmezeit nach den einzelnen Zeitarten gibt Hinweise darauf, in welchem Verhältnis die gemessenen Zeiten zur gesamten Aufnahmezeit stehen. Zum Beispiel steht die variable sachliche Verteilzeit (vsv) zur Aufnahmezeit in einem Verhältnis von 43,62% und die persönliche Verteilzeit (vp) zur Aufnahmezeit zu 4,23%.

Aus dem überaus hohen Anteil der sachlichen Verteilzeit zur Aufnahmezeit von 43,62% kann geschlossen werden, daß Mängel im Arbeitsablauf oder in der betrieblichen Organisation bestehen. Für den Betriebsrat ist dieser hohe Anteil der Unterberechnungszeiten ein Hinweis, daß die Zeitaufnahme (Stichprobe) nicht repräsentativ ist oder die in der Vorgabekalkulation enthaltenen Zuschläge in Höhe von 5% für sachliche Verteilzeiten zu gering sind. Es sind also vorrangig die Umstände, unter denen Daten zustande kommen, zu prüfen, die Daten selbst bedürfen allenfalls einer rechnerischen Kontrolle.

Die Vorgänge nach Nr. 4 zur Bildung von Planzeiten sind vom mathematischen Ablauf her vollständig programmgesteuert. Die Verwaltung und weitere Zusammenstellung von Planzeiten zu Grundzeiten erfolgt EDV-gestützt.

Im vorliegenden Beispiel ist die programmierte Epsilonauswertung und der Ausreißertest nicht durchgeführt worden.

2.2 Neue Qualität der Zeitwirtschaft

2.2.1 Schwachstellen der konventionellen Datenermittlung

Die Hersteller der elektronischen Meßgeräte argumentieren, daß die konventionelle Zeitaufnahme nach REFA zahlreiche Fehlerquellen im gesamten Ablauf, vor allem aber bei der Erfassung und Auswertung in sich berge, und zwar durch

- fehlerhaftes Ablesen von der Stoppuhr
- Fehler beim Übertragen der Zeitdaten in den Zeitaufnahmebogen
- bedingte Konzentration des Arbeitsstudienbeauftragten auf die Beobachtung des Ablaufes (Messen, Ablesen, Übertragen und Beurteilung der Leistung)
- persönlicher Stil des Arbeitsstudientechnikers beim Erfassen und Auswerten der Zeitmeßwerte
- Eingabefehler durch Eintasten der Daten in Tisch- oder Taschenrechner für die erforderlichen Auswertungen
- Übertragungsfehler bei der Erstellung von Planzeitsammelblättern

Es handelt sich also um Fehler, die in der Person des Arbeitsstudienbeauftragten begründet sind.

2.2.2 Probleme des neuen Systems

Das neue System weist ebenfalls Fehlermöglichkeiten auf, die sowohl durch die das System bedienenden Personen auftreten können als auch im System begründet sind:

1. Datenlöschungen, Korrekturen und Manipulationen sind leichter möglich als beim unradierbaren Schreibprotokoll herkömmlicher Aufnahmeart.

2. Die Tastatur für Leistungsgradeingabe ist auf eine Spannbreite von 85 bis 150% begrenzt. Andere Leistungsgrade können zwar auch eingegeben werden, doch da hierfür die Bedienung anderer Tasten notwendig ist, werden zusätzliche Leistungsgradeingaben häufig unterlassen.

3. Die Planzeitbildung über Regressionsrechnung oder andere Planzeitformeln hat zur Folge, daß der Betriebsrat von seiner Kontroll- und Gestaltungsmöglichkeit bei der Zeitvorgabe weitestgehend ausgeschlossen ist.

4. Die Beziehung zwischen erbrachter Leistung und der dafür vorzugebenden Zeit sowie Kontrolle derselben entfällt bei der Planzeitbildung weitgehend, weil die Vorgabezeit ohne sichtbare menschliche Leistung erstellt wird.

5. Ermessensspielräume, die subjektiv die Zeitermittlung und damit das Einkommen des Leistungslöhners beeinflussen, nehmen bei der Auswahl und Komposition der Bausteine (Planzeiten) erheblich zu.

6. Der im Leistungslohn beschäftigte Arbeitnehmer hat keinen Bezug mehr zur Vorgabezeitermittlung.

2.2.3 Vorteile gegenüber der konventionellen Datenerfassung

- Die ergonomische Hard- und Softwaregestaltung erlaubt es dem Arbeitsstudientechniker, sich ausschließlich auf die Beobachtung des Arbeitsablaufes zu konzentrieren.
- Gleichmäßige Methodenanwendung bei den Arbeitsstudien.
- Mentale Entlastung des Arbeitsstudienbeauftragten bei der Datenerfassung und -auswertung.
- Keine Übertragungsfehler, weil das Dateneingeben über Tastatur entfällt.
- Wesentlich schnellere Dateneingabe am Computer, dadurch freie Kapazität für andere Aufgaben.
- Daten liegen in EDV-gerechter Form vor und können ohne weiteren Aufwand zu Planzeitbausteinen aufbereitet werden.

Weitere Vorteile eines dialogunterstützten Datenerfassungssystems, mit der sich die Probleme der konventionellen Datenerfassung wirtschaftlich lösen lassen, sind:

- Systemgebundenes Arbeiten durch einheitliche Datenerfassung und Auswertung

- Weitestgehendes Vermeiden von Aufschreib-, Ablese- und Rechenfehlern
- Eindeutige Nachvollziehbarkeit der Datenherkunft
- Weitergabe der Daten an andere Systeme
- Systemgebundenes Vorgehen und damit ein einheitlicher Datenerfassungs- und Auswertungsstil
- Darstellung der Daten aus der Zeitaufnahme differenziert in Zeitarten und dem Prozeßverhältnis zur Grundzeit
- Übersicht für Schlußfolgerungen zu der Frage, ob die vereinbarten Zuschläge ausreichen
- Aufbereitung der Daten und Aussagen über ihre statistische Genauigkeit (Epsilon Wert) und damit ihre Verwendbarkeit zur Entlohnung. Hieraus ergeben sich auch z.T. Arbeitserleichterungen. Das Wesentliche des neuen Systems besteht jedoch darin, daß die Datenaufbereitung für die Vorgabezeitermittlung sowie zur Planzeitbildung und deren Verwendung zur späteren Vorgabezeit programmgesteuert stattfindet.

3. Reaktion des Betriebsrates

Dem Betriebsrat kam es zunächst darauf an, daß durch das neue System seine Kontroll- und Mitbestimmungsrechte voll erhalten blieben und daß er sich insoweit fachkundig machen konnte, daß er die neue Computertechnik genauso als Anwender beherrscht wie die Gegenseite, um an das Ideal einer gleichberechtigten Auseinandersetzungen etwas näher heranzukommen. Dazu gehört die Dialogfähigkeit mit dem Computer. Außerdem sollte das unkontrollierbare System der Planzeitbildung (Vorgabezeitbildung am Schreibtisch durch Komposition mit Planzeitbausteinen) auf keinen Fall akzeptiert werden, weil hier die Gefahr der Anwendung tarifwidriger Vorgabezeiten besonders groß ist.

Der Betriebsrat unterbreitete der Firma einen Vorschlag für eine Betriebsvereinbarung zur Einführung der elektronischen Zeitwirtschaft. In der Vereinbarung sollte u.a. geregelt werden:

- technische Einführung, Anwendung und Datenauswertung
- Bestimmung der anzuwendenden Programmteile
- Kontrolle und Darstellung der Daten, Verwendung und Zugriff sowie Regelung für weitere Verknüpfungen und Verbindungen
- Verbot der Leistungsvergleiche und Kontrollen
- Ausschluß von Planzeitbildung
- Recht des Betriebsrats auf umfassende Ausbildung und Kostenübernahme der Firma für diese Ausbildung

Der Betriebsrat und die Projektgruppe des NRW-Projekts hatten Gelegenheit, an einer Demonstration und bei der Unterweisung des Zeitstudienpersonals der Firma durch den Vertreter des Systems mit anschließend praktischer Anwendung (Zeitaufnahme an einem Mehrstellennäharbeitsplatz) teilzunehmen. Bei dieser Unterweisung und Demonstration wurden vor allem Detailfragen (Häufigkeit des Eintrags des Leistungsgrades, Zeitpunkt des Eintrags, Bedienung des Gerätes, Veränderungen am Urprotokoll, zuverlässige relative Abweichung -E-, Arbeitsbeschreibung usw.) behandelt.

Die Verhandlungen des Betriebsrates mit der Geschäftsleitung zum Abschluß einer Betriebsvereinbarung blieben ergebnislos. In den Problembereichen

- Leistungs- und Verhaltenskontrolle,
- Planzeitbildung,
- Kosten für Ausbildung des Betriebsrates

konnte keine Übereinkunft erzielt werden.

Die Geschäftsleitung gab ihr Vorhaben, die computergestützte Zeitwirtschaft einzuführen, auf. Die Geräte wurden an den Vertreiber zurückgegeben. Die Firma teilte dem Betriebsrat mit, daß sie weiterhin an der Absicht festhalte, "die Ermittlung des Zeitfaktors zu rationalisieren".

4. Schlußfolgerungen

Der Ausgang dieses Einführungsversuchs von UNIDAT IPAS ist nicht repräsentativ für die Textil- und Bekleidungsindustrie. Wir wissen von mehreren Einsatzfällen, in denen die Einführung und Anwendung der computergestützten Zeitwirtschaft entweder ohne Beteiligung des Betriebsrats vorgenommen wurde oder - falls Vereinbarungen getroffen wurden - mit diesen die tatsächlichen Mißbrauchsmöglichkeiten nur unzureichend eingedämmt wurden. Die obige Beschreibung dürfte aber dennoch aufzeigen:

1. Über welche umfangreichen Kenntnisse des Arbeitsstudiums oder der Arbeitskunde der Betriebsrat verfügen muß, damit er über die Programmanwendung und Interpretation der Daten aus den Programmen entscheiden kann.

2. Daß die Vorkenntnis über Funktion, Einsatzzweck und Anwendungsmöglichkeit der Datenermittlungsgeräte und deren Programme Voraussetzung dafür ist, durchsetzbare Gestaltungsmaßnahmen (z.B. Punkte für eine Betriebsvereinbarung) auszuarbeiten und vorzuschlagen.

3. Eine wirksame Strategie des Betriebsrats zur Erhaltung seiner Kontroll- und Gestaltungsrechte nach dem BetrVG auch bei Anwendung der computergestützten Zeitwirtschaft die umfassende Information, die Hinzuziehung von Fachberatern und die konkrete Auflistung von Schwachpunkten und konkrete Vorschläge für deren Regelung war. Dies gilt mit Sicherheit auch für andere Fälle.

IV Regelungen der gefundenen Probleme in Betriebsvereinbarungen

In den ersten beiden Kapiteln des Teils C haben wir die in den untersuchten Betrieben vorgefundenen Lohngestaltungsprobleme in den 40 Untersuchungsfeldern (siehe Tabelle vier), die teilweise betriebsspezifisch und teilweise artspezifisch sind, dokumentiert. Die artspezifischen Probleme, die insgesamt überwiegen und sich in den einzelnen

Betrieben wiederholen, werden folgend knapp zusammengefaßt, um anschließend aufzeigen zu können, wo sie in Betriebsvereinbarungen geregelt sind (wenn ja, wie) und wo nicht.

1. Erfaßte Lohnprobleme im Zusammenhang mit zunehmender Technisierung

Bei Auflistung der vorgefundenen Lohnprobleme ist zu beachten, daß die Probleme bei der Leistungsermittlung und -bewertung stets zugleich Lohnprobleme sind, weil Leistung durch Lohn vergütet werden muß (entsprechend der Normalleistungsklauseln in den Tarifverträgen sowohl bei Akkordarbeit als auch teilweise bei Prämienarbeit).

Wir haben versucht, diese Auflistung entsprechend unserer Untersuchung, d.h. zunächst ausgehend von den Problemen mit den Entlohnungsgrundsätzen über die Leistungsermittlung und -bewertung, die Zusammensetzung der Löhne bis zur Eingruppierung und der eng damit zusammenhängenden Bewertung von Arbeit bzw. Tätigkeit zu strukturieren.

Folgende Lohnprobleme haben wir gefunden:

1. Zeitlohn unter Leistungslohnbedingungen

2. Leistungsermittlung und -beurteilung im Leistungslohn:
2.1 Mehrstellenarbeit: - Feststellung, Festlegung, Zuteilung und Bezahlung der Auslastung
- Zusätzliche Belastung aus flexiblen Stellenzuteilungen
- Verzögerte Feststellung der Eingriffshäufigkeiten
- Mehrleistung durch längere Wege ininfolge Ausdehnung der Stellenzahl
- Nachweis über zurückliegende Mehrleistung bei erhöhter Eingriffshäufigkeit.
- Definition von Warte- und Beobachtungszeiten

2.2 Übergang auf andere Bezugsgrößen (z.B. von Mengen auf Nutzgrade)

2.3 Einarbeitung (häufigerer Wechsel von Arbeitsaufgabe und Maschinen)

2.4 Unbeeinflußbare Zeiten

2.5 Leistungsbewertung

3. Leistungs- und Verhaltenskontrolle mit Hilfe von BDE-Systemen: - wozu werden BDE-Systeme eingesetzt?
    - Verbindung der BDE-Daten mit anderen Systemen
    - Ausgleich für unvollständig erfaßte Sachverhalte (mangelnde Objektivität der Daten)
    - Leistungsvorhaltung
    - Transparenz der Daten
    - Optimierung und schleichende Rationalisierung durch SOLL-IST-Vergleiche

4. Bildung von Planzeiten aus BDE-Daten

5. computergestützte Stellenzuteilung

6. Überforderung bei zu hoher Auslastung

7. Fehlender Ausgleich bei Unterauslastung

8. Zusammensetzung des Lohns: Zulagenpolitik (freiwillige Zulagen, Lohndiskriminierung bei Frauen, Anrechnung der Zulagen auf Tariferhöhungen)

9. Planzeiten: - Festlegung derjenigen Daten, die als Plandaten weiterverwendet werden sollen
    - Mitbestimmung über Planzeit als Baustein und als Ergebnis (Vorgabezeit)

10. Computergestützte Zeitwirtschaft (Urprotokoll, Bestimmung über Programminhalte, Kontrollen, Bedienung, Planzeitbildung)

11. Zusammenlegung von Arbeitsbereichen (z.B. Verbund)

12. Ausdünnung der Arbeitsinhalte durch Übernahme von Teilfunktionen mittels Mikroprozessortechnik

13. Eingruppierung: Bewertung der Arbeit an computergesteuerten Maschinen/Anlagen (z.B. die Fähigkeit in das Programm einzugreifen); Frauendiskriminierung durch niederere Eingruppierung.

14. Pausenregelung bei durchlaufender Produktion (Zeitlohn, Akkord- und Prämienarbeit)

15. Weiterbildung: - Mangelnde Qualifizierung des BR

- Keine Berücksichtigung bei Entlohnung

2. Der rechtliche Rahmen, an dem sich die betriebliche Regelung auszurichten hat

Den rechtlichen Rahmen zur Regelung und Lösung der oben aufgeführten Problembereiche anhand einer Betriebsvereinbarung bilden die §§ 90, 91, 87 Abs. 1 Ziffer 1 und 6 sowie Ziffer 10 und 11 BetrVG. Die Rechtsprechung des BAG hat diesen Rahmen zugunsten des Betriebsrates vor allem in den Fällen technische Einrichtungen (BAG-Urteile vom 9.9.75, 14.9.84 und 18.2.86 zu § 87 Abs. 1 Ziffer 6 BetrVG) und der Gestaltung der Kriterien für freiwillige Zulagen erweitert (BAG-Urteil vom 17.12.85 zu § 87 Abs. 1 - 10 BetrVG). Die konkreten Möglichkeiten des BR bei der Inanspruchnahme der §§ 90, 91 BetrVG sind aktuell erläutert worden im Kommentar zum Rationalisierungsschutzvertrag Textil und Bekleidung von 1987.

Die Tarifbestimmungen in der Textil- und Bekleidungswirtschaft sehen keine Vorbehalte bei der Regelung betrieblicher Lohngestaltung hinsichtlich des Technikeinsatzes vor. Sie sichern vielmehr bestimmte Normen als _Mindestnormen_ ab, so daß sie auch bei Betriebsvereinbarungen einzuhalten sind (z.B. Höhe des Tariflohns, evtl. Erschwerniszulagen). Für die Eingruppierung im Tarif nicht erfaßter Tätigkeiten bestehen Öffnungsklauseln zur Regelung mit dem BR.

Die aufgeführten Probleme sind also auf der betriebsverfassungsrechtlichen Ebene regelbar, soweit keine Tarifvorbehalte bestehen.

Wie nun dieser rechtliche Rahmen im Hinblick auf die zu regelnden Probleme in den untersuchten Betrieben von den Betriebsparteien ausgefüllt wurde, zeigen wir nachfolgend anhand einer Tabelle.

3. In den Betrieben gefundene Lösungsansätze für Lohnprobleme

Die nachfolgende Aufstellung zeigt in einem Überblick, welche der oben aufgelisteten Probleme in den einzelnen Firmen durch Betriebsvereinbarungen einer Regelung zugeführt wurden.

Tab. 8 Übersicht über die Regelungsbereiche und dazu vorhandene Betriebsvereinbarungen in den untersuchten Betrieben

Untersuchungs-felder	Betrieb	aufgetretene Probleme (Nr)	davon in BV geregelt (Nr)
Spinnereivorwerk			1/3/5/8/12/13/14
	A		1/3/8/13
	B		-
Spinnerei		1/2.1u.2/3/4/6/7/8/11/12/13	
	A		1/2.1u.2/6/7/8/13
	B		s.A + 3
	C		s.B
	D		-
Spulerei		s.Spinnerei außer 9/11 u.14	
	A		alle außer 3/12 u.14
	B		wie A + 3
Verbundsystem		s.Spinnerei, aber statt 12, 11 u.15	
	A		alle außer 3/14
	E		wie A

Weberei		s.Spinnerei + 4/5	
	I		-
	H		1/2.1/3/6/7/8/13/14
	G		s.H
	F		wie H, aber ohne 3/14 u.+2.2
	C		wie H, aber +3
	B		dass. +2.2/5
	A		wie H, statt 3u.14, 2.2
Vorbehandlung		1/2.4/3/4/8/11/12/13/14/15	
	C		1/3/8/13
	K		3/4
Färberei		wie Vorbehandlung, aber ohne 11	
	K		3/4
	L		1/7/13
	B		alles außer 2.4 + 2.1/8u.11
	C		1/3/8/13
	D		1/4/8/11/13
Druckerei		1/3/4/2.4/7/8/12/13	
	C		1/3/7/13
	L		wie C ohne 3
Gradieren		1/8/11/12/13	
	N		13
	O		-
Zuschnitt		wie Gradieren +7	
	N		-
Näherei		2.2,3,4u.5/4/6/8/12/13	
	O		2.5
	P		alles
Zeitwirtschaft		2.3,4u.5/4/10	
	M		2.5.

Aus dieser Tabelle ist ersichtlich, daß zwar in vielen Fällen einige der relevanten Entlohnungsprobleme gelöst wurden - wobei unter gelöst nicht unbedingt verstanden werden darf, daß die Probleme tatsächlich aus der Welt geschafft (oder sogar perspektivisch geregelt) wurden - daß aber zum einen manche Lösungen durch die technische Entwicklung wieder überholt sind und zum anderen wichtige Aspekte (wie z.B. die Leistungsüberwachung oder die Planzeitbildung) nur sehr selten überhaupt bzw. zufriedenstellend geregelt werden konnten.

Die untersuchten Betriebsvereinbarungen decken teilweise auch andere von uns nicht untersuchte Bereiche ab, was uns aber hier nicht weiter interessiert.

Bei Regelungen zur Eingruppierung wird unbefriedigenderweise oft nur die im Tarifvertrag be- oder umschriebene Lohngruppe benannt. Wir empfinden aber gerade im Beispiel Verbundsystem oder bei den Färbeanlagen dieses Verfahren nicht mehr als befriedigend, weil damit keineswegs alle neuen Anforderungen und Beanspruchungen angemessen berücksichtigt werden.

Bei der Bewertung der Problemfelder und deren Lösungen durch Betriebsvereinbarungen sind folgende Merkmale besonders hervorgetreten:

1. Die Betriebsvereinbarungen, die die Einführung Neuer Techniken zum Inhalt haben, weisen in der Regel eine präzise Technikbeschreibung auf. Damit sind die Voraussetzungen geschaffen, bei einer Änderung von Soft- oder Hardware neue Vereinbarungen zu treffen.

2. In nur wenigen Fällen gibt es allerdings eine verknüpfte Regelung von Technikeinführung und Entlohnung, obwohl sich jeder BR darüber im Klaren sein müßte, daß er ein wichtiges Druckinstrument aus der Hand gibt, wenn er den Unternehmer die Technik einführen läßt, ohne zuvor den Lohn zu regeln.

Die BRe der GTB handeln jedoch häufig so, weil sie den Regelungsgegenstand und die Regelungsweise noch nicht hinreichend identifiziert haben.

Der gegenteilige Fall ist derjenige, daß die Technik schon eingeführt oder in der Probephase ist und der BR nur noch das Schlimmste abmildern oder bei einem offensichtlichen Verstoß gegen den §90 BetrVG ein Verfahren zur Stillegung der Maschinen oder Systeme erwirken kann (davor wird aber oft genug zurückgeschreckt).

Daher ist also die künftige Beratungs-, Informations- und Bildungsarbeit der GTB so zu gestalten, daß der Betriebsrat die Notwendigkeit des Abschlusses von Vereinbarungen über die Technikeinführung in direktem Zusammenhang mit der Regelung ihrer (vermuteten) Folgen erkennt (s. die obigen Punkte).

Eine Hilfe bildet - wie erwähnt - die Betonung der betriebsverfassungsrechtlichen Möglichkeiten für den BR in den ab 1.1.89 in Kraft tretenden Rationalisierungsschutzverträgen in der Textil- und Bekleidungsindustrie. Dort kann der BR umfassende und verständliche Informationen zur Einführung neuer Techniken sammeln, um abschätzen zu können, welche Kampffelder zu betreten sind und welche Materien geregelt werden müssen.

Ob die in den untersuchten Betrieben vorgefundenen Regelungen ausreichend sind, d.h. ob bestehende und zukünftig entstehende Problembereiche auch tatsächlich hinsichtlich der sozialverträglichen Lohngestaltung angegangen wurden und damit zumindest materielle Besitzstandswahrung, also auch ein angemessenes Verhältnis von erbrachter Leistung zum bezahlten Lohn (inklusive der Verbesserung der Leistungsbedingungen allgemein) erreicht werden konnte, entzieht sich unserer Beurteilungsfähigkeit, weil zu viele, teilweise auch für uns nicht zugängliche Indikatoren hätten erhoben werden müssen, um dies herausarbeiten zu können.

Aus dieser knappen Skizze der erfolgten Betriebsvereinbarungsanalyse ziehen wir den Schluß, daß - weil die betriebliche Lohngestaltung künftig maßgeblich von den vielfältigen Folgen des teilweise massiven Technikeinsatzes geprägt sein wird und kaum darauf zu hoffen ist, daß die Tarifparteien schon in den nächsten Jahren hier umwälzende Neuerungen (siehe Teil E) vereinbaren werden - für absehbare Zeit die Betriebsvereinbarung dasjenige Instrument sein wird, mit dessen Hilfe zum einen darauf geachtet werden kann, daß die im Tarifvertrag bereits vereinbarten Arbeits- und Leistungsbedingungen eingehalten werden und zum anderen über tarifliche Regelungen hinaus eine vielfältige Verbesserung dieser Bedingungen sowie andere Leistungskriterien, Bewertungsmaßstäbe und Zuschlagspolitiken im Einzelbetrieb erreicht werden kann (siehe Teil E, I).

D BETEILIGUNG VON BESCHÄFTIGTEN UND BETRIEBSRAT BEI DER UMGESTALTUNG VON ARBEIT UND ENTLOHNUNG

I In welchem theoretischen und praktischen Zusammenhang steht die in den untersuchten Betrieben vorgefundene Beteiligung von Beschäftigten und BR?

In einer gewerkschaftspolitisch motivierten Untersuchung darf bei der Analyse von Veränderungen in der Arbeit, die durch den Einsatz Neuer Technik hervorgerufen werden und von daraus resultierenden Lohnproblemen, Entlohnungsstrategien usw. der Aspekt nicht fehlen, wie bei all diesen Veränderungen die Beschäftigten und der BR einbezogen waren.
Prinzipiell ist Beteiligung

"...ein gesellschaftspolitischer Begriff; er gehört in den Bereich der Regelungen und Verfahren zur Mitbestimmung der Arbeitnehmer und hat wie diese zum Ziel, die Gestaltung der Arbeits- und Lebensbedingungen durch die Arbeitenden in Übereinstimmung mit ihren Interessen zu fördern." (KISSLER, 1981, 367)

Neue Techniken setzen für die Beteiligung der Beschäftigten an den damit verbundenen Umstrukturierungsprozessen neue Bedingungen. Umgekehrt gilt, daß eine bestimmte Interessenvertretungsstruktur und -macht im jeweiligen Betrieb die Anwendung Neuer Techniken beeinflußt.[4]

Die Grundlage der Unternehmer bei der Einführung Neuer Technik bildet wohl immer noch prinzipiell das ökonomisch bestimmte Effektivitätspostulat - zunächst <u>ohne</u> Einbeziehung der Betroffenen und je nach innerbetrieblichem Kräfteverhältnis <u>mit</u> Einbeziehung des BR. Dies gilt gemäß den eingangs formulierten Bedingungen für den Technikeinsatz in der Textil- und Bekleidungsindustrie in verschärftem Maße. Wird nämlich der BR über irgendwelche Maßnahmen der Geschäftsleitung erst im nachhinein oder überhaupt nicht informiert, so wird sich dieses "Verhandlungsmuster" zwischen den beiden Parteien auch im Zusammenhang mit der Einführung Neuer Techniken nicht verändern.

---

[4] Siehe auch KISSLER, 1988.

Zudem bedarf es bei Einführung von Computertechnik[5] aufgrund der strukturellen Besonderheiten und der komplizierten Vorarbeiten einer gewissen Beteiligung zumindest der davon unmittelbar Betroffenen. Die Unternehmer haben dazu viele Ideen entwickelt. Auf der Ebene der Beschäftigten geht es um deren Beteiligung an der Planung und Einführung Neuer Technik, d.h. von Hard- und Software, aber auch an Veränderungen in der Arbeitsorganisation, der Entlohnung und im Betrieb allgemein.

Die Art und Weise, wie Beschäftigte unter herrschenden Bedingungen in diese Prozesse einbezogen werden können, wird von BREISIG 1988 auf der Ebene "individuell- und gruppenpartizipationsorientierter Sozialtechniken" vorgestellt (ebd., 79f):
- unverbindliche Beteiligungsangebote ("kooperativer Führungsstil") im Rahmen von schriftlichen Dokumenten (Unternehmensgrundsätze)
- Beschwerdeprogramme
- periodische Mitarbeiterbefragungen
- klassische materielle Sozialtechniken mit individuellen Wahlmöglichkeiten ("Cafeteriasystem" bei freiwilligen Sozialleistungen)
- Methoden der Arbeitsgestaltung zur Erweiterung von Handlungsspielräumen (Job Rotation usw.)
- institutionalisierte Mitarbeitergespräche mit Vorgesetzten (z.B. auch im Rahmen von Beurteilungsverfahren)
- im Gegensatz oder in Ergänzung dazu zielgerichtete bzw. problemorientierte Mitarbeitergespräche in Form von Qualitätszirkeln, Lernstätten, Projektgruppen (meist im Zusammenhang mit der Einführung Neuer Techniken) usw.
- Vorgesetztenbeurteilung und -wahl (exotisch)

Ob sich nun Arbeitnehmerbeteiligung als psychologisierte Durchdringung der Persönlichkeit des einzelnen Beschäftigten im Kapitalinteresse und damit auch als wirkungsvolles Instrument zur Schwächung kollektiver Vertretungsrechte und -möglichkeiten entfalten kann oder ob sie in das gewerkschaftliche Konzept betrieblicher und auch gesellschaftli-

---

[5] Vgl. dazu als ganz besonders anschauliche Darstellung der Probleme bei Systemeinführungen BRIEFS, 1984, 89ff.

cher Mitbestimmung eingebaut und so für die Entfaltung der Arbeitenden genutzt werden kann, ist eine Frage der Machtverhältnisse innerhalb und außerhalb der Betriebe und damit auch eine Frage nach der hier bestehenden Konfliktfähigkeit der Gewerkschaften.

Damit ist auch die Schnittstelle solcher Beteiligungskonzepte und -realitäten in den Betrieben zu den rechtlichen Möglichkeiten der Arbeitenden und ihrer gewählten Interessenvertretung hergestellt. Zunächst geht es für den Einzelnen darum, daß er gemäß §§ 81, 82 und 84 BetrVG sowohl über Neuerungen in seinem Arbeitsbereich informiert wird als auch sich bei Problemen im Zusammenhang mit Arbeit (z.B. bei einer spürbaren Verschlechterung der Arbeitsbedingungen) beschweren kann. Hier, wie auch sonst im Zusammenhang mit den §§ 80, 90, 91 BetrVG, stellt sich für den BR das Problem der Rechtzeitigkeit und des Umfangs der Information.

Die Information noch vor Anschaffung ist gerade bei der Automation durch Neue Technik besonders wichtig, um so das Interesse der Betroffenen an dieser Technik zu wecken (Kanalisierung eventuell auftretenden Widerstandes) und um sie gegebenenfalls im voraus zu qualifizieren.

Der Informationsumfang dürfte mit dem vom Unternehmen praktizierten Personaleinsatzkonzept zusammenhängen. Wie die Untersuchung bestätigte, ist in der Textil- und Bekleidungsindustrie ein eher rigides, noch stark an traditionellen Arbeitsteilungsstrukturen orientiertes Einsatzkonzept üblich. Es ist daher damit zu rechnen, daß sich Informationen auf die jeweilige Maschine bzw. auf den jeweiligen Arbeitsplatz beschränken und möglicherweise noch nicht einmal vollständig sind.

Weiterhin hat der Arbeitnehmer Anspruch auf den Schutz der Person und die Förderung seiner Persönlichkeitsentfaltung (§ 75 BetrVG). Voraussetzung ist aber dann, daß die Arbeitenden über ihre Schutzbedürfnisse befragt und außerdem aufgefordert werden, diejenigen Ansprüche im Zusammenhang mit der Arbeit und der Gestaltung von Technik oder Arbeitsorganisation anzumelden, deren Berücksichtigung durch den Unternehmer wenigstens in einem gewissen Maß die Entfaltung ihrer Persönlichkeit ermöglichen würde. Diese Ansprüche können natürlich auch bei Betriebs- und Abteilungsversammlungen oder im persönlichen Gespräch mit dem BR an diesen herangetragen werden, damit er sie an die Geschäftsleitung weitergibt.

Der BR als das gewählte Interessenvertretungsorgan im Betrieb hat, um seine Aufgaben wahrnehmen zu können, kraft seiner im BetrVG verankerten Rechtsposition gemäß den §§ 90, 91 (bei Betrieben mit Wirtschaftsausschuß s. auch § 106) Anspruch darauf, über alle relevanten Veränderungen im Betrieb informiert zu werden. Dazu zählen:

- soziale Angelegenheiten,

- personelle Angelegenheiten,

- Arbeitsschutz,

- Einführung Neuer Technik, weil durch sie der Arbeitsablauf, die Arbeitsplätze und die Arbeitsumgebung sowie die Leistungsbedingungen der Arbeitenden verändert werden können,

- Berufsbildung, Weiterbildung und

- Personalplanung.

Zur Durchsetzung dieser Rechte stehen dem BR sowohl rechtliche Instrumentarien zur Verfügung (Einigungsstellenverfahren, Ordnungswidrigkeiten, Beschlußverfahren, Strafverfahren) als auch ein idealerweise im Betrieb auf- und auszubauendes Informationsnetz (wie z.B. Vertrauensleutekörper, Kontakte zu EDV-und REFA-Fachleuten usw.), mit dem politischer Druck entfaltet werden kann. Leider - darüber wurde schon viel geschrieben - werden diese Rechte weder vom Unternehmer in gebührender Weise beachtet, noch können sich die BR mit den obigen Instrumentarien ihre Rechte sichern. Gerade unter Berücksichtigung der in Teil A angesprochenen besonderen Struktur der Textil- und Bekleidungsunternehmen und den damit verknüpften Bedingungen für die Interessenvertretung ist nicht zu erwarten, daß die zur Verfügung stehenden Rechte voll in Anspruch genommen und die zur Einklagung vorhandenen Instrumente auch eingesetzt werden.[6]

Hier wird deutlich, daß die Fähigkeit der BRe, ihre Beteiligungsrechte durchzusetzen, auch von einer entsprechend intensiven und handlungsorientierten gewerkschaftlichen Schulungsarbeit abhängig ist. Denn Information ist immer eine Voraussetzung sowohl zur engagierten Interessenvertretung als auch zur Erlangung einer ihre Interessen vertretenden Belegschaft (Mobilisierungsfaktor).

Folglich versucht der Unternehmer, Informationen über die geplanten technisch-organisatorischen Veränderungen und deren Folgen für die Arbeitenden sowie über die sich möglicherweise daraus ergebenden Entlohnungsprobleme möglichst lange zurückzuhalten. Die Arbeitnehmervertretung muß daher versuchen, ein solches Vorgehen von vornherein zu unterbinden, indem sie eine Regelung durch Betriebsvereinbarung anstrebt, wonach für eine qualifizierte Verhandlung um die Folgen bestimmter Maßnahmen bzw. um die Entwicklung von Alternativen zu geplanten Maßnahmen ein entsprechend qualifizierter BR und eine informierte Belegschaft notwendig sind. Die dabei notwendigen Informationen müssen folgenden Kriterien genügen:
1. Die vorgelegten Unterlagen müssen aussagefähig sein bezüglich der Art und des Umfangs der Rationalisierungsmaßnahme, über deren Integration in bisherige Systeme oder Anlagen,[7] deren Standort usw.,
2. sie müssen Aussagen enthalten über die wirtschaftlichen Auswirkungen auf das Unternehmen
3. und über deren konkret sichtbare oder abschätzbare Folgen für die mittelbar und unmittelbar Betroffenen
4. sowie über arbeitsorganisatorische Konsequenzen (sowohl im engeren Sinne wie z.B. die Veränderung der Zusammenarbeitsformen als auch im weiteren wie z.B. hinsichtlich der Zusammenlegung von Abteilungen).

Beteiligungsformen könnten sein: Datenverarbeitungsausschuß, Wirtschafts- und/oder Planungsausschuß, Projektgrup-

---

[6] Vgl. dazu auch GTB, "DIE MASCHINE TREIBT DICH" und "COMPUTER RÜCKEN VOR".

[7] Siehe auch DÄUBLER, 1988 zu dem Problem der zunehmenden Vernetzung in den Betrieben.

pen zur Einführung Neuer Techniken und/oder neuer Entlohnungssysteme, Kommission für die Festlegung von Planzahlen o.ä.

Bei dem Versuch, diese Einrichtungen paritätisch zu besetzen, würde man mit Sicherheit an eine wichtige Grenze gewerkschaftlicher Gestaltungsansprüche gelangen. Denn Unternehmer informieren oft nicht nur deshalb so spät oder unvollständig, weil sie aus prinzipiellen Herrschaftssicherungsgründen möglichst viele Entscheidungen allein auf der Basis ihrer ökonomischen Kalküle treffen wollen, sondern weil sie die BRe nicht für ausreichend qualifiziert halten und deren relativ geringe Durchsetzungkraft bei Gestaltungsfragen kennen. Hier geht es also erst einmal um das Erkämpfen solcher Einrichtungen und deren Nutzung für eine weitergehende Mitbestimmung in den Bereichen Neue Techniken, Qualifizierung, Personalplanung und Entlohnung.

Das Unternehmen sollte sich übrigens darüber im klaren sein, daß der erwartete Nutzen bei Rationalisierungsmaßnahmen nur dann erzielt werden kann, wenn die Arbeitenden nicht befürchten müssen, ihren Arbeitsplatz zu verlieren oder dequalifiziert, abgruppiert und gesundheitlich gefährdet zu werden, sondern wenn sie zur Kompromißbildung auf der Grundlage qualifizierter Informationen und mit der Chance, ihre Wünsche und Vorstellungen, auch denkbare Alternativen einzubringen, beitragen können. Dies gilt besonders unter Automationsbedingungen.

Es werden nun vor diesem Hintergrund die von uns in den untersuchten Betrieben vorgefundenen Beteiligungsformen sowie die damit verknüpften Probleme dargestellt und diskutiert, um den betrieblichen Handlungsrahmen für unsere in Teil E zu ziehenden lohn- und tarifpolitischen Schlußfolgerungen aufzuzeigen.

II Beteiligungsformen in den vom Projekt NRW untersuchten Betrieben hinsichtlich Neuer Technik und Entlohnung

In den meisten von uns untersuchten Betrieben wurden die Beschäftigten erst bei oder kurz vor Installierung der

Neuen Technik einbezogen; wobei ihnen leider oft nur entweder anläßlich einer Betriebsversammlung der Kauf von Maschinen oder die Umgestaltung einer Abteilung bzw. eines Fertigungsablaufs angekündigt wurde oder sie in Einzelgesprächen bzw. in einem Abteilungsgespräch darauf vorbereitet wurden.

Zum Beispiel werden im Betrieb B die Investitionsplanungen ein Jahr im voraus benannt. Kann sich jemand dann noch keine konkreten Vorstellungen über das Vorhaben machen, bleibt ihm nichts anderes übrig, als abzuwarten, bis die neuen Anlagen oder Maschinen installiert sind. Geschult wird, wenn überhaupt, erst nach Einführung der Maschinen.

Bei Einführung des PPS in der Fa. K wurde laut Auskunft des technischen Leiters dadurch eine große Kooperationsbereitschaft bei den Betroffenen erreicht, daß die Einführung Schritt für Schritt durchgeführt worden sei, so daß manche, weil sie sich von der EDV eine Verbesserung ihrer Arbeit erhofften, deren Anwendung kaum mehr abwarten wollten. Zu Beginn seien die Betroffenen gemeinsam mit den jeweiligen Abteilungsleitern, den EDV-Fachleuten usw. grob über Planung und Realisierung informiert worden.

In einigen Firmen, bei denen Neuerungen bei den Maschinen zur Diskussion stehen (wie z.B. bei der Installierung von BDE-Systemen in Spinnereien oder Webereien), werden nur die zuständigen Meister, Vorarbeiter und Techniker bzw. Reparateure (Schlosser und Elektriker) in Vorab-Gespräche einbezogen (oft parallel mit der Auswahl von Teilnehmern für Herstellerkurse aus diesem Kreis). Hin und wieder werden auch Diskussionen in diesem Kreis über alternative Lösungen geführt (z.B. bei L).

Vor allem in den Webereien gibt es hin und wieder Vorgesetzte, nach denen die Werker mit der Neuen Technik nichts zu tun haben sollen, solange sie nicht angeschafft wurde. Es genüge völlig, wenn sie sich im Umgang damit daran gewöhnten.

Auffallend war, daß die befragten Unternehmer und Vorgesetzten sich im Gespräch mit uns oft sehr sozialpartnerschaftlich zeigten, wohingegen die Arbeitenden doch erhebliche Nachlässigkeiten in der Informationspolitik der Unternehmen feststellten. Dabei spielt es für letztere eine wesentliche Rolle, nicht "fünf Minuten vorher" informiert zu werden ("jeder möchte sich auf Veränderungen einstellen können") und daß die Information ausreichend ist, um sich die Veränderung bzw. deren Tragweite für das eigene Arbeiten vorstellen zu können. Wir wissen natürlich, daß hier auch jeweilige persönliche Einstellungen, Erfahrungen usw. die Bewertung beeinflussen.

Grob läßt sich hier von einer polarisierenden Informationspolitik sprechen. Diese ist allerdings oft auch für die Informierten nicht ausreichend.

Die über die Einführungsphase Neuer Technik hinausgehende Beteiligung der Betroffenen in den untersuchten Betrieben der Textil- und Bekleidungsindustrie läßt sich so beschreiben, daß sich die wesentlichen Sozialtechniken im sich eben auch mit Anwendung Neuer Technik (vor allem BDE) verschärfenden Leistungsdruck zusammenfassen lassen, was wiederum ein oft schlechtes Arbeitsklima erzeugt (starke Konkurrenz, persönliche Übervorteilung). Lediglich in einem Betrieb (B) hatten wir einen darüber hinausreichenden Ansatz in Form eines Qualitätszirkels vorgefunden. Dieser sollte jedoch nicht aufrechterhalten werden. Anders verlief es dagegen bei solchen Betrieben, die auch im Angestellten-Bereich rationalisierten bzw. in denen die Bevorteilten der Rationalisierung im Büro saßen. Dort existierten in mehreren Fällen Projekt-, Qualitäts- oder ähnliche Gruppen, innerhalb derer Mitarbeiterbeteiligung zur Optimierung von Maschinen und Qualitäten - allerdings leider in allen Fällen ohne BR-Beteiligung - erfolgte.

Leider mußten wir feststellen, daß die Beschäftigten in kaum einem der untersuchten Betriebe ihre Lohngruppe oder die Zusammensetzung ihres Lohns kannten, geschweige denn über irgendwelche Veränderungen im Lohnbereich informiert waren (dies veränderte sich allerdings mit zunehmender Komplexität der Arbeit in eine positive Richtung). Eine so schlecht informierte Belegschaft wird sich wohl kaum Vorstellungen über ihre Wünsche und über ihre Beteiligung am Zustandekommen eines neuen oder gerechteren Lohnsystems machen. Allerdings fällt dies u.E. nicht nur auf die Geschäftsleitung, sondern auch auf den jeweiligen BR, der für die Transparenz der Entlohnung verantwortlich ist, zurück.

Die oben erwähnte sozialpartnerschaftliche Linie des Managements vertritt es angeblich auch bei der Information des BR. Diese Aussage steht jedoch im grassen Widerspruch zur Realität: So wird z.B. der BR der Firma L bei Neuerungen ganz allgemein oder nur mit Andeutungen "informiert". Nähere Ausführungen erfolgen dagegen erst, wenn die Planungen abgeschlossen sind und der Einführungsprozeß beginnt. Ausmaß der Veränderungen und die konkreten Folgen bei der Einführung der Neuen Techniken können daher nicht überblickt werden. Dieser das Recht mit Füßen tretenden Informationspolitik wurde noch nie ein Riegel vorgeschoben.

Gleichzeitig hat der BR in diesem relativ großen Unternehmen - wie bereits erwähnt - zusätzlich Probleme damit, schnell und unkonventionell an Daten heranzukommen. Denn der Zentralrechner, an den alle BARCO- und sonstigen Daten überspielt werden, befindet sich in einer rechtlich eigenständigen Firma, an der L mit 51% beteiligt ist und die auch für andere Firmen und kommunale Verwaltungen Serviceleistungen übernimmt. Um dieses Problem in den Griff zu bekommen, hat die GL dem BR vorgeschlagen, sich einen Bildschirm im BR-Büro installieren zu lassen. Zum Zeitpunkt der Untersuchung hatte sich der BR noch nicht entschieden, ob er dieses Angebot annehmen soll oder nicht.

Bei K argumentiert die GL, daß der BR bei einer anfänglichen Demonstration des gesamten Planungspakets PPS gemeinsam mit den Vorgesetzten und den Betroffenen informiert worden sei; er müsse daher jetzt über denselben Kenntnisstand wie die GL verfügen. Hierbei wird jedoch übersehen, daß sich bei einem derart komplexen Technikanwendungsfall wie dem PPS-System ständig etwas verändert, so daß man schnell den Überblick verlieren kann. Diejenigen, die ständigen Umgang mit der Technik haben, erfahren dagegen unverzüglich sämtliche Neuerungen. Die GL gibt uns zu diesem Einwand recht; dem BR soll nun daher jeder der Entwicklungsschritte im Zuge des Ablaufs demonstriert werden.

Ebenso wie im Betrieb B geht die GL der Firma C davon aus, daß der BR ohnehin über den Wirtschaftsausschuß rechtzeitig und umfassend und auf dessen Wunsch informiert wird. Da in beiden Firmen oft so vorgegangen werde, daß erst einmal eine Probemaschine angeschafft werde, könnte der BR diese Phase für seine eigenen Studien nutzen und Alternativvorschläge einbringen.

Im Prinzip ist das kein schlechtes Angebot, wenn vorher die Probephase geregelt und der BR tatsächlich schon vor Einsatz einer derartigen Probemaschine informiert wurde, um so die Chance zu erhalten, zu der Probemaschine auch seine Einschätzung abgeben zu können.

Als schlimm empfanden wir in diesem Zusammenhang die Aussagen zweier Firmenchefs, die offen zugaben, den BR deshalb nicht oder nur oberflächlich zu informieren, weil er die neueren Entwicklungen ohnehin nicht verstehe und bei Information durch seine unsachliche Kritik bzw. durch seine ungerechtfertigte Angst nur alles verkompliziere. Wenn der BR der GL nicht als qualifizierter Gesprächspartner erscheint, sollte diese keine Mühen und finanziellen Aufwendungen scheuen, ihm Qualifizierungsmöglichkeiten zu bieten. Wir vermuten allerdings, daß es in beiden Fällen vorrangig um die Beseitigung lästiger Fragen und Zeit verschlingender Beratungen mit dem BR ging. Diese Taktik klappt aber nur solange, wie sich der BR ein solches Vorgehen gefallen läßt.

Häufig war bei den interviewten Betriebsräten Hilflosigkeit gegenüber den neuen Techniken und den sich daraus ergebenden Konsequenzen anzutreffen. Auch bei kritischer Einstellung und vorsichtiger Nachfrage zu den Problemen einer speziellen Technik bekamen sie vom Unternehmer sofort das Totschlag-Argument der notwendigen Erhaltung der Konkurrenzfähigkeit genannt, so daß es angeraten erschien, der Anschaffung von Maschinen oder Systemen zuzustimmen.

Damit wurde die ungenügende Qualifikation des BR bzw. dessen mangelhafter Überblick bei neuen Entwicklungen und deren Folgen nachgewiesen. An die gewerkschaftliche Bildungsarbeit werden hier erhöhte Anforderungen gestellt.

In einigen Betrieben erfuhren wir, daß die GL dem BR Messebesuche finanziert, er sie zu Demonstrationsveranstaltungen bei Prototypanwendern, zu Vorträgen usw. begleitet, damit er sich ein eigenes Bild machen kann. U.E. würde es sich anbieten, daß die Gewerkschaft zu diesen Veranstaltungen entsprechende Begleitseminare, -tage oder -schulungen offeriert, bei denen über problematische Punkte diskutiert und eine entsprechende Strategie entwickelt werden kann.

Auch für den BR besteht aufgrund der Vielfalt der Aufgaben und Probleme, die sich im Laufe eines bestimmten Zeitraums anhäufen, die Schwierigkeit, eine Neue Technik mit ihren Folgeproblemen (wie z.B. Vernetzung) ständig zu begleiten und sich im Sinne einer Erweiterung seiner Mitbestimmungsmöglichkeiten oder zumindest einer Ausnutzung seiner Initiativrechte zu beteiligen. Dies gilt auch in verstärktem Maße für die Entlohnungsprobleme. Einige dieser Probleme sprach der BR in nahezu jedem der von uns untersuchten Betriebe an, er hatte aber keine Zeit, eine Lösung zu erarbeiten und auch keine entsprechende Vorstellung.

Wir hoffen, daß unsere Untersuchung in dieser Hinsicht Anstöße gibt.

E LOHN- UND TARIFPOLITISCHE SCHLUSSFOLGERUNGEN VOR DEM HINTERGRUND DER ERKENNTNISSE DER UNTERSUCHUNG

I Gefahren und negative Auswirkungen der Leistungsentlohnung für die Arbeitnehmer

Führt man sich die oben vorgelegten Untersuchungsergebnisse vor Augen, so wird deutlich, daß im Gegensatz zu vielen anderen Industriezweigen in der Textil- und Bekleidungsindustrie die Entlohnung auf der Basis individuell zurechenbarer und meßbarer Leistung nach wie vor stark im Vordergrund steht.

Gleichzeitig zeigen sich die Grenzen für das klassische Leistungslohnsystem durch die Veränderungen in der Arbeit (z.B. Wegfall von meßrelevanten Tätigkeitsteilen) und wir lernen Strategien der Unternehmer kennen, auf diese Veränderungen mit neuen Bemessungsgrundlagen (Leistungsparameter) oder mit einfacheren oder komplizierteren Lohnberechnungen zu reagieren - vielleicht sogar bei veränderten Grundsätzen.

Die Gefahren von Leistungslohnsystemen sind seit vielen Jahren bekannt. Das Bundesarbeitsgericht hat in seiner Entscheidung vom 28.7.1981 (Fußnote 1 DP 1983, 2031 ff.) diese Gefahren darin gesehen, daß die Festlegung der einzelnen Bemessungsfaktoren für Leistung und Vergütung in einer Weise erfolgt, daß der AN durch letztlich nicht gerechtfertigte überhöhte Ansätze benachteiligt oder geschädigt wird, sei es, daß seine Leistung nicht entsprechend gewertet wird, sei es, daß diese Ansätze ihn zu einer letztlich überfordernden Leistung anspornen. Um diesen Gefahren zu begegnen, gewährt § 87 Abs. 1, Ziff. 11 BetrVG der Interessenvertretung das Recht der Mitbestimmung bei der Festsetzung der einzelnen Sätze des Leistungslohnsystems.

Die Gefahren eines Leistungslohnsystems liegen aber nicht nur in der unzutreffenden Bewertung der einzelnen Leistungsansätze und im dadurch induzierten ständigen Leistungsanreiz; vielmehr geht es auch darum, daß jedes dieser Systeme das Streben nach Mehrverdienst und den Konkurrenzdruck vorantreibt (also auch die Segmentierung einzelner Beschäftigten-Gruppen) und so objektiv zu einer latenten Gesundheitsgefahr und einer Fehlorientierung in Richtung eigenes Versagen, Verdienstneid usw. führt.

Obwohl bekannt ist, daß es unter den in dieser Gesellschaft herrschenden Bedingungen auch bei gut funktionierender Mitbestimmung bei den Leistungsparametern keinen "gerechten" Lohn geben kann, wird diese Ideologische Metapher von den Unternehmern z.Zt. wieder verstärkt benutzt, weil mit Hilfe von Computern angeblich objektive, d.h. nicht mehr hinterfragbare Daten vorliegen. Unterschlagen wird dabei, daß sich an dem sozialen Aushandlungsverhältnis zwischen den Tarifparteien ebenso wenig Entscheidendes verändert hat, wie an der durch die Eigentumsverhältnisse begründbaren strukturellen Benachteiligung in der Bezahlung von erbrachter Leistung.

Die hier zu ziehenden Schlußfolgerungen aus den zusammengetragenen Tatsachen müssen also einerseits die oben angedeutete und anderswo (vgl. z.B. das bereits erwähnte IGM-Projekt) ausführlicher behandelte grundsätzliche Kritik am Leistungslohn berücksichtigen, sie müssen sich aber gleichzeitig auf die auf den vorangegangenen Seiten dargelegten Tatsachen beziehen.

Was heißt das nun konkret?

Prinzipiell kann menschliche Leistung immer weniger durch herkömmliche Bewertungsraster oder -parameter erfaßt und bewertet werden. Insofern müssen die hier zu ziehenden Schlußfolgerungen einen Weg andeuten, auf dem man eine grundsätzliche Reformierung des Leistungsbezugs und damit des traditionellen Lohn-Leistungs-Bezugs erreicht.

Dabei kann es nicht nur um eine möglichst hohe und feste Entlohnung gehen, sondern auch um die Arbeitsbedingungen, die es ermöglichen müssen, die von der Interessenvertretung mitfestgesetzten Solldaten auf humane Art und Weise zu verwirklichen. Maßstab für den Arbeitsstil ist die individuelle Möglichkeit, sich fordern zu lassen, aber auch der Wunsch, das Rentenalter bei voller Gesundheit zu erreichen.

Der ideale Zustand wäre zweifellos, wenn die Arbeitenden für einen ausgehandelten Festlohn eine ihren Kräften, ihrer Ausbildung, ihrem Wohlbefinden und damit ihrem biologischen und familiären Tagesrhythmus entsprechende, also zum großen Teil selbstbestimmte Leistung erbringen könnten. Motivierender Aspekt dabei könnte durchaus die Erfolgsbeteiligung jedes Einzelnen am Umsatz des Unternehmens sein.

Ausgehend von dieser "Utopie" muß man sich aber nun vor Ort konkret mit den Veränderungen und den noch festgefügten traditionellen Lohn-Leistungs-Strukturen beschäftigen, weshalb wir hier - bevor die konkreten Vorschläge in den Bereichen Lohn- und Tarifgestaltung dargestellt werden - einige grundsätzliche Überlegungen anführen, wie die bestehenden Gefahren bei traditioneller Leistungsentlohnung zumindest abgemildert werden müssen.

Vor dem Hintergrund der derzeit gültigen Leistungsbedingungen, die sich wegen der Eingebundenheit der Betriebe in internationale Konkurrenzverhältnisse, Technisierungsdynamiken, Marketingstrategien usw. auch unabhängig vom Entlohnungsgrundsatz ständig verschärfen, muß man erwarten, daß der Leistungsdruck u.a. auch aufgrund der Anwendung von BDE- und PPS-Systemen ständig zunehmen wird, daß die unproduktiven (Exzeß-) Zeiten minimiert werden und daß die bereits hergestellte Transparenz der Leistungshergabe die Beschäftigten kontrollierbarer macht. Das führt uns zu folgenden Eckpunkten einer "Gegenstrategie":

1. Die Leistungsbegrenzung muß über mitbestimmte Soll-Vorgaben und/oder über die Ausweitung von Erholzeiten sowie über die ständige Diskussion der Arbeitsbedingungen erfolgen.

2. Mit der Leistungsbegrenzung einher geht die Forderung nach höheren Grundlöhnen, um der Jagd nach Mehrverdienst aufgrund geringer Stundenlöhne bzw. Akkordsätze ein Ende zu bereiten.

3. Neben diesen Maßnahmen muß dringend die Frage der Personalbemessung zur Erledigung bestimmter Aufgaben diskutiert und vom BR mitbestimmt werden (Personalplanung!).

4. Bei Mehrstellenbedienung ist die Begrenzung über die konkrete Höchstbelastung (prozentuale Auslastung) der Arbeitnehmer/innen herzustellen.

5. Prinzipiell ist für alle Leistungslöhner eine mindestens 30-40% über dem Tarif liegende Verdienstgarantie einzufordern.

6. Die Festlegung der Bezugsleistung geschieht nach dem Grundsatz, daß die Anforderungen ohne Gesundheitsschädigung mit den notwendigen Kenntnissen und Fähigkeiten bis zum Rentenalter bewältigt werden können.

7. Bei Wegfall von traditionellen Bewertungsparametern müssen schnellstmöglich unter Beteiligung des BR andere Parameter gefunden oder das Bewertungsverfahren geändert werden. Es muß stärker als bisher geprüft werden, inwieweit die herkömmlichen Parameter überhaupt ausreichen, eine Arbeit in all ihren Facetten zu bewerten.

8. Grundlage einer ordnungsgemäßen Eingruppierung ist eine korrekt die Anforderungen widerspiegelnde und (aufgrund technisch-organisatorischer Veränderungen) immer wieder überprüfte Arbeitsbeschreibung unter Berücksichtigung der eingebrachten Fähigkeiten, Fertigkeiten und Kenntnisse. Darüber hinaus sollte die Streubreite der Lohngruppen zugunsten einer Anhebung unterer Lohngruppen (meist Frauen) eingeschränkt werden.

9. Die Zusammensetzung und die Berechnungsmodi des Lohnes müssen gerade bei Leistungslohn für jeden Arbeitnehmer/ jede Arbeitnehmerin transparent sein, damit nach Kontrolle der Entlohnungsgrundlagen durch die Beschäftigten Unkorrektheiten ausräumbar sind.

10. Ferner muß insgesamt die gesellschaftliche Arbeit gerechter verteilt werden, was weitere Arbeitszeitverkürzung bedeutet.

Vorstehende Überlegungen zeigen, daß der Ausgangspunkt für eine sozialverträgliche Lohngestaltung im Bereich der Textil- und Bekleidungsindustrie die Gültigkeit der mittlerweile weitgehend durch technische Mittel bestimmten Leistungsbedingungen ist. Zwar müssen diese hinterfragt und Stück für Stück verändert werden, doch können deren schlimmste Auswirkungen parallel mit einem entsprechenden Leistungslohnsystem "abgefedert" werden. Erst damit steht der abgeforderten Leistung ein entsprechender Lohn gegenüber.

Daher ist es unabdingbar, nicht nur den politischen Druck in den Betrieben zu erhöhen, sondern auch die rechtliche Basis für die aufgrund der obigen Forderungen anstehenden Auseinandersetzungen zu erweitern. Sowohl die Leistungskriterien und damit das Lohn- und Leistungsverhältnis als auch die Eingruppierungsfragen müssen auf der Grundlage erweiterter Mitbestimmung von den Interessenvertretungen stärker diskutiert werden.[8]

Sind der Anteil am Volkseinkommen und die Lohngruppenkataloge prinzipiell Angelegenheit der Tarifvertragsparteien und damit gesellschaftspolitische Probleme (vgl. auch die in Teil C, Kap. IV aufgeführten Problembereiche), die sehr stark von Konjunkturschwankungen, von Kräfteverhältnissen und politischem Klima geprägt sind, so handelt es sich bei den anderen Punkten (also bei den meisten der von uns aufgelisteten Problembereiche) um sowohl tarifvertraglich als auch einzelbetrieblich (z.B. über BV) zu fixierende Regelungsgegenstände, die ihre eigene, jeweils spezifisch-betriebliche Dynamik (natürlich abhängig von der politischen "Großwetterlage") haben.

Die GTB hat bisher in der Praxis darauf abgestellt, die klassischen Tarifnormen wie Lohn, Arbeitszeit, Urlaub und mittlerweile verstärkt auch Rationalisierungsschutz (vgl. weiter unten) zu schaffen und für die Leistungsentlohnung lediglich Mindestnormen festzulegen, die dann die BRe unter Berücksichtigung ihrer jeweiligen betrieblichen Verhältnisse ausfüllen. Damit stehen zwar nicht so gewichtige Waffen wie das Streikrecht zur Verfügung, aber die Ausfüllung des durch die Betriebsverfassung gewährten Rahmens und die Mobilisierung der Belegschaft eröffnen durchaus einige Möglichkeiten, Druck zu entfalten (Betriebs-, Abteilungsversammlungen, Beratung, usw.). Wenn keine Einigung erzielbar ist, entscheidet die Einigungsstelle (§ 76 BetrVG).

Auf dieser Ebene beeinflussen aber auch einige Unsicherheitsfaktoren den Ausgang des Verfahrens, wie z.B. die Wahl und die Einstellung des Vorsitzenden der Einigungsstelle, die Vorbereitung und die Sachkunde der dort Vortragenden

---

[8] Vgl. ZWICKEL/LANG, 1987.

und natürlich auch die betriebliche und gesamtwirtschaftliche Situation.

Wir gehen davon aus, daß die starke Orientierung auf die betriebliche Ebene beibehalten und es daher in den nächsten Jahren darauf ankommen wird, die von uns gefundenen Lohnprobleme im Rahmen von Betriebsvereinbarungen zu lösen, um dann mittel- bzw. langfristig den Rahmen selbst zu verändern.

Will man dies im Interesse der Lösung der von uns aufgezeigten Probleme tun, dann sollte man sich darüber im Klaren sein, daß eine sozialverträgliche Entgeltgestaltung unter den Bedingungen zunehmender Automatisierung natürlich mit einer sozialverträglichen Technikgestaltung eng verklammert ist. Das bedeutet z.B., daß die Entgeltgestaltung noch mehr als bisher abhängig von der jeweiligen betrieblichen Technisierungsstrategie, d.h. der jeweiligen Art und Weise der Technikeinführung und -anwendung ist, was Personaleinsatzkonzepte, arbeitsorganisatorische Strukturen, Qualifizierung sowie Arbeitsumgebungseinflüsse und sich in diesem Zusammenhang ergebende Beanspruchungen und Schutzaspekte (Daten-/Personenschutz) notwendig miteinschließt.

Da diese innerbetrieblichen Kampffelder sowohl auf der tarifvertraglichen Ebene als auch über BV regelbar sind, werden ehrenamtliche Funktionärinnen und Funktionäre mit hohen Anforderungen an globales und komplexes Denken konfrontiert. Es zeigt sich also, wie notwendig die direkte Verknüpfung von Vereinbarungen zu Technik- und Lohnfragen ist (vgl. auch C, IV).

Selbstverständlich ist es hier unmöglich, für alle in der Untersuchung angesprochenen Probleme eine wohldurchdachte Lösung oder entsprechende Vorschläge für gewerkschaftliches Handeln auf beiden Regelungsebenen anzubieten. Ein solches Unterfangen müßte schon deshalb scheitern, weil einige der Probleme doch sehr betriebsspezifisch und daher mit Einschränkung als Trendaussage zu interpretieren sind und weil im kleinen Rahmen eines derartigen Projekts die lohnpolitischen Folgen des Einsatzes bestimmter Technikvarianten (so z.B. der Ausbau von BDE zu PPS) noch kaum abschätzbar waren.

Aus diesen Gründen konzentrieren wir uns bei der Diskussion von Lösungsansätzen zunächst auf die lohnpolitische, d.h. betriebliche Ebene und versuchen dann in einem zweiten Kapitel, Vorschläge für die tarifpolitische Einbettung dieser Ansätze zu entwickeln.

II Lösungsvorschläge für die gefundenen Lohnprobleme

Bei der Diskussion von Lösungsansätzen für die Regelung der Lohnprobleme, wie sie bereits in Teil C, IV aufgelistet worden waren, bietet sich auf der Ebene der Betriebsvereinbarungspolitik folgende Dreiteilung an:

1. BDE-Systeme

2. Computergesteuerte Maschinen/Anlagen

3. Computergestützte Zeitwirtschaft

Dabei muß angemerkt werden, daß die unter diesen drei Punkten subsumieren Lohnprobleme jeweils nicht nur einmal auftauchen; z.B. kann die Mehrstellenbedienung sowohl unter BDE (computergestützte Stellenzuteilung) als auch unter computergesteuerte Maschinen/Anlagen oder - bei computergestützter Vorgabezeitermittlung - entsprechend unter Punkt 3 eingeordnet werden.

Außerdem muß auf die konkretere Ausarbeitung vieler hier nur skizzenhaft angesprochener Lösungen in vorliegenden BV verwiesen werden, in denen auf betriebliche Arbeitsabläufe, Tätigkeiten, Entlohnungsgrundsätze usw. bezogene Formulierungen unter Berücksichtigung der Tarifbestimmungen und gesetzlichen Vorschriften gewählt wurden, die in einem Regelungsstreit dienlich sein können. Dies kann von den hier verwendeten Ausführungen natürlich nicht erwartet werden.

1. Problemlösungen bei BDE-Einsatz

Grundsätzlich muß hier nochmals[9] darauf hingewiesen werden, daß jede BV zu BDE-Anlagen eine Funktions- und Aufgabenbeschreibung des jeweiligen Systems enthalten sollte, damit bei Veränderungen überprüft werden kann, welche Art bzw. welche Software-Ausgabe vereinbart wurde und ob eventuell eine neue zu Vereinbarung zu treffen ist.

1.1 Arbeit im Zeitlohn unter Leistungslohnbedingungen

Daß Zeitlöhner an Arbeitsplätzen beschäftigt werden, an denen üblicherweise im Leistungslohn gearbeitet wird, ist ein altes Problem. Durch die verstärkte Einführung von BDE-Anlagen verschärft sich dieses Problem, weil nun auch auf diese Beschäftigtengruppe wesentlich leichter Leistungsdruck ausgeübt werden kann. Dabei wird mit freiwilligen Zulagen der Zeitlohn etwas angehoben, was meist arbeitsmarktpolitische Gründe hat.

Da die BDE-Daten gleichzeitig Leistungsdaten sind und somit auch Leistung kontrolliert werden kann, wird der Mitarbeiter/die Mitarbeiterin durch Vergleich ihrer früheren eigenen Daten oder derjenigen anderer Mitarbeiter/-innen oder der ständigen Gegenüberstellung von erwarteter und erbrachter Leistung unter Leistungsdruck gesetzt. Die menschliche Leistung wird also nicht von der Lohnerwartung, sondern durch diesen Leistungsdruck angetrieben.

Daher schlagen wir den Einbezug dieser Arbeitnehmer in den Leistungslohn (Prämie oder Akkord) vor.

Ziel: Mit den zu vereinbarenden Prämien- oder Akkordsätzen sollte ein Durchschnittsverdienst von 130-140% des Tariflohns, zumindest aber der Durchschnittsverdienst von anderen Leistungslöhnern im Betrieb erzielt werden.

Die Einbeziehung der mittelbar Betroffenen in die Leistungslohnregelung sollte angestrebt werden.

---

[9] Obwohl schon vielfach geschehen; vgl. z.B. IGM, 1982.

1.2 Mehrstellenarbeit im Leistungslohn

Zusätzliche Belastungen durch Technikeinsatz entstehen - wie wir gehört haben - bei flexibler Stellenzuteilung, Verlängerung der Wege, Zuordnung von Warte- und Beobachtungszeiten zu anderen Zeitarten (z.B. zur Erholungszeit). Darüber hinaus entstehen durch die Verwendung von BDE-Daten Mängel in der Häufigkeitserfassung und damit der Entlohnung (s. Ungenauigkeiten bei BDE-Anlagen in der Weberei).

Wir schlagen vor, auf die Akkord- und Prämiensätze entsprechende Zuschläge (abgesichert) zu vereinbaren. Außerdem müßten die Beobachtungszeiten als "Denkzeiten" definiert werden, weil der/die Betreffende während des Beobachtens und Überwachens den Prozeß geistig verfolgt und überlegt, was passieren könnte oder wo er/sie zuerst eingreifen soll. Außerdem ist er/sie meist sehr konzentriert, weil bei Störungen die Schnelligkeit und Gezieltheit seines/ihres Eingriffes die Höhe des Leistungslohns bestimmt.

Für die ungenau erfaßten Häufigkeiten muß ein Korrekturfaktor vereinbart werden. Weiterhin fordern wir bei einer Unterauslastung einen Lohnausgleich (Mindestverdienst) und zur Reduzierung der Leistungsverdichtung die Begrenzung der Höchstauslastung (z.B. 140%).

Wenn die täglichen Ist-Häufigkeiten die kalkulierten Häufigkeiten übersteigen, sollte sofort auf Durchschnittsbezahlung umgestellt werden, solange bis entweder neu kalkuliert oder der Einbruch aufgefangen ist.

Ziel dieser Maßnahmen ist die Verlagerung der Leistungsentlohnungsrisiken bei Mehrstellenarbeit auf diejenige Seite, die für diese Arbeitsbedingungen verantwortlich ist und die Minimierung der psychischen und physischen Gefährdungen. Dazu gehören flankierende Maßnahmen wie eine ausreichende Versorgung mit Springern (Personalplanung) und die Einhaltung von Pausen.

1.3 Übergang auf andere Bezugsgrößen

Die Modernisierung der Produktionsmittel und damit ihre Verteuerung bei gleichzeitiger Reduzierung des Einsatzes menschlicher Arbeitskraft läßt es als wirtschaftlicher erscheinen, mehr Anstrengung darauf zu verwenden, diese Produktionsmittel auszunutzen, statt den Menschen. Daher ändern sich die Leistungsparameter von Menge zu Nutzeffekt und Qualität; manchmal noch zusätzlich Flexibilität und Verantwortung. Wir halten diese Strategie zwar prinzipiell für tragbar, machen aber die BRe darauf aufmerksam, daß die Gefahr besteht, daß der Lohn bzw. seine Zusammensetzung undurchsichtiger werden kann und daß die Leistung noch willkürlicher beurteilt wird als vorher, weil es zwar für Faktoren wie Nutzeffekt und Qualität eindeutig festgelegte Zahlen oder Kriterien geben kann (die u.E. der BR mitbestimmen sollte), weil aber der Nutzeffekt oder die Qualität meist schon so hoch angesetzt sind, daß um auch nur ein Prozent mehr zu holen, dafür eine überproportionale Leistung erbracht werden muß.

Wir schlagen deshalb vor, einen erhöhten Prämienausgangslohn (30-40% des Tariflohns) für das Erreichen von mit dem BR vereinbarten Nutzeffektwerten. Bei Überschreiten dieser Werte müssen überproportionale Zuschläge bzw. Prämien vereinbart werden, wobei diese Erhöhung noch mit anderen Faktoren gekoppelt werden kann. Bei Unterschreiten muß geklärt werden, wer dafür zuständig ist und ob dem Arbeitnehmer überhaupt ein Verlust entstehen soll; wenn ja, so muß eine untere Grenze vereinbart werden.

Ziel muß sein, von einem gesicherten Festlohn aus dennoch einen Leistungsanreiz zu bieten. Dabei ist zu beachten, daß den Arbeitenden für diese Optimierungsanstrengung auch das nötige Wissen und Können an die Hand gegeben werden muß und der nötige zeitliche Spielraum.

1.4 Leistungs- und Verhaltenskontrolle

Wir haben in Teil C ausführlich bewiesen, daß Daten aus BDE-Anlagen Maschinendaten und zugleich Leistungsdaten, d.h. Daten sind, mit denen menschliche Leistung überwacht, verglichen und über einen längeren Zeitraum nachvollzogen sowie persönlich zugeordnet werden kann. Allerdings ist auch klar, daß die angebliche Transparenz des Menschen mit

Hilfe dieser Daten ja nur insoweit gilt, als bei einer Störung nachvollzogen werden kann, was wann gemacht worden ist und vielleicht noch wer - aber auch das noch ungenau. Menschliche Tätigkeit ist und bleibt, so einfach sie auch im einzelnen Fall sein mag, variantenreicher und komplexer, als es ein Sensor je festhalten könnte. Darüber hinaus wird die menschliche Leistung bei produzierender Maschine nicht erfaßt. Daher sind die BDE-Daten auf keinen Fall ohne Korrektur so aus der Anlage für die Entlohnung zu übernehmen.

Wir schlagen deshalb vor, daß grundsätzlich geregelt werden muß, in welcher Form die BDE-Daten für die Entlohnung verwendet werden können und daß für unvollständig erfaßte Daten, Leistungen usw. diese Daten bezuschlagt werden müssen.

Da - wie wir gehört haben - den Arbeitenden die BDE-Daten als Leistungsanreiz vorgehalten werden (gleichgültig, in welcher Form), wir dies aber als eine inhumane und daher unzulässige Form der "Motivation" zur Arbeit und auch der personellen Selektion ansehen, plädieren wir für ein Verbot jeglicher Leistungsvorhaltung. Etwas anderes ist es, wenn es dem BR gelingt, nach vorheriger Qualifizierung der Beteiligten auf der Grundlage von BDE-Daten regelmäßige Fehlerbesprechungen oder Optimierungsdiskussionen unter Einschaltung eines seiner Mitglieder zu organisieren und zu vereinbaren. Dann werden die Bedingungen für das Zustandekommen der Daten und nicht die Daten als solche diskutiert. Außerdem kann der BR durch persönliches Beiwohnen dieser Diskussion dennoch erfolgende Versuche der Leistungsvorhaltung unterbinden.

Da BDE-Anlagen meist mit Soll-Daten arbeiten, sollte der BR versuchen, in die Auseinandersetzung um die Soll-Daten einzutreten, da hierüber offensichtlich eine Leistungsverdichtung versucht wird. Voraussetzung dafür ist, daß dem BR die Funktionsweise der BDE-Anlage, insbesondere der Software bekannt ist.

Wir schlagen also vor, daß der BR sich ausführlich über die BDE-Anlage informieren läßt und sich bei ihrer Einführung an entsprechenden Schulungsmaßnahmen beteiligt und durch BV direkt zu Beginn die genaue Beschreibung der Anlage, deren Möglichkeiten und die Ziele, die die Firma mit deren Anwendung verfolgt festzuhalten. Ferner muß sich der BR den Datenzugriff sichern und die Datenverwendung beschränken. Wird zu spät oder unvollständig informiert, kann diese Anlage stillgelegt werden (Druckmittel; vgl. § 87 Abs. 1, Ziff. 6 BetrVG).

Weiterhin schlagen wir vor, daß auch die Beschäftigten, die mit BDE-Anlagen zu tun haben oder deren Entlohnung maßgeblich durch die damit erhobenen Faktoren bestimmt wird, die Anlagen in ihrer Funktion verstehen lernen und die Datenerhebung sowie deren Verwendung für sie transparent gemacht wird. Dabei muß der Datenschutz gewahrt bleiben (s.u.).

Diese Ziele, also das Erkennen aller Zusammenhänge über Dateneingabe, -ausgabe, -verwendung und -veränderung sind auch deshalb wichtig, weil dahingehende Versäumnisse auf dieser Ebene negative Auswirkungen haben auf die weiteren Ebenen des Ausbaus (PPS).

Das wird dann deutlich, wenn aus den BDE-Daten Sollwerte für die weitere Planung und Durchführung des Produktionsprozesses gewonnen werden. Bei der oben vorgestellten "bi-direktionalen Kommunikation" von BARCO ist es z.B. so, daß mit Hilfe von BDE-Daten über den Zwischenrechner neue Soll-Daten errechnet werden, nach denen die Maschine gesteuert wird. Damit haben wir ständig optimierte Leistungsvorgaben, die nicht mehr unbedingt mit dem BR vereinbart werden. Daher sollte sich dieser rechtzeitig den Einblick in diese Vorgänge sichern.

Wir schlagen vor, daß sich der BR über die Möglichkeiten informiert, wie Soll-Daten von Produktion (und oft auch schon Verwaltung) über BDE in Verbindung mit entsprechenden übergeordneten Rechnersystemen - möglicherweise in der Arbeitsvorbereitung oder der Disposition - verwendet werden und daß er sich am Zustandekommen und der Kontrolle der Optimierung beteiligt (Mitbestimmung bei Soll-Daten). Dabei sollte auf ausreichende persönliche Verteilzeit und Erholzeit sowie Personalausstattung geachtet werden. Der Schutz bestimmter Personengruppen (Schwangere, Jugendliche u.a.) sowie die betrieblichen Arbeitszeitregelungen dürfen nicht unterlaufen werden.

Längerfristig kann hier u.E. ein fester Pensumlohn gefordert werden.

Ziel muß sein, die Bewerkstelligung mitbestimmter betrieblicher Vorgaben so erträglich wie möglich zu machen, d.h. auf jeden Fall weitere Leistungsverdichtung zu verhindern.

2. Computergesteuerte Maschinen/Anlagen

Zunächst muß man vorausschicken, daß Computersteuerungen in Maschinen und Anlagen ebenfalls als BDE-System genutzt werden können. Dies gilt in den von uns untersuchten Betrieben noch nicht für prozeßgesteuerte Nähmaschinen, weil an ihnen kein Datenerfassungsgerät und damit keine Sensoren angeschlossen waren. In fast allen untersuchten Färbereien, Wäschereien usw. war ein Drucker angeschlossen, der sämtliche Schritte mit Uhrzeit usw. festhält.

2.1 Qualifizierung

Mit Einsatz von Computersteuerungen oder Mikroprozessorsteuerungen werden zum größeren oder kleineren Teil früher von Hand oder per Mechanik ausgeführte Tätigkeiten bzw. Funktionen in die Maschine, d.h. in die Steuerung hineinverlagert. Damit können zweierlei Prozesse eintreten: Zum einen stellten wir in manchen untersuchten Bereichen eine Ausdünnung der Tätigkeit fest (z.B. im Nähbereich), zum anderen kann es aber auch eine Anhebung der Tätigkeit auf ein ganz neues Denk- und Handlungsniveau geben (wie z.B. beim Gradieren und Schnittbilderstellen).

Wir stellten weiterhin fest, daß die betroffenen Beschäftigten in den seltensten Fällen vor Einführung der Maschinerie entsprechend ausgewählt und qualifiziert worden waren. Vielmehr wurde gewartet, bis alles angeschafft war, um dann im Eilverfahren, den/die Richtigen auszuwählen (meist im Probeverfahren an der Maschine) und anzulernen. Auf die Schulung kamen meist nur Vorarbeiter bzw. Mechaniker oder Meister.

Dieses Verfahren hat negative gesundheitliche Folgen und behindert die Beherrschung des Arbeitsprozesses.

Daher schlagen wir vor, daß der BR ein Rahmenabkommen abschließt, in dem verbindlich festgelegt wird, wie die Einführung Neuer Technik durchzuführen ist, daß _vor_ der Einführung der neuen Maschinen/Anlagen die Personalplanung entsprechend zu gestalten ist und daß allen Beteiligten die Möglichkeit offen steht, sich zu qualifizieren und die Technik zu beherrschen.[10]

An dieser höheren Qualifikation hat sich in Zukunft die Bezahlung auszurichten - auch bei dem auf Vorrat ausgebildeten Personal. In diesem Zusammenhang ist auch zu ermitteln, auf welche Art und Weise sich die Beschäftigten im Laufe ihrer Auseinandersetzung mit dem neuen Techniknivau Kenntnisse, Fähigkeiten und Erfahrungen angeeignet haben, deren Anwendung vom Unternehmer als selbstverständlich vorausgesetzt wird, ohne daß er sich dafür finanziell erkenntlich zeigt. Wenn schon nicht höhergestuft werden kann (weil vielleicht noch keine Lohngruppenbeschreibung vorliegt), dann sollte zumindest ein fest abgesicherter Weiterbildungszuschlag ausgehandelt werden.

Wenn sich in einer technischen Zwischenphase eine Ausdünnung von Arbeit nicht vermeiden läßt bzw. wenn die Gefahr einer Ausdünnung besteht, muß dafür gesorgt werden, daß die Arbeit durch andere Tätigkeitsteile angereichert und dann auch höher bezahlt wird.

2.2 Bewertung von unbeeinflußbaren Zeiten

Bei der Prozeßsteuerung werden bestimmte Funktionen, Prozeßabläufe mit Hilfe eines Programms gesteuert, was zu den in Teil C dargelegten Lohnproblemen führt.

---

[10] Vgl. die Ausführungen in Kapitel II dieses Teils.

Wenn die Entlohnung beim Leistungslöhner in diesem Bereich auf die Zeit gerichtet ist, dann kann es vorkommen, daß er diese Zeit nicht mehr in vollem Umfang beeinflussen kann, er also möglicherweise Verdiensteinbußen hinnehmen muß.

Wir schlagen deshalb vor, daß die gemessenen oder berechneten Prozeßzeiten mit einem Zuschlagfaktor (z.B. 1,4) für die Vorgabezeitermittlung korrigiert werden. Weiterhin wird dem BR geraten, sich konkreter um die Anforderungen zu kümmern und sich von den dort Beschäftigten berichten zu lassen, ob es überhaupt möglich ist, daß sie nebenher noch andere Maschinen bedienen oder ob sie tatsächlich in der Prozeßzeit nichts beeinflussen können.

Ziel muß sein, den Leistungsdruck, mit dem der/die Beschäftigte auf die nächste Eingriffsmöglichkeit wartet - was eine hohe Konzentration und die Vorhaltung aller Qualifikationsteile erfordert - auch hoch zu entgelten, um diese für Automationsbedingungen typische Art von Belastung möglichst teuer zu gestalten. Allerdings ist in manchen Bereichen für die Reduzierung dieser Belastung eher eine spezielle Art von Training notwendig.

2.3 Einarbeitungszeit

Aufgrund herrschender Entlohnungscharakteristik wirkt sich die von uns dargestellte Flexibilität, aber auch die immer schneller erfolgenden Produktinnovationen lohnmindernd aus, weil man an anderen Maschinen oder mit ständig neuen Produkten nicht sofort über die für die Erreichung des höchsten persönlichen Leistungsgrads nötige Routine verfügt.

Wenn Produktionsmittel prozeßgesteuert sind, kommt es zu einem schnelleren Durchlauf der Aufträge. Damit wird die bei Leistungslohn vorausgesetzte Routinebildung in immer kürzeren Abständen neu abverlangt. Zwar sind die tariflichen Bestimmungen hinsichtlich der Bezahlung ausreichend (persönlicher Durchschnittsverdienst während der Einarbeitungszeit), die Festlegung der diese Bezahlung auslösenden

Merkmale für die Einarbeitung bedürfen aber entweder betrieblicher oder tariflicher Regelungen.

Wir schlagen also die Formulierung einer BV vor, in der die Einarbeitung als anspruchsauslösender Moment immer dann Berücksichtigung findet, wenn sich Arbeitsmittel, Arbeitsgegenstand, Aufgaben usw. ändern; die Dauer der Einarbeitungszeit ist entsprechend zu vereinbaren. Kommt eine Einigung über Anspruchsauslösung und Dauer der Einarbeitungszeit nicht zustande, erhält der Arbeitnehmer bis zur Klärung mindestens seinen persönlichen Durchschnittsverdienst.

Ziel: Vermeidung ständiger Auseinandersetzung und Lohnabsicherung.

Der schnelle Wechsel der Arbeitsaufträge - was in den nächsten Jahren noch zunehmen wird - erschwert den Nachweis für den Arbeitnehmer, daß Lohnminderungen auf Einarbeitungsphasen zurückzuführen sind. Ständige Auseinandersetzungen mit Vorgesetzten bei sehr schwieriger Beweisführung waren bisher die Voraussetzung für den Arbeitnehmer, überhaupt eine Lohnabsicherung zu erhalten. Die Folge ist oft Resignation der AN und Lohnverzicht. Die vorgeschlagene Regelung versucht dies aufzubrechen.

Perspektivisch ist es also angebracht, den Entlohnungsgrundsatz so zu verändern, daß der Höchstverdienst nicht auf Routinebildung aufgebaut ist, sondern auf Flexibilität, dem Erkennen von mit neuen Artikeln verbundenen Veränderungen des Produktionsprozesses o.ä. Daraus leitet sich ab, daß nicht mehr die Mengenleistung als Bezugsgröße für die Lohnzumessung beibehalten wird.

3. Computergestützte Zeitwirtschaft

Die computergestützte Zeitwirtschaft wirkt sich auf den Lohn insofern aus, als sie Daten liefert, die zur Leistungsverdichtung führen können, und der Aushandlungsprozeß zur Vorgabezeitermittlung zwischen BR und Unternehmer in einer neuen Weise schematisiert wird, was Ermessensspielräume eingrenzt bzw. aufhebt.

Nur verstärktes Engagement der BRe/innen und ihre dementsprechende Qualifizierung kann den bisherigen Einfluß des BR bei der Lohngestaltung erhalten. Nachdem die Zeitwirtschaft auch in der Lage ist, die Datenlage für die Arbeit von Zeitlöhnern vorzugeben, ist es Aufgabe des BR, auch für diese Personengruppe entsprechende Mitbestimmungsmöglichkeiten zu erreichen.

3.1 Programminhalte und deren Kontrolle

Die computergestützte Zeitwirtschaft verarbeitet in ihren Programmen Daten aus Zeitaufnahmen (Urdaten). Sie sind die Basis für Vorgabezeiten oder Planzeiten und beeinflussen damit in maßgeblicher Weise den Lohn. Außerdem können diese Daten zum Vergleich von Arbeitenden und Maschinen herangezogen werden. Daher ergibt sich die Mitbestimmung des BR aus § 87 Abs. 1, Ziff. 6 BetrVG; bei den aus Programmen ermittelten Vorgabezeiten kommt § 87 Abs. 1, Ziff. 10 BetrVG zur Anwendung.

Es liegt auf der Hand, daß bei der Vielfältigkeit der Datenverwendung die Herkunft und Echtheit der Daten durch den BR nachvollziehbar und kontrollierbar sein muß. Daher ist sicherzustellen, daß nur solche Daten zur Verarbeitung gelangen, deren Entstehung im Zuständigkeitsbereich des BR liegt und deren Korrektheit von ihm nachgeprüft ist.

Daher schlagen wir vor, daß sich der BR auf alle Fälle - ebenso wie die betriebliche REFA-Abteilung - auf diesen Geräten schulen läßt (§ 37 Abs. 6 BetrVG) und sich in Seminaren zu Lohngestaltung und EDV kundig macht. Dies sollte soweit vorangetrieben werden, daß der BR in die Lage versetzt wird, die computergestützte Zeitwirtschaft für die Interessen der Arbeitenden zu nutzen.

Außerdem soll in einer BV geregelt werden,

- welche Funktion Gerät und Programme erfüllen, wie der Verwendungszweck definiert wird, welche Programme (mit genauer Kennzeichnung) verwendet werden, welche Daten Verwendung finden und wer Datenzugriff hat;

- wie die Programme ablaufen, welche Möglichkeiten diese haben dürfen und welche nicht, ob diese verändert werden dürfen und durch wen oder nicht;

- ob und unter welcher Voraussetzung der Planzeitbildung zugestimmt wird;

- daß der Einsatz der Geräte erst erfolgen darf, wenn der BR diese beherrscht.

Ziel ist die umfassende Kontrolle der computergestützten Zeitwirtschaft.

3.2 Vorgabezeitermittlung und Stellenzuteilung

Im Bereich der Mehrstellenarbeit ist die Ermittlung der Zeit je Einheit für den Auftrag und das Produktionsmittel ein mehrschichtiger Rechenvorgang, der durch geringfügige Veränderung von Einflußgrößen (vor allem Häufigkeiten aus Bruch- und Gewichtsänderungen, Maschinenleistung usw.) jedes Mal neu durchgeführt werden muß, wenn die durch Einflußgrößenänderung eingetretene Leistungsveränderung der Arbeitenden auch bezahlt werden soll.[11]

Der Zusammenhang von neuen Dateneingaben aus geänderten Einflußgrößen und daraus errechnete Akkordsätze mit neuen Stellenzuteilungen ist zwar leicht verständlich, bedarf jedoch Detailkenntnisse über Arbeitsaufgabe, Arbeitsabläufe, Einflußgröße usw. und deren rechnerischen Vollzug. Geschieht dies nun mit dem PC, dann entfällt letzteres, der BR muß aber dennoch mit den betroffenen Arbeitenden zusammen die Korrektheit der Daten überprüfen können. Dies bedingt korrekte Eingabe und Verwendung der Daten sowie ständige Datenpflege. Man kann sich vorstellen, daß dies vom BR nicht mehr überwacht werden kann, wenn er sich bei diesen Vorgängen nicht auskennt.(vgl. 3.1)

Darüber hinaus werden die EDV-Arbeitsstudienprogramme auf flexible Stellenzuteilung weiterentwickelt und darauf ausgerichtet, die Stellenzuteilung unter optimaler Wegezeitnutzung, Arbeitnehmergruppeneinteilung und Ausnutzung

---

[11] Vgl. die Einführung in die Mehrstellenproblematik S. 40 ff.

der Leistungsfähigkeit einzelner Arbeitnehmer voll auszuschöpfen (um bei hoher Stellenzuteilung noch möglichst hohen Nutzeffekt zu erzielen). Leistungsverdichtungen für die Arbeitenden sind die Folge.

Wir schlagen daher vor:

1. Vereinbarung über Ermittlung und Eingabe, Verwendung von Daten der Einflußgrößen, den rechnerischen Vollzug und die Akkord- und Prämiensätze als Ergebnis des Vollzugs.

2. Die Stellenzuteilung und Arbeitsplatzgröße muß so mit dem BR vereinbart werden, daß keine inhumane und willkürliche Erweiterung erfolgt; Leistungsverdichtung ist zu verhindern.

3. Die Mitglieder des BR haben das Recht, an Schulungs- und Bildungsveranstaltungen nach §37 Abs. 6 BetrVG teilzunehmen, die die erforderlichen Kenntnisse des Arbeitsstudiums und der EDV vermitteln.

Die Zielsetzung ist, die Vorgabezeiten und Stellenzuteilungen kontrollierbar, gestaltungsfähig und überschaubar zu halten. Weiterhin sollen die BRe soweit ausgebildet werden, daß sie die EDV-gestützte Zeitwirtschaft auch gemäß den Interessen der Arbeitenden anwenden können.

3.3 Lohngarantie bei Planzeitbildung

Es dürfte oben schon deutlich geworden sein, daß die rationellste Methode zur Ermittlung von Vorgabezeiten die Erstellung von Zeitbausteinen ist, deren Speicherung und ständige Wiederverwendung durch die Ausnutzung der Computertechnik möglich ist und daher starke Verbreitung findet.

> "Planzeiten sind Sollzeiten für bestimmte Abschnitte, deren Abläufe mit Hilfe von Einflußgrößen beschrieben sind." (REFA-Methodenlehre, des Arbeitsstudiums, Teil 2 S. 348, Ausgabe 1978)

Man versteht darunter "ein für alle mal" ermittelte Zeiten für wiederkehrende Ablaufabschnitte. Für inhaltlich beschriebene Tätigkeitsmerkmale werden diese Planzeiten katalogisiert und bei Anfall bestimmter Tätigkeiten nach dem Bausteinprinzip zu Vorgabezeiten zusammengefügt. Damit tritt die Zeitmessung in den Hintergrund, und die Vorgabezeiten (und mit ihnen eventuell auch das Arbeitsstudienpersonal) verlieren den Bezug zur tatsächlich geleisteten Arbeit. Daher ist die Kontrolle, ob alle Arbeitsinhalte bzw. -abschnitte erfaßt sind, auch schwieriger.

Folgende, nur beispielhaft aufgeführte Mängel können zu tarifwidrigen Vorgabezeiten führen:
1. Die Meßpunkte der einzelnen Ablaufabschnitte stimmen nicht überein
2. Schon geringfügige Abweichungen vom Arbeitsinhalt, welcher der Planzeit zugrunde lag und dem Arbeitsinhalt der realen Arbeit, behaften die Planzeit mit einem Fehler, der in alle nachfolgenden Daten übernommen wird. Dasselbe gilt für Abweichungen der Qualitätsanforderungen, des zu verarbeitenden Materials sowie des eingesetzten Produktionsmittels.
3. Dasselbe gilt für Fehler bei der Beurteilung und für die Ermessensspielräume.

Diese Fehler bzw. Mängel können nicht ausgeschlossen werden. Daher schlagen wir vor, daß der BR vereinbart, daß nur die mit ihm abgestimmten Planzeiten verwendet werden können. Bei der Zusammensetzung der Vorgabezeit aus Planzeiten sind deren Auswahl und Zusammensetzung (Komposition) sowie das Ergebnis (Vorgabezeit) vor ihrer Anwendung zu vereinbaren.

Erreichen die betroffenen Arbeitnehmer im Abteilungsdurchschnitt weniger als x% des Tariflohns, erhält jeder auf seinen tatsächlich erzielten Verdienst die Prozentdifferenz.

Ziel: die Fehlerrisiken aus dem Einsatz der computergestützen Zeitwirtschaft müssen auf denjenigen verteilt werden, der diese Technik zu seinen Gunsten anwendet.

3.4 Zuschläge bei statistischer Ungenauigkeit

Der Einsatz programmierter Rechner im Arbeitsstudium ermöglicht es, mit dem Verfahren der technischen Statistik ohne nennenswerten Aufwand die durch Zeitstudien erfaßten Zeitwerte (Stichprobe) auf ihre statistische Aussagefähigkeit zu prüfen - also darauf, wie sie sich zur Grundgesamtheit verhalten. Damit können Aussagen darüber getroffen werden, wie zuverlässig die Werte aus der Zeitaufnahme sind und ob sie für die Entlohnung angewendet werden können. Diese statistische Prüfung wird bereits im klassischen Arbeitsstudium gelehrt, in den Betrieben aber selten angewendet. Ihre Anwendung kann heute durch programmierten, rechnergestützten Einsatz schnell und einfach erfolgen.

Dies könnte eine Chance für den BR sein, die Auswertungsprogramme in der computergestützten Zeitwirtschaft zu nutzen. Die Bestimmung des Vertrauensbereichs (Epsilon) ist Methode zur Akkordsatzbildung und unterliegt daher - solange tarifliche Regelungen nichts anderes bestimmen - der Mitbestimmung des BR.

Man kann nun entweder so verfahren, daß in einer BV bestimmt wird, nur die Zeitrichtwerte zur Vorgabezeitbildung zu verwenden, die innerhalb eines bestimmten Vertrauensbereichs (z.B. E < 5%) liegen oder so, daß Zeitwerte, die außerhalb eines bestimmten Vertrauensbereichs liegen, nur dann verwendet werden dürfen, wenn sie mit entsprechendem Zuschlag versehen werden.

Der Zuschlag hat der Differenz zwischen erreichtem Vertrauensbereich (Epsilon) und vereinbartem Vertrauensbereich zu entsprechen (z.B. beträgt bei vorhandenem Epsilon 9% und vereinbartem Epsilon 5% der Zuschlag 4%).

Ziel ist dabei, die Vorgabezeit durch statistisch zuverlässige Zeitmessung zu ermitteln und abzusichern, weil Zeitungenauigkeiten Lohnrisiken sind.

Mit diesen Ausführungen ist schon deutlich geworden, daß sich erhebliche neue Anforderungen an die betrieblichen Funktionärinnen und Funktionäre stellen, die aber eine ebenso hohe Anstrengung auch von ihrer Organisation hinsichtlich der Beratungs- und Schulungsarbeit erwarten dürfen. Dazu dürfte zum einen unsere im Rahmen dieses Projekts entwickelte 14-Tages-Schulung beitragen, in der die relevantesten Techniken, wie sie oben vorgestellt wurden, unter lohn- und tarifpolitischen Gesichtspunkten diskutiert werden können, um so einerseits Gefahren, aber andererseits auch Regelungschancen (wie die hier angeschnittenen) kennen- und im Sinne einer sozialverträglichen Technik- und Entlohnungsgestaltung umsetzen zu lernen.

Eine Veränderung der Beratung scheint uns aufgrund der oft weiten Wege und der geringen personellen Ausstattung der zuständigen Abteilung (aufgrund des Mitgliederschwundes der GTB) ebenfalls angeraten. Anhand der bestehenden Schulungsunterlagen ist es möglich, in Form von für den jeweiligen Beratungsfall relevanten Bausteinen sowohl ein gesamtes BR-Gremium so zu schulen, daß dieses nur noch in wirklich schwierigen Fällen auf Hauptamtliche zurückgreifen muß (wobei die örtlichen Hauptamtlichen schon betreuend den Fall begleiten sollten) als auch die jeweilige Beratung in Form einer Abend- oder Tagesveranstaltung zur Schulung örtlicher Funktionärinnen und Funktionäre didaktisch aufzubereiten. Weiterhin sollte mehr mit den Haupt- und Ehrenamtlichen über derartige lohn- und tarifpolitische Probleme diskutiert werden, um das Problembewußtsein zu schärfen und die Bedeutung einer entsprechend der Komplexität hoch entwickelten Mobilisierungsfähigkeit der Mitglieder einschätzen zu lernen.

Die Zusammenhänge von BDE, Prozeßsteuerung und computergestützter Zeitwirtschaft auf den Lohn und der rechtliche Rahmen sind in <u>Anhang 2</u> dargestellt.

III Vorschläge für die tarifpolitische Einbettung der lohnpolitischen Lösungsansätze

Der Tarifvertrag ist nach wie vor eines der wichtigsten Instrumente der Mitbestimmung hinsichtlich der Regelung von Arbeitszeiten, der Sicherung von Entlohnung durch Lohngruppenkataloge und Festschreibung der regionalen oder branchenspezifischen Modalitäten, der Gestaltung von Arbeitsbedingungen und der Absicherung der Arbeitnehmer in verschiedene Richtungen.[12]

---

[12] Vgl. zur Bedeutung gewerkschaftlicher Tarifvertragspolitik ausführlicher ZACHERT, in: ARBEITSGRUPPE ARBEITSRECHT (AGAR), 1979.

Aufbau und Struktur der Tarifforderungen und die letztendliche Entscheidungsfindung wird in Tarifkommissionen sowie im Beirat der GTB in einem festgelegten Verfahren bestimmt.[13]

Um effektiv zu sein, muß sich dieses Instrument aber der Ergänzung durch gesetzliche Vorschriften - sozusagen der "Rückendeckung" des Gesetzgebers - sicher sein, was man aber heute weniger denn je sagen kann, wie z.B. die 1986 geführte und effektiv verlorene Auseinandersetzung um den § 116 AFG gezeigt hat.[14] Die andere Seite der Ergänzung ist - wie in Kap. I angedeutet - die der betrieblichen Konkretisierung und Umsetzung tarifvertraglicher Forderungen bzw. Vereinbarungen, welche aufgrund ihrer relativ kurzfristigen Lösungsperspektive und ihres möglichen Beispiel- und damit Mobilisierungscharakters für andere Betriebe in ein sinnvolles Gleichgewicht mit der Tarifpolitik gebracht werden muß.

Hinsichtlich der Anwendung Neuer Technik und den sich damit stellenden und von uns in der vorliegenden Untersuchung herausgearbeiteten Probleme bei der Entlohnung hat ein Tarifvertrag grundsätzlich zweierlei Aufgaben:

1. Er muß die Arbeitenden **schützen** vor den negativen Folgen der jeweiligen Technikanwendung, was z.B. Schutz vor Abgruppierung, vor Entlassung, vor gesundheitsgefährdenden Arbeitsbedingungen usw. bedeutet.

2. Er muß den Arbeitenden und ihren Interessenvertretern/-vertreterinnen auf der Grundlage einer **rechtzeitigen und umfassenden Information** über geplante bzw. durchzuführende Rationalisierungs- bzw. Technisierungsmaßnahmen **ermöglichen, ihre Bedenken und eigenen Vorstellungen einzubringen, beim Einführungsprozeß qualifiziert mitzuwirken oder bestimmte Techniken aufgrund mangelnder Sozialverträglichkeit abzulehnen.**

---

[13] Vgl. dazu die Tarifrichtlinien vom 30.1.69 in der Fassung vom 6.3.87.

[14] Vgl. dazu z.B. Die Quelle 2/87, 77ff.

Die wirtschaftliche Aufbaustimmung sowie die realen Machtverhältnisse in unserer Gesellschaft hatten dazu geführt, daß die Gewerkschaften - manche etwas länger als andere - bisher den Schwerpunkt ihrer Strategiebildung auf dem ersten der beiden Punkte ("Schutzpolitik") gelegt haben; erst in den vergangenen Jahren wurde verstärkt der Gestaltungsaspekt im Zusammenhang mit den Möglichkeiten der Neuen Techniken in der Tarifpolitik verankert.[15]

In einem Positionspapier der Abteilung Tarifpolitik des DGB-Bundesvorstandes heißt es hierzu:

> "Gewerkschaftliche Tarifpolitik muß einen Beitrag leisten, um Mindestbedingungen der Entlohnung, der Arbeitsplatzsicherung und der menschlichen Gestaltung der Arbeit festzulegen, Gestaltungsalternativen beim Technikeinsatz zu eröffnen und abzusichern und Anstöße auch für notwendige Veränderungen der staatlichen Politik zu geben." (ebenda, S. 1)

Nun begann das NRW-Projekt bei der GTB gerade zu einem Zeitpunkt, als der schon vor 10 Jahren vom Gewerkschaftstag der GTB in Mannheim verabschiedete Auftrag, den seit 1964/5[16] bestehenden Rationalisierungsschutz-Vertrag (Ratio-TV) aktualisiert fortzuschreiben und auf alle von der GTB betreuten Branchen sowie Arbeitnehmergruppen auszudehnen, auf die Realisierungsschiene geschoben worden war. Auf dem Weg der Verhandlung des TV-Entwurfs, der in der 87er Tarifrunde von den Arbeitgebern teilweise mit üblen Kommentaren abgelehnt wurde, einigte man sich zunächst auf eine gemeinsame Erklärung, in der die GTB auf die kapitalistische Rationalisierung als Mittel der Wettbewerbsbewältigung auf dem Weltmarkt verpflichtet wird und ihr ein Schutz "vor den Auswirkungen der Rationalisierungsmaßnahmen <u>soweit wie möglich</u>" (Hervorhebung von uns, Projekt NRW) zugestanden worden war. Dort hatten beide Tarifparteien ihren festen Willen bekundet, über folgende Punkte zu einer Einigung zu kommen:

---

[15] Vgl. z.B. die im Rahmen des "HdA"-Programms durchgeführten Alternativen, die Diskussion auf der Tagung des DGB "Technik für den Menschen" 1985 in Bonn, das Aktionsprogramm der IGM "Arbeit und Technik" von 1984 u.v.a.

[16] Es handelte sich dabei zunächst um regional gültige Regelungen, die 1969 zu einer bundesweiten Gültigkeit zusammengefaßt werden konnten.

- Einbeziehung der Angestellten
- Zusammenarbeit mit dem BR
- Menschengerechte Gestaltung der Arbeit
- Rechtzeitige Personalplanung
- Sicherung und Erweiterung beruflicher Qualifikation
- Möglichkeiten der Weiterbeschäftigung von Arbeitnehmern, deren bisheriger Arbeitsplatz durch Rationalisierungsmaßnahmen wegfällt
- Milderung sozialer Härten bei unvermeidbaren Kündigungen oder Versetzungen[17]

Alle Verhandlungen hierüber scheiterten aber bereits am Geltungsbereich und an der Definition des Begriffs Rationalisierung. Also mußte diese "Hypothek" mit in die Auseinandersetzung um die Verkürzung der Wochenarbeitszeit im Frühjahr 1988 hinein genommen werden, um zu einem Ergebnis zu kommen. Diese Strategie hatte letztendlich auch Erfolg: ab dem 1. Januar 1989 tritt der neue Ratio-TV in Kraft, der von dem Ansatz ausgeht, alle Arbeitnehmer im Organisationsbereich der GTB vor Arbeitsplatzverlust aufgrund von Rationalisierung zu schützen. Dabei erfaßt der Rationalisierungsbegriff jetzt auch die Informations-, Datenerfassungs- und Datenverarbeitungstechniken, sowie die Änderung von Software und Arbeitsorganisation.

Die Sicherung der Weiterbeschäftigungsmöglichkeiten soll durch den Anspruch auf Umschulung und Weiterbildung bzw. durch entsprechende Versetzungen (bei gleichzeitiger Verdienstsicherung - allerdings nur für bereits Beschäftigte) sowie durch eine längerfristige Personalplanung erreicht werden. Verlängerte Kündigungsfristen (auch bei Änderungskündigungen), Abfindungsregelungen sowie die Einbeziehung von Erfahrungen und Fähigkeiten bei Arbeitsgestaltungsmaßnahmen sind weitere "Herzstücke" des neuen Ratio-TV.

Es dürfte auf der Hand liegen, weshalb wir an dieser Stelle so konkret auf dieses neue TV-Werk eingehen: zum einen beinhaltet dieser TV einige wesentliche Punkte, die

---

[17] Vgl. Manuskript der Erklärung, Düsseldorf 1987.

bei der Auswertung unserer Ergebnisse eine wichtige Rolle spielen werden; zum anderen stellt seine Umsetzung neben der in derselben Tarifrunde erreichten Arbeitszeitverkürzung von einer Stunde ab 1.5.89 (und einer weiteren halben Stunde ab 1.5.90) und der Anhebung der Löhne und Gehälter rückwirkend um 3,6% und ab 1.5.89 um weitere 1,2% den wesentlichen Schwerpunkt tarifpolitischer Arbeit der nächsten Jahre dar.[18]

So stellt sich also für uns am Ende des Projekts die tarifpolitische Situation der GTB im Zusammenhang mit Rationalisierung, Entlohnung und Neuer Technik dar, weshalb wir uns im Folgenden - unter Aussparung der Arbeitszeitproblematik - hauptsächlich auf diesen neuen TV und natürlich auf die bisher noch Gültigkeit besitzenden regionalen Lohntarifverträge (LTV) für die Textilindustrie und den bundesweit gültigen TV (inklusive die in der Untersuchung eine Rolle spielenden Haustarifverträge) für die Bekleidungsindustrie als Ausgangspunkt für die Umsetzung weitergehender Vorstellungen beziehen.

1. Einflußnahme auf Arbeits- und Leistungsbedingungen

Während unserer Recherchen hat sich herausgestellt, daß in weiten Bereichen der Textil- und Bekleidungsindustrie noch nach traditionellem Muster, d.h. hoch arbeitsteilig mit teilweise extremen psychischen und physischen Belastungen gearbeitet wird. Dies widerspricht in auffallendem Maße den oft in Hochglanzbroschüren angekündigten humanen Arbeitsbedingungen, die durch den Einsatz Neuer Techniken erreichbar seien und auch den realen Arbeitsbedingungen in den anderen Branchen.[19] Sicher wäre dies auch in der Textil- und Bekleidungsindustrie möglich, erfordert aber

---

[18] Vgl. dazu das Referat des Kollegen Schumacher auf der Hauptamtlichen-Konferenz in Bad Kissingen am 7./8.10.88 (verteiltes Manuskript) und Ratio-Schutz: Ein Stück mehr Sicherheit; die Umsetzung des Tarifvertrages über Rationalisierungsschutz in der Textilindustrie sowie dasselbe für die Bekleidungsindustrie, 1988.

[19] Vgl. dazu z.B. KERN/SCHUMANN, 1984.

- die rechtzeitige Einbeziehung der Beschäftigten in geplante und durchzuführende Umstellungen,
- die schrittweise Reduzierung herrschender Arbeitsteilung,
- die ausreichende personelle Ausstattung von Arbeitsbereichen,
- die Einhaltung und Ausweitung von Erholzeiten und Pausen sowie
- die Investition in Techniken mit möglichst geringer Lärmerzeugung, sozial nicht isolierender Wirkung usw. wie auch in Gebäude und sonstige relevante Bereiche, die keine krummen Rücken, keine Atembeschwerden, keine Zugluft usw. hervorrufen.

Dies tarifvertraglich zu verankern bedeutet aber in der Textil- und Bekleidungsindustrie nicht nur, daß der Arbeitgeber bzw. die Arbeitgeberin verpflichtet wird, humane Arbeits- und Leistungsbedingungen zu schaffen und den einzelnen Arbeitnehmern/-innen ein Reklamationsrecht zu gewähren, das zur Abstellung inhumaner Arbeitsbedingungen führen muß (einigungsstellenfähig und mit einbezogenem Leistungsverweigerungsrecht, was bereits über den abgeschlossenen Ratio-TV hinausgeht), sondern auch,

- daß die Leistungsabforderung - nach einer Neubestimmung von Leistung aufgrund der Veränderung der Leistungskriterien mit Einführung von EDV bzw. programmgesteuerten Produktionsmaschinen - durch Vereinbarung nach oben begrenzt wird,
- daß Stellenpläne auf dieses Leistungspensum in realistischer Art und Weise bezogen und gemeinsam mit dem BR verabschiedet werden,
- daß Mischarbeit - wo möglich (vor allem natürlich dort, wo viel am Bildschirm gearbeitet werden muß, wie z.B. beim Gradieren) - angeboten wird
- daß für nicht vermeidbare Erschwernisse Job Rotation organisiert oder zusätzliche Freizeit gewährt wird

- daß den Arbeitenden Gestaltungsspielräume erhalten bzw. diese erweitert werden müssen, um "Menschsein" zu ermöglichen (Kommunikationsmöglichkeiten z.B. am Näharbeitsplatz) und daß sie ihre Leistungsbedingungen, d.h. auch die im wesentlichen ihren Lohn bestimmenden Parameter, kennen und beurteilen können.

Diese Forderungen einer qualitativen Tarifpolitik werden sozusagen quer geschnitten von der Forderung, daß Frauen nicht mehr länger aufgrund ihrer "Duldsamkeit" und ihrer - verglichen mit Männern - oft schlechteren beruflichen Ausbildung die Hauptleidtragenden der von uns geschilderten inhumanen Arbeits- und Leistungsbedingungen sein dürfen.

Zur Überwindung dieser Leistungsbedingungen ist es mit Sicherheit über die herkömmlichen Instrumentarien hinaus notwendig, die Ansprüche der Frauen so zu entwickeln, daß sie auch für sich eine qualitativ gute, die menschlichen Fähigkeiten aufbauende Arbeit einklagen.

Das langfristig gedachte, aber dennoch nicht vermessene Ziel in diesem Bereich wäre die Mitbestimmung über die Arbeits- und Leistungsbedingungen im Betrieb.

2. Personalplanung

Schon mehrmals ist von uns darauf verwiesen worden, daß eine vorausschauende Personalplanung gerade in dem hier zur Debatte stehenden belastungsintensiven, aber auch mit einem relativ niedrig qualifizierten Personal wirtschaftenden Industriebereich sowohl eine Entlastung der Beschäftigten von inhumanem Streß als auch deren frühzeitige Vorbereitung auf neue Aufgaben und eine gezieltere Abforderung vorhandener Qualifikation (was natürlich deren Bezahlung einschließen muß, s. u.) nach sich ziehen würde.

Diese doppelte Bestimmung von Personalplanung hat - wie schon länger von verschiedener Seite herausgearbeitet - im Zusammenhang mit der mittlerweile auch von der GTB verfolgten Strategie der Arbeitszeitverkürzung eine beschäftigungssichernde Komponente, weil sie - wenn tarifvertraglich verankert - verhindern kann, daß die Personaldecken in extremem Maße ausgedünnt werden (Leistungsdruck durch Arbeitsverdichtung vor allem in der Textilindustrie) und daß bei Einführung Neuer Technik entweder hektisch und damit inhuman angelernt werden muß oder sogar von vornherein selbst oder fremdausgebildete Fachleute eingesetzt werden (zu Lasten von Älteren und von Frauen).

OHL (1987) weist aber richtig darauf hin, daß eine tarifvertragliche Festlegung von Personalzahlen die Zeitlöhner nicht freuen kann, weil dies bei ihnen zu einer Vorgabe wird. Wir halten dies allerdings für ein untergeordnetes Problem, weil es bei einer Neuaufteilung der Arbeit unter Automationsbedingungen, wie wir sie in der Textil- und Bekleidungsindustrie erst in einigen wenigen Ansätzen gefunden haben, sowieso zu einem Kompromiß zwischen Zeit- und Leistungslöhnern kommen muß und weil die Zeitlöhner in dieser Branche schon längst unter Vorgabezeitbedingungen arbeiten (ohne entsprechende Entlohnung).

Dies ist u.E. nur so in den Griff zu bekommen, daß zusammen mit der mitbestimmten Personalbemessung und -planung entsprechende Soll-Vorgaben (Mengen, Zeiten, Nutzeffekte usw.) auf einem erträglichen Niveau in Abstimmung mit dem BR festgelegt werden.

Personalplanung in seiner zweiten Bedeutung - nämlich als Qualifikationsplanung (was ist vorhanden?, was brauche ich wann?, siehe §5 Ratio-TV) - stellt die Betriebe der Textil- und Bekleidungsindustrie und auch die BRe der GTB, wie wir sie in unserer Untersuchung kennengelernt haben, vor erhebliche Probleme, weil die Unternehmer in den untersuchten Betrieben zwar einige Male sehr positiv zu bewertende Ansätze formuliert, aber eben nicht umgesetzt haben (meist mit der "klassischen" Begründung, es sei zu teuer oder man könne zu Beginn einer Automatisierungsphase noch nicht genau erkennen, was gebraucht werde) und weil die BRe der GTB die Unternehmer meist "machen lassen", also ihre Möglichkeiten nach den §§ 92, 96-98 BetrVG nicht ausreizen. Letzteres hat damit zu tun, daß sie auch gar nicht genau wissen, was sie denn fordern sollten, was also die neuen Anforderungen ausmacht (s.u.). Positiv an §5 des Ratio-TV ist, daß der Unternehmer gezwungen ist, eine Personalplanung vorzunehmen und sie mit dem BR zu beraten.

Im Ratio-TV ist u.E. allerdings zu wenig berücksichtigt, daß die Personalplanung eine Sache von Technisierungsstrategien und damit eine Komponente des vom Unternehmer gedachten Zusammenhangs von Maschinenausbringung, menschlicher Leistung, Marktanforderungen, Zusammenspiel einer bestimmten Abteilung mit anderen Abteilungen usw. ist. Dies bedeutet nämlich, daß unter Automationsbedingungen - wie wir gezeigt haben - der Unternehmer das optimale Laufgeschehen voraussetzt und zuwenig beachtet, daß die Technisierung mit Hilfe von EDV ein eventuell länger dauernder Prozeß ist, der erhebliche und teilweise sogar widersprüchliche Anforderungen an die Beteiligten stellt. Widersprüchlich deshalb, weil praktisch parallel die Maschine eingefahren werden soll und volle Stückzahl gebracht werden muß, nach der auch gezahlt wird. Dies halten wir nicht für richtig, weshalb wir vorschlagen, für Einführungsprozesse eine entsprechend stärkere Personalausstattung tarifvertraglich oder per Betriebsvereinbarung zu fixieren. Darüber hinaus sollte unbedingt der Zusammenhang zwischen Arbeitsorganisation und Personalausstattung hergestellt und dementsprechende Forderungen gewerkschaftlicherseits verankert werden. Wenn nämlich ein Personalbedarfsplan auf der Grundlage herrschender arbeitsteiliger Strukturen erstellt wird, müßte der BR erst einmal diese Strukturen in Frage stellen und dort gestaltend eingreifen können (s. unsere Ergebnisse in der Spinnerei/Spulerei, in der Weberei, aber auch in der Färberei und teilweise im Zuschnitt).

Eine unsere Untersuchungserfahrungen bestätigende Kommentierung findet man im Ratio-Schutz-Kommentar auf S. 46, wo davon die Rede ist, daß bei der Personaleinsatzplanung darauf geachtet wird, daß in erster Linie die von der Umstellung Betroffenen Anspruch auf die Besetzung der neuen Arbeitsplätze haben und so ein Qualifizierungsdruck für den Unternehmer entsteht. Allerdings könnte man dies auch mit Hilfe einer innerbetrieblichen Stellenausschreibung verbindlich machen.

3. Qualifikationserweiterung und Eingruppierung

Wenn die Personalentwicklungsplanung tariflich geregelt dafür sorgen kann, daß allen Arbeitenden in Bezug auf anstehende technisch-organisatorische Veränderungen ein Strauß von Umschulungs- und Weiterbildungsmaßnahmen angeboten wird (allerdings wohl aufgrund der Struktur der Branche meist Maßnahmen der Bundesanstalt für Arbeit), dann wird zwar die enge Verzahnung zwischen den §§5 und 8 des Ratio-TV deutlich und die Übernahme der Kosten durch den Arbeitgeber als verpflichtend (im Gegensatz zum BetrVG) hervorgehoben; es wird aber völlig versäumt, eine Regelung zu treffen über die der <u>Verdienst und auch die Beschäftigung nach der Schulung</u> geregelt wird. Es ist doch heute schon das Dilemma in den Betrieben, daß sich die Arbeitenden schulen lassen und sich hinterher fragen, wofür sie diese Mühe eigentlich auf sich genommen haben, wenn sich das finanziell nicht auswirkt. Außerdem wird überhaupt nicht Bezug genommen auf die oft unzulängliche Weiterbildungssituation in den Betrieben und die notwendigen Anstöße - gerade hinsichtlich zunehmender Technisierung.

U.E. müßte tarifvertraglich auch das Problem angegangen werden, nach welchem Konzept geschult werden soll; d.h. es müßte ausgeschlossen werden, daß Schulung - wie wir es häufig vorgefunden haben - eine den Anforderungen in keiner Weise gerecht werdende mehrstündige oder mehrtägige Einführung in die neue Maschinerie bedeutet und so zwangsläufig dazu führt, daß Überforderung und damit Angstzustände, psychosomatische Beschwerden usw. auftreten und die herrschende Arbeitsteilung zementiert wird.

Wir haben in Teil A bereits darauf hingewiesen, daß es einen fatalen Kreislauf gibt, den es tarifvertraglich aufzubrechen gilt:

```
        schlechte Ausbildung
      geringe Qualifizierungsbereitschaft
    oder  -möglichkeit
         ↗                    ↘
niedere Ein-                   qualitativ schlechte,
 gruppierung                   oft inhumane Arbeit
         ↖                    ↙
          rigide Arbeitsteilung
```

Wenn also versucht werden soll - durchaus auch im Sinne der Unternehmer (nach ADLER, 1988) - mit einer hochqualifizierten Mannschaft beste Qualität auf teueren Maschinen/Anlagen zu produzieren, dann müssen sowohl Möglichkeiten der Qualifizierung als auch der besseren Bezahlung geschaffen werden. Die bessere Bezahlung kann sowohl - je nach Niveau der Schulung - in Form auf den Lohn aufgeschlagener Gratifizierung als auch in Form einer Höhergruppierung erfolgen.

Damit stellt sich aber das Problem, daß die bereits mehrmals angesprochene Unfähigkeit bisheriger Arbeitsbewertungssysteme zur Erfassung der neuen Anforderungen, wie wir sie beispielhaft am Verbundsystem und in der Färberei sowie beim Gradieren/Schnittbilderstellen herausgearbeitet haben, eine Bewertung der Arbeit im Interesse einer Höhergruppierung zumindest mittelfristig unmöglich machen dürfte.[20]

Daher stellt sich die Frage, ob es nicht für die Tarifpolitik der GTB - ähnlich wie für die der IGM oder der IG Druck und Papier - die richtige Überlegung wäre, von der in den Produktionsprozeß eingebrachten Qualifikation eines/r Arbeitenden auszugehen (was Erfahrungen in bestimmten Tätigkeitsfeldern und absolvierte Weiterbildungsveranstaltungen einschließen müßte). Es wurde schon mehrfach betont, daß der sich daraus ergebende höhere Lohn im Verhältnis zu den teueren Maschinen kaum mehr ins Gewicht fallen

---

[20] Das war u.E. auch einer der Gründe für die oft sehr widersprüchlichen Aussagen der Vorgesetzten, wie denn nun unter Automationsarbeitsbedingungen entlohnt werden müsse und was sie dann tatsächlich in "ihrem" Betrieb praktizierten.

dürfte (allerdings gilt dies natürlich erst für bestimmte Bereiche der Textil- und Bekleidungsindustrie).

Hier sieht man deutlich die enge Verzahnung dieses tariflichen Regelungsgegenstandes mit der oben geforderten Aufbrechung rigider Arbeitsteilungen und mit der Ausweitung und qualitativen Verbesserung von betrieblicher oder außerbetrieblicher Aus- und Weiterbildung. Außerdem zeigt sich auch die Verbindung zu der notwendigen Neudefinition von Leistung. Ohne Einbeziehung von geistigen Denkprozessen, Problemlösungskapazität, Innovationsfähigkeit, Verantwortung, Flexibilität usw. ist moderne Arbeit im Prinzip nicht mehr denkbar (auch wenn wir noch relativ wenig praktische Bestätigung dieser Einschätzung bieten können). Um nicht mit einem neuen Punktesystem wiederum der Willkür der Unternehmer ausgesetzt zu sein und um auch denjenigen, die im Betrieb mehr machen, als sie müssen (wobei es ja interessanterweise oft nicht einmal festgeschrieben ist, was getan werden muß) zu belohnen, böte sich eben der Qualifikationsbezug an.

Weiterhin müßte bei der Frage der Eingruppierung garantiert werden, daß sowohl eine Durchlässigkeit von unten nach oben existiert als auch, daß die Lohngruppen nicht zu stark differenziert werden, weil ansonsten die Schritte von der einen in die andere zu unbedeutend sind (und womöglich von zusätzlichen Zulagesystemen ohnehin schon längst ad absurdum geführt wurden). Wenn Unklarheiten bei der Eingruppierung gemäß dem augenblicklich gültigen Lohngruppenkatalog auftauchen (wie z.B. in den Betrieben, in denen wir das Gradieren und den Zuschnitt untersuchten), dann muß tariflich geregelt sein, daß sich auf betrieblicher Ebene eine paritätische Kommission bildet, deren Aufgabe es ist, auf der Grundlage einer zu erstellenden Anforderungs- und Personaleinsatzanalyse eine entsprechende Entscheidung zu treffen, bis dieses Problem auf der Ebene der Tarifvertragsparteien gelöst wird.

4. Datenverarbeitung und Datenmißbrauch

In unserer Untersuchung haben wir festgestellt, daß in den meisten Betrieben über BDE-Systeme oder sonstige EDV die Leistung der Arbeitenden überwacht und so eine Leistungsverdichtung erreicht wurde. In einigen Fällen erfolgte die Leistungsverdichtung sogar in der Weise, daß die persönlichen Daten veröffentlicht wurden, um dadurch eine Verschärfung der Konkurrenz zu erreichen (Unternehmer nennen dies Wettbewerb).

Tarifvertraglich müßte also garantiert werden, daß zum einen keine Leistungskontrolle stattfindet und zum anderen jedem Beschäftigten ein Reklamationsrecht im Falle dennoch durchgeführter Kontrollen zusteht. Eventuell müssen in diesem Fall durch eine paritätische Kommission Personalbemessungs- und Solldaten-Überprüfungen durchgeführt werden.

Weiterhin muß tarifvertraglich fixiert sein, daß sofort mit Einführung derartiger Überwachungstechniken eine betriebliche Regelung sowohl über das Verhältnis der die Entlohnung beeinflussenden Faktoren bzw. deren Überprüfung zu erfolgen hat, als auch über den persönlichen Datenschutz (vgl. Volkszählungsurteil von 1983). Der BR hat jederzeit ein Kontrollrecht bezüglich der Einhaltung dieser Regelung und der gesetzlichen Datenschutzvorschriften. Außerdem hat jeder AN das Recht auf jährliche Aushändigung aller über ihn gespeicherten Daten.

In der Kenntnis, daß Leistungsüberwachung und Datenmißbrauch selbst durch diese Vorschriften nicht endgültig zu verhindern ist, müssen Kriterien zur Beurteilung von Soft- und Hardware entwickelt werden, die dieses bereits im Vorfeld ausschließen.[21]

---

[21] Vgl. dazu z.B. KUBICEK, 1986 und DÄUBLER, 1985.

SCHLUSSBEMERKUNG

Die Mikroelektronik verändert die Prozeßsteuerungen und damit die Produktionsmittel sowie die Informationen über Produktion, Verhalten und Leistung der Arbeitnehmer. Mit der Anwendung dieser Informationen können die Abläufe an den Produktionsmitteln weiter optimiert werden. Mit weniger Arbeitskräften wird eine größere Menge bei verbesserter Qualität produziert.

Für die Arbeitnehmervertretungen sind Alternativen auf den Ebenen der Datenverwendung, der Qualifizierung und der Entlohnung zu entwickeln und durchzusetzen, um zu erreichen, daß auch die Arbeitnehmer Nutzen aus dem technischen Fortschritt ziehen können.

Die GTB hofft, daß sie mit der vorliegenden Arbeit Anregungen für diese Ziele geliefert hat.

Der Regierung des Landes Nordrhein-Westfalen danken wir für die Finanzierung des Projekts.

Verwendete Literatur

ADLER, U. 1987: Die Wirkung neuer Lohnsysteme bei Arbeitsstrukturierungsmaßnahmen. In: Bekleidung und Wäsche Nr. 10, S. 12-21

ders. 1986: Arbeitspapier: "Zur Lohnsituation im Bekleidungsgewerbe". München, Dezember 1986 (= IFO-Institut für Wirtschaftsforschung, unveröffentlichtes Manuskript)

ders. 1986: Arbeitsstrukturierung in der Bekleidungsindustrie - Neue Arbeitsstrukturen als soziale Innovation. München, 1986 (=ifo Institut für Wirtschaftforschung - Studien zur Industriewirtschaft Nr.31/I)

ders. 1988: Wettbewerb, Technik und Arbeitsgestaltung - neue Tendenzen im Bekleidungsgewerbe ? München, 1988 (=ifo Institut für Wirtschaftforschung - Studien zur Industriewirtschaft Nr. 35)

ders. 1987: Die Wirkung neuer Lohnsysteme bei Arbeits-Arbeitsstrukturierungsmaßnahmen in: Bekleidung + Wäsche 10/1987, S. 12-21

AKTIONSPROGRAMM ARBEIT UND TECHNIK DER IGM: Der Mensch muß bleiben, Frankfurt 1984

ARBEITSGRUPPE FÜR SOZIALWISSENSCHAFTLICHE, INDUSTRIEFORSCHUNG ASIF, Bielefeld 1. Okt. 1983 (unveröff. Manuskript): Wechselwirkung zwischen Veränderungen von Arbeitsorganisation und Lohnsystem

dies.(ASIF) 1987: EDV-gestützte Transporttechnologien in der Bekleidungsindustrie. Düsseldorf: VDI-Verlag 1987 (Schriftenreihe Humanisierung des Arbeitslebens, Bd.85)

AXTER, H. Qualifikationsbezogene Entlohnung mit Leistungsbezug - Das Vögele-Modell nach fünfjähriger Betriebspraxis - Ref. gehalten auf dem AWF-Kolloquium Entlohnung in der betrieblichen Praxis, vom 1. und 2. Febr. 1988 in Bad Soden

BALDUIN, S. 1987: Umbruchperiode und zukünftige Mitbestimmungs- und Tarifpolitik. Neue Phase der Auseinandersetzung um Arbeit - Leistung - Entgelt in: afa-informationen, 37. Jg. Jan./Febr. 1987, S. 16-32

BARTÖLKE, K . FEIT,O. .GOHL, J . KAPPLER, E. , RIDDER, H-G. SCHUMANN,U. 1981: Konfliktfeld Arbeitsbewertung, NY

BAUMGARTEN,W,KRANKENHAGEN,H.-J,LEMKE,J.1987: Zuschneidetechnologien in der Bekleidungsindustrie. Im Auftr. d. Ges. für Arbeitsorganisation und Technik. (GAT).- Düsseldorf: VDI-Verlag 1987 (= Schriftenreihe Humanisierung des Arbeitslebens,Bd. 86)

BEKLEIDUNG UND WÄSCHE 1988: CAD/CAM-Konfektionsumfrage - Viel Lob - aber auch Kritik. In: Bekleidung und Wäsche Nr.15, S. 22-24

dies. 1988: IMB-Report- Nähmaschinen und Nähautomaten Teil II. In: Bekleidung und Wäsche Nr.15, S.45-50

BEKLEIDUNGSTECHNIK: Thema: CIM, die computergesteuerte Fertigung im Branchenbild - Die Weichen stellen. In: Textil-Wirtschaft Nr. 31/1987, S. 96-105.

BERGMANN, J. 1987, Rechnereinsatz in Entwicklung und Konstruktion (CAD) - Eine Zwischenbilanz, Werkstattberichte IGM Aktionsprogramm: Arbeit und Technik

BIRKWALD, W 1987: Beschäftigte melden ihre Ansprüche an: Rationalisieirungsvorteile für wen? Ref. gehalten auf der 4. Europäischen Kongreßmesse für Technische Automation/Komm tech) in Essen vom 12.-15.5.87 (Manuskript)

BIRKWALD, 1988: Zur Zukunft der Datenermittlung im Arbeitsstudium und in der Betriebsorganisation - Einige Funktionale Arbeitswissenschaften und Tarifpolitische Aspekte, AFA-Information Nr. 5

BIRKWALD,R. 1986: Konsequenzen für künftige betriebliche Vereinbarungen infolge neuer Techniken und Wertewandel in afa-informationen 36. Jg.

ders. 1987: Vorwort zum Tarifvertrag zur sozialen Sicherung der Arbeitnehmer bei technischen und organisatorischen Veränderungen - VWAG in: Afa-informationen, 37. jg. Mai/Juni 1987

ders. 1987: Zukunftsbezogene Einflußgrößen für die Entgeltgestaltung aus der Sicht von Arbeitnehmern, Ref. gehalten auf dem AWF-Kolloquium "Entlohnung in der betrieblichen Praxis" vom 3. Febr. 1987 in Bad Soden

ders.: Einheitlicher Entgelttarifvertrag für gewerbliche Arbeitnehmer und Angestellte in der Chemischen Industrie in: afa-informationen

BRACZYK, J.-H. 1983: Neue Arbeitsstrukturen in der Bekleidungsindustrie, Schriftenreihe "Humanisierung des Arbeitslebens Band 39, Herausg. Der Bundesminister für Forschung und Technologie

ders. mit Ch. GEBBERT und J-H. von d. KNESEBECK (ASIF) 1987: EDV-gestützte Transporttechnologien in der Bekleidungsindustrie

BRIEFS, U. 1984: Informationstechnologien und Zukunft der Arbeit Mikroelektronik und Computertechnik, Köln

BROCK, A., HINDRICHS, W., HOFFMANN, R., PÖHLER, W. SUND,O. 1975: Der Konflikt um Lohn und Leistung, Köln

BRUMLOP, E 1986:Arbeitsbewertung bei flexiblem Personaleinsatz Das Beispiel VW AG, Frankfurt usw. (Campus) 1986 Schriftenreihe HdA, Band 71

BUCHER,R. 1986: Die Zukunft der Weberei, Vortrag zum 1. Internationalen Kolloquium über neue Textiltechnologien anläßl. des 125. Jahrestages der Ecole National Supérieure des Industries Textiles in Mulhouse, Frankreich, am 17. Oktober 1986, textil praxis international Januar 1987

BUCHHOLZ-WILL, W. 1987: Das Sieb wird immer gröber..., Zur Freistellungsproblematik bei Klein- und Mittelbetrieben in der Textil- und Bekleidungsindustrie.Hans -Böckler-Stiftung,Mitbestimmungs-, Forschungs- und Studienförderwerk des DGB, Düsseldorf

DÄUBLER, W. 1988: Deregulierung und Flexibilisierung im Arbeitsrecht in WSI Mitteilungen Nr. 8/88

DENZEL, V 1988: Gestaltungsmöglichkeiten und Beteilugungsrechte der Arbeitnehmer bei neuen Lohnformen Ref. gehalten auf der AWF-Tagung "Entlohnung in der betrieblichen Praxis" in Bad Soden v. 1. und 2. Febr. 1988

DGB-BUNDESVORSTAND 1986: Vorschlag der Leiter der Abteilungen Tarifpolitik der DGB-Mitgliedsgewerkschaften, Tarifpolitische Notwendigkeiten der sozialen Gestaltung des Wandels von Technik und Arbeitsorganisation (unveröffentl.)

DOBNER, R. 1988: Flexibel rationalisieren - statt auf Wunder zu warten. In: Bekleidung und Wäsche Nr. 12, S. 18

DROHSEL, P. 1986: Die Lohndiskriminierung der Frauen, Marburg

DÜLL, K./BÖHLE, F. 1980: Zusammenhang von Arbeitsorganisation und Entlohnung, Endbericht Institut für Sozialwissenschaftliche Forschung e.V. München

Entlohnung an CNC-Maschinen, 1986: Materialien zur Tarifpolitik von der Abteilung Tarif bei der Vorstandsverwaltung der IGM Frankfurt 6/86

ERB, W. 1987: Erläuterungen zur Betriebsvereinbarung über die rechnergestützte Termin- und Kapazitätsplanung (INTEPS)

FISCHER, M 1987: Die Prämie - Eine zeitgemäßt Entlohnungsform Ref. gehalten auf der AWF-Tagung "Entlohnung in der betrieblichen Praxis" in Bad Soden am 3. und 4.2.1987

Forderungen für einen Lohnrahmentarifvertrag Südwürttemberg-Hohenzollern, Südbaden, 1982: herausgegeben von der IGM Bezirksleitung Stuttgart

FORSCHUNGSPROJEKT 3150 Universität Bielefeld, Prof. Dr. Siegfried Katterle, Dr. Wolfram Elsner, Burkhard Kaddatz, Die Bekleidungsindustrie: Produktionsstrukturen und Fertigungstechnologien und ihre Auswirkungen auf Qualifikationsanforderungen, Arbeitsbedingungen und Beschäftigung, von Gaby Lütgering

FR vom 11.6.1986: Der neue Arbeitnehmer

FR vom 13.2.1988. Im Blickpunkt: Neuer Rahmentarifvertrag. Fortbildung ist Pflicht, Tarifpolitisches Programm der IG Chemie-Papier-Keramik, herausgegeben von der IG Chemie-Papier-Keramik, Hannover, O.J.

FRIELING, E, KANNHEISER, W, FACAOARU, C, WÖCHERL, H.& DÜRHOLT, E., 1984: Entwicklung eines theoriegeleiteten, standardisierten verhaltenswissentschaftlichen Verfahrens zur Tätigkeitsanalyse, Forschungsbericht, München

GEBBERT, Ch. 1987: Qualifizierung im Akkord - Probleme der Entlohnung von Flexibilitätsleistungen ASIF - INFO Nr. 2

GESTALTUNGSHINWEISE für eine Betriebsvereinbarung zur computergestützten Datenerfassung und Vorgabezeitermittlung, Materialien zur Tarifpolitik von der Abt. Tarif bei der Vorstandsverwaltung der IGM Frankfurt 7/85

GNADE, A., KEHRMANN, K., SCHNEIDER, W., BLANKE, H., KLEBE, T. 1988: Betriebsverfassungsgesetz Basiskommentar, Köln

GOEBEL, H.-D. 1984: Wie verändern rechnergestützte Arbeitsplätze Arbeit und Entgelt? Ref. gehalten ANALYTIK `84

GTB Forderungen, 1988: Fakten, Argumente. Tarifrunde `88

GTB Tarifwahrheit Wege zu ihrer Verwirklichung, Bericht der eingesetzten Kommission

GTB, Informationen, September 1986, Die Maschine treibt dich

GTB, Informationen, Oktober 1986, Computer rücken vor

GTB, Informationen, Dezember 1988, Ratio-Schutz: Ein Stück mehr Sicherheit Die Umsetzung des Tarifvertrages über Rationalisierungsschutz in der Textilindustrie

GTB, Informationen Dezember 1988, Ratio-Schutz- Ein Stück mehr Sicherheit Die Umsetzung des Tarifvertrages über Rationalisierungsschutz in der Bekleidungsindustrie

GTB,1987: HdA-Beratungsprojekt Dokumentation und Auswertung der Internationalen Textilmaschinen Ausstellung 1987

GTB Tarifrichtlinien vom 30.1.1969 in der Fassung vom 6.3.1987

HAGER, A. W. JUNG, V. KADRITZKE, L. LOOP, H. WAGNER (Projekt Entgeltpolitik) 1986: Kritische Auseinandersetzung mit der anforderungsbezogenen Lohn- und Gehaltsdifferenzierung - darge- stellt am Beispiel der Metallindustrie - Kurzfassung des Projektendberichtes, Berlin

HAUG, F., MAY, H., NEMITZ, R., OHM, Ch., RÄTHZEL, N., van TREECKK, W., WALDHUBEL, T., WENK, S., ZIMMER, G., 1980, 1981a u. b, 1983 Automationsarbeit Empire 1 - 3, AS Zerreißproben- Automation im Arbeiterleben Argument Sonderbände Nr.43, 55, 67, 79, Berlin

HAUG, F., 1978: Thesen über gewerkschaftsorientierte Wissenschaft in: DAS ARGUMENT 112, 20 Jg. Nov/Dez, 792-797

dies. u.a. 1978: Entwicklung der Arbeit - Entwicklung der Arbeitstätigkeiten und die Methode ihrer Erfassung, Argument-Verlag, Karlsruhe.

HENNE,H. 1988: Stand der Technik - Sinnvolle Perspektiven. In: Bekleidung und Wäsche Nr. 15, S.12-20.

HOFFMANN,F. 1987: Dosierfähige Farbstoffe und Rechnerprogramme zur Rezept- und Verfahrensoptimierung, Vortrag zum 14. Kongreß der IFVTCC am 5.6.87 in Tampere/Finnlan Melliand Textilberichte 10/87

HOPF, Chr.,zus. mit. Weingarten 1978: Qualitative Sozial-forschung, Stuttgart

HÜTTL,E. 1987: Automatisierungsmöglichkeiten in der Weberei, Vortrag zur Jahrestagung der VDI-Fachgruppe Textil und Bekleidung (ADT) am 26.3.87 in Mönchengladbach, MELLIAND TEXTILBERICHTE 9/1987

HYLLA, G. 1988: Zur IMB Köln: Die Firma Gerber und ihre Neukonzeptionen. In: Bekleidung und Wäsche Nr. 11, S.30-38

IG Druck und Papier 1980: Referentenmaterial des Hauptvorstandes der IG Druck und Papier Nr. 103 zu Betriebsvereinbarungen RTS- Tarifvertrag, Stand: 1. Aug.,Stuttgart

dies.1986: Tarifvertragsentwurf über Fort-, Weiterbildung und Umschulung in der Druckindustrie und im Verlagsgewerbe vom 20.11.1986,Stuttgart

IG Metall 1974: Lohnrahmentarifvertrag II.v 20.Okt. 1973/ 14.März 1974, Stuttgart dies. 1982: Forderung für einen Lohnrahmentarifvertrag, Südbadenwürttemberg-Hohenzollern-Südbaden,IG Metall Stuttgart

dies. 1988: Lohn- und Gehaltsrahmentarifvertrag I, Nordwürttemberg/Nordbaden, Abschluß: 11.02.1988

IMB-Berichte in Bekleidung und Wäsche Nr. 13/1988

dies. Berichte in Textil-Wirtschaft Nr. 30 vom 28. Juli 1988

IPA-TECHNOLOGIE-FORUM 1988: Wege zur Automaisierung der Bekleidungsindustrie. In: Bekleidung und Wäsche Nr. 12, S.18

KATTERLE, S. / KRAHN, K. (Hersg.) 1980: Wissenschaft und Arbeitnehmerinteresse, Köln

KERN, H. / M. SCHUMANN, 1984:Das Ende der Arbeitsteilung? Rationalisierung in der industriellen Produktion, München

KISSLER, L.1988: Computer und Beteiligung Beiträge aus der empirischen Partizipationsforschung, Herausg. MAGS, Düsseldorf

KNEBEL, H. 1988: Arbeitsbewertung ist wieder gefragt, REFA Nachrichten 5/1988

KOHL, H. 1979: Personalplanung, Arbeitsplatzsicherung, Tarifvertrag Zur Sache Informationen für Arbeitnehmer, Köln

KUBICEK,H. 1986: Zehn Fragen und Thesen zur sozialverträglichen Technikgestaltung, Die Mitbestimmung 11 '86

KUHN,G. 1988: Flexibilität und Leistungssteigerung im Zuschnitt.In: Bekleidung und Wäsche Nr.15, S.24-26

Kurzmitteilung 1983:Erster einheitlicher Entgelttarifvertrag in der Metallindustrie in: WSI-Mitteilungen Heft 2/1983

KURZ-SCHERF, I.BREIL,G. (Hrsg.) 1987: Wem gehört die Zeit? Ein Lesebuch zum 6-Stunden-Tag, Hamburg

LANG, K. 1982: Überlegungen und Thesen zur Entgeltdifferen-zierung, internes Papier der Tarifabteilung der IGM, Frankfurt

LANG, K. 1987 Zukunftsbezogene Einflußgrößen aus der Sicht von Arbeitnehmern, Referat gehalten auf dem AWF-Kolloquium Entlohnung in der betrieblichen Praxis, Bad Soden

LANG/WALTER 1987: Arbeitplatzsicherheit und Arbeitsqualität - Ansätze und Wege gewerkschaftlicher Tarifpolitik in: Technik für den Menschen Soziale Gestaltung des technischen Wandels Eine Dokumentation der Hans-Böckler-Stiftung des DGB, bund Verlag

LOHN- UND GEHALTSRAHMENTARIFVERTRAG I der IG Metall Nordwürttemberg/Nordbaden vom 11.2.1988

LÜBBEN, H. M. FISCHER 1982: Die alternative heißt "Prämie" in: Der Gewerkschafter 5/82

MAHLBERG, D. 1986: Zwischenbilanz der gewerkschaftlichen Beteiligung an der Technologieeigeninitiative Nordrhein-Westfalen, Sozialverträgliche Technikgestaltung TSB Technik und Gesellschaft Heft 6, DGB Landesbezirk Nordrhein-Westfalen

MAIER, W. 1983: Arbeitsanalyse und Lohngestaltung - Suttgart: Enke, 1983 (Basistexte Personalwesen)

MANSKE, F. 1986: Wandel betrieblicher Kontrollformen durch neue Technologien, Die Ablösung des Taylorismus als Formwechsel der Kontrolle des Produktionsprozesses, SOFI Soziologisches Forschungsinsitut Göttingen, Mittteilungen Nr. 13/ November 1986

MENSCH und TECHNIK: Zwischenbilanz des Landesprogramms " Mensch und Technik - Sozialverträgliche Technikgestaltung " - Die Chancen der Technik nutzen. Herausgeber: Der Minister für Arbeit, Gesundheit und Soziales des Landes NRW 1987

METTKE, H.1987: Entgelttarifvertrag in der Chemischen Industrie. In: Die Mitbestimmung 33. Jg. 8/87, S. 447-449

MOLL, Ph. 1988: Forschung und Entwicklung als Gemeinschaftsaufgabe.- Gedanken über Möglichkeiten und Notwendigkeit der Gemeinschafts-Forschung in der Bekleidungsindustrie. In: Bekleidung und Wäsche Nr. 13, S.26

MOSINSKI, E. 1987: Einsatz der Hängeförder-Produktionsanlage Eton 2002 bei Blicker. In: Bekleidung und Wäsche Nr. 13, S. 11-14

OHL, KAY 1987: Positionspapier Leistungsbedingungen, Leistungsentlohnung und Personalbemessung (unveröffentl.)

OPPOLZER, A. 1988: Technischer Wandel und betrieblicher Bildungsbedarf: Herausforderungen an die Tarifpolitik in: afa-informationen 38. Jg. Jan./Febr. 1988

OTT, E. 1986: Bedingungen und Probleme der Anwendung neuer Technologien in Klein und Mittelbetrieben, AFA informationen 2/86

PERSPEKTIVEN:2 Heft 43 der Schriftenreihe der IG Druck und Papier herausgegeben von der IG Druck und Papier, Stuttgart o.J.

PFROMM, H.-A. 1978: Solidarische Lohnpolitik, (Theorie und Praxis der Gewerkschaften),Europäische Verlagsanstalt, Köln-Frankfurt am Main

RAUSCH, J.1984: Wie verändern rechnergestützte Arbeitsplätze Arbeit und Entgelt? Ref. gehalten auf der ANALYTIK '84

REFA Methodenlehre des Arbeitsstudiums 1971: Teil 2 Datenermittlung, München

Refa Verband für Arbeitsstudien, Fachlehrgang Textil ab 1977 ff.

ROMBOLD, P.M.1987: Neuentwicklungen der Firma Schips. In: Bekleidung und Wäsche Nr. 12, S.33-43

SCHAUERDABROWSKI/NEUMANN/SPERLING,1984: Tarifvertrag zur Verbesserung industrieller Arbeitsbedingungen - Der Lohnrahmentarifvertrag II HdA-Projekt (SOFI) Abschluß: Dez. 79, veröff. in der HdA-Reihe bei Campus Band 52 (1984)

SCHERES-KOCH, I. 1988: Vorsprung durch Technologiemanagement und Innovation. In: Bekleidung und Wäsche Nr.12, S.8

SCHUDLICH, E.1986: Funktionen und Wandel des Leistungslohnes im historischen Überblick in: afa-informationen 36. Jg. Sept./Okt. und Nov./Dez. 1986

Tarifpolitische Notwendigkeiten der sozialen Gestaltung des Wandels von Technik- und Arbeitsorganisation.(Arbeitspapier des Tarifpolitischen Ausschußes DGB, veröffentlich AFA-Information 3/88

Tarifvertrag (1979) über Einführung und Anwendung rechnergesteuerter Textsysteme. Handlungsanleitungen und Erläuterungen für die Praxis, herausgegeben von der IG Druck und Papier und der Deutschen Journalisten-Union, Stuttgart 1979 mit Gutachten "Was ist ein rechnergesteuertes Textsystem?"

Tarifvertrag über Entgeltdifferenzierung bei VW vom 30.11.79

TESCHNER, E. 1977: Lohnpolitik im Betrieb, Frankfurt a. Main

TISCHBEIN, C. 1987:Moderne Naßbehandlungsmaschinen in der Textilveredelung, textil-praxis international Juni 1987

TOPF, W.1988: Fachhochschule für Technik und Wirtschaft, Reutlingen ITMA 87 in Melliand Textilberichte 69

Verhandlungserg.(1980) der Verhandlung um den Tarifvertrag zur Ergänzung des Manteltarifvertrages für das Tarifgebiet der Metallindustrie Nordrhein-Westfalen vom 30.4.1980

von der ELTZ, H.-U,1986: Mögliche Entwicklungen in der Farbküche - eine Orientierungshilfe, textil-praxis international August 1986

WAGENHALS, Kl. 1988: Lohn- und Tarifpolitische Probleme beim Einsatz Neuer Technik in der Textil- und Bekleidungsindustrie, AFA-Information Nr. 4

WALTER, R.,1985: Arbeit und Entgelt bei veränderten Technologien - Erfahrungen und Perspektiven aus der Sicht einer Industriegewerkschaft, Ref. gehalten auf der ANALYTIK '85

WEISSBACH, H.-J.: Gruppenarbeit oder Transferstrasse ? - Zum Verhältnis von neuen Technologien, Arbeitsorganisation und Qualifikation in der Bekleidungsindustrie, August 1984 (Forschungsbericht aus dem Landesinstitut Sozialforschungsstelle Dortmund)

ders.:Rationalisierungsprozesse in der Textilindustrie: Arbeitspolitische Risiken und Chancen, noch unveröffentlichte Expertise

WERMINGHAUS, H.-P.1988: Qualitätsbewußtsein als Eckpfeiler der Unternehmens. In: Bekleidung und Wäsche Nr.13, S.16-24

ZACHERT, U. 1979: Tarifvertrag -Eine problemorientierte Einführung,(AGAR= Arbeitsgruppe Arbeitsrecht),Bund-Verlag, Köln

ZWICKEL,K./K. LANG, 1987: Gewerkschaften 2000, erschienen in WSI Mitteilungen 8/87

ZULAUF,R.,BLUME,A. 1988: CIM für die Textil- und Bekleidungsindustrie? Berufsforschungs- und Beratungsinstitut für Interdisziplinäre Technikgestaltung BIT

Gewerkschaft Textil-Bekleidung Düsseldorf Abteilung Lohn und Leistung	Ringspinnen	AK T 10.1.

Anhang 1

ARBEITSBESCHREIBUNG

Das Absetzen wird von einer Kolonne übernommen, die die Maschine abdreht, absetzt, wieder anspinnt und ordentlich an die Spinnerin übergibt. Transportarbeiten fallen für die Spinnerin nicht an. Die Arbeit der Spinnerin erstreckt sich auf reine Maschinenbedienung nach folgender Beschreibung:

ARBEITSABLAUF

Die Spinnerin läuft durch die Maschinengänge und beobachtet dabei immer zwei Maschinenseiten. Nachdem sie einen Fadenbruch behoben hat, läuft sie immer in der gleichen Richtung weiter. Wenn sie an der letzten Maschine ihres Arbeitsplatzes vorbeigekommen ist, fängt sie mit ihrem Rundgang wieder an der ersten Maschine ihres Arbeitsplatzes an.

Die Vorgarnspulen sind "wild" aufgesteckt. Dadurch kommt die Spinnerin immer nach etwa der gleichen Zeit an den einzelnen Spindeln ihres Arbeitsplatzes vorbei.

VORGARNWECHSEL MIT ANDREHER ENTNEHMEN

Leere Vorgarnspule mit Luntenreste aus Gatter nehmen, leere Vorgarnspule unter Arm klemmen, Holzspindel herausziehen und in die leere Vorgarnspule einer vollen Spule stecken, die auf Gatterbrett liegt, volle Spule in Gatter aufstecken, Luntenenden durch Andrehen verbinden. Der Andreher soll nicht länger als 3 cm sein. Luntenrest von leere Vorgarnspule abstreifen, Abfall in umgehängte Tasche und leere Vorgarnspule auf Gatterbrett ablegen. Wenn der Vorgarnandreher durchgelaufen ist, Faden abreißen, verzogenen Andreher entnehmen und Faden andrehen.

Das Aufstecken soll so erfolgen, daß ein unregelmäßiger Ablauf anfällt.

VORGARNBRUCH BEHEBEN

Luntenende von Spule nehmen evtl. suchen oder Umwicklung der Aufsteckspindel lösen. Lunte in Streckwerk einführen, evtl. zwischen 1. und 2. Zylinder verzogene Lunte nochmals kurz führen.

FADENBRUCH BEHEBEN

Cops anhalten - nicht am Garnkörper - Faden von Cops durch Läufer und Sauschwänzchen führen, andrehen, Fadenabsaugung.

Das Putzen ist nach dem am "Schwarzen Brett" ausgehängten Plan auszuführen. Es sind die vorgeschriebenen Geräte zu benutzen. Das Streckwerk wird von den Absetzern mit Flockfang einmal pro Woche gereinigt.

Zum Putzen, das die Spinnerin über die ganze Woche verteilt, unterbricht sie ihre Rundgänge für einige Minuten.

/2

Anhang 1

PUTZPLAN

Tätigkeiten, die nur am halben Arbeitsplatz durchgeführt werden müssen, da die andere Hälfte von der Gegenschicht geputzt wird:

1 mal wöchentlich	Zylinderbank ausputzen
1 mal wöchentlich	Spindelbank auskehren
1 mal wöchentlich	Streckwerksantrieb putzen
1 mal wöchentlich	Putzwalzen reinigen

Täglich muß am ganzen Arbeitsplatz vor Schichtende unter den Maschinen vorgekehrt (vor allem auf Sauberkeit von Abluftgitter achten), und die Motoren müssen abgekehrt werden.

ÜBERWACHEN (einschließlich Hantierungswege)

Ableistung arbeitsbedingter Wege bei Einschaltung der Beobachtung in regelmäßigen Rundgängen. Die Rundgänge sind so abzugehen, daß bei dem Gang zwischen zwei Maschinen beide Seiten beobachtet werden, soweit diese zu dem Arbeitsplatz gehören. Zwischen den Kontrollen an jeder Spindel dürfen maximal 5 g Material durchlaufen.

SACHLICHE VERTEILZEIT (t_s)

Abfall aus umgehängter Tasche in Behälter am Maschinenende getrennt nach Qualitäten ablegen. Störungen beheben, wie gerissenes Spindelband abnehmen und Vorgarn trennen, sowie Material von Cops oder Spule abziehen ...... Zylinderwicklungen beseitigen mit Haken, Ringläuferwechsel, Spulenaustausch, Streckwerk, besonders Riemchen von umlaufenden Staubschichten oder Flusen befreien, arbeitsbedingte Gespräche mit dem Meister sowie Ausführung folgender Nebenarbeiten:

Einmal pro Schicht die Füllkästen der Oberbläser leeren

Bei vollem Abzug die Absaugkästen leeren

Vorgarnspulen falls erforderlich innerhalb des Arbeitsplatzes verteilen

/3

Gew. Textil-Bekleidung Düsseldorf Hauptvorstand Abt. Lohn und Leistung	Ringspinnen	Ausgabe T AK T 10.1.

1. Folgende technischen Daten liegen diesem Beispiel zugrunde:

Spindelzahl	352
Liefergeschwindigkeit	12 m/min
Material Baumwollgarn	Nm 40
Copsgewicht	110 g
Vorgarnspulengewicht	650 g
Abzugsgewicht	38,720 kg
Fadenbrüche	70 /1000 Spindel/Stunde
Vorgarnbrüche	3/1000 Spindel/Stunde

2. Normalzeiten in HM aus Zeitaufnahmen:

   Arbeitsgang:

Absetzen (durch Absetzkolonne)	600 HM je Abzug
Vorgarnspulenwechsel	36 HM je Spule
Vorgarnbruch beheben	37 HM je Bruch
Fadenbruch beheben	17 HM je Bruch
Putzen laut Putzplan	1,02 HM je Spindel/Std.

3. Überwachung   291 HM/Rundgang bei 4 Maschinen
   Kontrolle alle 5 gr.

4. Verteilzeiten bei laufendem Betriebsmittel:

sachliche Verteilzeiten	12 %
persönliche Verteilzeiten	5 %
Erholungszeiten	10 %

5. Brachzeit   5 %
6. Akkordrichtsatz   10,50 DM

/4

Anhang 1

Erläuterung der Rechenformeln für die Kalkulation Ringspinnen

1. Hauptzeit (t_h) : $\dfrac{Nm \times \text{Copsgewicht in gr.} \times 100}{\text{Liefergeschwindigkeit/min.}}$ = HM

   Beispiel: $\dfrac{Nm\ 40 \times 110\ gr. \times 100}{12\ \text{Meter Liefergeschwindigkeit/min.}}$ = t_h 36.667 HM

2. Vorgarnspulenwechsel:
   a) Spindelzahl x Copsgewicht in kg = Abzugsgewicht in kg

   b) $\dfrac{\text{Abzugsgewicht in kg}}{\text{Vorgarnspulengewicht in kg}}$ = Anzahl Vorgarnspulenwechsel/Abzug

   Beispiel:
   a) 352 Spindeln x 0,110 kg Copsgewicht = 38,72 kg

   b) Abzugsgewicht = $\dfrac{38,72\ kg}{0,650\ kg\ \text{Vorgarngewicht}}$ = 59,57 Vorgarnspulenwechsel

3. Vorgarnbruch beheben:
   Die Angabe lautet 3 Vorgarnbrüche auf pro 1000 Spindel/Stunden. Die Formel somit:

   t_h : 6000 = t_h in Std. x Spindelzahl x Vorgarnbrüche
   $\dfrac{\phantom{t_h : 6000 = t_h \text{ in Std. x Spindelzahl x Vorgarnbrüche}}}{1000}$ =

   = Anzahl Vorgarnbrüche je Abzug

   Beispiel:
   t_h = 36.667 HM : 6000 = t_h 6,11 Std.

   $\dfrac{352\ \text{Spindeln x 6,11 Std. x 3 Vorgarnbrüche}}{1000\ \text{Spindelstunden}}$ = 6,45 Vorgarnbrüche je Abzug

4. Fadenbruch beheben:
   Hier lautet die Formel wie beim Vorgarnbruch beheben:

   $\dfrac{\text{Spindelzahl x } t_h/\text{Std. x Fadenbrüche}}{1000\ \text{Spindelstunden}}$

5. Wenn putzen auf Spindel/Std. bezogen ist, lautet die Formel:
   Anzahl Spindel x t_h /Std. = Spindel/Std. x Normalzeit für 1 Spindel/Std.

/5

Anhang 1

Berechnung der Zeit je Einheit (t_e) pro Abzug und der notwendigen Stellenzahl

Arbeitsgänge	Häufigkeit je Abzug		Normal-zeit in HM	Arbeiter-zeit HM/Abzug	Betriebs-mittelzeit HM/Abzug
Hauptzeit t_h	$\dfrac{NM \cdot \text{Copsgewicht} \cdot 100}{\text{Liefergeschwindigkeit in m/m'}}$		---	---	36 666,67
	$\dfrac{40 \cdot 110 \cdot 100}{12} =$				
Absetzen	1		600	---	600,00
Vorgarn-spulenwechsel	$\dfrac{\text{Abzugsgewicht in kg}}{\text{Vorgarnspulengewicht in kg}}$		36	2 144,52	---
	$\dfrac{38 \cdot 720}{0,650} =$	59,57			
Vorgarnbruch beheben	$\dfrac{t_h \cdot \text{Spindelzahl} \cdot \text{Vorgarnbrüche}}{6000 \cdot 1000}$		37	238,65	---
	$\dfrac{36\,666,67 \cdot 352 \cdot 3}{6000 \cdot 1000} =$	6,45			
Fadenbruch beheben	$\dfrac{t_h \cdot \text{Spindelzahl} \cdot \text{Fadenbrüche}}{6000 \cdot 1000}$		17	2 559,86	---
	$\dfrac{36\,666,67 \cdot 352 \cdot 70}{6000 \cdot 1000} =$	150,58			
Putzen	$\dfrac{t_h \cdot \text{Spindelzahl}}{6000}$		1,02	2 194,13	---
	$\dfrac{36\,666,67 \cdot 352}{6000} =$	2 151,11			
Überwachung	$\dfrac{\text{Copsgewicht in gr}}{\text{Kontrollgewicht in gr}}$		$\dfrac{291}{4} = 72,75$	1 600,50	---
	$\dfrac{110}{5} =$	22			
Nutzungszeit	$= (t_h + t_n)$			---	37 266,67
Brachzeit*	$= \ldots 5 \ldots$ % von $t_h + t_n$			---	1 863,33
Grundzeiten	t_g bzw. t_{gB}			8 737,66	39 130,00
$t_s \ldots 12 \ldots$ % von t_g				1 048,52	---
Summe	$t_g + t_s$			9 786,18	---
$t_p \ldots 5 \ldots$ % von $t_g + t_s$				489,31	---
$t_{er} \ldots 10 \ldots$ % von $t_g + t_s$				978,62	---
Zeit je Einheit (t_e bzw. t_{eB})				11 254,11 HM	39 130,00 HM

*in der Brachzeit sind Stillstände infolge t_p enthalten

Übertrag:

Anhang 1

6. Die Normalzeit für einen Überwachungsgesamtgang (einschließlich Hantierungswege) und zwar durch den gesamten normalauslastenden Arbeitsplatz ergibt sich aus der Weglänge eines Überwachungsgesamtganges (einschließlich Hantierungswege) in Metern(m) (im Beispiel: 97 m), multipliziert mit der Normalzeit für 1-m-Gehen mit Überwachen (HM/m) (im Beispiel 3 HM/m, das heißt 2 km/h.

Im Beipiel also:

97 (m/Gesamtg.) · 3 (HM/m) = 291 (HM/Gesamtg.) $\frac{6\,000\ HM/Std.}{2\,000\ m/Std.}$ = 3 HM/m

7. Stellenzahl $= \frac{t_{eB}}{t_e} = \frac{39\,130,00}{11\,254,11} =$ 3,48 Stellen

8. Auslastung je Stelle $= \frac{100}{Stellenzahl} = \frac{100}{3,48} =$ 28,73 % pro Stelle

9. Auslastung je Seite $= \frac{100}{Seitenzahl} = \frac{100}{6,96} =$ 14,37 % pro Seite

10. APG bei Bedienung von
    8 Seiten = Anzahl/Seiten . Auslastung je Seite = 8 . 14,37 = 114,96 %

11. Geldfaktor/min $= \frac{ARS\ Pfg}{60} = \frac{1173}{60} =$ 19,55 Pfg.

12. Pfg/kg $= \frac{t_e \cdot Gf}{100 \cdot kg/Abzug} = \frac{11\,254,11 \cdot 19,55}{100 \cdot 38,720} =$ 56,82 Pfg/kg

13. Pfg/km/Cops $= \frac{t_e \cdot Gf}{100 \cdot km\ je\ Cops^*} = \frac{11\,254,11 \cdot 19,55}{100 \cdot 4,4} =$ 500,04 Pfg/km

* Aus NM . Copsgewicht erhalten wir die Garnlänge je Cops in Meter. Das Ergebnis durch 1000 dividiert, ergibt die Garnlänge in km je Cops.

Beispiel:
NM 40 . 110 Copsgewicht = 4 400 Meter : 1 000 = 4,4 km je Cops.

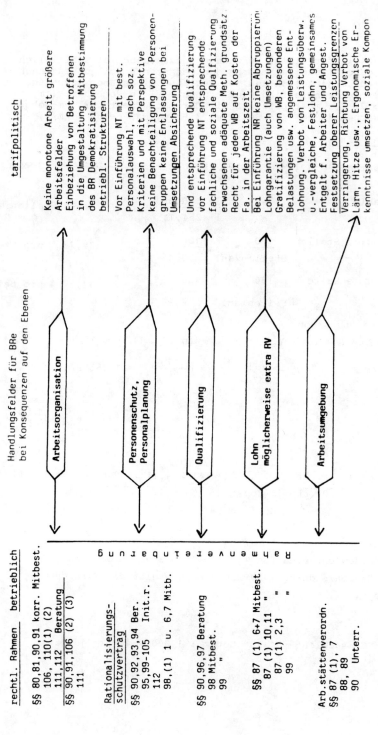

Anhang 2

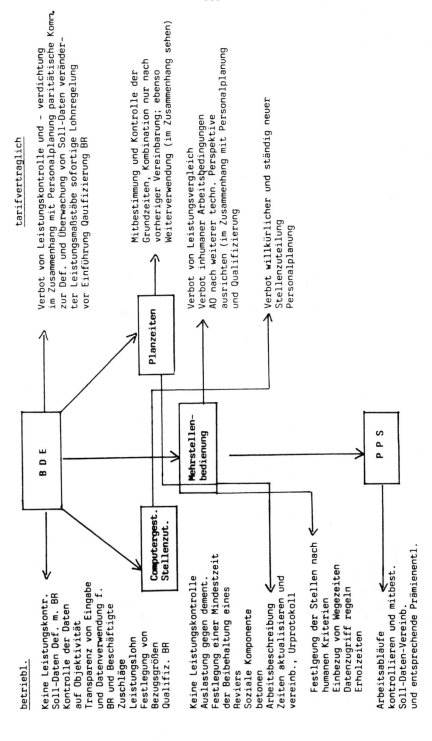

Anhang 2

Anhang 2

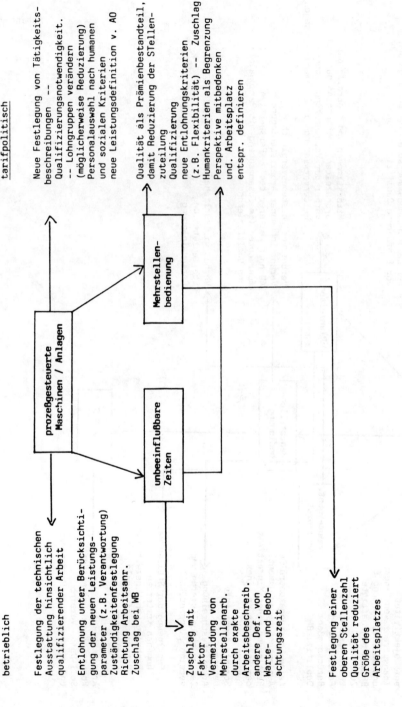

Anhang 2

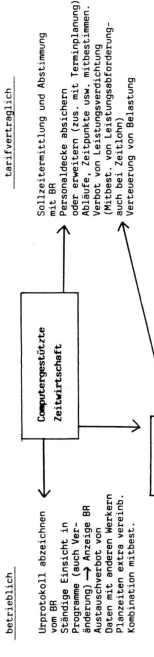

betrieblich

Urprotokoll abzeichnen vom BR
Ständige Einsicht in Programme (auch Veränderung) → Anzeige BR
Austauschverbot von Daten mit anderen Werkern
Planzeiten extra vereinb.
Kombination mitbest.

Exakte Kontrolle der Vorgabezeiten
Mitbest. bei Kombination der Daten
Einbau von Kontrollen welche Zeiten zulässig?
Solldatenmitbest.

Mitbestimmung bei Planzeit und Gesamtvorgabezeit

Computergestützte Zeitwirtschaft

Planzeiten

tarifvertraglich

Sollzeitermittlung und Abstimmung mit BR
Personaldecke absichern oder erweitern (zus. mit Terminplanung)
Abläufe, Zeitpunkte usw. mitbestimmen.
Verbot von Leistungsverdichtung (Mitbest. von Leistungsabforderung- auch bei Zeitlohn)
Verteuerung von Belastung

Anhang 3

Untersuchte Betriebe

	Konzernzu-gehörigkeit oder allein	Produktions-größe	Umsatz	Beschäf-tigte	Org.-Grad %	Ausl. fertg.	Unters.-feld	eingesetzte Technik
A	Konzern	Gernherst. Bettwäsche	321 Mio.	798	83	./.	Ausrüst. Weberei Spinner. Versand.	Comp. gest. Färbeanlagen BDE Microprozessor Steuerung
B		DOB u. HAKA-Stoffe u.a.	512 Mio.	3700	80	keine	Aufmachung Spinnerei	Blendomat Superl. Zinser Filomat
							Weberei	Picard Schaftmasch.
							Garn-färberei	Comp. gest.
							Veredlung	
C		Hemdenstoff Blusenstoff u.a.	180 Mio.	1350	97	nein	wie B	wie B
D		Garnherst.	130 Mio.	844	80	nein	Garnfärb. Rotorspin.	Comp. gest. Färbeanlage BDE
E		Gewebe u.	403 Mio.	insg. 2500 Teil. 893	98	ja	Spinnerei Spulerei	Comp. gest.
							Hochregel. Lager	Comp. gest.
F		Garne f. Teppichind. Textiltapet. Mullgewebe u.a.		360	99,2	nein	Weberei	Comp. gest.

Anhang 3

387

Konzernzu-gehörigkeit oder allein	Produktions-größe	Umsatz	Beschäf-tigte	Org.-Grad	Ausl. fertg.	Unters.-feld	eingesetzte Technik
G	Jute, Textiltapete usw.		360	99,2	nein	Spinnerei Weberei	Comp. gest.
H	Bettwäsche Meterwäsche		360	90	?	Weberei Teilfunk.	prozeßgest.
I	Heimtextil					Weberei	BDE Wille 2000
K	Glasfaser		520	90	nein	Rohlager Versand	Hochregal- noch nicht vollautom.
						Färberei	autom. HT Färbemasch.
						Apparatur Restfarb-verwert.	Spannrahmen Comp. gest.
L Konzern	DOB Dekostoffe Segeltuch usw.	560 Mio.	1500	55	ja	Bekleid. Färberei Druckerei	Comp. gest.
						Dämpferei Wäscherei	Comp. gest.
						Appretur neuer Spann-rahmen (noch nicht programmiert) Legerei geplant	
M	Plüschtiere	54,4 Mio.	580	80	ja	Zeiterfass. Nähautomat IPAS	
N	HAKA Anzüge, Sakkos, Hosen	50 Mio.	430	37	nein	Näherei	Programmaten
						Zuschnitt	
						Fördersystem	

Anhang 3

Konzernzugehörigkeit oder allein	Produktionsgröße	Umsatz	Beschäftigte	Org.-Grad %	Ausl. fertg.	Unters.-feld	eingesetzte Technik
O Konzern	DOB	?	430	50	ja	Nähen	Autom. programmgestützt
						Gardinen	A 115
P	Unterwäsche	?	850	75	ja	Nähen	Comp. gest. Nähmaschinen Comp. gest. Hängeförderung
Q Konzern	Wäscherei	6 Mio.	220	80		autom. Erfassung Wareneing. Warenausg. Fördersystem autom. Waschmaschine	EDV
R Konzern	Leasen, Waschen	115 Mio.	1095	45		Eingang Wäscherei	EDV

Sozialverträgliche Technikgestaltung

Ulrich von Alemann, Heribert Schatz, Georg Simonis, Erich Latniak, Joachim Liesenfeld, Uwe Loss, Barbara Stark und Walter Weiß

Leitbilder sozialverträglicher Technikgestaltung

Ergebnisbericht des Projektträgers zum NRW-Landesprogramm „Mensch und Technik – Sozialverträgliche Technikgestaltung".
1992. XIV, 279 S. (Sozialverträgliche Technikgestaltung, Bd. 30) Kart.
ISBN 3-531-12355-6

Die Autoren geben einen Überblick über die Ergebnisse des NRW-Landesprogramms „Mensch und Technik – Sozialverträgliche Technikgestaltung". In diesem Programm wurden über einhundert Projekte gefördert, die die Wechselbeziehungen zwischen neuen Informations- und Kommunikationstechnologien und Wirtschaft, Gesellschaft und Politik sowie deren Gestaltbarkeit untersuchten. In dem vorliegenden Band resümiert der Projektträger die Einzelergebnisse, bilanziert das Gesamtprogramm und wagt einen Ausblick in die Zukunft der sozialverträglichen Gestaltung neuer Technologien.

Jens Bünnig, Georg Fobbe, Uwe Höfkes, Werner Marx und Hans Uske

Moderne Zeiten – alte Branche

Neue Technologien und neue Produktionskonzepte in der Eisen- und Stahlindustrie.
1992. 306 S. (Sozialverträgliche Technikgestaltung, „Materialien und Berichte", Bd. 16) Kart.
ISBN 3-531-12256-8

Zukunftsindustrien wie Krisenbranchen orientieren sich an gleichen Zielen und benutzen gleiche Mittel. Die Gleichung Krisenbranche = unmoderne Branche geht nicht auf. Gerade die altindustrielle Krisenbranche Eisen- und Stahlindustrie (ESI) ist hierfür Beleg. Zudem sind Krisen nicht nur Destruktionsprozesse, sondern ebenso Restrukturierungsprozesse. Modernisierung gibt es in der ESI auf allen Ebenen (Produkt, Verfahren, Produktionsmittel/-technik, Logistik, Unternehmensorganisation, Arbeitsorganisation etc.). Es lassen sich unterschiedliche Rationalisierungsmuster festmachen, die aber erstens keine Abkehr vom Taylorismus darstellen und zweitens durchaus alternativ zum Einsatz kommen können.

Volker Stork

Technikgestaltung als Gegenstand gewerkschaftlicher Politik

Voraussetzungen und Perspektiven im Urteil von Betriebsräten.
1991. 303 S. (Sozialverträgliche Technikgestaltung, „Materialien und Berichte", Bd. 26) Kart.
ISBN 3-531-12331-9

Ausgehend von einem handlungstheoretischen Technikbegriff – Technik als ein durch Interessen vermittelter sozialer Prozeß – wird gezeigt, daß die Möglichkeiten und Grenzen einer Technikgestaltung durch Interessenvertretungen weitgehend von den jeweiligen Marktzwängen, betrieblichen Strukturen und industriellen Beziehungen bestimmt werden.

WESTDEUTSCHER VERLAG
OPLADEN · WIESBADEN

Sozialverträgliche Technikgestaltung

Monika Goldmann, Bärbel Meschkutat und Bernd Tenbensel
Präventive Frauenförderung bei technisch-organisatorischen Veränderungen
Weiterbildung, Personaleinsatz, Arbeitsgestaltung
1993. 200 S. (Sozialverträgliche Technikgestaltung, „Materialien und Berichte", Bd. 36) Kart.
ISBN 3-531-12457-9

Technisch-organisatorische Innovationen in Betrieben verändern die Aufgabenteilung und damit auch das Geschlechterverhältnis. Anhand betrieblicher Fallbeispiele aus dem Verwaltungs- und Dienstleistungsbereich wird erkennbar, daß mit betrieblichen Reorganisationsprozessen verbesserte berufliche Entwicklungsperspektiven für Frauen verbunden sein können. In der Realität kommt es jedoch häufig zu einer Neuauflage alter, Frauen benachteiligender Arbeitsstrukturen. Die Autorinnen entkräften den Mythos einer geschlechtsneutralen Personal- und Organisationsentwicklung. Sie zeigen, daß präventive Frauenfördermaßnahmen hier ansetzen müssen, wenn sie erfolgreich zum Abbau geschlechtshierarchischer Arbeitsteilung im Betrieb beitragen sollen.

Wilfried Müller
Ingenieure und sozialverträgliche Technikgestaltung
Arbeit und neue Technologien im Urteil technischer Angestellter
1993. VIII, 250 S. (Sozialverträgliche Technikgestaltung, „Materialien und Berichte", Bd. 27) Kart.
ISBN 3-531-12465-X

Eine gewerkschaftliche Politik der Gestaltung von Arbeit und Technik ist beim gegenwärtigen Technisierungsniveau auf die Kooperation mit Ingenieuren angewiesen. So haben Betriebsräte in den letzten Jahren immer öfter den Wunsch geäußert, bei der Einführung neuer Techniken technisch fundiert beraten zu werden. In dieser empirischen Untersuchung werden die beruflichen Erfahrungen und Orientierungen von Ingenieuren dargestellt, die der IG Metall betriebspolitisch nahe stehen.

Ansgar Pieper und Josef Strötgen
Produktive Arbeitsorganisation
Handbuch für die Betriebspraxis
2. Aufl. 1993. VI, 177 S. (Sozialverträgliche Technikgestaltung, „Materialien und Berichte", Bd. 35) Kart.
ISBN 3-531-12437-4

Der Einzug der Mikroelektronik in die Fertigung bietet weit mehr Optionen zur Gestaltung betrieblicher Organisation, als dies mit konventioneller Technik möglich war. Damit können viele Flexibilitätsprobleme von Betrieben durch neue Organisationsformen der Arbeit gelöst werden. Bei schrumpfenden Produktionszeiten, sinkenden Seriengrößen sowie Mitarbeitern, die erhöhte Ansprüche an ihre Arbeit stellen, liegt es im Interesse des Betriebes und der Mitarbeiter, alle Möglichkeiten zu nutzen, die die moderne Elektronik zur Gestaltung von Organisationsformen bietet. Dieses Handbuch ist ein Bildungsbaustein, der in Kursen für Führungskräfte eingesetzt werden kann.

WESTDEUTSCHER VERLAG
OPLADEN · WIESBADEN